国家社科基金
GUOJIA SHEKE JIJIN HOUQI ZIZHU XIANGMU
后期资助项目

高校课程思政高质量发展的共同体模式研究

刘广明　著

学习出版社

图书在版编目（CIP）数据

高校课程思政高质量发展的共同体模式研究 / 刘广
明著 . -- 北京：学习出版社，2024. 10. -- （国家社科
基金后期资助项目）. -- ISBN 978-7-5147-1271-1

Ⅰ . G641

中国国家版本馆 CIP 数据核字第 2024RZ4201 号

高校课程思政高质量发展的共同体模式研究

GAOXIAO KECHENG SIZHENG GAOZHILIANG FAZHAN DE GONGTONGTI MOSHI YANJIU

刘广明　著

责任编辑：张　俊
技术编辑：胡　啸
封面设计：杨　洪

出版发行：学习出版社
　　　　　北京市崇外大街11号新成文化大厦B座11层（100062）
　　　　　010-66063020　010-66061634　010-66061646
网　　址：http://www.xuexiph.cn
经　　销：新华书店
印　　刷：北京市密东印刷有限公司

开　　本：710毫米×1000毫米　1/16
印　　张：22.75
字　　数：385千字
版次印次：2024年10月第1版　2024年10月第1次印刷

书　　号：ISBN 978-7-5147-1271-1
定　　价：49.00元

如有印装错误请与本社联系调换，电话：010-66064915

国家社科基金后期资助项目

出 版 说 明

后期资助项目是国家社科基金设立的一类重要项目，旨在鼓励广大社科研究者潜心治学，支持基础研究多出优秀成果。它是经过严格评审，从接近完成的科研成果中遴选立项的。为扩大后期资助项目的影响，更好地推动学术发展，促进成果转化，全国哲学社会科学工作办公室按照"统一设计、统一标识、统一版式、形成系列"的总体要求，组织出版国家社科基金后期资助项目成果。

全国哲学社会科学工作办公室

序　言

　　高校课程思政作为一个研究与实践领域，经过 20 余年的发展，已日趋成熟。首先，在理论研究方面，取得了突出进展。一是探究高校课程思政的本质属性，即重在研究"高校课程思政是什么""高校课程思政的根本任务是什么"，这是高校课程思政研究的逻辑起点。二是探究高校课程思政建设发展的基本规律，即重在研究"高校课程思政怎么做"。在这方面已取得了一系列丰富的成果，部分成果探索了高校课程思政高质量发展的理论模式和理想类型。三是探究高校课程思政评价的基本模型，即重在研究"高校课程思政如何评""高校课程思政如何可持续"等问题。其次，在实践探索方面，也积累了一些成功经验。一是发展建设了一批国家级"课程思政教学研究中心""课程思政教学团队"等学术共同体组织。二是在国家文件中，明确提出了"计划从线上线下融合教学、网络思政教育、智能体育教学三类教育信息化教学应用模式中遴选出 15 个左右不同应用方向的实践共同体"[①]；2022 年教育部办公厅下发《关于开展大中小学思政课一体化共同体建设的通知》，公布了获教育部支持建设的大中小学思政课一体化共同体名单；同年，教育部发布两批虚拟教研室建设试点名单，虚拟教研室建设目标是依托现代信息技术探索新型教学组织形式和促进教师发展的专业共同体，促进教育教学高质量发展，这为高校课程思政共同体探索提供了政策依据。三是在高校课程思政实践层面，出现了一批高校课程思政共同体的实践探索，如上海中医药大学的"学科育人共同体"。所有这些为高校课程思政高质量发展的理想类型探索作了理论和实践准备。

---

　　① 《教育部科学技术与信息化司关于做好 2021 年度教育信息化教学应用实践共同体项目推荐遴选工作的通知》，教科信司〔2021〕213 号。

　　"理想类型"是社会科学研究的一种方法,"是用比较和衡量实在的手段,并因此而成为引导人们达到实在知识的指示,使人们借此进入对于历史事件本身的因果解释。"①理想类型这一研究方法,应用于社会科学研究,主要有以下两个特点:一是理想类型作为现实的某种理想形式,它与现实本身保持一定的距离;它是理智上构造的概念工具,因而具有高度的概括性、抽象性。二是理想类型不是统计学中的平均数,它强调行动的典型方向;作为理解考察现实的概念工具,突出了经验事实中具有共性的或规律性的东西。"高校课程思政共同体"为研究高校课程思政高质量发展提供了一个理论框架和研究视角。利用这一载体、平台、模型,可以跨越各类主体之间的边界,集聚高校课程思政的多元主体,实现学校、家庭和社会的协同育人;利用这一载体、平台、模型,可以积累高校课程思政的各类资源,实现高校课程思政各类资源跨界共商、共建、共享;利用这一载体、平台、模型,可以实现高校课程思政的各类主体之间的信息共享,互通有无,交流高校课程思政高质量生产、高质量教学、高质量评价的经验和教训,提升各类主体的课程思政育人意识、课程思政开发和教学能力;利用这一载体、平台、模型,可以跨越各类主体的治理边界,实现各类主体对共同体"人人有责、人人尽责、人人享有"的善治状态。我们研究发现,高校课程思政共同体是高校课程思政高质量发展的理想类型。

　　本书的研究立足于实践,是在成功实践的经验基础上的理论提升。项目负责人所在大学"课程思政理论与实践创新研究中心"是河南省课程思政教学研究示范中心,项目参加人王郢教授所在的"课程思政教学研究中心"是全国课程思政教学研究示范中心。我们根据高校课程思政建设实践和经验数据,系统研究了高校课程思政共同体的理论与实践问题。我们写出了《高校课程思政共同体的生成依据、生成动力与构建进路》和《高校课程思政共同体构建的教育学逻辑——以武汉大学课程思政教学研究中心为例》2篇理论文章,同时以《共同体视域下高校课程思政:行动逻辑、现实挑战与实践路径》为题,作为组稿发表在《河南工业大学学报(社会科学版)》2022年第2期上。这组文章丰富了高校课程思政共同体的理论,也总结了高校课程思政共同体运行的一些实践规律。与此同时,项目组围绕"高校课程思政高质量发展"这一主题,撰写了系列论文:《边界优

---

　　① [德]马克斯·韦伯:《社会科学方法论》,韩水法、莫茜译,北京,中央编译出版社1999年版,第18页。

化：高校课程思政与思政课程同向同行的机制原理》(《郑州大学学报（社会科学版）》2021 年第 6 期）、《系统思维视域下高校课程思政与思政课程同向同行机制探究》(《系统科学学报》2024 年第 3 期，2023 年 9 月网络首发）、《立德树人视阈下高校课程思政建设路径探究》(《河南工业大学（社会科学版）》2021 年第 3 期）、《高校教师课程思政能力提升的共同体模式研究》(《河南工业大学（社会科学版）》2022 年第 5 期）等。我的研究生分别以此为主题进行了硕士学位论文的写作：2018 级申丹丹的《系统观视域下高校课程思政与思政课程同向同行机制研究》，2019 级李容容的《高校课程思政共同体的构建研究》，2020 级朱小君的《高校课程思政资源共建共享机制研究》，2020 级陈明明的《中国共产党关于高校立德树人理论的演进历程及经验研究》，2021 级罗明丽的《高校教师课程思政能力提升的共同体模式研究》。这些学术论文和毕业论文深化了我们对高校课程思政高质量发展的规律性的认识，提升了我们对高校课程思政共同体的理论认知。

"高校课程思政共同体"高质量发展，需要广大理论工作者深入研究高校课程思政共同体建设发展自身的内在规律性；需要实践工作者利用高校课程思政共同体这一理想类型，提升高校课程思政立德树人的效能，实现高校课程思政立德树人效能的最大化。

课程思政是中国语境中的一个理论和实践术语，是中国哲学社会科学研究的一个新领域。"高校课程思政共同体"目前仍是理论研究的式微区，这方面的研究成果屈指可数。高校课程思政共同体这一理想类型的研究可谓任重道远，需要立足马克思主义理论学科立场，运用多学科的理论成果，不断丰富和探索高校课程思政高质量发展的共同体理论类型的研究体系、理论体系、话语体系和研究内容。

目　　录

Contents

第一章　绪论

　　"课程思政"作为一种教育教学理念，在中国古已有之，"育人"就是课程本身的题中应有之义。高校课程思政作为一个研究与实践领域，是近20年来兴起的一种课程教育教学理念，它是课程主旨的回归。"共同体"作为一种系统观、世界观、价值观和方法论，为研究高校课程思政高质量发展提供了一个理论框架和研究视角。高校课程思政高质量发展的共同体模式，从共同体的视角和立场研究高校课程思政的立德树人目标达成、高校课程思政生产、高校课程思政教学、高校课程思政评价、高校课程思政立德树人目标达成效能最大化等与高校课程思政系统高质量发展紧密相关的系列问题。

第一节　高校课程思政发展的现状

　　高校课程思政虽然是最近20年才出现的概念，却反映着中国共产党百年立德树人理论的演进与变迁，其逻辑渊源是悠久的。从历史逻辑上讲，高校课程思政是伴随着中外教育的发展而发展的，它更是中国教育的最为明显的一个特征，是中国教育史上各类课程的题中应有之义。从理论逻辑上讲，高校课程思政反映着高校立德树人教育体系的完善，代表着高校立德树人的学科体系、课程体系、教材体系、教学体系、育人体系等的完善与升华。从实践逻辑上讲，高校课程思政反映着中国共产党培养建设者与接班人的经验总结。

一、高校课程思政的历史演进

　　高校课程思政的历史演进探索主要围绕以下问题展开：从发生学的角度上讲，高校课程思政是高校课程本质属性的表征，从事高校课程思政是高校教师角色的基本规范要求。课程自产生之日起，就具有"课程思政"的价值传递、意义引领等功能。从这个意义上讲，高校课程思政是完成高校立德树人根本任务的最基本载体，是完成高校立德树人根本任务的"最后一公里"。

（一）课程思政是课程本质属性的表征

在中国，实实在在的"课程"出现要比语义中的"课程"早得多。早在中国古代周朝的贵族教育体系中，就要求学生掌握6种基本才能：礼、乐、射、御、书、数。礼，指礼节，类似当下的德育教育。乐，指音乐，类似当下的音乐教育。射，指有关射箭的技术，古代常用的战斗武器训练。御，指有关驾驶马车的技能，古代常用的战斗工具训练。书，指有关书写、识字、作文等书法的教育。数，指理数、气数（运用方法时的规律），即阴阳五行生克制化的运动规律。这就是所说的"通五经贯六艺"的"六艺"。"六艺"是中国贵族的教育体系，学习"六艺"是统治阶级巩固自身地位的表现与需要。孔子育人的基本课程就是"六艺"，目标是"学而优则仕"，即是为统治阶级培养接班人。从实践上讲，中国最早的课程实践就带有很强的"育人"性质，就是课程思政的一种早期形式。

汉代董仲舒于公元前134年提出"罢黜百家，独尊儒术"的主张，在汉武帝时开始推行。在《武帝纪赞》中，记载了汉武帝的做法是"罢黜百家，表章六经"。汉武帝之后，孔学成为显学，儒家经典"四书五经"更是成为天下课程。

宋代朱熹为"四书"分别作了注释，其中，《大学》《中庸》的注释更多是朱熹本人的观点，称为"章句"；《论语》《孟子》的注释则主要以引用他人的说法为主，被称为"集注"。由此，朱熹注释的"四书"既包容了前人的学说，也体现着朱熹本人的独特见解。随着时代发展，以程颢、程颐、朱熹为代表人物的"程朱理学"学术影响日益扩大，南宋朝廷把朱熹注释编辑的"四书"钦定为官方用书。元代延祐年间（1314~1320），朝廷恢复科举考试，并把朱熹注释编辑的"四书"作为考试参考用书。明朝和清朝继续沿袭元朝科举考试制度，并演化出以"八股文"为主要考试项目的制度，且每届科举考试的文章题目皆出自朱熹注释编辑的"四书"。至此，"四书"不仅是儒学经典著作，还是每个读书人的必读书目。

"五经"即《诗经》《礼记》《尚书》《春秋》和《周易》，是儒家经典书籍的共同称谓，这五本书相传主要由儒家创始人孔子编辑完成。

"四书五经"翔实地记载了中华民族思想文化发展史上最活跃时期的

政治、军事、人文、邦交、文化、风俗等各方面的史实资料，以及影响中国文化几千年的以孔子、孟子为代表的重要人物的哲学思想。历代科举选仕、试卷命题题目必出自"四书五经"。从"课程"意义上讲，它是为官之道、从政之道、为人之道和处世之道的基本讲义。故而，"四书五经"无论从内容还是从行为意义上讲，都是中国历史上实实在在的课程思政。

作为语义的"课程"，中国最早的课程概念可以追溯到唐宋。唐初的孔颖达在《五经正义》中，为《诗经·小雅·巧言》中的"奕奕寝庙，君子作之"做注疏时，就使用了"课程"一词——"教护课程，必君子监之，乃得依法制也"。[①] 但此处"课程"的寓意为伟业，与现代教育中的课程理念具有很大不同。宋代朱熹在《朱子全书·论学》中提到，"尝作课程，看《论语》日不得过一段"等。[②] 此处的意义同现代课程的内涵有了较大的相似度。但是这里的"课程"仅仅涉及学习内容的先后，并没有包含教学方面，因此，"学程"似乎更能概括其意义。在《中国大百科全书·教育》中，"课程"一词有着广义与狭义两种定义，广义指所有学科（教育科目）的总和。狭义指一门学科。[③]

在古代西方，"教育在城邦中占有重要的地位，因为没有文化就不可能积极参与政治生活。学校的概念始于希腊，它首先意味着自由时间，其次是学业、学堂。希腊人创立了好几门科学：数学、自然科学、语法学、逻辑学、修辞学、社会科学，这些学科都是欧洲课程体系的开端"。[④] 课程实践开始于古希腊时期的"七艺"。古希腊智者非常重视对学生雄辩术的培养，智者派的课程内容主要是对诗歌的诠释，并由此训练学生语言与思考能力。为配合这些能力训练，智者们还向学生讲授文法、逻辑、音乐、哲学、天文、历史、辩证法、数学、几何、法律、神话、记忆术等。久而久之，文法、修辞、辩证法就成为古希腊教育中的"三艺"，其教学目标是培养在公共场合清晰表达观点并说服听众的人才。这即是美国课程史学专家布鲁巴克（J. S. Brubacher）所言的，"'三艺'起源于古希腊人，

---

① 胡乐乐、肖川：《再论课程的定义与内涵：从词源考古到现代释义》，《教育学报》2009 年第 5 期。

② 黎靖德：《朱子语类》，北京，中华书局 2020 年版，第 466 页。

③ 参见中国大百科全书总编辑委员会《教育》编辑委员会、中国大百科出版社编辑部：《中国大百科全书·教育》，北京，中国大百科全书出版社 1985 年版，第 207 页。

④ ［法］德尼兹·加亚尔、贝尔纳代特·德尚：《欧洲史》，蔡鸿滨、桂裕芳译，海口，海南出版社 2000 年版，第 91 页。

特别是雅典人的日常生活"。①

公元前 339 年，柏拉图创办了阿卡德米学园（Academia），算数、几何、天文与音乐四门课程即"四艺"成为学园教育教学用书。柏拉图在阿卡德米学园里，除了讲授哲学，其他的课程就是"四艺"了。柏拉图在《理想国》中提到由哲学王来管理国家，其在一定程度上可以说是最早的乌托邦。

"三艺"和"四艺"合称为"七艺"，"七艺"由此也就成为西方最早的课程。七艺是中世纪高等教育的基础，其课程目标是培养统治阶级的合格接班人。

从语义上讲，西方教育意义上的课程"Curriculum"一词，第一次出现在英国哲学家、教育家斯宾塞的名作《什么知识最有价值?》（1859）一文中。作为拉丁语的派生词，这里的"课程"包含着"人生的阅历"的含义。据此，"学习的进程"（Course of study），简称学程就成为西方"课程"的统一解释。美国《韦伯字典》、英国《牛津字典》《国际教育字典》对此都作出相同解释。但因为"Currere"名词、动词形式的不同解释，又同时引起了截然相反的解读，日渐受到学术界的质疑。近代以来，受赫尔巴特教育理念影响，教学设计逐渐纳入教育视野，"课程"的概念由"学程"转变成了"教程"。新中国成立后，受苏联教育理念的影响，"课程"一词很少在教育文本中出现，直到 20 世纪 80 年代中期方才见诸学术研究。

综合来讲，从"课程"本身的意蕴来讲，它本身即含有价值塑造、思想引领、素质培养等内容。"课程"本身内蕴着"课程思政"的价值目标达成。

无论是中国最早的课程"六艺""四书五经"，还是西方最早的课程"七艺"，其本质属性都是培养统治阶级需要的、全面发展的优秀接班人。"六艺""七艺"的地位能够持续千年，决不是"偶然的外在的情势，……而是出于它内在的性质，因为它比其他任何形式都更好地适应了学生的需要"。②"七艺"目标是为统治阶级培养治理城邦的哲学王。"六艺"和"七艺"的培养目标要求课程必须以统治阶级的发展要求为出发点和落脚点。

---

① ［美］布鲁巴克:《西方课程的历史发展》，选自瞿葆奎:《教育学文集·课程与教材》（上册），北京，人民教育出版社 1988 年版，第 44 页。

② ［法］爱弥尔·涂尔干:《教育思想的演进》，李康译，上海，上海人民出版社 2006 年版，第 117~118 页。

课程带有明显的思政属性。可以说，课程思政是课程题中应有之义，是其本质属性的表征。

（二）课程思政是教师本质属性的表征

对于教师角色定位，古今中外均有所界定，但核心内涵基本包括 3 个方面：传播特定价值观、传授特定知识、传授特定能力。其中，争议最大的是价值观传递，即教师应该传授什么样的价值观，各个学派对此有不同的主张。对知识与能力的争议相对较少。但不管如何，教师不仅是特定课程学科知识的传授者、传播者，也是课程知识传递、能力培养、价值传授相统一的传授者、传播者。虽然对"思政"理解上有所不同，但我们可以说，课程思政是教师本质属性的表征。

在中国，最早的教师是孔子，孔子思想是中国传统文化的重要组成部分。孔子对教育、教师的注解是中国古代教育者中最具代表性的阐释。"孔子的教育目的是培养从政的君子，而成为君子的主要条件是具有道德品质修养，所以在他的私学教育中，道德教育居首要地位。"[①]孔子对子路说："好仁不好学，其蔽也愚；好知不好学，其蔽也荡；好信不好学，其蔽也贼；好直不好学，其蔽也绞；好勇不好学，其蔽也乱；好刚不好学，其蔽也狂。"（《论语·阳货》）作为教师，孔子树立了中国教师的永恒榜样。对此，孔子曾在学生面前作出这样的自我评价："若圣与仁，则吾岂敢。抑为学之不厌，诲人不倦，则可谓云尔已矣。"（《论语·述而》）也曾说："其身正，不令而行；其身不正，虽令不从。"（《论语·子路》）又说："不能正其身，如正人何？"（《论语·子路》）可以说，孔子自身以身作则、学而不厌、诲人不倦的个性品质就是中国教师角色的最好注解，这些注释表征着教师角色价值传递、知识传授、能力培养相统一的行为要求。

唐代著名文学家、教育家韩愈在其名篇《师说》中写道："师者，所以传道、授业、解惑也。"他从理念层面、技能层面、知识层面 3 个层面阐释了教师角色职能，只有三方面统筹兼顾的人才堪称老师。"传道"在他的语境中是传授儒家仁与礼的道理，在当代则是指教师通过自身的学识、行为、人格等来教育学生树立科学的道德观、价值观、人生观，为社会培养优秀人才；"授业"即讲授《诗经》《尚书》《周易》《礼记》《春秋》等儒家经典著作，在当代是指通过知识、能力传授学生安身立命的本

---

① 孙培青：《中国教育史》（第 2 版），上海，华东师范大学出版社 2000 年版，第 40 页。

领，成为满足社会需要的有用之才，在新时代的洪流中推进社会的进步；"解惑"即解答学生在学习过程中所提出的疑难问题，在当代是指传授学生了解人文、了解自然、了解社会的学科知识，使学生成为有思想觉悟的社会合格建设者。

中国台湾忠信高级工商管理学校原校长高震东先生这样解释"老师"的称谓："老"是"你为什么老盯着我"的"老"，是执着的意思；"师"，即学高为师；两个字合在一起，就是要全心全意热爱教育，教师不是一种职业，不是谋饭吃的手段，而是一种事业，一种一生必须为之奋斗的事业。①

革命教育家徐特立先生认为，教师应是"人师"和"经师"的统一体。他把教师分为两类：一类是经师，一类是人师。主张教师的教学要采取人师和经师二者合一的态度和准则。一般而言，做经师亦难，做人师则更难。人师不仅要讲透做人的道理，而且要持续地言行一致为学生作出表率。此所谓"经师易得，人师难求"！《后汉纪·灵帝纪》载，"昭曰：'盖闻经师易遇，人师难遭'"。教师为了胜任自己的职责，就要把经师素养和人师素养合并起来，走向经师与人师的统一体。习近平总书记在全国高校思想政治工作会议上指出："教师做的是传播知识、传播思想、传播真理的工作，是塑造灵魂、塑造生命、塑造人的工作。教师不能只做传授书本知识的教书匠，而是要成为塑造学生品格、品行、品味的大先生"②。

古往今来，中国教育史对教师角色的基本定位是"教书育人"，即要做到价值传递、知识传授、能力培养相统一来实施自己的教学，只有做到"三统一"的教育者，才是好教师！

在西方，第一批老师是古希腊的"智者学派"和与之同时代的苏格拉底。"智者学派"主要创始人普罗泰戈拉是较早宣称自己是"智者"的人。他在公元前445年创办了传授"智慧之课"等课程内容的学校，在他的这个学校中，学生只需缴纳规定的费用就能成为这个学校的学生。作为"智者学派"的领袖，也是教人智慧的教师，普罗泰戈拉著名的言论就是："人是万物的尺度，是存在的事物存在的尺度，也是不存在的事物不存在

---

① 参见杨立德：《西南联大的斯芬克司之谜》，昆明，云南人民出版社2005年版，第214页。

② 《习近平在全国高校思想政治工作会议上强调　把思想政治工作贯穿教育教学全过程　开创我国高等教育事业发展新局面》，《人民日报》2016年12月9日。

的尺度"。①"智者学派"的思想被称为西方人文主义的源头，他们通过教育，把他们主张的哲学理想、社会理想传递给年轻学生，"智者学派"代表人物之一安提西尼曾说："埋入泥土中的是什么种子，生长出来的也就是什么果实。如果在青年人的灵魂中灌输高尚的教育，那么开出来的花朵也就能耐久，不为雨水和干旱所摧折。"②

联合国教科文组织在《学会生存》一书中写道，"从家庭教育开始，所有的教育都有使儿童和青年社会化的任务。学校继续和将要继续贯彻执行公民训练的职责（特别是在那些近来要求恢复或已经恢复了它们的民族的国家里）和意识形态训练的职责（在那些革命领袖他们的职责是改造人的思想和推翻一切过去的堡垒的国家里）。重要之处不是这种训练在教育上的地位而是它的目标，至少是它的含蓄的目的"。③其中的意蕴不只是对学校职责来讲的，也是对教师角色的职责定位。

可以说，在中西方语境中，教师的角色定位均有价值传递、知识传授和能力培养3项职能。其差异最大的只是在价值的内涵理解方面。虽然中西方对教师的角色、对教师功能的理解有所差异，中方主张"尊师重道"，西方主张"我爱吾师，我更爱真理"，但教师最本质的属性——培养社会需要的人才，则是教师角色内涵的"最大公约数"。可以说，进行课程思政是教师本质属性使然，关键是我们要从具体的文化历史环境中去理解思政的内涵。正如习近平总书记所说："古今中外，关于教育和办学，思想流派繁多，理论观点各异，但在教育必须培养社会发展所需要的人这一点上是有共识的。培养社会发展所需要的人，说具体了，就是培养社会发展、知识积累、文化传承、国家存续、制度运行所要求的人。"④

（三）高校课程思政是高等教育根本任务完成的重要载体

立德树人是高等教育的根本任务，是高校的立身之本。而完成这一任务，需要建立系统、科学的人才培养体系。这一体系包括高校人才培养方案体系、"三全育人"体系、思想政治工作体系、"十育人"体系等内容。无论哪一个体系，高校课程都是育人体系中最为关键与核心的内容，也可以这么说，高校课程思政是高校完成立德树人根本任务的最为主要的载

① ［英］罗素：《西方哲学史》（上），何兆武、李约瑟译，北京，商务印书馆1997年版，第111页。
② 单中惠：《西方教育思想史》，北京，教育科学出版社2007年版，第11页。
③ 联合国教科文组织：《学会生存》，北京，教育科学出版社2002年版，第85~86页。
④ 习近平：《在北京大学师生座谈会上的讲话》，《人民日报》2018年5月3日。

体，是高校完成立德树人根本任务的关键的最后一公里。教育的本质是育人，即培养德智体美劳全面发展的时代新人。正是在这个意义上讲，高校课程思政是教育工作中需要明确、重点抓好的地方，是完善教育规律、遵循教育规律的基本体现。也是在这个意义上讲，高校课程思政既是由教育立德树人根本任务决定的一种应然状态，也是由教育本质决定的一种实然状态。

二、高校课程思政的理论探索

高校课程思政的理论探索主要围绕以下问题展开：高校课程思政是什么？高校课程思政为什么？高校课程思政怎么做？高校课程思政怎么评？高校课程思政如何更高质量发展？

（一）高校课程思政是什么？

对于什么是课程思政，唐德海、李枭鹰、郭新伟 3 位学者在对已有文献进行系统分析后，认为"学界关于课程思政的概念归属大致存在六种较为典型的论说，不同的论说从各自的立场出发，揭示了课程思政的某一个方面"[1]。这 6 种类型主要是："课程类型说""教育理念说""思政方法说""教学体系说""实践活动说""多重属性说"。

总体而言，目前学界对"课程思政"的界定尚未形成统一的看法，他们或者把课程思政界定为教育理念，或者把课程思政界定为思政教育方法，或者把课程思政界定为教学体系，抑或把课程思政界定为实践活动，可以说，这些界定揭示了"课程思政"内涵的多维属性。对课程思政本质的多维解读，也反映出当下学界对课程思政的不同认识，说明学界对这一问题并未达成统一的共识。理念是先导，取得课程思政共识是做好课程思政的前提和关键。

在本研究中，我们认为，"高校课程思政"是新时代"百年未有之大变局"环境下提出并实施的一种教育理念与教育实践，其基本意蕴是所有高校课程都是完成高校立德树人这一根本任务的一个环节，所有课程都需要充分挖掘自身的思想政治教育元素，回归课程"价值塑造、知识传授和能力培养"这一课程本体目标上来。高校课程思政不是一种新的课程，它不改变原来课程的知识体系，只是把知识体系中本身蕴含的思想政治元素

---

① 唐德海、李枭鹰、郭新伟：《"课程思政"三问：本质、界域和实践》，《现代教育管理》2020年第 10 期。

挖掘出来，为思想政治教育服务，为高校立德树人服务。正是在这个意义上讲，我们认为，高校课程思政是一种教学理念，也是一种教学模式，它的基本意蕴是充分挖掘课程知识本身承载的价值符号意义，并在课程教学中融入契合的思政元素，从而使高校课程教育教学过程成为一种"价值塑造、知识传授和能力培养"相统一、相融合的传递过程。

（二）高校课程思政为什么？

高校课程思政为什么？这是高校课程思政研究的基本问题，这个问题同时是对教育之根本命题"培养什么样的人、如何培养人以及为谁培养人"必须首先作出回应的关键问题。正是在这个意义上讲，高校课程思政的根本目标是立德树人，即培养时代需要的时代新人。新时代面对百年未有之大变局，面对"两个一百年"奋斗目标，2017年12月召开的党的十九大明确提出教育要"培养担当民族复兴大任的时代新人"。2018年9月召开的全国教育大会强调：教育要"培养德智体美劳全面发展的社会主义建设者和接班人"。2022年10月召开的党的二十大提出："教育是国之大计、党之大计。培养什么人、怎样培养人、为谁培养人是教育的根本问题。育人的根本在于立德。"可以说，高校课程思政就是为了这样的教育目标而服务、孕育而生的一个理论领域与实践领域。

教育部《高等学校课程思政建设指导纲要》明确指出："课程思政建设总的目标就是，立足于解决培养什么人、怎样培养人、为谁培养人这一根本问题，围绕全面提高人才培养能力这个核心点，在全国所有高校、所有学科专业全面推进，让课程思政的理念在各地各高校形成广泛共识，全面提升广大教师开展课程思政建设的意识和能力，建立健全协同推进课程思政建设的体制机制，构建全员全程全方位育人大格局，努力培养担当民族复兴大任的时代新人，培养德智体美劳全面发展的社会主义建设者和接班人。"①

从学理上分析研究高校课程思政如何促进高校立德树人根本任务实现，如何实现高校课程思政立德树人效能最大化，需要马克思主义理论、教育学理论、思想政治教育学理论、党的立德树人理论等学科支撑。本研究立足于马克思主义理论、教育学理论，充分利用高校课程思政共同体这一范型，并把它作为社会科学研究的重要方法，研究高校课程思政科学发

---

① 《教育部高等教育司负责人就〈高等学校课程思政建设指导纲要〉答记者问》，http://www.moe.gov.cn/jyb_xwfb/s271/202006/t20200604_462551.html。

展、持续发展和高质量发展的理论问题和实践问题。试图通过对高校课程思政共同体学理特征分析、体系构建、治理善治等理论与实践研究，实现高校课程思政共同体在高校课程设计、课程生产、教学创新、立德树人评估等方面的优化，最终实现高校课程思政更高质量发展。

（三）高校课程思政怎么做？

高校课程思政怎么做？是回答如何进行高校课程思政的问题，其中关键的问题有4个：一是人才培养体系优化。即针对高校课程思政的目标要求、使命任务进行人才培养方案的全面优化。其最为主要的是如何优化人才培养的目标，制定科学的人才培养方案。这既是一个理论问题，也是一个实践问题。二是构建高校课程思政教育教学体系。其中包括思政课程教学改革、综合素养课程教学与改革、哲学社会科学课程教学与改革、专业课程思政教学与改革。三是课程本身思政元素提炼加工。高校课程思政的核心是对专业课程本身的思政元素进行挖掘、提炼、加工、融合，并把这些元素以"盐入于水"的方式融合到新的课程思政中去，让教师以"润物无声"的方式传递给学生，"课程思政建设要深度浸润每一门课程的教学内容和方法"，最终实现课程思政的立德树人效能。对于什么是思政元素，教育部《高等学校课程思政建设指导纲要》对此予以明确："课程思政建设内容要紧紧围绕坚定学生理想信念，以爱党、爱国、爱社会主义、爱人民、爱集体为主线，围绕政治认同、家国情怀、文化素养、宪法法治意识、道德修养等重点优化课程思政内容供给，系统进行中国特色社会主义和中国梦教育、社会主义核心价值观教育、法治教育、劳动教育、心理健康教育、中华优秀传统文化教育。"[1] 四是教师课程思政能力提升。"高校教师80%是专业教师，课程80%是专业课程，学生学习时间80%用于专业学习。""专业课程教学是课程思政的最主要依托。"[2] 可以说，高校课程思政的主渠道是课堂，高校课程思政最为主要、最为重要的阵地是专业课程；高校课程思政建设的主力军是广大专业教师。高校教师是进行课程、课堂、课程思政工作的决定性力量，高校教师只有具备较强的课程思政能力，高校课程思政的主阵地才能守牢，高校课程思政的主战场才能打胜。建好教师队伍"主力军"，"这既包含着对教师课程思政意识的培养塑造，又包含着对教师思政育人能力的淬炼提升，也包含着对教师综合素质能力

---

①　教育部：《关于印发〈高等学校课程思政建设指导纲要〉的通知》，教高〔2020〕3号。

②　万玉凤、梁丹：《教育部全面推进高校课程思政建设》，《中国教育报》2020年6月6日。

全面评价机制的换挡升级"。[①]

从学理上对以上四大问题进行理论准备并不是一件轻松的事情，它需要马克思主义理论、思想政治教育理论、系统科学理论、教学与课程理论、共同体理论等对此进行科学分析与设计。高校课程思政高质量发展的共同体模式无疑为以上四大问题的科学解决提供了一种有效路径。

（四）高校课程思政怎么评？

质量评价体系和激励机制是重要的"指挥棒"。教育部《高等学校课程思政建设指导纲要》提出："要建立健全多维度的课程思政建设成效考核评价体系和监督检查机制，在各类考核评估评价工作和深化高校教育教学改革中落细落实。"[②] 教育部全面推进高校课程思政发展建设的基本理念是："坚持知识传授和价值引领相统一、坚持显性教育和隐性教育相统一、坚持统筹协调和分类指导相统一、坚持总结传承和创新探索相统一。"[③] 这同时为课程思政如何评提供了理论设计原则。

在学理上，高校课程思政评价既要参考课程与教学理论中的评价体系，又要根据立德树人效能进行科学设计。

（五）高校课程思政如何更高质量发展？

更高质量发展是高校课程思政必须解决的理论与实践问题。高校课程思政不是应时之举，也不是应急之举，而是事关德智体美劳全面发展的时代新人培养的大问题。对此，从学理上必须找到高校课程思政实践各环节的问题，然后从理论上进行分析，准确把握高校课程思政发展规律，为高校课程思政实践护航。这是当下高校课程思政研究的一个重点领域，也是当下研究的式微区，标志性成果不多。本研究中提出的高校课程思政更高质量发展的理想类型是高校课程思政共同体，就是力图通过优化高校课程思政共同体以实现其功能最大化，最终实现高校课程思政更高质量发展。

三、高校课程思政的实践进路

高校课程思政的实践进路，离不开相应政策的支撑。开展高校课程思政工作，必须认真分析梳理与课程思政工作相关的纲领、路线、方针与政策文本，只有充分了解政府在高校课程思政方面政策的演进历程，高校才

---

① 万玉凤、梁丹：《教育部全面推进高校课程思政建设》，《中国教育报》2020 年 6 月 6 日。

② 万玉凤、梁丹：《教育部全面推进高校课程思政建设》，《中国教育报》2020 年 6 月 6 日。

③ 《教育部高等教育司负责人就〈高等学校课程思政建设指导纲要〉答记者问》，http://www.moe.gov.cn/jyb_xwfb/s271/202006/t20200604_462551.html。

能更好地理解高校课程思政建设发展的初心与使命，厘清高校课程思政的实践进路。这一实践进路大体可以分为 4 个时期。

（一）高校课程思政探索期（1949—2004 年）

以中华人民共和国成立为标志，中国进入新的历史时期。以中国教育工会第一次全国代表大会召开并提出"三育人"为标志，课程思政进入探索期。这个时期的政策文本中，课程思政还没有形成一个概念，其在政策文本中的意蕴主要体现在以下两个方面：一是课程育人功能已经明确地存在于课程的目标之中，并由此提出在哲学社会科学、文学艺术课程、自然科学课程三类课程中实践"思政"的不同要求，出现"学科德育"概念萌芽；二是明确教职工"教书育人、管理育人、服务育人"角色职责，即不管是什么类型的教师与职工，都有育人之责。

1950 年 8 月，中国教育工会第一次全国代表大会在北京召开，在与会代表的倡议下提出了"教书育人、管理育人、服务育人"的口号[①]。"三育人"理念从育人主体上明确了高校的教师、管理人员、其他职工均具有立德树人的职责。"三育人"是最早在政策层面体现"课程思政"意蕴的提法。

1987 年，党中央发布《关于改进和加强高等学校思想政治工作的决定》，明确提出："把思想政治教育与业务教学工作结合起来。要按照各个学科的特点，引导学生正确认识在校学习与今后工作之间的关系，解决好为谁服务的问题。……哲学社会科学和文学艺术课程，应坚持以马克思主义为指导，努力联系我国改革和建设的实践，把思想政治教育贯穿到教学环节中去。自然科学课程的教学要注意讲述本专业在我国社会主义建设中的成就和当前要解决的重大课题。"这是中央政策文献中第一次明确各类课程具体的思想政治教育之责，明确了哲学社会科学、文学艺术课程、自然科学课程三类课程的不同"思政"要求。这个决定同时提出对教师教书育人的政策要求。"办好社会主义的高等学校，培养德才兼备的学生，教师起着决定性的作用。教师的思想品德对学生有潜移默化的影响。教师的思想政治教育与教学工作结合起来，更容易为学生所接受。这就要求教师坚持正确的政治方向，忠诚于人民的教育事业，全面关心学生的成长，

---

① 参见张宁、王伟强：《改革开放以来高校"三全育人"研究综述》，《中国校外教育》2018 年第 8 期。

努力做到教书育人，为人师表。"①

1994 年，党中央发布《关于进一步加强和改进学校德育工作的若干意见》，明确要求："按照不同学科特点，促进各类学科与课程同德育的有机结合。……各门课程的建设应体现社会主义办学方向和全面发展的办学指导思想，教学大纲和教学评估标准要有正确的思想导向。"② 这个意见第一次提出了"学科德育"的理念与思想，它是最接近于"课程思政"的一个概念与理念。

（二）高校课程思政萌芽期（2004—2016 年）

2004 年，中共中央、国务院发布《关于进一步加强和改进大学生思想政治教育的意见》，这一意见的发布实施标志着我国高校课程思政在政策层面进入了萌芽期。该意见使高校课程思政的概念更为清晰，高校教师的课程思政之责更为明确。政策文本中"高校课程思政"主要意蕴包括：在课程本体方面，明确提出各门课程"都具有育人功能"；在教师角色规范方面，明确提出所有教师"都负有育人职责"；在课程思政元素挖掘方面，明确路径方法是"深入挖掘各类课程的思想政治教育资源"；在课程价值引领方面，明确提出将课程思想价值"引领贯穿教育教学全过程和各环节"；在课程思政实践进路方面，明确提出课程思政要贯彻"大中小学德育一体化"。

《关于进一步加强和改进大学生思想政治教育的意见》明确提出，"高等学校各门课程都具有育人功能，所有教师都负有育人职责"。政策文本中的"高等学校各门课程都具有育人功能，所有教师都负有育人职责"，是中央文件中第一次出现的"课程思政"思想萌芽，并同时对教师之责、教师要求、课程内容、课程讲授等提出了具体的课程与教师承载的思想政治教育要求。

2005 年，教育部发布《关于整体规划大中小学德育体系的意见》提出，大中小学各阶段的德育课程应形成由低到高、由浅入深、循环上升、有机统一的体系。《国家中长期教育改革和发展规划纲要（2010—2020年）》对此也有明确要求，提出"要把德育渗透于教育教学的各个环节，

---

① 中共中央文献研究室：《十二大以来重要文献选编》（下），北京，中央文献出版社 2011 年版，第 328 页。

② 《中共中央关于进一步加强和改进学校德育工作的若干意见》，《人民教育》1994 年第 10 期。

贯穿于学校教育、家庭教育和社会教育的各个方面"①。可以说，国家"大中小学德育一体化"教改试点，整体设计育人内容和体制机制，奠定了高校课程思政理论化、系统化、实践化、科学化的理论基础。

2014 年，党中央、国务院发布《关于进一步加强和改进新形势下高校宣传思想工作的意见》，明确提出"要以立德树人为根本任务，以深入推进中国特色社会理论体系进教材进课堂进头脑为主线，以提高教师队伍思想政治素质和育人能力为基础，以加强高校网络等阵地建设为重点，充分挖掘哲学社会科学课程的思想政治教育资源，不断壮大高校主流思想舆论，积极培育和践行社会主义核心价值观，培养德智体美全面发展的社会主义建设者和接班人"②。

2016 年，高校课程思政的上海经验，即以政治理论课程为核心、综合素养课程为支撑、专业课程为辐射的实践理念，写入了中央 31 号文件，即党中央、国务院发布的《关于加强和改进新形势下高校思想政治工作的意见》。这个意见指出，"要加强对课堂教学和各类思想文化阵地的建设管理。充分发掘和运用各学科蕴含的思想政治教育资源，健全高校课堂教学管理办法。要加强对校园各类思想文化阵地的规范管理，加强校园网络安全管理，营造风清气正的网络环境"。"要坚持全员全过程全方位育人原则，把思想价值引领贯穿教育教学全过程和各环节"③。

（三）高校课程思政推广期（2016—2020 年）

2016 年，全国高校思想政治工作会议胜利召开，这次会议成为"高校课程思政"进入推广期的标志。

1. 在推广期，具有重要指导地位的政策文本。第一，2019 年 3 月 18 日，学校思想政治理论课教师座谈会隆重召开。在此会议上，习近平总书记指出："思想政治理论课是落实立德树人根本任务的关键课程。""办好思想政治理论课关键在教师，关键在发挥教师的积极性、主动性、创造性。"④

第二，教育部发布了《高校思想政治工作质量提升工程实施纲要》，提出："大力推动以'课程思政'为目标的课堂教学改革，优化课程设置，

① 《国家中长期教育改革和发展规划纲要（2010—2020 年）》，http://www.gov.cn/jrzg/2010-07/29/content_1667143.htm。
② 《关于进一步加强和改进新形势下高校宣传思想工作的意见》，中办发〔2014〕59 号。
③ 《关于加强和改进新形势下高校思想政治工作的意见》，中发〔2016〕31 号。
④ 王炳林：《办好思想政治理论课关键在教师》，《中国教育报》2019 年 3 月 26 日。

修订专业教材，完善教学设计，加强教学管理，梳理各门专业课程所蕴含的思想政治教育元素和所承载的思想政治教育功能，融入课堂教学各环节，实现思想政治教育与知识体系教育的有机统一。"[1]

第三，教育部发布《关于加快建设高水平本科教育全面提高人才培养能力的意见》，提出："着力推动高校全面加强课程思政建设，做好整体设计，根据不同专业人才培养特点和专业能力素质要求，科学合理设计思想政治教育内容。"[2]

第四，2019 年，中共中央办公厅、国务院办公厅印发《关于深化新时代学校思想政治理论课改革创新的若干意见》，要求"深度挖掘高校各学科门类专业课程和中小学语文、历史、地理、体育、艺术等所有课程蕴含的思想政治教育资源，解决好各类课程与思政课相互配合的问题，发挥所有课程育人功能，构建全面覆盖、类型丰富、层次递进、相互支撑的课程体系，使各类课程与思政课同向同行，形成协同效应"[3]。

2. 在推广期，高校课程思政在实践层面的主要成果。第一，高校课程思政与思政课程关系有了新界定，高校教师角色有了新内涵。2016 年 12 月，习近平总书记在全国高校思想政治工作会议上提出："高校立身之本在于立德树人。""要用好课堂教学这个主渠道，思想政治理论课要坚持在改进中加强，提升思想政治教育亲和力和针对性，满足学生成长发展需要和期待，其他各门课都要守好一段渠、种好责任田，使各类课程与思想政治理论课同向同行，形成协同效应。"[4] 这是习近平总书记关于高校课程思政和思政课程关系的最为主要的论述。正是在这次会议上，习近平总书记对教师的角色定位作了进一步的阐述。"高校教师要坚持教育者先受教育，努力成为先进思想文化的传播者、党执政的坚定支持者，更好担起学生健康成长指导者和引路人的责任。要加强师德师风建设，坚持教书和育人相统一，坚持言传和身教相统一，坚持潜心问道和关注社会相统一，坚持学术自由和学术规范相统一，引导广大教师以德立身、以德立学、以德施教。"[5]

---

① 中共教育部党组：《关于印发〈高校思想政治工作质量提升工程实施纲要〉的通知》，教党〔2017〕62 号。

② 《教育部关于加快建设高水平本科教育全面提高人才培养能力的意见》，教高〔2018〕2 号。

③ 《关于深化新时代学校思想政治理论课改革创新的若干意见》，中办发〔2019〕47 号。

④ 《习近平谈治国理政》第 2 卷，北京，外文出版社 2017 年版，第 378 页。

⑤ 《习近平谈治国理政》第 2 卷，北京，外文出版社 2017 年版，第 378 页。

第二，建设高水平人才培养体系，高校课程思政成为其基础细胞。2018 年 5 月 2 日，习近平总书记在北京大学师生座谈会上提出办出中国特色世界一流大学，有三项基础性工作要抓好："坚持办学正确政治方向""建设高素质教师队伍""形成高水平人才培养体系"。① 人才培养体系包括学科知识体系、教师队伍建设体系、课程教学体系、课程教材教案生产体系、教育教学评估监督体系、思想政治工作体系、教育管理服务体系、学生服务体系等内容。在这些体系中，思想政治工作体系是涉及所有人才培养体系的基础性体系。习近平总书记在讲话中提出把思想政治工作体系贯通到整个人才培养体系之中，高校课程思政任务重大，这是高校课程思政实践过程中的一次飞跃。

第三，遵循习近平总书记关于教育的重要论述，高校课程思政目标与路径日趋明确清晰。2018 年 9 月，全国教育大会召开。习近平总书记在会议讲话中提出，教育工作要做到"九个坚持"。习近平总书记指出："教育事关国家发展、事关民族未来；没有哪一项事业像教育事业这样影响甚至决定着接班人问题，影响甚至决定着国家长治久安，影响甚至决定着民族复兴和国家崛起。从这个意义上说，教育是国之大计、党之大计。"② 自此之后，高校课程思政的目标明确，路径清晰。

第四，形成高校课程育人、科研育人、实践育人、管理育人等"十大育人体系"，并把"十大育人体系"作为以推进高校课程思政高质量发展为目标的高校课程教育教学改革。教育部党组发布的《高校思想政治工作质量提升工程实施纲要》要求："对构建课程育人、科研育人、实践育人等'十大育人体系'进行总体部署，其中在每个育人体系建设中都要求培育一批全国精品示范项目或示范岗，从而促进典型经验的宣传推广。大力推动以课程思政为目标的课堂教学改革。"③

第五，由于贯通了学科体系、教学体系、教材体系、管理体系，高校思想政治工作体系更加科学。2020 年 5 月，教育部、中组部、中宣部、中央政法委、中央网信办、财政部、人社部、共青团中央部门联合印发《关于加快构建高校思想政治工作体系的意见》提出了明确的高校思想政治工作体系建设目标："健全立德树人体制机制，把立德树人融入思想道

① 习近平：《在北京大学师生座谈会上的讲话》，《人民日报》2018 年 5 月 3 日。
② 习近平：《坚持中国特色社会主义教育发展道路　培养德智体美劳全面发展的社会主义建设者和接班人》，《人民日报》2018 年 9 月 11 日。
③ 徐瑞哲：《推进从"思政课程"走向"课程思政"》，《解放日报》2018 年 7 月 27 日。

德、文化知识、社会实践教育各环节，贯通学科体系、教学体系、教材体系、管理体系，加快构建目标明确、内容完善、标准健全、运行科学、保障有力、成效显著的高校思想政治工作体系。"

3. 在推广期，高校课程思政实践的主要特征。第一，自上而下，全面启动。自上而下是中国高校行动的基本特征，也是中国高校治理的一个主要特色。各省市依据教育部相关文件，迅速下达文件，要求各高校、高校各学科、高校全部课程实施、实践课程思政。如《浙江省高校课程思政建设实施方案》规定："在所有高校、所有学科专业全面推进课程思政建设，促使课程思政的理念形成广泛共识，广大教师开展课程思政建设的意识和能力全面提升，协同推进课程思政建设的体制机制基本健全。"[1] 河南省教育厅《关于开展本科高校课程思政项目建设的通知》明确要求："全面推进我省本科高校课程思政建设，形成全员全过程全方位育人的新格局。"[2] 河北省教育厅《全面推进高等学校课程思政建设工作方案》要求："聚焦落实立德树人根本任务，围绕建设高水平人才培养体系，协同推进课程思政建设的体制机制更加完善，形成全面覆盖、类型丰富、层次递进、相互支撑的课程思政内容体系、教学体系、专业体系、培养体系、研究体系和评价体系。"[3]

各高校立即行动起来，基本上建立了自上而下的机制、体制、平台、组织和制度。"党委统一领导、党政齐抓共管、教务部门牵头抓总、相关部门联动、院系落实推进、自身特色鲜明的课程思政建设工作格局"正在形成[4]。

第二，项目引领，系统推进。项目引领，是中国高校治理的一个重要机制。大到国家的各类项目，中到各省的各类项目，小到学校的各类项目，都能吸引广大教师的关注和参与。通过项目申报的形式，推动广大教师对课程思政理解、认知、参与、认同，项目引领是提升高校目标认同的一种主要机制，也是一种十分有效的机制。河北省教育厅《全面推进高等学校课程思政建设工作方案》设置的项目是："5年内，选树省级课程思政

① 浙江省教育厅:《关于印发〈浙江省高校课程思政建设实施方案〉的通知》，浙教高教〔2020〕61号。
② 河南省教育厅:《关于开展本科高校课程思政项目建设的通知》，教高〔2020〕426号。
③ 河北省教育厅:《关于印发〈全面推进高等学校课程思政建设工作方案〉的通知》，冀教高〔2020〕26号。
④ 教育部:《关于印发〈高等学校课程思政建设指导纲要〉的通知》，教高〔2020〕3号。

建设示范校 10 所，建设省级课程思政教学研究示范中心 100 个，遴选省级课程思政教学名师 100 名和优秀教学团队 100 个，推出省级课程思政示范课程 100 门和优质课程 200 门，设立省级课程思政改革研究项目 1000 项。涌现出一批有影响力的课程思政教师代表，推出一系列可推广的课程思政教育教学改革典型经验和特色做法，全面形成广泛深入开展课程思政建设的良好氛围。"① 《浙江省高校课程思政建设实施方案》提出的项目是："5 年内，培育一批课程思政示范课程，选树一批课程思政基层教学组织和课程思政建设示范校，设立一批课程思政教学研究项目，建设一批课程思政教学资源库和优秀案例，充分发挥示范典型的引领带动作用，全面形成广泛深入开展课程思政建设的良好氛围。"② 《河南省教育厅关于开展本科高校课程思政项目建设的通知》设置的项目是："2020 年，面向全省普通本科高校立项建设 200 门课程思政样板课程，30 个课程思政教学团队，10 个课程思政教学研究示范中心，8 所课程思政建设示范高校。"③

各高校在省教育行政部门的领导下，也设计了种类繁多的高校课程思政项目，可以说项目引领、系统推进的全覆盖高校课程思政建设已经蔚然成风。

第三，理念提升，持续深化。前期试点省份、高校在课程思政全覆盖阶段，有了新的理念提升、理论深化、实践彻底。"上海新出台《关于深入推进上海高校课程思政建设的实施意见》，全面修订人才培养方案，在国内首次推出高校课程思政教学指南，上海课程思政改革 2.0 升级版再出发。"④ 其主要特征：一是明确高校课程思政高质量发展的基本理念，即"课程思政是高校思想政治教育课程体系建设的核心理念"。二是全面启动上海高校人才培养方案修订工作。人才培养方案是高校课程思政建设的重点。在本阶段，各个高校根据自身办学定位和人才培养目标体系，依据高校课程思政建设的性质和内容要求，对本高校人才培养方案进行了全面修订，以此达到提升本校课程思政的教育教学效果。各个高校对公共基础类课程、专业教育类课程、实践类课程的建设，提出了明确、具体的高校

---

① 《河北省教育厅关于印发〈全面推进高等学校课程思政建设工作方案〉的通知》，冀教高〔2020〕26 号。

② 《浙江省教育厅关于印发〈浙江省高校课程思政建设实施方案〉的通知》，浙教高教〔2020〕61 号。

③ 《河南省教育厅关于开展本科高校课程思政项目建设的通知》，教高〔2020〕426 号。

④ 刘昕璐：《上海打造课程思政改革 2.0 升级版》，《青年报》2020 年 9 月 18 日。

课程思政建设的要求。三是率先推出国内高校课程思政教学指南。先期推出的同济大学团队研制的《交通运输类课程思政教学指南》和华东师范大学团队研制的《地理学类课程思政教学指南》正式发布。这是国内高校针对专业门类研制开发的首个高校课程思政教学指南。四是研制《上海高校课程思政建设质量自查指标体系（试行）》，以此作为各个高校课程思政建设的重要参照标准。天津市则在 2019 年首次举办了高校课程思政网上集体备课，在备课中，参会教师集中研究高校课程思政融入思政元素的方式方法及高校课程思政教学的方式方法。山东省成立省级高校课程思政研究中心，协调推进省内高校课程思政教育教学的理论研究和实践探索工作，并建设了专门的高校课程思政研究中心网站，向广大教师推送优秀的高校课程思政样板教学案例。在这一阶段，各高校的经验层出不穷，高校课程思政的理论创新和实践探索日益丰富。

（四）高校课程思政普及化阶段（2020 年至今）

教育部在 2020 年 5 月发布的《高等学校课程思政建设指导纲要》，标志着全国高校课程思政全面发展进入了普及化阶段。这一纲要为高校全面推进课程思政建设、实现高校"全员全程全方位育人"提供了行动遵循，高校课程思政自此有了行进路线图。

《高等学校课程思政建设指导纲要》明确了高校课程思政建设中的内容供给原则，即 1 个核心点、5 项重点内容供给、6 个方面教育。1 个核心点：全面提高人才培养能力是高校课程思政建设的核心点。5 项重点内容供给：重在"政治认同、家国情怀、文化素养、宪法法治意识、道德修养"5 个方面提供适切的高校课程思政内容。6 个方面教育：通过提升高校教师的课程思政教育教学胜任力，即进行高校课程思政的意识和能力，主动在课程教育教学中对学生实施"中国特色社会主义和中国梦教育、社会主义核心价值观教育、法治教育、劳动教育、心理健康教育、中华优秀传统文化教育"6 项教育。

对于《高等学校课程思政建设指导纲要》，教育部给出了具体的阐释与解读，教育部领导要求各地各高校要落实好《高等学校课程思政建设指导纲要》。一是弄清"干什么"，确保"抓准"。要建立起一整套符合专业育人特点、符合认知科学要求、使政工作落地见效的课程思政教学体系。二是找准"怎么干"，确保"抓实"。要设计实施好勘探、采掘、冶炼、加工的工艺流程，找准不同课程与相关思政元素切入点，把课程思政体现到高校教育教学全过程。三是做实"谁来干"，确保"见效"。"教育主管部门和高校是组织者、领导者，教师是课程思政建设的实践者、推动者，课程思政建设的成效可评价、进考核、常督查，各个层面在思想上同心、在目标上同向、在行动上同行，形成'校校有精品、门门有思政、课课有特色、人人重育人'的良好局面。"①

高校课程思政建设主要有 5 个特点，概括起来就是"四新一大"：新认识、新理念、新抓手、新要求、大动作。② 一是新认识。"课程思政建设，影响甚至决定着国家长治久安、民族复兴和国家崛起"。二是新理念。"课程思政是专业课程与弘扬真善美的结合，是让课程思政有情有义、有温度、有爱的过程"。三是新抓手。专业课程是课程思政建设的基本载体。"高校教师的 80% 是专业教师，课程的 80% 是专业课程，学生学习时间的 80% 是专业学习。多年的调查表明，80% 的大学生认为，对自己成长影响最深的是专业课和专业课教师。这 4 个 80% 是提出课程思政建设这一重大命题的现实依据"。四是新要求。明确了课程思政建设"做什么、怎么做、谁来做"。五是大动作。这一举措实现了"三个全覆盖"，"覆盖了高职、本科、研究生教育各个层次，覆盖了文理工农医教艺各个学科专业，覆盖了 2600 多所高校、160 多万专职教师和 3000 多万在校大学生"③。

（五）高校课程思政的实践进路

高校课程思政始于上海近 20 年的探索，成形于 2016 年思想政治教育工作会议后的各校实践，完善于 2020 年 5 月《高等学校课程思政建设指导纲要》发布之后。

1. 上海课程思政经验的形成阶段。上海课程思政实践始于 2005 年基础教育阶段中"学科德育"探索，特别是利用 2010 年上海成为"一市两校"（上海市、北京大学和清华大学）教育综合改革国家试点的机遇，于 2014 年出台了《上海高校课程思政教育教学体系建设专项计划》，在高校中全面开展"课程思政"实践探索。

"在全面推广期，上海针对思想政治理论课、'中国系列'选修课程、综合素养课程和专业教育课程三类课程的不同属性，分类厘清各自功能定位，分类开展重点建设。首先，突出思想政治理论课的核心地位，打好

①   柴葳：《抓准抓实全面推进高校课程思政建设取得实效》，《中国教育报》2020 年 6 月 10 日。
②   参见吴岩：《让课程思政建设在全国高校刮起一股新风》，edu.people.com.cn/n1/2020/0611/c367001-31743663.html。
③   吴岩：《让课程思政建设在全国高校刮起一股新风》，edu.people.com.cn/n1/2020/0611/c367001-31743663.html。

思政课教学质量提升的攻坚战。其次，突出'中国系列'课程的教改创新。"[①] "再其次，突出综合素养课程和专业课程教学的育人导向，促使知识传授与价值观教育同频共振。上海一方面制订综合素养课程建设价值标准，围绕体制机制、课程设置、教师选聘以及教学方式等方面，强化政治方向和思想引领，突出综合素养课程的育人价值；另一方面，制订专业课程育人教学规范和评价标准，编制课程教学指南，推广试点经验。"[②]

通过顶层设计、机制创新改革，上海高校课程思政理论与实践创新出现了一个新局面。上海高校思政课程不再"孤军奋战"，全体教师、全部课程实施学科育人的局面已然形成。思想政治理论课程、通识教育与综合素养课程、学科专业教育课程三位一体，均有了"思政味"，高校课程思政教育教学系统逐步形成。

上海经验可以归结为以下两个方面：

第一，注重顶层设计，优化机制设计。"上海按照党委统一领导、党政部门协同配合、以行政渠道为主组织落实的思路，建立健全领导体制和工作机制，全市所有高校都成立了课程思政改革领导小组，所有高校党委书记均亲自担任组长，并设立专门办公室推进落实。"[③]

第二，坚持系统理念，做到整体设计、全面推进。一是科学厘定思想政治理论课程、通识教育与综合素养课程、学科专业教育课程三类课程的属性与定位；二是科学打造"三全育人"共同体，"通过教务、学工一体化管理路径，'推行服务学生成长导师团'，将专业课教师、临床教师、思想政治教育教师（辅导员）及社会资源打造成'育人共同体'"[④]；三是尊重高校课程思政规律、高校思想政治教育规律，系统推进高校所有课程向高校课程思政转变。

2. 部分高校课程思政示范引领的阶段。2016年，习近平总书记在全国高校思想政治工作会议上的重要讲话中指出："要用好课堂教学这个主渠道，思想政治理论课要坚持在改进中加强，提升思想政治教育亲和力和针对性，满足学生成长发展需求和期待，其他各门课都要守好一段渠、种好责任田，使各类课程与思想政治理论课同向同行，形成协同效

① 虞丽娟：《发挥课堂教学主渠道作用》，《中国教育报》2017年7月6日。
② 虞丽娟：《发挥课堂教学主渠道作用》，《中国教育报》2017年7月6日。
③ 虞丽娟：《发挥课堂教学主渠道作用》，《中国教育报》2017年7月6日。
④ 曹锡康：《遵循"课程思政"教学规律》，《中国教育报》2017年7月6日。

应。"①2017 年 6 月 22 日，教育部在上海召开 2017 年高校思想政治理论课教学质量年上海调研片会暨高校课程思政现场推进会。在本次会议上，达成如下共识：上海高校课程思政改革敢为人先、谋划超前，路径清晰、层次分明，领导重视、建章立制，取得了重要进展，体现了上海市"改进"的努力、"加强"的时效、"创新"的意识、"提高"的水平，"为构建以思政课为核心，各类课程与思政课同向同行、形成协同效应的思想政治理论教育课程体系提供了一套有价值、可推广的'上海经验'"。对于今后推进"课程思政"改革与思政课教学质量年各项工作，教育部提出了 5 点要求："一要做到以'思路攻坚'统一认识，充分发挥课堂育人主渠道作用，在办好思政课的基础上，不断推动其他各类课程发挥育人功能。二要做到以'师资攻坚'壮大力量，既积极主动以高标准做好专职教师的选聘工作，又实施好'特聘教授'制度。三要做到以'教材攻坚'丰富供给，有效解决'最先一公里'的转化和进入问题，把活的现实、活的理论融入教材，使思政课教材有温度、有触感、有质量。四要做到以'教法攻坚'改善课堂，推动党的理论创新成果入脑入心，在多样化的课程课堂教育教学之中，在潜移默化中实现课程教育目标。五要做到以'机制攻坚'形成长效，提炼可复制可推广的思政课改革创新模式，形成符合思政课建设发展规律的运行机制、考评机制。"② 自此之后，我国课程思政建设进入部分高校示范引领阶段。本研究调查显示：截至 2020 年 6 月 30 日，全国 34 个省级行政区域中的 31 个省级行政区域 1265 所本科层次高校中，355 所高校制定了关于课程思政的实施方案，占比为 28%。

这一阶段的代表高校及其主要特征表现：

第一，北京联合大学：系统性、全覆盖。北京联合大学原党委书记、该校课程思政总设计师韩宪洲对该校的做法和经验总结如下："首先，把课程思政建设作为落实立德树人根本任务的重要抓手，健全'三全育人'体制机制，使课程思政建设理念在教职工中形成广泛共识。其次，通过课程思政建设，课堂成为育人的主渠道。再次，以课程思政建设为抓手，健全'三全育人'体制机制。最后，通过课程思政建设，立德树人成为高校

---

　　① 《习近平在全国高校思想政治工作会议上强调　把思想政治工作贯穿教育教学全过程　开创我国高等教育事业发展新局面》，《人民日报》2016 年 12 月 9 日。

　　② 董少校：《打赢提高思政课质量和水平的攻坚战　教育部召开高校"课程思政"现场推进会》，《中国教育报》2017 年 6 月 23 日。

意识形态主旋律。"[①]

第二，上海中医药大学：建构跨界育人共同体。上海中医药大学自2013年开始探索课程思政改革，2014年"人体解剖学"课程改革入选"德育创新课题"，2015年学校启动10门"专业课程德育实践"重点建设项目，2018年在全校所有课程中落实课程思政改革要求。该校特别的经验是建构跨界育人共同体。该校自2015年起组建学生成长导师团，建构跨界育人共同体，以提升专业课程德育的实效性。"学校通过教务、学工一体化管理路径，将专业教师、思政教师、辅导员、管理人员凝聚成全员育人共同体，以导师团队的形式服务学生，实现思政教师和专业教师职能互补、优势叠加，真正做到了教育与教学的有机统一"[②]。"服务学生成长导师团"从学生成长和发展的现实需求出发，按照"跨专业、跨学科、跨行业、跨领域"的"跨界"原则组成。每个导师团由一位"名师""名家"或"名医"担任团长，成员为5—8名，由专业课程教师、科研人员、临床医护人员、管理服务人员、思想政治教育教师（辅导员）等组成。在"名师""名家"和"名医"的积极引领下，实现各方育人队伍的全面融合，"努力建构专业课程教育与思政教育相结合、课内教育与课外教育相结合、线上教育与线下教育相结合、学校教育与社会教育相结合的全程育人平台"[③]。

第三，天津大学：打造课程思政资源共享模式。天津大学围绕"五个体系"开展课程思政建设。一是"党建引领＋课程思政"的铸魂育人体系；二是"师德师风＋课程思政"的育人贯通体系；三是"思政课程＋课程思政"的协同育人体系；四是"四大课程＋课程思政"的课程育人体系；五是"新工科＋课程思政"的新型人才培养体系。综合而言，天津大学围绕新工科开展课程思政的实践探索主要包括5个方面：工作载体的"先锋队"实践探索、教师队伍的"主力军"实践创新、高校课程思政建设的"主战场"实践经验、课程课堂教学的"主渠道"实践成效、专业建设的"资源库"实践摸索。

天津大学课程思政工作的亮点是成立天津大学"课程思政研究与实践中心"及在中心指导下的专业建设的"资源库"实践。2019年7月1日，

① 韩宪洲：《课程思政：新时代中国特色社会主义高等教育的理论创新与实践创新》，《中国高等教育》2020年第22期。
② 徐建光：《坚持全课程育人 深化课程思政改革》，《上海教育》2017年第12期。
③ 马天梅、舒静、王琳、张黎声：《德智并举 术德共育 中医院校课程思政改革的实践探索》，《中华医学教育杂志》2020年第7期。

"课程思政研究与实践中心"成立暨天津大学第一批课程思政示范课建设立项结果发布会召开。为使课程负责人更好地把握课程思政的内涵、提高课程思政教学质量，学校遴选了 20 名马克思主义学院思想政治理论课教师，作为课程共建人。在"中心"指导下，一些专业学院深度建设课程思政的"资源库"。如材料科学与工程学院课程思政资源库包括时代楷模与身边榜样、重大工程中的材料问题、中国历史上的材料发明与创新、生活中的材料、材料人的光荣使命 5 个板块，收集整理 35 名材料领域突出人物、32 项材料相关前沿科技与 20 余种先进材料应用相关背景资料，共计100 篇文稿，近 20 万字。以榜样人物故事涵养学生家国情怀，以历史科技成就向学生传播科学精神，以科学问题激发学生创新热情。为教师讲授课程提供参考，为学生了解专业提供资料。[1]

3. 高校课程思政全覆盖。2020 年 5 月，教育部发布《高等学校课程思政建设指导纲要》，基于该纲要规定，实施高校课程思政成为高校的一个基本育人实践要求。"门门有思政、人人讲思政"是这一阶段的突出特征。

四、高校课程思政的发展现状述评

综合来讲，从政策层面上讲，上至党中央、国务院，下至省级政策，都有充分的力度，也有具体的操作办法。但从实践进路上讲，各高校上至领导，下至教师和学生，各高校进度和热度还是不同的。一些示范高校从理论到实践已经有了一套完整的体系；一些高校仍在探索的路上。从理论探索上讲，学界对思政元素如何发掘、加工、实践，对高校课程思政如何生产、如何教学尚缺乏学科层面上的研究；对如何调动教师参与高校课程思政建设的积极性学理研究不够；对高校课程思政共同体和课程思政立德树人效能研究更欠深入。主要表现在学科立场的单一，目前学界开展高校课程思政问题研究的主流学科是马克思主义理论，与高校课程思政高质量发展相关性极高的教育学学科、社会学学科共同体立场尚未实质介入。即研究者目前集中在马克思主义学院教师、部分任课教师所作的教学研究。教育学特别是课程与教学论学科的研究者尚未实质介入这一问题研究。

---

[1] 课程思政素材库，http://mse.tju.edu.cn/kcszsck.htm。

第二节 新时代需要高校课程思政高质量发展

2017年10月，习近平总书记在党的十九大报告中正式宣告："经过长期努力，中国特色社会主义进入了新时代，这是我国发展新的历史方位。"新时代是"走进富强的美好时代、发起冲刺的关键时代、充满风险的危急时代、团结奋进的拼搏时代"①。

新时代是新理念指导的时代，创新将成为第一动力；新时代也是中国由富变强的时代，综合国力将更强更大；新时代也是中国走向世界科研中心的时代，高校需要更强的科技创新能力；新时代也是中国平视甚至俯视世界的时代，需要年轻一代具有更强的自信心。所有这些，对高等教育人才培养的规格、质量、模式都提出了新的要求。课程是高等教育的主阵地，课程也是影响高校人才培养质量的最重要载体。正是在这个意义上，高校课程思政被赋予更大的使命。

一、教育根本任务需要高校课程思政高质量发展

教育的使命是培养社会需要的时代新人。党的十九大报告提出的"担当民族复兴大任的时代新人"，是新时代教育人才培养的根本任务。

首先，时代新人要有理想、有本领、有担当。党的十九大报告提出："青年兴则国家兴，青年强则国家强。青年一代有理想、有本领、有担当，国家就有前途，民族就有希望。"其次，时代新人是"德智体美全面发展的社会主义建设者和接班人"。在2018年9月召开的全国教育大会上，习近平总书记明确提出："在党的坚强领导下，全面贯彻党的教育方针，坚持马克思主义指导地位，坚持中国特色社会主义教育发展道路，坚持社会主义办学方向，立足基本国情，遵循教育规律，坚持改革创新，以凝聚人心、完善人格、开发人力、培育人才、造福人民为工作目标，培养德智体美劳全面发展的社会主义建设者和接班人，加快推进教育现代化、建设教育强国、办好人民满意的教育。"②在这段论述中，"培养一代又一

---

① 刘建军：《深刻认识新时代中国特色社会主义的历史方位——访中国人民大学马克思主义学院刘建军教授》，《高校马克思主义理论研究》2020年第6期。

② 《习近平在全国教育大会上强调 坚持中国特色社会主义教育发展道路 培养德智体美劳全面发展的社会主义建设者和接班人》，《人民日报》2018年9月11日。

代拥护中国共产党领导和我国社会主义制度、立志为中国特色社会主义奋斗终身的有用人才"，可以看作对"培养德智体美劳全面发展的社会主义建设者和接班人"的具体化阐释。

"课程是教育思想、教育目标和教育内容的主要载体，集中体现国家意志和社会主义核心价值观，是学校教育教学活动的基本依据，直接影响人才培养质量。"[1] 课程思政是高校立德树人的主要载体，是高校立德树人的主要场域，是高校的关键成果。构建高质量的人才培养体系要把立德树人放在中心位置，并作为根本任务去完成。在人才培养过程中，必须防止专业教育与思政教育相割裂的倾向，统筹好专业学习与思政教育的关系，将课程思政贯穿于高校课堂的方方面面，健全高校课程思政的管理体系、工作体系、服务体系、操作体系，完善高校课程思政的内容体系，真正做到高校课程思政教育教学润物无声、育人有道。

马克思主义理论认为，"一切划时代的体系的真正的内容都是由于产生这些体系的那个时期的需要而形成起来的。"[2] 高校课程思政是新时代产生的新事物，它也必须反映这个时代特征。可以说，高校课程思政是新时代中国特色社会主义高校的最重要特征。高校育人的最终目的是为党育人、为国育才。国家需求和社会发展需要是学校人才培养的出发点，建设覆盖面广、层次性强、类型多样、互为依托的课程思政体系是高校的题中应有之义和重点所在。各类课程思政要立足高等教育立德树人这一根本任务，深入挖掘课程本身的思想政治教育资源，让学生在专业课程学习中不仅能把握事物发展的规律，而且可以在丰富学科知识中对大学生进行社会主义核心价值观教育，培育当代大学生的家国意识、家国情怀，最终把大学生培养成担当民族复兴大任的时代新人。

二、百年未有之大变局需要高校课程思政高质量发展

进入新世纪，世界正在经历百年未有之大变局。在这个百年未有之大变局中，世界正在经历大调整、大分化、大重组。美西方国家的主导地位正在下降，而新兴市场国家和发展中国家地位和作用正在扩大，新兴国家与发达国家的冲突与矛盾越来越大，世界多极化、全球化和逆全球化交织并行，全球治理体系与国际形势变化前所未有；同时，新一轮科技革

---

① 《教育部关于全面深化课程改革落实立德树人根本任务的意见》。
② 《马克思恩格斯全集》第 3 卷，北京，人民出版社 1960 年版，第 544 页。

命、产业革命带来的新旧之间激烈竞争前所未有。在这一大变局中，蕴含着"危"也充满着"机"，与之相关的是我国高校人才培养规格的不适应、不对称问题尤其突出。可以说，在这百年未有之大变局中，中国将逐步靠近世界治理中心、世界发展中心；我们将会逐渐实现中华民族伟大复兴中国梦的目标。所有这一切，都对高校人才培养规格、质量，人才培养模式提出更高要求，也对作为人才培养模式细胞的课程思政提出更高要求。

高校课程思政必须在百年未有之大变局的背景下，去认识高校课程思政的意义，明确高校课程思政的目标。只有在这个背景下去发展高校课程思政，才能更清楚地认识到课程本身的目标与价值。从而通过课程教育教学，让广大学生明确，要实现中华民族伟大复兴的中国梦目标，需要高举正确的旗帜走好正确的前进路径，以前所未有的饱满精神状态担负起中华民族伟大复兴的历史任务，这是高校课程思政高质量发展必须明确的定位。

三、站稳意识形态立场需要高校课程思政高质量发展

课程是高校人才培养体系的核心细胞，是决定人才培养质量的关键性因素。建设高质量人才培养体系是一项全局性、战略性的任务，课程的独特作用和特殊价值正在成为政府意志彰显和社会共识达成的载体。课程改革正在成为高等教育实施过程中最活跃、最重要的因素。也可以说，立德树人是高校立身之本，高校课程是高校高质量完成这一根本任务的主要载体，因此，高校教师就成为高校完成高校立德树人根本任务的"主力军"。

高校课程思想承载着"什么知识最有价值"和"谁的知识最有价值"两大命题。"我国有独特的历史、独特的文化、独特的国情，决定了我国必须走自己的高等教育发展道路，扎实办好中国特色社会主义高校。我国高等教育发展方向要同我国发展的现实目标和未来方向紧密联系在一起，为人民服务，为中国共产党治国理政服务，为巩固和发展中国特色社会主义制度服务，为改革开放和社会主义现代化建设服务。"[①] 这是中国高校建设发展的本质特征和历史任务。高校课程思政作为高校人才培养体系中的关键环节，必须明确"谁的知识最有价值"这一命题的意旨，站稳高校课程意识形态立场。站稳这一立场，要求高校课程思政要努力实现与高校思

---

① 《习近平在全国高校思想政治工作会议上强调 把思想政治工作贯穿教育教学全过程 开创我国高等教育事业发展新局面》，《人民日报》2016 年 12 月 9 日。

想政治理论课程同向同行，并努力形成协同效应，各类课程要共同为高校实现立德树人这一根本任务服务。基于此，"思想政治理论课要坚持在改进中加强，提升思想政治教育亲和力和针对性，满足学生成长发展需求和期待。"而"其他各门课都要守好一段渠、种好责任田"，都应该站稳意识形态立场，旗帜鲜明批驳各种有违马克思主义的错误观点，增进各类课程自觉服务社会主义意识形态建设的学科自觉与使命担当。思想政治理论课和其他各门课程要共同做到："围绕学生、关照学生、服务学生，不断提高学生思想水平、政治觉悟、道德品质、文化素养，让学生成为德才兼备、全面发展的人才"①。

四、立德树人效能最大化需要高校课程思政高质量发展

2020 年 5 月，教育部等 8 部门，联合印发了《关于加快构建高校思想政治工作体系的意见》。该意见以习近平新时代中国特色社会主义思想为指导，全面深入贯彻党的教育方针，提出了高校思想政治工作的根本任务是立德树人；高校思想政治工作的核心职能是对大学生进行理想信念教育；高校思想政治工作的主线是培育和践行社会主义核心价值观；高校思想政治工作的关键是建立健全全员、全过程、全方位育人体制机制。提出了把立德树人作为高校工作的出发点和落脚点，通过思想道德、文化知识、社会实践等各个教育环节的紧密衔接，让立德树人贯穿到高校工作的方方面面，最终构建起高效、科学、完善的思想政治工作体系的明确目标。这是高校课程思政建设的重要指南，它明确了高校课程思政在思想政治教育体系中的地位与作用。

高校育人的主要载体是课程，专业课程占大学课程的 80%，学生的学习精力、时间、关注度也大部分集中于专业课程，可以说，专业课程是课程育人、课程德育的重要组成部分，专业课程应与思想政治教育理论课程互为补充、同向同行，产生协同效应。重视高校专业课程思政元素的开发、融入，并让这些元素与专业知识融为一体，是高校课程思政必须研究的规律，高校课程思政是高校思想政治教育工作的重要组成部分。

我们既要从实践层面去研究高校课程思政，又要从学科视角去研究高校课程思政，高校课程思政的持续发展需要科学的高校课程思政体系。这

---

① 《习近平在全国高校思想政治工作会议上强调　把思想政治工作贯穿教育教学全过程　开创我国高等教育事业发展新局面》，《人民日报》2016 年 12 月 9 日。

些体系包括理论体系、实践体系、学科体系等。

在理论层面，我们需要认真探讨、科学定位高校课程思政是什么、为什么、如何做、如何持续发展、如何高质量发展等一系列理论问题。

在实践层面，我们要从系统的角度、共同体的立场去科学谋划高校课程思政实践系统体系。系统观念是全局性、根本性、全面性、基础性的思维方法和工作方法，是增强系统发展的整体性、全局性、协同性的有效之路。毛泽东曾说过："没有全局在胸，是不会真的投下一枚好棋子的。"① 习近平总书记指出："要建立党委统一领导、党政齐抓共管、有关部门各负其责、全社会协同配合的工作格局，推动形成全党全社会努力办好思政课、教师认真讲好思政课、学生积极学好思政课的良好氛围。""学校思想政治工作不是单纯一条线的工作，而应该是全方位的。"② 习近平总书记明确了新时代思想政治理论课建设"四位一体"工作格局的顶层设计，提出了一个系统完备、党政协调、逻辑严密、内在统一的工作体系。在这个工作体系中，"党委统一领导"是"四位一体"的工作核心、"党政齐抓共管"是"四位一体"的运行关键、"有关部门各负其责"是"四位一体"的根本之路、"全社会协同配合"是"四位一体"的工作基础。基于系统思维的整体性、协同性原则，从整体和联系视角出发，坚持思想政治理论课程"四位一体"的顶层设计，对构筑高校课程思政共同体显得尤为重要。

在学科层面，要认真研究高校课程思政与相关学科的关系，积极吸收和引进其他学科的理论成果，促进高校课程思政的体系化、学科化、科学化。

总之，要通过理论探索、实践创新、学科整合，不断提升高校课程思政理论的体系化、学科化、科学化，不断增强高校课程思政理论的解释力，提升高校课程思政理论的传播力，促进高校课程思政理论穿透力的提升。在科学的高校课程思政理论指引下，提升广大高校教师课程思政胜任力，使高校教师可以用深刻的高校课程思政打动学生、教育学生，提升高校课程思政的理论性、科学性、实践性，促进高校课程思政可持续发展和高质量发展。

高校课程思政虽然是一个源远流长的理念与实践，但在新时代百年未

---

① 辛士红：《"多打大算盘、算大账"》，《人民日报》2020 年 10 月 19 日。

② 《习近平主持召开学校思想政治理论课教师座谈会》，https://www.gov.cn/xinwen/2019-03/18/content_5374684.htm。

有之大变局的环境下，高校课程思政如何发挥课程立德树人效能最大化仍是需要深入研究的大问题。立德树人是一个复杂的育人过程，新时代对立德树人的内涵与外延也要有相应不同的要求。实现高校课程思政立德树人效能最大化需要学校"三全育人"的氛围，即需要社会教育、家庭教育和学校教育的同向同行；需要每一门课、每一位教师都切实不忘初心，牢记育人使命；需要持续不断的立德树人评价、评估，以使高校立德树人进程更为科学。所有这些工作，迫切需要理论的支撑。利用高校课程思政研究成果，可以力促高校课程思政共同体的构建、发展与完善，通过高校课程思政共同体的整体力量实现高校课程思政与思政课程的同向同行，协同育人。利用高校课程思政理论研究和实践探索成果，促进高校全员育人、全过程育人、全方位育人的科学系统形成。

第三节　高校课程思政高质量发展的共同体
模式研究遵循的研究立场

把高校课程思政高质量发展的共同体模式研究作为一个研究问题、研究领域或者作为一个交叉学科，是开展高校课程思政研究必须回答的问题。而关于这个问题的答案，即是高校课程思政研究的研究立场。研究立场是特定学术研究发现知识、传递价值、培养能力的独特主张。高校课程思政高质量发展的共同体模式研究遵循的研究立场主要有以下几个方面：

一、马克思主义理论

坚持马克思主义理论学科立场，即坚持用马克思主义立场观点方法来观察、分析、研究、指导高校课程思政高质量发展中的各种现象和问题；坚持以习近平新时代中国特色社会主义思想为指导，形成新时代中国特色的高校课程思政理论，促进高校课程思政高质量发展、可持续发展。

第一，坚持马克思主义理论学科立场，要树立人的全面发展的学科立场。马克思主义认为，未来教育"是用全面发展的个人来代替只是承担一种社会局部职能的局部个人"[①]。人的全面发展理论是高校课程思政高质量发展必须遵循的理论原则。高校课程思政在高质量发展建设中需要树立以

---

① 《马克思恩格斯文集》第5卷，北京，人民出版社2009年版，第561页。

生为本的思想、体现学生全面发展的思想，真正通过全课程的课程思政，实现学生德智体美劳全面发展。

第二，坚持马克思主义理论学科立场，要坚持理论与实践相结合的立场。立德树人实践导向、立德树人效能导向，是构建高校课程思政研究成果的基本原则。这在教育学上体现为"成果导向教育"（Outcome-Based Education，OBE）。布兰特基于教学设计视角，认为"学生学习结束后的综合能力应当是清楚聚焦的高峰成果。回归学生可以带走的能力培育是向下设计要义。学生们的自我实现是高度期许的重点所在。学习的有效性和有用性则是扩展机会的最终目的。成果导向教育强调结果、目的、技能与成绩，其最为核心的三大要素是成果导向课程、成果导向学习以及成果导向评价"[①]。在高校课程思政建设中，需要明确高校课程思政的双重目标，即思政目标与课程专业目标；科学安排高校课程思政的教与学；科学评价高校课程思政目标的评价体系与方法。围绕这一双重目标愿景，科学安排高校课程思政的教与学，完成培养"社会主义建设者和接班人"这一任务，需要高校课程思政科学规划与实施，并以此成果为导向，对高校课程思政立德树人效能进行科学评价。

第三，坚持马克思主义理论学科立场，要树立相信教师、依靠教师的立场。相信群众、依靠群众、成果惠于群众是马克思主义理论的基本立场。在高校课程思政学科建设中贯彻这一立场，就是要在高校课程思政建设中相信教师、依靠教师。高校教师是实现高校课程思政高质量发展、完成高校课程立德树人终极目标的主力军。因此，高校课程思政高质量发展，必须依靠教师的智慧，提高教师实践高校课程思政的积极性、主动性、反思性。同时，在这一进程中，要充分发挥高校课程思政建设中各类主体的作用，实现高校课程思政各类主体在课程立德树人目标上的同向同行。

二、习近平总书记关于教育的重要论述

党的十八大以来，习近平总书记立足世界发展百年未有之大变局和国家未来发展全局，致力于实现中华民族伟大复兴，围绕中国教育高质量发展发表了一系列重要论述。这些重要论述是中国教育新时代高质量发展必须遵循的新理念和新思想。习近平总书记关于教育的重要论述，是马克思

[①] 申天恩、斯蒂文·洛克：《论成果导向的教育理念》，《高校教育管理》2016年第5期。

主义基本原理同中国当代教育实践、中华优秀传统文化相结合的最新成果，标志着我们党对教育规律的认识达到了新高度。这些重要论述科学回答了新时代中国特色社会主义教育改革发展的一系列方向性、基础性、根本性、全局性、战略性的重大问题，为新时代中国特色社会主义教育事业高质量发展指明了前进方向，为新时代中国教育改革、高质量发展提供了根本遵循，同时为高校课程思政的高质量发展提供了理论指导和研究立场。

习近平总书记在 2016 年全国高校思想政治工作会议上指出，高校思想政治工作是事关高校"培养什么样的人、如何培养人以及为谁培养人"高质量发展的问题，高校"要用好课堂教学这个主渠道，思想政治理论课要坚持在改进中加强，提升思想政治教育亲和力和针对性，满足学生成长发展需求和期待，其他各门课都要守好一段渠、种好责任田，使各类课程与思想政治理论课同向同行，形成协同效应"。① 习近平关于教育的重要论述对高校课程思政高质量发展具有直接指导意义。

三、多学科研究

"现代大学所强调的学科建设具有两个不同语义上的指谓，其一是作为知识体系的学科的不断发展和完善，即指一门门学科在知识上的增进；其二是作为不同学科要素构成的组织的建设，即作为知识劳动组织的学科建设。"② 学科作为知识体系或者科学的门类，有其内在规定性。"学科"一词是知识类别和制度规训的概念集合体。"disciplinary"一词在《学科·知识·权力》一书中被译为"学科规训制度"。华勒斯坦等注解道："称一个研究范围为一门'学科'，即是说它并非只是依赖教条而立，其权威性，并非源自一人一派，而是基于普遍接受的方法或真理。"③19 世纪和20 世纪早期的物理学家荣尼克尔和麦考马克在研究物理发展时，指出："一门大学学科目前需要三样东西：公认的科学家在进行科研、通过卷入科研对学生进行科研训练和一套综合的学习课程。"④

①　《习近平在全国高校思想政治工作会议上强调　把思想政治工作贯穿教育教学全过程　开创我国高等教育事业发展新局面》，《人民日报》2016 年 12 月 9 日。

②　宣勇：《大学变革的逻辑》，北京，人民出版社 2009 年版，第 30 页。

③　［美］华勒斯坦等：《学科·知识·权力》，刘健芝等译，北京，生活·读书·新知三联书店1999 年版，第 13 页。

④　［美］伯顿·克拉克：《探究的场所——现代大学的科研和研究生教育》，王承绪译，杭州，浙江教育出版社 2001 年版，第 60 页。

同时，学科作为大学里的一种组织制度，也需要一定的条件。在费孝通看来，以下5部分是一门学科必不可少的构成要素，"一是学会，这是群众性组织，不仅包括专业人员，还要包括支持这门学科的人员；二是专业研究机构，它应在这门学科中起带头、协调、交流的作用；三是各大学的学系，这是培养这门学科人才的场所，为了实现教学与研究的结合，不仅在大学要建立专业和学系，而且要设立与之相联系的研究机构；四是图书资料中心，为教学研究工作服务，收集、储藏、流通学科的研究成果、有关的书籍、报刊及其他资料；五是学科的专门出版机构，包括专业刊物、丛书、教材和通俗读物"①。

对照学科建制的两个方面规定性，高校课程思政高质量发展的共同体模式研究距离学科建制，还有一段距离。但从实践上来看，高校课程思政高质量发展的共同体模式研究是思想政治教育学、教育学、教学与课程论、教育传播学等之间交叉产生的一个研究问题、研究对象、研究领域。所以，我们即便不从学科角度、学科立场去研究高校课程思政高质量发展的共同体模式，也必须把这些学科的基本规律运用到高校课程思政高质量发展的共同体模式的理论研究和实践探索中去，因此多学科研究是其基本研究立场。

四、共同体思维

共同体是由具有共同愿景、共同目标、共同情趣、共同事业等的各类主体基于完成一定任务、履行一定责任而组建的社群组织。高校课程思政由于其工作任务、工作目标的复杂性，需要社会、家庭、学校等协同参与，实现全员育人、全过程育人、全方位育人。而共同体这一组织形式可以有效实现高校课程思政的任务与目标。可以说，在高校课程思政理论创新与实践创新中，共同体都是一种高校课程思政实施的有效载体与科学组织。

借助共同体范式研究高校课程思政问题，最为主要的参考模式是科学共同体模式、教育共同体模式、教学共同体模式。

1942年，英国科学家、哲学家和社会学家M.波兰尼在《科学的自治》一文中首次提出"科学共同体"概念，意指具有共同信念、共同价值和共同规范的"科学家群体"。对于科学共同体的使命，美国科学哲学研

---

① 费孝通：《略谈中国的社会学》，《高等教育研究》1993年第4期。

究者、社会学家 R. K. 默顿认为，其主要功能是促进科学家之间基于共同学术规范建立一种有效协作关系，以实现科学家最高效率地获得确定可靠的知识。基于科学共同体的功能，默顿认为科学共同体的工作准则有 4个：普遍性原则、公有性原则、大公无私性原则和有根据质疑性原则。

1962 年，美国科学史家和科学哲学家 T. S. 库恩在《科学革命的结构》一书中，运用"科学共同体"这一概念来说明科学认识发展过程中社会心理因素的作用。库恩认为科学共同体在实践上和逻辑上恰如"范式"，并指出范式是科学共同体成员所共有、共享的东西。库恩研究成果的主要贡献是为科学共同体的形成、运行、治理、发展提供了一个研究基础。

把共同体的理念引入教育研究和实践活动之中，是教育工作者和研究者的一种研究思路。这方面的研究认为教育共同体的形成是基于共同的教育信仰、共同的教育目标，这种共同的信仰与目标促进各个主体形成具有共同责任感的教育共同体。美国教育工作者杜威是运用教育共同体阐释教育实践问题的权威。他在《民主主义与教育》一书中，把共同体的理念引入学校教育教学的实践。杜威认为社会本身就是一个大的共同体，他利用共同体中各类个体之间思想上与情感上的互动，阐释学习过程中各类个体与社会之间的互动过程。杜威认为，教育共同体的功用就是通过学习者之间的共同学习、相互交流、相互帮助、良性互动和榜样激励，获得有效的学习方法和认知策略，提升各个主体再学习的能力。因此，杜威认为，教育共同体形成的根本因素是各个主体之间具有相同的信仰、相同的目标、相同的事业和相同的情感归属。

在高校课程思政高质量发展的共同体模式的研究中，我们提出了"高校课程思政共同体"的概念，并以此为逻辑主线，研究高校课程思政共同体的构建机理与治理现代化问题，最终推动高校课程思政有效生产、教学范式创新、立德树人效能提升、效能评价科学等高校课程思政的基础性问题和发展性问题得到解决，从学理与实践上提升高校课程思政的科学性，最终实现高校课程思政高质量发展。

第二章　共同体与高校课程思政高质量发展

　　高校课程思政虽然是最近 20 年才出现的概念，但其逻辑渊源却是悠久的。从历史逻辑上讲，高校课程思政伴随着中国教育的发展而发展，它是中国教育最为明显的一个特征，是中国教育史上各类课程的题中应有之义。从实践逻辑上讲，高校课程思政反映着中国共产党百年立德树人理论的演进与变迁，反映着中国共产党培养建设者与接班人的经验总结。从理论逻辑上讲，高校课程思政反映着立德树人教育体系的完善，代表着高校立德树人的学科体系、课程体系、教材体系、教学体系、育人体系等的完善与升华。高校课程思政的高质量发展，需要理论创新和实践探索。共同体可以作为一种理想类型用于高校课程思政高质量发展的理论建构和实践探索。

第一节　共同体的多维阐释

　　共同体这一概念源于古希腊，亚里士多德曾以"共同体"这一概念来描述古希腊城邦生活。"德朗蒂曾对古希腊、古罗马、中世纪及启蒙运动时期相继涌现出来的各种'共同体'概念的内涵进行梳理和分析，发现变中有不变，即这些概念的内涵均是以'同感'（亦可称为'归属感'）为核心和基础。"[1] 从社会学的视角来分析，"共同体实质上是指人们基于各种有形或无形的'同感'聚集而成的群，这些'同感'源自共同的特征、需要或属性"，[2] 共同体是群体生活方式基于共同利益诉求和价值规范的集中表达。从共同体的过往理论与实践中，我们可以追寻共同体的价值意蕴

---

[1]　Delanty G. *community*. London: Routledge, 2010, p.4.

[2]　曾来海：《中国近代报业管理学史（1834—1949）》，北京，中国社会科学出版社 2015 年版，第 188 页。

与功能，明晰其存在方式与运行机制。

一、马克思论共同体

马克思在其著作中涉及共同体的论述、阐释很多，并且在其关注的历史唯物主义等重大问题中，也充分使用共同体这一概念。他在阐述和发展人类解放的学说时，就将共同体作为其论证的概念和工具。此外，在马克思唯物史观中也渗透着共同体思想。马克思认为，人们在交互作用的过程中形成了人类社会，并由此构建为一个相互作用、相互联系的社会有机体。马克思于 1842 年提出了社会有机体这一问题，表达了"国家是有机统一体"的思想，①强调其内部要素在相互联系和相互作用下，共同推动了国家有机体的产生与整体发展。1847 年，马克思认识到社会是由多重要素在相互作用、相互联系、相互依存的关系中，逐渐构成的一个有机体。1867 年，马克思在《资本论》中进一步深化了对资本主义社会的认识，他指出："现在的社会不是坚实的结晶体，而是一个能够变化并且经常处于变化过程中的有机体。"②

"作为历史唯物主义的重要内容，马克思共同体思想是马克思考察人类历史、思考人类命运、阐释人类社会发展的经典范式，主要包括人的依赖关系时期的'自然形成的共同体'、物的依赖关系时期的'虚幻的共同体'、个人自由全面发展的'真正的共同体'三种类型。"③

（一）本源共同体

本源共同体包括亚细亚的共同体、古典古代的共同体、日耳曼的共同体 3 种形式④。以土地居住地为基础的亚细亚的共同体，它以自然形成的共同体作为首要前提，代表了人类社会最原始的所有制形式。以城市居住地为基础的，表现为以公社财产和私有财产相分离的所有制形式而存在的古典古代的共同体。城市作为这种共同体的主要领土，也是其军事组织得以存在的根本。日耳曼的共同体，它是马克思重点关注的共同体形式。马克思认为，日耳曼的共同体是产生市民社会唯一形式，并最终引导人类走向未来共同体。这种共同体以一个个独立家庭为存在基础。在日耳曼的

---

① 《马克思恩格斯全集》第 1 卷，北京，人民出版社 1995 年版，第 333~334 页。
② 《马克思恩格斯选集》第 2 卷，北京，人民出版社 1995 年版，第 84 页。
③ 殷文贵：《人类命运共同体的国内研究述评》，《社会科学动态》2019 年第 12 期。
④ 马俊峰：《论本源共同体三种模式及其当代意义——读〈1857—1858 年经济学手稿〉》，《贵州社会科学》2011 年第 2 期。

共同体中，由于家庭是个人赖以存在的前提，公社的重要作用逐渐被独立家庭所取代，其不再作为国家或国家的组织形式，而是成为个人财产的补充，家庭构成了经济整体。

（二）虚幻共同体

马克思认为，在资本主义社会，随着市民社会与国家相分离，国家逐渐沦为维护统治阶级特殊利益的工具，成为市民社会的附庸，演化为与广大普通人民力量相左的异化物。由此，统治阶级便以共同体的名义在社会中谋取特殊利益，使其合法化，其实质是通过这种带有异化性质的"虚幻共同体"形式来达到剥削、奴役和欺压人的目的，最终导致大多数人的利益和主体性丧失，造成了人的畸形发展。马克思恩格斯认为，"各个人的社会地位，从而他们个人的发展是由阶级决定的，他们隶属于阶级"[1]。马克思强调，共同体的价值内核以人的解放为基础。马克思在其名作《论犹太人问题》一文中，指出了资本主义共同体带有虚假、欺骗性质，是"虚幻共同体"。马克思认为在异化的"虚幻共同体"中，人同时生活在天国和尘世两种矛盾的世界之中，"前一种是政治共同体中的生活……人把自己看作社会存在物；后一种是市民社会中的生活，在这个社会中，人作为私人进行活动，把他人看做工具，把自己也降为工具。"[2] 在尘世社会中，人是一种不真实的、异化的存在物，是一种"尘世存在物"；在政治国家中，是一种在想象的主权中被虚构的成员，是一种"类存在物"。在虚幻的共同体中，人变成工具和机器，人的本质同人自身相异化。虚幻共同体有两种存在形式：一是货币共同体，二是资本共同体。

（三）自由人联合体

自由人联合体是马克思心中理想的共同体范型。在这种共同体中，人与人脱离了异化的依赖关系，成为具有自由个性的独立个体，它实现了人的本性回归。这种真正的共同体萌发了"每个人的自由发展是一切人的自由发展的条件"[3]，在这种真正共同体中，个体不再是"堕落了的人、丧失了自身的人、外化了的人"，[4] 不再是"地域性的个人"[5] 和"阶级的个人"[6]，

---

① 《马克思恩格斯文集》第 1 卷，北京，人民出版社 2009 年版，第 570 页。
② 《马克思恩格斯文集》第 1 卷，北京，人民出版社 2009 年版，第 30 页。
③ 《马克思恩格斯文集》第 2 卷，北京，人民出版社 2009 年版，第 53 页。
④ 《马克思恩格斯文集》第 1 卷，北京，人民出版社 2009 年版，第 37 页。
⑤ 《马克思恩格斯文集》第 1 卷，北京，人民出版社 2009 年版，第 538 页。
⑥ 《马克思恩格斯文集》第 1 卷，北京，人民出版社 2009 年版，第 571 页。

而是社会中的人，是"世界历史性的、经验上普遍的个人"①。

二、社会学视野中的共同体

1887 年德国社会学家斐迪南·滕尼斯发表《共同体与社会》一书，共同体概念正式进入社会学领域。滕尼斯在该书中阐释了人类群体生活的两种存在类型：共同体与社会。他认为："人的意志存在于人们相互之间的多种关系里，若关系中的一方是主动者或施加作用者，则另一方为受动者或感觉到作用者，表现为一种相互作用的关系，……通过人们之间相互扶持、慰藉和义务履行进行传递，进而被看作人的意志及其力量的外在表现。一旦通过这种肯定的关系形成一个统一地向内或向外发挥作用的真实与有机的生命体或物体时，这个群体就成为共同体的本质。"② 滕尼斯所论述的共同体，是一种联结关系，这种共同体与人们精神的慰藉、彼此的协助、责任的践行密切相关，它代表着一种传统价值观念的科学导向。共同体缘起于本质意志，是根植于传统和自然生态下的情感纽带联结，进而达成内在认同的一致性和融洽性。这种基于自然生态因素的情感基因，依托社会成员的生活习惯，以及心理活动过程表征出记忆状态形成的相对持久的共同生活图景。我们发现，社会作为一种与"自然"相对应的社会关系的结合形式，它是劳动分工的结果，也总是与劳动分工的内在契约关系紧密相联结的。不过，从本质上它是基于功利价值导向的结果。为此，我们可以顺理成章地认为："共同体被看作为生机勃勃的有机体，而社会作为一种发展形态被认为是一种机械的聚合和人工制品。"③ 在滕尼斯提出的理论框架内，将共同体作为一种精神概念的价值导向，它是脱胎于前工业社会环境中对于社会成员血缘关系、亲情世界、情感纽带的深深眷恋的发展结果。

法国社会学家迪尔凯姆认为，社会生活主要来自两个领域，一是个人意识形态的内在类似性，二是社会发展进程中劳动分工的产生。个人意识形态内在的共鸣性是机械化团结的基础，社会环境下的劳动分工则是被动团结和有机团结的自然状态。机械化团结的社会发展形态多是缘于社会群体成员内在的情感认同和信仰昭示集合而成，浓厚的集体主义荣誉感将具有相似理想追求的个体结合在一起了，与之相对的"有机团结"的社会形

---

① 《马克思恩格斯文集》第 1 卷，北京，人民出版社 2009 年版，第 538 页。
② ［德］斐迪南·滕尼斯：《共同体与社会》，张巍卓译，北京，商务印书馆 2019 年版，第 3~4 页。
③ ［德］斐迪南·滕尼斯：《共同体与社会：纯粹社会学的基本概念》，林荣远译，北京，商务印书馆 1999 年版，第 52 页。

态则是在功能价值基础上自发耦合联结起来的，从而实现个体与他人的交往关系。原始社会或传统的聚落作为社会文明发展的最初雏形，它是"机械团结"的典型代表。"机械团结"某种意义上是社会成员被动发展的结果，并不是真正意义上的有机体，基于社会文明、语言符号与精神逻辑衍生出的现代社会是真正的有机体。事实上，"机械团结"的传统社会发展形态不是有机体，基于劳动分工发展的现代社会往往是真正意义上的有机体。迪尔凯姆还认为，在"有机团结"的现代文明社会，原来局部社会成员的集体意识观念或者群体价值、规则、习惯、身心情感会以分化的趋势依旧表征在不同维度，某些层面意味可能产生超过原始团结或局部社会的新共同体。

英国社会学家齐格蒙特·鲍曼从社会发展的现代性阐述"共同体"发展的现代意蕴与丰富的价值体系。鲍曼认为，思想启蒙运动与社会文明进程的逐步发展，在某种程度上促使个体从原始共同体发展状态中得以解放出来，这也一度引起传统共同体理念的减弱淡薄，部分社会成员甚至出现对其存在价值的质疑。我们所谓的个体解放没有使社会成员获得自由轻松的归属感，反而导致他们处于一种焦灼或紧张的生活状态之中，已然呈现与社会发展相割裂的单分子状态了。他借用"不明确"的话语符号来阐述个体成员成长发展的样态，也就是我们常说的不确定性或者呈现反复动荡性的特征。共同体被看作一个温馨的场域，"一个让人倍觉闲适自由的物理空间区域。它某种程度上像是一个港湾，在港湾的庇护下，我们可以享受风和日丽与冬日暖光，恰如一个美好和睦的幸福家园"。[①] 毋庸置疑，共同体自身表征出的基础功能，显现出为社会成员提供一种稳定祥和的环境，依托紧密关联的精神情感、社会规则与信任关系，从而实现一种良性的社会互动的重要结果。我们应深刻地把握"共同体"的科学内涵，它并不是已然获得或者达成的精神享受的世界，而是召唤着社会成员热切奋进、欢心期待的世界。共同体已然成为社会成员去追求精神美好生活和丈量社会变迁进程的理想形态。鲍曼在其著作中并没有对共同体做出科学明晰的界定。国内学者在翻译其著作时指出，在鲍曼的著述中，"共同体"所指广泛，指社会中存在的、基于主观上或客观上的共同特征（这些相似共性涵盖种族、观念、地位、目标与角色等）或相似性而组成的各种层次

---

① 参见［英］齐格蒙特·鲍曼：《共同体》，欧阳景根译，南京，江苏人民出版社2003年版，第2页。

的团体、组织，既包括小规模的社区自发组织，也可指更高层次上的政治组织，还可指国家和民族这一最高层次的总体，即民族共同体或国家共同体。既可指有形的共同体，也可指无形的共同体。[①]

从滕尼斯、迪尔凯姆到鲍曼等人的研究可以看出，随着从传统社会向现代社会的变迁，人类社会的交往范围不断扩大，社会联系网络深刻变动，人们对"共同体"概念内涵和外延的理解也在发生着变化。美国社会学家希勒里在 1955 年发表的《共同体定义：共识的领域》一文中对 94 个"共同体"的定义进行了研究，令人沮丧地指出，"除了人包含于'共同体'这一概念之外，有关共同体的性质，并没有完全相同的解释"。[②]

总之，在社会学的视域里，对"共同体"概念界定主要有 3 类。一是以地域性、自然生成性等原初特征为基础，以特定物理空间内共同风俗、文化、习惯和社会记忆作为共同体存在的基础，这类共同体以邻里、村庄、城市等为代表。二是以共享的价值、信仰、道德、种族、文化、身份、兴趣等为基础，而形成的相对聚合、持续联系的人群被视为一种共同体，这类共同体以种族、宗教和职业共同体等为代表。三是以共同志趣、共同目标为基础，尤其是在互联网时代所形成的跨地域空间的社会联系群体作为一种共同体，这种共同体存在的基础是社会网络和社会资本。

"从发展演变看，共同体理论的变迁完善带有鲜明的时代色彩与每个时期自身别样的背景。尽管不同学者在共同体概念的阐述存在这样或那样的差异，在内在本质上有着共识性。归纳论述，我们认为共同体理论根本上关注社会发展进程中成员彼此的良性关系，是基于情感思想流露和社会价值认同环节上的权威机构或精神的重要指引，逐渐由客观性存在转变为一种社会关系分析工具。"[③]

三、共同体理论的应用

对高校课程思政共同体构建有参考意义的共同体理论应用主要体现在以下几个领域。

（一）科学共同体

科学共同体提出时间较早，其提出是为了促进具有共同信念、共同价

---

① ［英］齐格蒙特·鲍曼：《共同体》，欧阳景根译，南京，江苏人民出版社 2003 年版，第 4 页。

② G.A.Hillery. *"Definition of Community: area of agreement"*, *Rural Sociology* 1955, No.20.

③ 张曦琳：《高校教师学术评价机制变革：逻辑、困境与路径——基于学术共同体视角》，《大学教育科学》2021 年第 2 期。

值、共同事业和共同规范的科学家群体交流研讨，为了相互学习、促进研究水平与研究质量提升。随着科学整体化、综合化、交叉化趋势的发展，科学家不再隶属于一个科学共同体，而可能是多个科学共同体，抑或是由多门交叉学科创立新的科学共同体。

科学共同体的功能主要有以下 4 个方面：一是科学交流，包括出版刊物、交流未发表稿；二是同行评议，同行专家把握学术生态、学术承认和学术奖励；三是制定规则，促进学术公平，维护学术竞争和学术协作；四是科学传播，培育科学新人，推动科学普及或科学传播；等等。

（二）教育共同体

众多学者从不同的视角将共同体的概念引入到教育和学校中来，比如，德国存在主义哲学家卡尔·雅斯贝尔斯认为："如果要用一个词来形容大学所进行的教学、研究和服务等多种任务，那么这个词就是'共同体'。"[①] 教育共同体的目的是通过学习者之间形成的共同体意识和情感，促进相互之间共同学习、相互激励，继而实现共同掌握知识的认知过程，相互启发进而理解知识的发展过程，提高学习者终身学习的能力和水平。尽管提出教育共同体的名称不同，如布朗和坎皮恩把这种共同体称为学习者和思考者共同体，李普曼把教育共同体称为探究共同体，等等。但提出教育共同体的根本目的就是要在教育和教学活动中，使教育者和受教育者以及受教育者之间通过教育共同体这个新模式，营造一个互帮、互促、互学的氛围和环境，实现最终的教育和教学目标。

（三）学习共同体

在组织理论发展的影响下，美国卡内基教育振兴财团理事长博耶在 1995 年所作的《基础学校：学习的共同体》报告中提出了学习共同体概念。这个概念被视为基础学校推动有效教育的重要理念。博耶将这样的学校描述为"有共同愿景的、人人平等的、彼此开放的、有纪律约束的、充满关心照顾的学习共同体"[②]。其核心观点有 4 个：一是学习共同体是一种学习环境，即是一种包含学习成员及其学习实践活动、彼此平等、话语相同、资源共享的学习环境。二是学习共同体是一个学习团队，即是一个由学习者、教师、辅导者、管理者，以及其他有着明确的团队归属感、共同

---

① ［德］卡尔·雅斯贝尔斯：《大学之理念》，邱立波译，上海，上海人民出版社 2007 年版，第 17 页。

② 钟启泉：《基础学校：学习的共同体——新世纪"基础学校"的构图（之一）》，《上海教育》1998 年第 8 期。

愿景、充满关怀的相关者共同组成，团队拥有共同目标、共同活动、共同兴趣，相互平等、彼此交流、相互帮助的学习团队。三是学习共同体是一种学习方式。其目标是通过学习者之间的亲密关系，建立起学习者之间相互依赖、相互学习、相互交流、互相探究、相互帮助的一种学习方式，以此克服学习者在学习中可能遇到的困难，顺利完成学习任务。四是学习共同体是一种社会安排，即是知识在组织内以及跨越组织边界的生产和创新的社会安排。

（四）教学共同体

"教学共同体是基于价值共创目标而形成的较为稳定的群体结构，结构内部的学生、教师、学校等要素通过平等、合作、交流组建为专业共同体。构建教学共同体旨在强调和鼓励教师之间的情感关怀与智力共享。"[1] 教学共同体的核心使命是共享、情感、教学和互学。

在当下，虚拟教研室是中国提升教师教育教学能力的新型教学共同体。它是基于现代信息技术组建的新型基层教学组织。它的根基是中国高校组织教学、开展教研、培养人才的基本载体——"教研室"。在中国高等教育史上，教研室是高校进行教育教学的基本载体，在高校实施日常教育教学管理、教师教学能力提升、人才培养质量保障中发挥了重要作用。在信息化时代，作为教学共同体的虚拟教研室，是传统教研室的升级版，重在为教师高频次、高质量、创新性开展教研活动提供平台。虚拟教研室的基本特征是：跨越边界的人员组成、信息化的载体平台、内容丰富的教研内容、线上线下融合的互动方式，等等。虚拟教研室运行的着力点是：坚持问题导向，为教师教育教研服务；构建信息化平台，为教师提供界面友好的虚拟教研场景；坚持共建共享，全面提升教师教育教学水平，促进教师课程思政能力和教学学术能力提高。

四、共同体的生成机制

从共同体的生成与运行实践看，人类社会中所存在的各类共同体主要依据 3 种方式生成。一是自然形成。主要是因为共同的地缘、血缘、学缘等形成的基于互相依存关系的稳定群体，如原始共同体、阶层共同体等。二是契约形成。依据一定的契约关系，自律与他律相结合的形式而形成的稳定群体，如学术共同体、教学共同体、教育共同体等。三是依法形成。依据一

---

[1] 安富海：《信息技术支持的城乡教师教学共同体构建研究》，《电化教育研究》2019 年第 7 期。

定的法律制度而形成的相互依存的群体，如社区共同体、党团共同体等。

共同体虽然有 3 种生成方式，但其运行上并非简单地依据某一单一规制。几乎所有的共同体都存在多种多样的运行机制，如习惯、契约、良俗、制度、法律等。这些机制大致可以分为三大类：

第一，法治机制。依法治理，是现代社会通用的一种治理方式，也是最为有效的一种方式。它广泛存在于各种共同体之中，如地缘共同体也有族规、学术共同体也有制度规定等。这些都是依法治理的一种形式。法治重在他律与约束，具有强制性、威慑性、外在性，可稳定人们的预期，规范共同体成员的行为。

第二，德治机制。依德治理，是依法治理的一种补充方式，是一种更高要求的治理方式。德治重在自律，重在自省与反思，具有调节性、劝导性、内在性，德治重在滋润共同体成员的心灵。

第三，自治机制。应该说大多数的共同体是为了某一任务，基于共同价值与共同取向而形成的，是自治群体。自治重在自我约束，具有自我性、排他性，是人作为高级动物的一种自我存在方式。

法治、德治、自治是共同体运行的 3 种机制，也是并行的 3 种机制。法治对德治、自治具有保障作用；德治对法治、自治具有支撑作用；自治对法治、德治具有补充作用。法安天下，德润人心，自治自觉，它们共同调节共同体成员的行为，实现共同体良治与善治，保障共同体运行良善。

五、共同体的功能

共同体是一种有机存在物，它的基本底蕴是共生、共享、共存、共发展，在其中，人们可以平等地相互依存、相互促进。它通过有机的联系，你中有我、我中有你、共生共荣的状态给人以安全感、存在感、满足感、幸福感。人在其中相互依存、相互帮助，互为对方存在物。

共同体是一种功能载体，是一种组织，是一种实现特定功能的组织结构。它的生成主要基于人们的需要：生存需要、安全需要、情感需要、发展需要、自我实现需要等。它有目标设定、目标达成、人员组织、特质筹措、奖励机制、评估评价等功能。"共同体"正在成为人们对美好生活的向往，成为人们衡量现实社会变迁的一种理想形态。其主要功能有 4 个：

第一，减少不确定性。人们组成共同体，是希望结成一种相互帮助的依赖关系，从而使自己的未来具有确定性和安全性。在斐迪南·滕尼斯的研究中，共同体是"相互肯定的关系"，"这种关系包含了人们的相互扶持、相互慰藉、相互履行义务，它们在人们彼此之间传递，并且被视作人的意志及其力量的外在表现"①。鲍曼认为，"共同体"这个概念传递的是一种充满温馨的良好感觉（feeling），一个温馨的"家"，在这个家中，我们彼此信任、互相依赖。它具有一个基本功能：为其共同体成员提供生活的某种确定性和安全感，而身居其中的成员则维系着一种紧密的社会关系，相互依存、信任和互助。②

第二，增强凝聚力。组成共同体的因素有很多，有因天然的地域、血缘等形成的共同体，也包括共同利益、共同价值、共同兴趣等组成的共同体。因为共同体的文化共生基因元素作用，共同体之间具有天然的凝聚性。"共生文化是一种意识形态的象征，通过实践共同事业和追求共同目标的过程，激发个体主观能动性，致力于成员的个体发展和共同体的整体发展，从而走向共生共赢。"③人是交往的高级动物，人只有在紧密的交往中，才能满足自己安全需要、尊重需要和发展需要。也正是在紧密交往中，形成了共同体的共生文化。共生文化一旦形成，就会促进共同体内各成员基于共同目标和共同事业彼此交流合作、相互理解、相互认识。在这种紧密交往中，人们之间共愉文化增加、情感增加，有了共同的文化与情感，人们之间的凝聚力就会增加。

第三，提高战斗力。组成共同体后，共同体就会互相取长补短，相学相长，从而使共同体这一系统实现"1+1>2"的效果。优秀的共同体就是一个高级运行的系统，高级系统的最佳功能就是把个人力量融合为共同体力量，从而提升共同体整体的力量和共同体内部个人的力量。共同体内个体也是在与其他个体的互动中，吸收到自己需要的知识、信息、能力，同时共同体作为一个整体，可以把更多的资源、信息、能量集中起来，为共同体服务，为共同体内个体服务。

第四，促进共同发展。马克思认为："只有在共同体中，个人才能获得全面发展其才能的手段，也就是说，只有在共同体中才可能有个人自由。""在真正的共同体的条件下，各个人在自己的联合中并通过这种联合获得自己的自由。"④在真正的共同体中，人与人之间的地位、人格是平等

---

① ［德］斐迪南·滕尼斯：《共同体与社会》，张巍卓译，北京，商务印书馆2019年版，第3~4页。
② 参见高亚芹：《"共同体"概念的学术演进与社区共同体的重构》，《文化学刊》2013年第5期。
③ 闫建璋、王曦：《新时代教师教育共同体的形态、功能及构建》，《教育理论与实践》2022年第42期。
④ 《马克思恩格斯文集》第1卷，北京，人民出版社2009年版，第571页。

的，共同体的组织目标是明确的，它聚焦于共同发展。正是由于这种机制，共同体可以形成一个人人参与、人人负责、人人共建、人人共享、人人共治的类家性组织。在统一目标的引导下，共同体利于形成共同发展的形态，从而实现共同体目标最大化。同时，在共同体目标最大化的基础上，实现共同体内部个体发展目标的最大化。

第二节　作为理想类型的共同体

"理想类型"是马克斯·韦伯在分析社会现象时提出的一种社会科学研究方法，理想类型是其社会学方法论的精髓。理想类型的本质是指一种"将理解方法与因果方法结合起来、将历史学个别化方法与社会学类型学方法结合起来的概念工具"。[①] "是一个思想的图像，它不是历史实在或根本不是'本来'的实在，它也几乎不是作为实在应该当作样本而被分门别类地归在其中的图式而起作用的，相反，它具有纯粹理想的界限概念的意义，为了阐明实在的经验内容中某些有意义的成分，实在要用这种界限概念来衡量，并与之进行比较"。[②] 在马克斯·韦伯社会学世界里，理想类型是一种方法、一种手段。"是用为比较和衡量实在的手段，并因此而成为引导人们达到实在知识的指示，使人们借此进入对于历史事件本身的因果解释"[③]。在理想类型意义上，共同体在高校课程思政高质量发展的共同体模式研究中具有以下特征：

一、共同体是一种方法论

共同体在各类专家的阐释中，本身就具有方法论的意义。马克思在论及共同体时，利用本源共同体这一理想类型，分析人们对血缘、出身等自在的存在物的依赖；利用虚幻共同体这一理想类型，分析人们对物、资本等外在存在物的依赖；利用自由人共同体这一理想类型，分析人们和谐共生、共同发展的依赖关系。马克思从"依赖关系"的特征，通过共同体

---

① 于海：《西方社会思想史》，上海，复旦大学出版社 2005 年版，第 319 页。
② ［德］马克斯·韦伯：《社会科学方法论》，韩水法、莫茜译，北京，中央编译出版社 1998 年版，第 43 页。
③ ［德］马克斯·韦伯：《社会科学方法论》，韩水法、莫茜译，北京，中央编译出版社 1998 年版，第 18 页。

的 3 个理想类型，考察了人类社会历史中的 3 种形态，其存在逻辑是"本源共同体""虚幻共同体""自由人联合体"的历史演进序列和进程。在马克思的共同体理论中，"共同体是马克思在论述人类社会发展时使用的基础性概念，体现了人的社会性本质"。"共同利益是马克思阐释共同体产生发展的根本视角"。"共同体是人和社会存在的基本方式，也是人进行社会交往的基本环境"。"马克思在批判资本主义共同体所造成的种种异化现象之后，把作为'自由人联合体'的'真正共同体'设立为价值目标"①。

第一，共同体作为一种方法论，首先是一种比较分析方法。共同体作为一种理想类型，是一个纯粹的概念，是一个理想中的乌托邦类型。其意义在于通过理想类型与经验实在的比较分析，看清经验实在与理想类型之间的差距，并努力分析这种差距背后的原因。理想类型是经验实在的乌托邦化，通过这种乌托邦化，目的是加强对经验实在的认识。在本研究中，我们利用共同体这一理想类型，构建高校课程思政共同体这一理想类型，目的正是通过对理想类型的分析，找到高校课程思政高质量发展的科学路径。

第二，共同体作为一种方法论，其次是一种系统分析方法。系统分析方法，重在从整体的方法、联系的方法、协调的方法，去分析事物发展的基本规律。习近平总书记指出，"要坚持发展地而不是静止地、全面地而不是片面地、系统地而不是零散地、普遍联系地而不是单一孤立地观察事物，妥善处理各种重大关系"。②系统分析方法注重从整体上、从要素均衡上去把握事物变化发展的进程。一方面，系统分析方法坚持从整体层面把握客观世界，探寻事物发展的本质，最终把握事物发展的规律性；另一方面，系统分析方法也注重事物发展的内在要素之间的联系与互动。整体并不等于部分的简单相加，系统内不同要素之间存在着相互作用、相互联系，抓住系统内的主要矛盾和矛盾的主要方面，就能把握系统发展中存在的各类问题。共同体是一个系统，是由各类主体要素组成的系统，通过分析共同体内要素的相互联系、相互作用方式，把握住共同体内主要矛盾和矛盾的主要方面，利于共同体科学发展、高质量发展。

第三，共同体作为一种方法论，同时是一种发展的方法论、变化的方法论、与时俱进的方法论。作为一种理想类型，共同体具有"理想类型"

---

①　胡小君：《马克思共同体思想诠释》，《中国社会科学报》2020 年第 9 期。

②　人民日报评论部：《坚持系统观念，握牢发展主动权——用好"十三五"发展宝贵经验》，《人民日报》2020 年 12 月 28 日。

范型的特征。"理想类型具有相对性和暂时性的特点。一方面，它表明自身是从某一个或一些观点出发而形成的一种理想构想，决不代表唯一可能的观点和见解；另一方面，随着实际的认识的获得，原有的理想类型当然就不再有效，为了达到更深入的认识，就需要构造更新的理想类型。"① 这提示我们，作为理想类型的共同体，不是一成不变的，它会随着时间的变化、系统环境因素的变化而变化。分析研究共同体，实现共同体的高质量发展，必须在分析研究中融入时代特征，融入共同体发展的各类要素。

第四，共同体作为一种方法论，提供了"互联网＋教育"的一种新平台。借助于这样一种新平台，既可以为高校课程思政提供学科独有的小资源，也可以为教师开展高校课程思政提供大资源，促进教育技术与教育教学的深度融合；借助于这样一种新平台，可以为教师提供互相学习的机会，提供教师信息化素养培训的机会，促进信息化时代教师专业发展。

二、共同体是一种世界观

"共同体作为一个传统的西方政治哲学概念，其基本的内涵就是人们在共同存在的联合状态下形成共同享有的群体机体或联盟。"② 共同体是一种世界观，它表征着作为共同体主体的人，善于以关系的方式相互依存，从而产生一种共同体化的生存方式。世界是物质的，物质是相互联系的，人正是通过共同体实现人与人之间的相互确认与相互联系。人们只有在共同体中，能够进行身份确认，进行有效物质生产，实现生存需要、发展需要和享受需要。不管是否乐意，人们总是处在各式各样的共同体之中，离开共同体，人们甚至无法生存。

第一，共同体作为一种世界观，表征着人是一种社会存在物，人在共同体的关系中进行自我确认、自我定义。"人的本质并不是单个人所固有的抽象物，在其现实性上，它是一切社会关系的总和。"③ 人是社会的人、文化的人，这决定了人必须与他人进行交往，交往的基本场景就是人们生存的共同体。"人只能在与同类的关系和团结中才能找到自己的完善与幸福，这

---

① ［德］马克斯·韦伯：《社会科学方法论》，韩水法、莫茜译，北京，中央编译出版社1998年版，第18页。

② 侯衍社、安昊楠：《思想史视域中的共同体与权力形式嬗变》，《中国高校社会科学》2021年第6期。

③ 《马克思恩格斯选集》第1卷，北京，人民教育出版社2019年版，第18页。

正是人的本性的特征之一。"① 美国政治哲学家桑德尔通过研究发现，"共同体不只描述一种感情，还描述一种自我理解的方式，这种方式成为主体身份的组成部分"②。按滕尼斯的观点："所有亲密的、隐秘的和排他性的共同生活都被我们理解成共同体中的生活；而社会是公共生活，社会就是世界本身。在共同体里，一个人自出生起就与共同体紧紧相连，与同伴共同分享幸福与悲伤。"③ 个体人的身份确证无法脱离个体生存于其中的共同体。

第二，共同体作为一种世界观，表征着人的发展的形态。马克思的唯物史观，深刻揭示了人的发展三形态——人类经由人的依赖阶段的"自然形成的共同体"，到物的依赖阶段资本主义社会"虚幻的共同体"，必将走向人的全面自由发展阶段的"自由人的联合体"。马克思从历史发展的维度对共同体的各类存在形式进行了分析，如亚细亚共同体、古典古代共同体、日耳曼共同体。马克思认为，随着自然共同体的解体，共同体内在联结的纽带也将由亲情伦理关系转变成利益分明的契约关系。"由于这种共同体是一个阶级反对另一个阶级的联合，因此对于被统治阶级来说，它不仅是完全虚幻的共同体，而且是新的桎梏。"④ 这种"虚幻的共同体"将随着阶级的消灭而消失，并将走向自然主义和人道主义相统一的"自由人的联合体"。"它是人和自然、人和人之间的矛盾的真正解决，是存在与本质、对象化和自我确证、自由和必然、个体与类之间斗争的真正解决。"⑤

三、共同体是一种价值观

共同体的存在基础是共同体内各成员拥有相同的共识和价值观，这是共同体存在的基石。作为一种价值观，"共同体意味着人们之间持久、真实而亲密的共同生活，每个人都将自己视作一个整体的有机组成部分"。⑥ 共同体追求团队力量、整体力量，共同体各成员表现出一定程度的互惠、互助、利他和共赢。鲍曼研究表明，原始共同体成员的集体协作是"自

---

① ［美］埃里希·弗洛姆：《自为的人——伦理学的心理研究》，万俊人译，香港，国际文化出版社 1988 年版，第 11 页。

② ［美］迈克尔·桑德尔：《自由主义与正义的局限》，万俊人译，南京，译林出版社 2011 年版，第 171 页。

③ ［德］斐迪南·滕尼斯：《共同体与社会》，张巍卓译，北京，商务印书馆 2019 年版，第 68 页。

④ 《马克思恩格斯文集》第 1 卷，北京，人民出版社 2009 年版，第 571 页。

⑤ 《马克思恩格斯文集》第 1 卷，北京，人民出版社 2009 年版，第 185 页。

⑥ 张巍卓：《滕尼斯的"新科学""1880/1881 年手稿"及其基本问题》，《社会》2016 年第 36 期。

然而然的""不言而喻的"，其交往形态属于封闭式的私人交往。① 现代共同体指的是建立在人类共同价值基础上的，通过协作、对话、互动等公共交往方式建立起来的共同体。"通过交往，人们充分地交流着彼此的价值观、目的、期望和信仰，而这正是形成一个共同体的基础。可以说，交往生活不仅促进了共同体的形成，同时促进了教育关系的形成。"②

共同体作为一种价值观，主张整体大于部分之和。个体要相信团队的力量，自觉融入团队之中，主动与各成员进行交往与沟通，形成共同的价值、目的、期望和信仰。它承载着人们对美好生活的追求，表征着人们需要的结构与变迁。

第三节　高校课程思政高质量发展的共同体模式研究内容

共同体的方法论属性、世界观属性和价值观属性，是共同体的动力之源，是共同体生机与活力的根源，也为高校课程思政共同体构建与治理提供了方法论指导。高校课程思政共同体，是高校课程思政高质量发展的理想类型。通过对高校课程思政共同体的科学构建和有效治理，充分激发高校课程思政共同体的生机与活力，利用高校课程思政共同体的课程生产模式、教学创新模式、立德树人效能评价模式，促进高校课程思政高质量发展。

一、聚焦高校课程思政高质量发展

（一）高校课程思政高质量发展是教育高质量发展的重要内容

2020 年，党的十九届五中全会审议通过了《中共中央关于制定国民经济和社会发展第十四个五年规划和二〇三五年远景目标的建议》，明确了教育高质量发展的内涵，即"建设高质量教育体系"，并对此作了如下界定："全面贯彻党的教育方针，坚持立德树人，加强师德师风建设，培养德智体美劳全面发展的社会主义建设者和接班人。健全学校家庭社会协同育人机制，提升教师教书育人能力素质，增强学生文明素养、社会责任

---

①　[英]齐格蒙特·鲍曼：《共同体》，欧阳景根译，南京，江苏人民出版社 2003 年版，第 7 页。
②　叶飞：《公共交往与公民教育》，北京，人民出版社 2014 年版，第 95 页。

意识、实践本领，重视青少年身体素质和心理健康教育"①。高校课程思政高质量发展是"建设高质量教育体系"的必然要求，同时是"建设高质量教育体系"的重要环节与抓手。

（二）高校课程思政高质量发展是促进教育立德树人效能最大化的重大举措

高校课程思政是实现教育立德树人目标关键环节，高校课程直接面向、支持和满足青年大学生对高质量教育的正向需求。高校课程思政高质量发展，就是课程立德树人效能的最大化实践。聚焦高校课程思政高质量发展就是要探索增值性的、综合性的、创新的、系统性的高校课程思政实践方案和举措。高校课程思政共同体可以提高课程思政资源配置效率，可以激发师生开展高校课程思政的积极性，增强高校课程思政的科学性、持续性和课程活力。

（三）高校课程思政高质量发展是增进学生获得感、幸福感的重要抓手

以人民为中心，促进人的全面发展，是习近平总书记关于教育重要论述的基本观点。在教育中依靠人民，为了人民，成果由人民共享，是中国教育的基本行动指南。高校课程思政的高质量发展，最终体现为学生的参与感、获得感、幸福感。高校课程思政共同体，应该聚焦学生的全面发展，创造课程利益相关者参与的机制与平台，让学生成为自己全面发展的主人，体现以学生为中心、以学习为中心的思想。高校课程思政只有让学生体验到较强的参与感、获得感、幸福感，才能算是高质量。高校课程思政共同体无疑为这种高质量提供了一个平台。

（四）高校课程思政高质量发展具有丰富的内涵，是一个相互联系的谱系

"美国哈佛大学教授加尔文研究发现：高质量产品至少具有八个显著特征：高性能；显特征；可靠性；符标准；耐久性；可用性；美感性；高认可度。换言之，高质量是有一定社会客观标准的。"② 对于高校课程思政高质量发展，主要体现在以下方面：一是具备完备的高校课程思政共同体体系。具体来讲，高校课程思政共同体3个层面的共同体设置完备，功能合理，运转高效。二是具有功能强大、资源丰富的高校课程思政共同体共

①　《中共中央关于制定国民经济和社会发展第十四个五年规划和二〇三五年远景目标的建议》，《人民日报》2020年11月4日。

②　施晓光：《识读我国高等教育的"高质量发展"》，《北京教育》（高教）2022年第1期。

享平台。平台可以满足 3 个层次共同体运行需要。三是具有一套完整的基于高校课程思政的人才培养方案。四是国家、省级高校课程思政示范课程数量占全部课程数量之比居全省高校前列。五是超过 50% 的高校课程思政形成结构合理的类共同体性质的教学团队。

二、聚焦高校课程思政共同体的类型与构成要素

共同体是一个丰富谱系，既有理论层面上多个学科中的共同体，也有实践层面上的多个实践共同体。高校课程思政共同体具有共同体的一般特征，我们需要在多个学科层面上研究其特征和本质属性，也需要对其实践层面的多类型共同体进行研究，并对其构成要素进行认真分析。

在理论层面上，我们以马克思主义理论为基础，运用马克思主义理论中共同体成果，对高校课程思政共同体进行研究。在实践层面上，我们根据高校课程思政共同体的功能定位进行分析，重点研究学校层面的高校课程思政共同体、学院专业层面的高校课程思政共同体、课程层面的高校课程思政共同体 3 种理想类型。

对于高校课程思政共同体的构成要素，我们从多学科视角进行探讨。重点从马克思主义理论学科和教育学学科两个视角分析其构成要素。

三、聚焦高校课程思政共同体治理及治理现代化

高校课程思政共同体作为理想类型，其功能是强大的。但在实然层面上，由于共同体内各要素的功能发挥、各要素之间的联系互动等因素的影响，要使这一理想类型的效能实现最大化，并不是一件容易的事。这需要有效治理，需要高校课程思政共同体治理的现代化。具体来讲，就是要利用共同体自身的规律，利用治理现代化规律和人工智能技术促进家校协同、教师发展、学生学习、学校建设、课程评价等要素，从而促进高校课程思政共同体立德树人效能最大化。

实践层面中的各个类型的高校课程思政共同体，其治理模式是不同的，实现治理现代化的路径和条件也是不同的。本研究需要充分利用已有各类实践共同体治理的有效经验，探究高校课程思政共同体治理的规律，促进高校课程思政共同体善治、良治和治理现代化。

四、聚焦高校课程思政共同体课程生产模式

本研究中的高校课程思政共同体课程生产模式主要是指各类课程思政

教材、教案、教学大纲等的开发研究，它类似于课程与教学论中的课程开发。这个内涵规定性，决定了高校课程思政共同体课程生产首先要遵循课程与教学论中的课程开发理论，同时决定了这个课程生产模式要充分发挥高校课程思政共同体的优势。

在具体课程思政生产中，要充分吸纳高校人才培养中的各类利益相关者参与到高校课程思政共同体课程生产中来，同时创造一定的机制、制度和平台，利用现代教育技术，让多元主体参与成为一种有机、有效过程。同时，在具体课程思政生产中，要遵循教育教学规律、遵循课程开发规律，把高校课程思政建设成一种包含立德树人属性、具有先进学科属性、遵从学科自身属性的课程。

五、聚焦高校课程思政共同体教学创新模式

本研究中的高校课程思政共同体教学创新模式，主要是指高校课程思政的教学设计过程、教学实践过程创新。高校课程思政共同体教学创新模式，既要充分发挥高校课程思政共同体这一理想类型的功能，也要充分遵循教学设计的基本理论，遵循教学过程中的基本规律。

在具体的高校课程思政教学实践中，要注重发挥高校课程思政共同体中各类主体的功能，特别要注重发挥学生的教学主体性功能。高校课程思政共同体教学创新模式，要体现以学生为中心的思想，以学生的参与感、获得感、幸福感为出发点，进行教学设计。

六、聚焦高校课程思政共同体立德树人效能评价模式

课程思政是高校立德树人的基础性抓手，高校课程思政共同体的根本初衷是实现高校课程思政立德树人效能最大化。高校课程思政共同体要时刻围绕课程思政立德树人效能最大化来进行高校课程思政建设。其中的关键举措是以评促建。通过对高校课程思政进行立德树人效能评价，促进高校课程思政建设与高质量发展。

在本研究中，我们不是对单一课程进行评价，而是对课程立德树人效能进行评价。从共同体视角出发，它既是结果评价，也是过程评价；既是综合评价，也是增值评价；既是量的评价，也是质的评价。本评价模式的重要特点是对高校课程思政共同体的课程思政生产、教学和效果达成进行评价。它注重共同体各要素的发挥、各主体的参与及最终的课程思政育人效果。

第三章　高校课程思政共同体构建

　　高校立德树人根本任务的完成是一项系统工作，高校课程思政是其系统中一个重要子系统，高校课程思政的根本任务是实现课程立德树人效能，并促进课程立德树人效能最大化。而要实现这样的目标，就需要从系统理念出发，科学构建"人人参与、人人担责、人人享有"的高校课程思政共同体。通过高校课程思政共同体的构建与善治，以及共同体机制与功能发挥，解决高校课程思政运行中的主要问题，并在共同体系统内科学处理以下几个关系：高校课程思政与思政课程关系；立德树人与高校课程思政关系；马克思主义学院与专业学院关系；教师与立德树人关系等。

第一节　高校课程思政共同体的特质与功能

一、高校是一个学术共同体

　　高校在产生之初，就是一个学术共同体。正如德国存在主义哲学家雅斯贝尔斯所言："如果要用一个词来形容大学所进行的教学、研究和服务等多种任务的独特方法，那么这个词就是'共同体'。"[①] 之后，随着学科建制化发展，高校行政管理重要性提升，高校学术共同体这一组织特征逐渐式微。但高校追求学术权力表达、学术权力自主、学术权力自由，平衡学术权力与行政权力的努力一直没有放弃。甚至至今仍有学者认为，高校仍是一个学术共同体，"是一个由教师与学生共同组成的，以面向社会和未来发展需求为导向，依托学科资源，创造新知、培养人才以及寻求真理

---

　　① ［德］卡尔·雅斯贝尔斯：《大学之理念》，邱立波译，上海，上海人民出版社 2007 年版，第 19 页。

的学术共同体"。① 正是从这个意义上讲，高校事务更多地体现着学术本质，学术事宜应该按学术规律来治理。以平等协商、自由互动为主要形式的学术运行机制仍是高校事宜应该尊重和应用的治理方式。这为高校课程思政共同体构建提供了一个理论基础。

教育部《教育信息化 2.0 行动计划》明确提出了"加强教育信息化学术共同体和学科建设"的要求 ②，希望通过教育信息化学术共同体来促进教育信息化高质量发展。构建高校课程思政共同体，符合时代需要，顺应政策导向，更契合高校课程思政高质量发展的理论需要和实践需要。

二、高校课程思政共同体的性质

高校课程思政共同体，以育人为根本，以育人为责任，以育人为价值追求，是一种事业共同体。它以立德树人目标达成为追求，为立身之本，是一种价值共同体。它追求以整体观、系统观来促进高校课程思政与思政课程同向同行，是一种方法论，是一种情感共同体。

高校课程思政共同体在主体上，是由育人利益相关者代表组成的共同体，体现参与主体的全员性。高校课程思政共同体主体包括高校全体人员、社会社区人员、学生家庭成员及其他利益相关者；在内容上，体现在它是所有课程的共同体，所有课程包括专业课、基础课、实践课、公共课等均需要融入思政内容；在过程上，体现在它是所有环节的共同体，第一课堂、第二课堂、实践实训课程、虚拟课堂等；共同体是一种治理组织形态，其使命是使高校课程思政运行更为畅顺。其核心是解决管理人员与教师之间、教师与教师之间、教师与学生之间、教师与资源之间的信息共享畅顺问题，解决理念的价值认同问题，解决共同体文化的生成问题。

综合来讲，高校课程思政共同体是由学校领导、教师、职工、学生、学生家长、社区代表等主体组成，以立德树人为根本任务，整合教育教学资源、技术、方法、环境、文化、平台、制度机制、评价等若干个要素相互联系，相互作用，按照一定方式形成的有着共同目标、共同价值、共同事业、共同利益的相对稳定的有机体。它有以下 5 个特征：

第一，同一性。"相互一致的、结合到一起的信念是一个共同体特有的意志"。③ 高校课程思政共同体的同一性是指共同体中所有主体具有相

---

① 房莹：《高校智库学术共同体建设路径研究》，《智库理论与实践》2017 年第 5 期。
② 《教育部关于印发〈教育信息化 2.0 行动计划〉的通知》，教技〔2018〕6 号。
③ ［德］斐迪南·藤尼斯：《共同体与社会》，张巍卓译，北京，商务印书馆 2019 年版，第 95 页。

对一致的共同意志、共同工作目标、共同事业、共同价值目标和事业目标。也就是说，教师提升自身教学能力目标、教师教育教学目标和共同体提高课程的教育教学质量的建设目标与立德树人目标相一致，认同社会主义核心价值观的价值立场和实现高校课程立德树人根本任务的价值目标。同一性是形成高校课程思政共同体的凝聚力以及保持共同体活力的基石。

第二，持续性。高校课程思政共同体与滕尼斯的共同体相关概念中的"精神共同体"类似，"精神共同体意味着人们朝着一致的方向、在相同的意义上纯粹地相互影响、彼此协调"。[①]一是高校课程思政共同体中的教师形成老、中、青年龄梯队相结合的教学团队，采用"以老带新、互相学习、共同进步"的模式促进团队教师成长，尤其是促进青年教师成长，共同朝着经师与人师相统一的方向前进。二是共同体主体中不仅有专业课程教师，还有思政课程教师，乃至学生、家长、社会代表等，共同体通过经常性培训、课堂观摩、随堂听课、集体备课、线上线下讨论、说课、教学研讨等方式，提升教师的教学能力和水平，提高专业课程教师对知识本身思政元素的挖掘能力，提高教师思政元素自然融入课程的教学能力，有效促进教师教育教学专业能力的提升与发展，促进高校课程思政共同体科学发展、持续发展。

第三，系统性。系统科学认为，系统是由客观世界中相互联系的因素构成的有机整体，系统无处不在，系统相互关联，小的系统必然属于更大系统，小系统是更大系统的有机组成元素，小系统是更大系统的子系统。高校课程思政共同体的系统性主要体现在 3 个方面。一是在高校课程思政共同体中，不同的主体在同一个系统内部互为前提，通过有机联动来实现系统的整体功能最大化。二是当有外界力量作用于高校课程思政共同体内部的一个主体时，高校课程思政共同体能够以整体的形式对外界力量作出反应。系统化机制一旦形成，就会促进教师之间、共同体主体元素之间的互动，促进共同体形成"1+1>2"系统合力。三是高校课程思政共同体一旦形成，共同体内各主要元素：教学内容、教师团队、利益相关者代表、教学环境等因素相对稳定，这有利于高校课程思政共同体形成统一情感，形成统一价值目标，建立共识体系。

第四，合作性。共同体"包含了人们的相互扶持、相互慰藉、相互履行义务，它们在人们彼此之间传递，并且被视作人的意志及其力量的外在

---

① ［德］斐迪南·滕尼斯：《共同体与社会》，张巍卓译，北京，商务印书馆 2019 年版，第 87 页。

表现"。① 互助与合作、信息共享是高校课程思政共同体教学文化的核心。高校课程思政共同体的合作性主要有 3 个方面的含义。一是高校课程思政共同体的构建过程由不同主体之间协作进行。高校、家庭和社会都有责任与权利，都应该在平等和谐的基础上参与高校课程思政共同体的建设，在这个过程中谁都不是旁观者。二是在高校课程思政共同体的构建中要重视不同主体之间的对话交流，特别是思政课教师与其他专业课教师要通过沟通交流在高校课程思政共同体内部形成多样的思考方式，同时要乐于倾听他人的想法。三是高校课程思政共同体的成果由全员共享。高校课程思政共同体讲求共商共建，在共同体构建的过程中，不同主体相互学习、相互帮助，对共同体形成了强烈的归属感与认同感，与共同体同命运、共进步，在不同主体之间的共同发展中共享高校课程思政共同体的成果。高校课程思政共同体合作性文化的形成，有助于促进共同体内主体，特别是教师团队主体形成凝聚力和向心力。一旦形成共同体的价值认同，广大教师的教学积极性、主动性、主观能动性和创造性就会迸发出来。合作是高校课程思政共同体建设的目标，也是过程。

第五，开放性。"教育系统只有开放，与社会生活紧密结合，以社会生活为中心，这样的教育系统才能走向进步，走向有序。反之，封闭的学校教育，脱离社会生活的学校教育，只能走向退化，走向无序。"② 高校课程思政共同体的开放性有两个方面意蕴：一是高校课程思政共同体内部各个主体相互之间的存在持续的资源、信息和能量，即思政课教师与其他专业课教师之间的互动交流，目的在于促进教师共同成长，更好地落实立德树人的任务。与此同时，环境、资源与机制等共同体的有机组成要素也一定会随着时代、时间的发展而不断丰富与变化。二是高校课程思政共同体与外界环境系统的资源、能量和信息交流，即高校与社会、家庭等主体间的对接。开放有益于吸收共同体外部资源、信息、能源，有利于共同体内部的动态平衡。共同体内各主体要素之间由于开放而形成合作与共享的协作教学发展机制；共同体也由于开放特质，形成开展教学研讨、互相听课等方式；共同体也由于开放特质，形成分享信息，促进共同成长的环境。系统只有是开放的，才能有更强生命力，才能与外界进行更多、更好的信息、能量、物质交流。随着思政教育一体化的形成，随着学校教育与社

---

① ［德］斐迪南·滕尼斯：《共同体与社会》，张巍卓译，北京，商务印书馆 2019 年版，第 3~4 页。
② 查有梁：《系统科学与教育》，北京，人民教育出版社 1993 年版，第 42 页。

会教育、家庭教育的协调，高校课程思政共同体将会有更多的施化主体参与。高校课程思政共同体注定是一个开放的系统。

三、高校课程思政共同体的组成基因

共同体最早需要解决的是生存与发展问题，世间的人只有团结在一起才能更有力量。马克思认为："只有在共同体中，个人才能获得全面发展其才能的手段，也就是说，只有在共同体中才可能有个人自由。"[①] 高校课程思政共同体解决的是价值传递与文化认同问题，需要的是意识形态的统一、教学理念的统一、培养目标的统一。高校课程思政共同体的"地域"纽带变为"育人领域"；高校课程思政共同体的"血缘"纽带变为"立德基因"；高校课程思政共同体的目标和价值追求是立德树人，这是高校课程思政共同体产生内聚力的缘由，也是高校课程思政共同体的本质目标。

高校课程思政共同体是包含目标、价值、认知、情感、行为、意志等层面内容的课程思政"他为"生态系统；共同目标、共同认知、共同理念、共同事业是高校课程思政共同体生成的内生条件；归属感、身份认同和意义感知是高校课程思政共同体生成的情感纽带；共商、合作、参与、约束、公正、公平是高校课程思政共同体运行的基本保障；参与者的主动性、自为性、反思性是高校课程思政共同体产生效能的根本动力。这些理念、目标、机制、治理方式等元素构成高校课程思政共同体的核心基因。

以立德树人为价值目标，以党和国家方针政策为抓手，构建人人有责、人人尽责、人人享有的高校课程思政共同体。其基本机理是借助制度、机制、政策、技术等因素，促使课程思政多元主体同向同行、形成合力，保障高校课程思政共同体持续务实高效。

四、高校课程思政共同体的组成要素

高校课程思政共同体的组成要素主要包括主体、资源、机制、环境、理念与平台这几个方面。不同要素之间相互联系，相辅相成，共同促进高校课程思政共同体的有效运行。

（一）主体

高校课程思政共同体的主体来自高校全体人员（主要包含高校党委、高校职能部门、高校各学院、教师、学生）、家庭、社会成员代表等。主

---

① 《马克思恩格斯选集》第 1 卷，北京，人民出版社 1995 年版，第 118 页。

体之间分工不同、扮演着不同的角色，也各自承担相应的责任。高校课程思政共同体最主要的作用之一是激发专业课教师的教学积极性，特别是专业课教师进行高校课程思政教学的积极性。在高校课程思政共同体内，专业课教师要主动与思政课教师学习与分享，善于挖掘不同课程中蕴含的思政元素；学生是学习的主导者，教师与学生通过教学活动产生互动与交流，学生要对教师的高校课程思政能力进行积极反馈；高校党委与其他职能部门扮演着引领者和组织者的角色，主要通过一些政策文件来对高校课程思政建设进行布局与规划，并为思政课教师与专业课教师搭建沟通交流的平台，为教师之间进行互助协作与资源分享提供良好的媒介，进而为高校课程思政建设营造良好的校园氛围；家庭和社会主要负责与高校相互协作，相互配合，保持步调一致，通过营造良好的家庭氛围与社会环境为高校课程思政共同体的构建、生成提供有力支撑。同时，高校课程思政共同体主体之间虽然角色定位不同，但地位平等，相互尊重，相互交流，共同进步，通过资源分享与协作共同影响与制约着高校课程思政共同体的高质量运行和发展。

（二）资源

高校课程思政共同体中的"课程"包括除思想政治理论课以外的所有课程，这些课程都要在共同体主体的共同努力下，融入思政元素，这是一个大工程，也是共同体的最主要使命。高校课程思政资源是指满足高校课程思政建设需要的一切资源的集合。内容上，它是集合各类育人元素所组成的课程思政教学资源，对各类课程思政资源进行重构与创新；结构上，它以为课程思政教学服务为目标，以资源共商、共建、共享为基点，在整合各类课程思政资源的基础上形成了具有灵活性与多变性的结构模块；形式上，它具有多样性，主要是文本、图片、视频、音频、动画等形式；功能上，它具有教育引导、典型示范、价值引领的功能。"要让全部课程都成为思政教育的主渠道，应该把根本性举措、全方位行动、持续性推进三者相结合。"[①] 课程资源建设单靠课程教师是难以完成的，必须借助高校课程思政共同体的力量，借助一定的平台，各类主体共同努力去积聚各类资源，形成高校课程思政资源模块，进而形成高校课程思政资源库。这样，同一门课程乃至同一类课程，就可以互相学习与参考，协同挖掘每门课程本身蕴含的思政元素并学会将思政元素融入课程中，这是高校课程思政共

---

① 江天雨：《实现专业课程与思政元素有机融合》，《中国教育报》2020年1月2日。

同体的最主要使命。

（三）机制

机制作为高校课程思政共同体的组成要素，对保障高校课程思政共同体的治理和善治具有重要意义。高校课程思政共同体的机制包括交流机制、培育机制、保障机制、激励机制和评价机制等，不同的机制在高校课程思政共同体中发挥着不同的作用。交流机制通过活动来实现共同体各类主体之间的资源共享、情感共享。有活动才有活力，有效活动是高校课程思政共同体的活力之源。高校课程思政共同体需要经济科学谋划共同体的各类活动，并努力形成制度化活动和非正式活动的机制，如定期的会议、不定期的交流等，都是高校课程思政共同体持续运行的关键。培育机制不仅负责提升全体教师的思想政治素质，引导教师树立课程育人的理念，还要对教师进行有关高校课程思政设计、生产、教学、评价等方面的课程思政胜任能力的培训，这些培训是高校课程思政共同体高质量运行的基础。保障机制主要为高校课程思政共同体高质量运行提供财力、物力和高校课程思政资源建设方面的保障。激励机制主要包含物质激励与精神激励，它有利于调动高校教师开展高校课程思政教学的积极性和热情，增强高校教师对立德树人这一共同愿景的认同感，促进高校课程思政共同体的科学构建。而评价机制则通过制定一定的评价标准与评价方法，对高校课程思政共同体中不同主体的课程思政胜任能力、课程思政进程表现以及高校课程思政共同体的整体运行效果进行评判，并对存在的问题进行及时纠正，从而为高校课程思政共同体的高质量发展提供保障。

（四）环境

高校课程思政共同体的环境指的是共同体主体赖以生存与开展实践活动的一切因素的总和，是高校课程思政共同体的组成要素之一。环境包括外部环境与内部环境。外部环境指的是社会环境与家庭环境。良好的社会环境是青年大学生社会化过程的重要依托，良好的社会风气不仅影响青年大学生个人价值观的养成，还会影响高等学校校风以及家庭家风的构建。外部环境是高校课程思政共同体高质量发展的基础载体；而家庭环境对青年大学生的健康成长更为关键，家长不仅是学生的第一任老师，而且是学生终身最为信任的老师，这种影响既是潜移默化的，也是持续发展的，良好的家风对高校课程思政共同体的构建具有重要的协同作用。内部环境主要指的是高等学校自身为高校课程思政共同体的科学构建、高质量运行提供的支持与扶持，包括高校课程思政共同体运行的文化环境、制度环境、硬件支持等元素。

（五）理念

理念是行动的前提、先导和行动的方向。理念作为高校课程思政共同体的组成要素，包括课程立德树人理念，即高校每门课程都要发挥自身思想政治教育作用，以期达到高校课程思政立德树人的目的。要秉持"三全育人"理念，即做到全员育人、全程育人与全方位育人；树立系统理念，即把高校课程思政共同体看成一个系统，通过系统的内部优化促进共同体整体功能的最大化。这些理念是高校课程思政共同体的文化基础、价值基础、实践基础，不仅为高校课程思政共同体各主体提供了行动指南，也促进了不同主体之间的沟通、协作与融洽。

（六）平台

线上平台与线下平台相结合是高校课程思政共同体平台的总体要求。线下平台对比线上平台来说更加传统，主要形式包括教师与学生在班级教室的互动、思政课教师与专业课教师在日常工作中的交流、线下会议或培训讲座上的交流分享等。相对而言，我们更重视线上平台的开发和运行。线上平台是实现高校课程思政资源共建共享的重要载体，具有界面友好、使用简便、泛在性好的特点。线上平台是在传统的信息化平台的基础上，运用人工智能、大数据、云计算等新技术，打造一个集课程思政资源挖掘与加工、资源共建与共享、师生学习与交流于一体的智能应用平台。高校课程思政共同体平台通过组织课程思政建设的各种要素，能对参与平台的各方主体以及教育教学的各方面环节进行赋能。它通过提供优质的资源，能有效服务教师进行课程思政教学，满足高校提高教学质量、建设课程思政的需求。线上平台至少应该包括以下4个部分：一是平台应用界面，方便教师学生使用；二是平台数据库，方便教师学生查询和使用；三是平台分析系统，可以对平台各类数据进行深度挖掘，以便主动为教师和学生提供个性化服务支撑；四是平台学习空间，也即支撑各个学科课程设置独立的学习空间，支持相同兴趣者设置独立学习空间，并提供相应的学习支持。同时，平台应该尽可能地为学习者提供日常工作常用的数据工具。在信息化时代，知识更新迅速，更多高校教师与学生等高校课程思政共同体主体更青睐线上平台的方式。教师可以充分利用线上平台的优质课程思政资源进行高质量课程思政建设，与此同时，教师也可以利用线上平台实现高校课程思政共同体不同主体之间的线上交流与问题探讨，增加了交流空间，促进了高校课程思政共同体不同主体之间信息的交流和反馈。

五、高校课程思政共同体的分类

高校课程思政共同体依功能与人员组成不同，大致可以分为 3 类：学校层面的高校课程思政共同体、学院层面的高校课程思政共同体、课程层面的高校课程思政共同体。

（一）学校层面的高校课程思政共同体

新时代学校层面的高校课程思政共同体主要由学校管理者、各职能部门负责人、企业代表、学生代表与教学专家等组成，以高校课程思政领导小组或高校课程思政教学研究中心的形式存在，并且将高校课程思政建设的顶层设计、体制机制建设与制度设计作为工作重点。一是学校层面的高校课程思政共同体要坚持从实际出发，实事求是，建立分工明确、行之有效的领导体制，做好顶层设计，同时要建立健全培育机制，建立切实可行的制度体系，为高校课程思政共同体的构建提供制度支撑。二是学校层面的高校课程思政共同体还要制定和完善激励机制与评价机制，鼓励教师在高校课程思政建设过程中勇于开拓创新，在职称评审、人才引进、师资培养等方面向努力实施高校课程思政的一线教师倾斜。三是要充分吸收企业代表对高校人才培养的建议。学校层面课程思政共同体主要表现形式包括：高校课程思政领导小组、高校课程思政教学研究示范中心等。其基本的职能是协调全校课程思政的高质量发展，重在形成基于课程思政的新人才培养方案，形成课程思政文化与氛围，提升全校课程思政覆盖率，实现教师"人人讲育人"、课程"门门有思政"。

（二）学院层面的高校课程思政共同体

学院层面的高校课程思政共同体是由学院管理者、马克思主义学院相关教师、教研室主任、教学专家、企业代表与学生代表等组成。它的重点在于专业人才培养方案的设计、高校课程思政教材建设与机制制度的建设。一是学院既要响应学校党委的号召，引导学院教师与马克思主义学院的教师加强交流，积极参与到高校课程思政建设中，也要发挥教研室的作用，充分研究学生与教学，通过互相观摩课堂和评课找出教师教学方式的不足，并让教师在课下及时反思不足之处，总结经验，优化教学方法。当然，教师之间也可以集体备课，在这个过程中，教师可以畅所欲言，表达自己关于高校课程思政教学方法的观点，并从中讨论出更优质、更适合自己的教学方式。二是高校各学院要建立相互信任、友好协作的工作联动机制，使学院层面的高校课程思政共同体建设从理论向实践不断转化。三是吸收企业代表在学院专业发展、人才培养方案等方面的合理化建议。学院层面的高校课程思政表现形式主要包括院级课程思政建设领导小组和课程思政研究中心。其职能重在专业层面的高校课程思政的人才培养方案设计、高校课程思政教材建设、制度建设、机制建设等。目标是形成高校课程思政与思政课程的同向同行、课程之间育人内容层面的协同育人，重点在于形成基于高校课程思政的教学团队，产生一批高校课程思政名师。

（三）课程层面的高校课程思政共同体

课程层面的高校课程思政共同体是由学生、任课教师、马克思主义学院教师、课程设计专家等组成，它强调的是对课程、教学与教案的设计。一是任课教师要在深刻了解并梳理教学内容的基础上形成科学的教案，然后与课程设计专家、马克思主义学院教师通过不断学习与交流，提高自身的高校课程思政水平。二是任课教师需要结合自身课程特点、课程价值内涵和课程思维方式，深层次挖掘课程自身内蕴的思想政治元素，形成一体化的高校课程思政体系，并有机融入课程教学中。三是学生也要及时反馈教师开展高校课程思政教学的效果，从而形成集课程、教学、反馈于一体的闭环管理体系。在实践中，课程层面的高校课程思政共同体基本表现形式包括课程思政教学团队、"教育信息化教学应用实践共同体"① 等。其职能重在具体高校课程思政的课程设计、教案设计、教学设计等。

以上 3 个层面的高校课程思政共同体均可依需要积极扩大其主体队伍，如加入社会、社区人员，企业与政府部门人员，学生家长代表等，以保障高校课程思政共同体主体要素的全面性，通过高校课程思政共同体创设社会教育、家庭教育、学校教育协同育人的体制与机制。三者统一于高校课程思政共同体的平台之中。

六、高校课程思政共同体的功能

高校课程思政共同体具有以下 4 种功能：

（一）促进高校课程思政共同体运行理念生成

第一，高校课程思政共同体需要把握课程立德树人高度。高校课程思政是提升课程立德树人效能的主要抓手。2017 年，习近平总书记在考察清华大学时提出："我们的教育就是要培养中国特色社会主义事业的建设

① 《教育部科学技术与信息化司关于做好 2021 年度教育信息化教学应用实践共同体项目推荐遴选工作的通知》，教科信司〔2021〕213 号。

者和接班人，而不是旁观者和反对派。"① 高校课程思政作为教育长链中的一个关键环节，必须顺应这一目标要求，在高校课程教育教学过程中，结合高校课程学科特点，有的放矢地对大学生进行学科化、课程化的思想政治教育，"树立对马克思主义的信仰、对中国特色社会主义的信念、对中华民族伟大复兴中国梦的信心"。②

第二，高校课程思政共同体需要加大课程立德树人深度。习近平总书记指出："要努力构建德智体美劳全面培养的教育体系，形成更高水平的人才培养体系。"③ 高校课程是高校人才培养体系的主要组成要素，是人才培养体系的细胞。"高校课程思政"是构建高质量人才培养体系的有效切入点，是形成高水平、有特色、有情怀人才培养体系的关键环节。高校课程思政共同体必须在课程教育深度上达成共识。

第三，高校课程思政共同体需要扩大课程立德树人参与度。"高校课程思政"是"十育人"系统中一个关键项目，也是最为重要的育人工程。它的教育效果受制于主客体条件，受制于内容供给。只有足够的主体参与，足够丰富的内容供给，才能满足学生的具体需求，才能使所有施化主体拧成一股绳，形成强大的课程思政育人合力。

（二）促进高校课程思政立德树人效能提升

高校课程思政共同体以立德树人为根本目标，它是价值共同体、利益共同体、事业共同体、情感共同体。它以"全面提升人才培养能力""培养社会主义事业合格的建设者与接班人"为目标。借助共同体机制、平台，可以促进师生互动，促进教师之间的交流，凝聚共同体内各类主体特别是教师和学生的课程立德树人合力，从而提升高校课程思政立德树人效能。

（三）促进高校课程思政的生产能力与质量提升

高校课程思政的生产是一项复杂的工程，单凭教师难以完成这一任务。通过高校课程思政共同体，利用高校课程思政共同体系统因素、机制的作用，就可以形成高校课程思政生产的更大能量，由是，高校课程思政数量生产与质量提升也就有了可靠保障。同时，高校课程思政共同体可以有效保证一个专业的高校课程思政是一个有机整体，进而有效避免植入思

---

①　《习近平会见清华大学经济管理学院顾问委员会海外委员和中方企业家委员》，《人民日报》2017 年 10 月 31 日。

②　习近平：《在纪念五四运动 100 周年大会上的讲话》，《人民日报》2019 年 5 月 1 日。

③　《习近平在全国教育大会上强调　坚持中国特色社会主义教育发展道路　培养德智体美劳全面发展的社会主义建设者和接班人》，《人民日报》2018 年 9 月 11 日。

政元素的重复，同时可以使各类课程思政互为基础，互为依托。

（四）促进高校教师课程思政胜任能力提升

教师是开展高校课程思政的主力军，没有专业教师课程思政认识的认同、素养的养成、技能的提升，很难实现高校课程教学向高校课程思政教学的转变。教师高校课程思政胜任能力提升是一个复杂的系统工程，既包括教学能力提升，也包括对课程思政元素的认知、挖掘能力提升，同时包括科研能力和社会服务能力提升。高校课程思政共同体这一平台，通过共同体的良治和善治，可以成为教师情感沟通的纽带和教师资源共享的桥梁。教师在其中，可以向他人学习，也可以找到志同道合的教师，实现教师心灵的沟通。因此，高校课程思政共同体是提升高校教师课程思政能力的有效平台。

七、高校课程思政共同体构建的价值

构建高校课程思政共同体对高校、高校学生和高校教师具有重要的价值，有助于高校形成"三全育人"的教育格局，有助于促进学生的全面发展，有助于提高教师的课程思政生产能力和教学能力。

（一）对高校的价值

构建高校课程思政共同体对高校的价值主要体现在高校"三全育人"的教育格局形成方面。2019 年 10 月，党的十九届四中全会通过的《中共中央关于坚持和完善中国特色社会主义制度　推进国家治理体系和治理能力现代化若干重大问题的决定》明确提出，要"加强和改进学校思想政治教育，建立全员、全程、全方位育人体制机制"。[①] 全过程育人指的是在大学生成长的全过程中都要进行思想政治教育，包括小时候的家庭教育，到进入学校之后接受的教育，再到步入社会后受到的社会教育等，一个人的成长仅凭家庭教育或者学校教育是不能完成的，需要家庭、学校与社会的共同努力。全方位育人指的是大学生的思想政治教育应该是多样化、多渠道、全覆盖的，从校内到校外、从线上到线下都要做到育人无处不在。全员育人指的是高校思想政治教育工作不再是个别人的事，高校所有教职工与家庭成员和社会都要肩负起育人责任，真正做到全员育人。高校课程思政共同体的构建集合了高校、家庭与社会的力量来对学生进行基于课

---

① 《中共中央关于坚持和完善中国特色社会主义制度　推进国家治理体系和治理能力现代化若干重大问题的决定》，https://www.gov.cn/zhengce/2019-11/05/content_5449023.htm。

程学科载体的思想政治教育，形成了强大的立德树人合力，贯穿了大学生成长的全过程，真正做到了全员、全程育人。同时高校课程思政共同体主张共商共建共享，通过打造高校课程思政平台、完善相关体制机制，让学生在校内和校外、线上和线下都潜移默化地受到了课程内蕴的思想政治教育，真正做到了全方位育人。

（二）对高校学生的价值

构建高校课程思政共同体对高校学生的价值主要体现在促进学生的全面发展方面。一方面，高校学生由于年龄的不断增长，他们对自主性提出了更高的要求。在心理层面上，高校学生已经逐渐减少了对父母和老师的依赖，内心会更多涌现出自己的想法，在行为层面上，他们更期待一种平等的对话与交流。高校课程思政共同体的构建为高校学生营造了开放自由的学习氛围，使得高校学生能够与教师进行平等的对话，并对教师的高校课程思政教学能力与效果作出有效反馈，这极大地满足了高校学生的心理诉求，也有助于提升大学生自主学习的意识，进而提升大学生的自主学习能力。另一方面，随着社会的发展，高校学生在踏入社会前不仅要具备足够的专业知识，还要树立一定的团队意识、协作意识。在高校课程思政共同体中，专业课教师通过挖掘思政要素发挥课程育人的作用，在帮助学生提高专业素质的同时还对学生进行了潜移默化的思想政治教育，引导学生形成符合社会发展要求的道德素养，促进学生的全面发展。在高校课程思政共同体中，高校学生作为高校课程思政共同体中的一分子，通过与其他主体沟通协作，培养了高校学生的团队意识与协作意识，为他们以后的职业生涯奠定良好的基础。

（三）对高校教师的价值

构建高校课程思政共同体对高校教师的价值主要体现在提高教师课程思政生产能力和教学能力方面。教师专业能力内涵丰富多样，集教学学术、发现学术、应用学术、综合学术能力等为一体。单就教学能力来讲，主要是指教师教学学术的生产能力。高校课程思政共同体就是教师教学能力提升的最佳载体，是中国大学基层教学组织"教研室"功能与形式的升华与创新。通过高校课程思政共同体这种平等、互助、共享、交流的平台，教师之间可以进行情感交流，实现高校课程思政资源的共享，教师之间也可以基于平台，相互帮助、相互学习、相互借鉴，达到提升教师高校课程思政的生产能力和教学能力之目的。代表高校课程思政生产能力与教学能力的关键指标有3点：课程融入思政元素的质量；课程挖掘思政元素的数量；高校课程思政与思政课程同向同行的程度。课程融入思政元素的质量，需要做到无痕，要实现润物无声；课程挖掘思政元素的数量，需要适度，要把握时间长度，不宜太长；高校课程思政与思政课程同向同行的程度，需要同频，实现高校课程思政与思政课程的同频共振。当然，同一专业不同课程之间也需要高校课程思政共同体这一机制来实现互动。因为同一专业的高校课程思政资源是一个有机整体，通过高校课程思政共同体，既可以避免植入元素的重复，也可以使各类课程互为基础，互为依托。

八、高校课程思政共同体聚焦的问题

高校课程思政共同体通过共同体目标、共同体文化、共同体机制、共同体制度等，协调好教师、行政部门、学生、育人利益相关者、资源、教学形式、教学环境等因素，实现各个要素的良性互动，最终实现高校立德树人的全员参与、全方位推动、全过程联运、全要素协同，合力促进高校课程思政共同体的有效运行，统筹构建"高校课程思政"的育人大环境。

（一）聚焦教师发展

教育家徐特立曾经说过：教师分为两种，一种是"经师"，一种是"人师"，教师的职责应该是"经师"和"人师"的统一。习近平总书记在全国高校思想政治工作会议上指出："教师做的是传播知识、传播思想、传播真理的工作，是塑造灵魂、塑造生命、塑造人的工作。教师不能只做传授书本知识的教书匠，而是要成为塑造学生品格、品行、品味的大先生。"[①] 高校全面推行课程思政，高校教师是主力军，是高质量推进高校课程思政的关键主体因素。高校教师必须具有课程立德树人的意识和情怀，理性认识高校教师具有课程立德树人的职责和任务，把培养合格的社会主义事业建设者和接班人作为自己的分内之事。

但从现实中看，高校教师当下的生存状态并不乐观。他们面临着教学、科研等方面的压力，很多教师疲于应付，对教书育人缺乏有效参与的积极性。高校课程思政共同体就是要通过共同体这一平台、机制等共同体力量，解决教师课程思政教学中的问题，同时解决教师职业发展中的相关问题。通过机制、体制、制度设计，在"破五唯"的大环境中，创设育人第一环境；经师与人师共育环境；让教书育人者有为、有位、有味。

---

① 《习近平在全国高校思想政治工作会议上强调　把思想政治工作贯穿教育教学全过程　开创我国高等教育事业发展新局面》，《人民日报》2016 年 12 月 9 日。

（二）聚焦职能部门

高校课程思政共同体的良好运行离不开高校的各级各类职能管理部门。高校课程思政是一个系统工程，它的良性发展需要学校、职能部门、学院、课程团队共同发力。职能部门的引导十分关键。他们既要关注人才培养体系的变革，也要注意样板高校课程思政的打造，更要注重特色专业的引领。其中，职能部门需要为学院、为专业、为课程配备必需的条件，建设必需的平台，提供必需的资金，制定必需的配套制度。

（三）聚焦学生需求

取得良好课程思政教学效果的前提是教学内容供给适切，即教学内容供给与学生学习需要相匹配。高校课程思政共同体这一载体、平台、群体，需要广泛发动教师、学生参与，充分利用"互联网＋""人工智能＋"技术，准确把握学生学情，为学生提供精准的教学供给、精准的教学方式方法，让高校课程思政内容供给、教学供给与学生的个性化需求共振。高校课程思政的教育教学既要有高度，也要有温度；既要顾及学理的深度，也要注意教学话语的温度，最终实现师生态度上有共识，情感上能共情，知识求索上有共振。

（四）聚焦共商共建共享

"高校课程思政"难在立足于本学科，深入挖掘本学科的各种"思政"元素，并借鉴"思政课程"中的思政元素，实现课程立德树人之育人目标。这也成为"高校课程思政"实施中最为艰难的一个环节。因为学科教师对何为思政元素并非完全了然于心。为解决这一问题，就需要高校课程思政教师与思政课程教师结合成为育人共同体，通过共商共建，实现二者在立德育人方面的价值共识，最终实现同向同行，产生协同效应。所以说，高校课程思政共同体要聚焦于立德树人的参与方共商共建共享。高校课程思政共同体可以借助共同体平台，实现"高校课程思政"生产、开发与教学。应该说，高校课程思政共同体分为很多形式，基于课程形态的共同体是最为重要的一种高校课程思政共同体。基于课程的高校课程思政共同体应该充分利用高校原有课程教研室的设置，挖掘校内与校外资源，课程内与课程外资源，大力开展官、产、学、研、商等合作教育活动，与社区组织、政府部门、相关企业、家庭代表等携手合作，组建高校课程思政最为广泛的育人共同体，实现各主体之间的共商共建共享，发挥课程思政最大的教育效能。

（五）聚焦机制契约

高校课程思政共同体建设容易，运行难。难在机制、体制、制度、契约等建设没有跟上共同体治理的步伐。所以，高校课程思政共同体建设要聚焦共同体机制、体制、制度、契约等建设，要用机制、体制、制度、契约的力量，推行依法治理、依德治理、自行治理，保障高校课程思政共同体的善治与现代化。

第二节　高校课程思政共同体构建的成效与问题

高校课程思政共同体打破人员"学术领域"，它由不同专业的教师及其他人员组成；它打破共同体的自在性，它是一种跨越边界的创新组织，跨越了人员边界、学科边界、院系边界。高校课程思政共同体是由特定的主体、群体和组织有意识地组织起来的一种功能性共同体。

一、为何提出构建高校课程思政共同体？

构建高校课程思政共同体的现实依据主要包含高等学校教研室基因及教学组织生产原则的诱使、顺应时代发展的需要、完成高校立德树人根本任务的需要、筑牢意识形态阵地的需要以及解决高校课程思政运行过程中痛点和难点等问题的需要。

（一）高等学校教研室基因及教学组织生产原则的诱使

中国高校中一个重要育人共同体就是高校的课程教研室，教研室是中国高校课程育人的核心机构，它是一个由老中青教师组成的，以教好特定专业课程，培养学生特定专业能力和专业素养为目标的教师共同体。在这样的教研室中，老教师带领中青年教师认真地研习课程，集体备课，集体分析该课程教育教学中的系列问题，教研室高质量的工作，良好的教学效果，是教研室功能的重要体现。这种背后发挥功能的机制就是教师共同体机制。这种教师共同体机制为高校课程思政共同体高质量运行打下了基础。

（二）顺应时代发展的需要

从党的十八大开始，中国特色社会主义进入新时代，我国面临的国内环境与国际环境正在悄然发生着变化。国内环境方面，我国已经在全面建成小康社会、脱贫攻坚战方面取得了重大成就，与此同时，正在为全面建设社会主义现代化国家、实现中华民族伟大复兴而奋斗。在这个关键时期，为了更好地发展中国特色社会主义，国家对高等教育人才的需求变得越来越迫切。国外环境方面，随着全球化的不断发展，我国经济实力不断增强，我国在国际舞台上发挥着越来越重要的作用。2020 年至 2022 年，新冠疫情迅速在全球蔓延，我国主动承担起大国责任，向世界上很多国家伸出了援助之手，分享了宝贵的经验，用实际行动来构建人类命运共同体，充分彰显了新时代大国风范。新阶段、新局面、新问题正在考验着大学。在世界百年未有之大变局、中华民族伟大复兴战略全局的关键时期，如何让新时代成长起来的大学生顺利接过革命先辈的神圣使命，主动承担新时代建设社会主义现代化国家的新使命，是高校新时代的新责任。正是这种时代的发展，需要我国高等学校必须培养出能够承载民族复兴大任的时代新人。新时代的大学生应该拥有"强大的综合素质，他们要既具有世界眼光，又具有中国情怀；既具有个性特征，又具有社会责任；既具有战略思维，又具有踏实精神；既对社会弊端愤世嫉俗，又对社会矛盾持理性态度；既不妄自菲薄，又不妄自尊大；等等。"① 唯有如此，才能在今后的国际竞争中争得一流。高校课程思政共同体的构建可以推动高校课程思政的科学发展。高校课程思政共同体不仅使得高校思政课教师与专业课教师联系更加频繁，配合度更高，促进了专业课堂与思政课堂两大育人渠道的互通互融，而且将高校、家庭与社会有机结合起来，构建了全面协同育人的新格局。

（三）完成高校立德树人根本任务的需要

高校的主要职能包括培养高素质人才、进行科学研究、为社会提供服务和传播先进科学的思想文化等，其中，高校的立身之本是立德树人，培养高素质时代新人是高校新时代最根本的任务。新时代，高校为了全面完成立德树人这一根本任务，需要科学规划好"三全育人"工作，坚持以学生为出发点，从学生的实际出发，做到以生为本、立德树人。然而在高校思想政治工作实际推进中，部分高校仍然出现了思政课在高校思想政治教育中唱独角戏的现象，专业课并没有承担起相应的育人职责，这在很大程度上影响高校立德树人任务的完成效度。高校课程思政共同体作为高校在实现立德树人方面的创新实践，它可以有效组织好思想政治教育的各类要素，让高校课程思政和思政课程形成合力、协同育人，也可以帮助高校教

---

① 陈锡喜：《高校哲学社会科学类课程与思想政治理论课"同向同行"的必要性和可行路径》，《马克思主义理论学科研究》2017 年第 3 期。

师实现知识传授与价值引领的统一，把"三全育人"更好地落在实处，进而完成高校立德树人这一根本任务，实现高校立德树人效能的最大化。

（四）筑牢意识形态阵地的需要

马克思认为："如果从观念上来考察，那么一定的意识形态的解体足以使整个时代覆灭。"[1]意识形态教育是一项复杂的工作，它包含多种因素，最重要的是要让社会成员在情感、态度、价值观与理想信念等方面达成一致并符合社会主流意识形态。高校作为培养人才的摇篮，也是意识形态的最前线。"高校这块意识形态的高地如果我们不去坚守，各种非马克思主义、反马克思主义的错误思想就会趁虚而入。"[2]这种现象会对大学生的思想带来强烈的冲击，从而会导致大学生出现思想混乱的情况。在逆全球化思潮和美国保护主义思潮的大背景下，在霸权主义、单边主义的撺掇下，社会舆情日趋复杂，意识形态斗争越来越激烈，如果高校中马克思主义"失语""失踪""失声"，那么高校就会失去意识形态阵地，失去对大学生的教育主动权，高校课程思政工作的开展就会变得异常艰巨。这些实际情况迫切需要高校课程思政各相关利益主体创新模式，即通过科学构建、善治运行高校课程思政共同体，始终坚持以马克思主义为指导，通过高校各门课程践行育人功能，与主渠道发挥协同作用，从而使得社会主义核心价值观润物细无声地滋养着大学生的精神世界，帮助大学生树立正确的意识形态安全观，确保马克思主义在中国高校意识形态阵地建设中的指导地位。

（五）解决高校课程思政运行过程中痛点和难点等问题的需要

当前的高校课程思政建设在不断深入的过程中取得了一定成效，同时存在着一些问题。一是部分专业课教师还没有形成正确的高校课程思政教学理念，缺乏开展高校课程思政教学的能力；二是部分专业课教师在开展高校课程思政教学中不能合理地挖掘思政元素并将其融入教学过程中；三是高校课程思政在推进的过程中还没有形成系统性的体系，高校课程思政的评价机制也不够完善；四是在高校课程思政建设过程中，高校课程思政资源的共享程度有待提高，高校课程思政资源的共建共享机制还没有形成。构建高校课程思政共同体可以实现不同主体间的有效联动，提高专业课教师对高校课程思政的认同度，与此同时，专业课教师通过参与高校课

---

① 《马克思恩格斯文集》第 8 卷，北京，人民出版社 2009 年版，第 170 页。

② 葛慧君：《做好高校思想政治工作的着力点》，《人民日报》2016 年 1 月 25 日。

程思政共同体的培训会、研讨会、学习示范课程等活动，可以提升自身的高校课程思政胜任能力。此外，高校课程思政共同体本身作为一个科学的系统，可以促进高校课程思政系统化、规范化，不断完善高校课程思政评价机制。通过整合优质的高校课程思政资源，打破原有高校课程思政资源的"孤岛效应"，做到高校课程思政资源的高效共享。总之，高校课程思政共同体的构建为高校课程思政建设提供了内容上、方法上与评价上的支撑，可以帮助解决高校课程思政运行过程中痛点和难点等问题。

二、高校课程思政共同体的构建形式

高校课程思政共同体构建形式主要有两种。一是依法、依规设立。其构建和运行的基本机制是国家法律、国家行政法规、省级政府法规、高校校规等。这个层面的高校课程思政共同体主要是指学校层面的共同体、学院层面的高校课程思政共同体等。二是自主建立。其构建和运行的基本机制是共同的价值、事业、情感追求，是习惯、是契约。这个层面的高校课程思政共同体主要是指课程层面的高校课程思政共同体。虽然构建和运行机制不完全相同，但在"互联网+"和"人工智能+"背景下，各个层面的高校课程思政共同体可以统一于一个平台之中，即高校课程思政共同体平台之中。

三、高校课程思政共同体构建的实践成效

高校课程思政共同体构建在实践中取得成效主要体现在以下方面：在学校层面上，较多高校成立并有效运行高校课程思政教学研究中心；在学院层面上，创新和优化了基于高校课程思政的学院人才培养方案与教学方法；在课程层面上，形成了一系列高校课程思政示范课程与教学名师团队。

（一）学校层面：许多高校成立并有效运行高校课程思政教学研究中心

近年来，为了推动高校课程思政的高质量发展，许多高校开始探索以不同的形式构建高校课程思政共同体，组建了专门的高校课程思政中心和领导小组，专司高校课程思政的开展和推进工作。其中，有按照扁平化组织结构设置的由校领导直接负责的高校课程思政研究中心；也有在马克思主义学院下设专门研究机构，由马院老师指导其他院系教师开展课程建设；还有在本科生院设置高校课程思政教学实践中心推进全校工作；等等。这些组织方式不同的高校课程思政教学研究中心，由一线教师、教育

科研人员、教学研究人员、教育行政、管理部门教师等共同组成，成为事实上的学校层面高校课程思政共同体。虽然这些高校课程思政共同体组织形式不同，但其基本功能都是联合思政课教师、专业课教师与其他管理部门共同协作，共同促进高校课程思政高质量发展。这些校级层面的共同体，如武汉大学课程思政教学研究示范中心，通过政策制定、政策阐释为高校课程思政高质量发展提供制度支撑，同时还通过内容供给、方法供给和评价供给 3 个方面为高校课程思政共同体有效运行提供支撑。

第一，在内容供给上，高校课程思政共同体要善于为专业课教师的思政元素挖掘提供帮助和支撑。在这一点上，不同的高校课程思政教学研究中心采取了不同的做法。例如，武汉大学课程思政教学研究中心会组织专门的会诊座谈会、教案打磨会、优秀案例分享会、课程思政说课大赛等形式，帮助专业课教师从头到尾梳理自身教案中的思政元素，为下一步的思政元素融入打下内容基础。清华大学课程思政中心通过开展跨院系"同行备课会"与分享教学经验"同行锦囊"等活动，让不同的专业课教师交流互鉴，挖掘思政元素，共谋高校课程思政高质量发展。天津大学课程思政研究与实践中心在内容供给方面所采取的具体措施主要是展示天津市优秀课程思政教材，为教师们挖掘思政元素提供了榜样与示范，此外还建立了高校课程思政资源库，以方便教师快速找到与自身课程相匹配的高校课程思政资源，这种高校课程思政资源库不仅为教师节省了时间，还确保了不同专业课程思政元素的准确性。齐鲁工业大学课程思政研究中心成立了课程思政教学工作坊，通过召开课程思政工作教师座谈会，邀请其他学校的优秀教师与专家来对本校的课程思政工作进行指导，以此让教师形成对高校课程思政的正确认识，便于教师更好地挖掘思政元素来开展高校课程思政教学。淮北师范大学课程思政教学研究中心注重开展高校教师课程思政教学能力培训，引导高校教师自主挖掘课程中的思政要素，为开展高校课程思政教学提供了内容支撑。

第二，在方法供给上，高校课程思政共同体为高校专业课教师做好高校课程思政教学提供方法的供给与支持。教学方法从来都不是固定不变的，每所学校、每位教师都要从实际出发，制定合理的教学方法。例如，同济大学课程思政教学研究中心举办上海高校课程思政高级研修班，来自同济大学、复旦大学、上海交通大学与华东师范大学等上海各高校的二级学院院长、负责人学习并分享专家们从理论到实践的高校课程思政教学方法与宝贵经验。武汉大学课程思政教学研究中心联合了教师发展中心、教育科学研究院以及全国高校青年教师教学竞赛获奖教师等专业力量，为一线教师提供教学方法的指导，中心会定期举办教学能力培训班、教案书写辅导会、教师教学模式工作坊等活动，为一线教师的教学能力提升提供方法支持。哈尔滨工业大学课程思政教学研究中心在方法供给上的具体做法是举办高校课程思政培训会，从教师的教学方法出发详细讲解了开展高校课程思政教学的具体实施步骤。华南农业大学课程思政中心举办了"如何开展课程思政"专题讲座和课程思政专题学术报告会，许多优秀教师和学者分享了自己在高校课程思政教学方面的经验与心得，这些措施不仅增强了专业课教师对高校课程思政的认知，还为专业课教师提供了一些在高校课程思政教学方法上的灵感，激发了他们开展高校课程思政教学的积极性。西安交通大学课程思政教学研究中心多次举办《领军学者谈教学之"课程思政"的实施路径与方法》报告会，为高校教师开展高校课程思政教学提供了方法上的指引与帮助。

第三，在评价供给上，高校课程思政共同体为高校进行的课程思政建设提供价值判断的方法与工具。在评价供给方面，许多高校课程思政教学研究中心都进行了一些积极尝试。比如武汉大学课程思政教学研究中心为教师制定了评价方法并进行了量化，即制作了评价工具量表来进行高校课程思政教学评价采集和数据分析，最后通过解读评价结果以达到改进教师教学方法的目的。西南政法大学课程思政教学研究中心认为，对教师的高校课程思政评价工作应该坚持定性和定量分析相结合、工作评价和效果评价相结合、教师自评和专家评价相结合，同时要加大对高校课程思政建设优秀成果的支持力度，将高校课程思政建设的工作成果纳入学校教学成果奖、优秀教材奖等教学表彰奖励的范围，纳入对学院教学科研、人才培养等评奖表彰和年度评价考核。安徽师范大学课程思政教学研究中心针对理论课、技术课与实验课制作了课程指标信息表，对教学态度、教学内容、教学方法和教学效果这4个一级指标赋予不同的权重，每个一级指标下设有相应的评价内容，最后得出量化分数来衡量教师的教学效果。厦门大学课程思政教学研究中心对每个学院的高校课程思政建设情况进行合理评估，及时宣传表彰，督促整改，并将教师德育意识及能力、参与高校课程思政的成效作为教师考核评价、评优评先、选拔培训的重要依据。江南大学课程思政教学研究中心制定了高校课程思政教学质量评价体系，该体系分为一级指标和二级指标，其中教学过程与教学结果是一级指标，二级指标有教学理念、教学内容、教学方法、教学考核、知识获得、素养形成等，通过将该评价体系嵌入大学生评教系统，以此开展对高校课程思政教学评价，并对教学质量排名前 5% 的教师颁发奖励证书。

（二）学院层面：创新和优化了基于高校课程思政的学院人才培养方案与教学方法

随着高校课程思政建设的深入发展，许多高校专业学院都开始构建学院层面的高校课程思政共同体，以此来创新和优化基于高校课程思政的学院人才培养方案与教学方法。比如，东北大学信息科学与工程学院统筹推进高校课程思政共同体建设，在学院党委的领导下充分发挥教师课程育人的作用，深入挖掘能源互联网与智慧能源、自动控制原理等学院专业课中蕴含的思政元素，引导学生学会关注自我、他人和社会，通过"有情感、有温度"的思政及专业课堂教学真正发挥教师传道授业解惑的作用，同时促进了学院教学方法的改进。成都电子科技大学经济与管理学院结合学院实际，从学院党委、专任教师这两个方面着手，把思政工作、育人目标渗透到学院人才培养的全过程和各环节，极大地创新和优化了学院人才培养方案与教学方法。河南工业大学新闻与传播学院开展高校课程思政教学设计，将挖掘提炼的思政元素润物细无声地转化为学生的情感认同与实践，通过组织"课课有思政，人人讲育人"的研讨活动来提高教师的高校课程思政水平，通过推进学院专业课的课程思政教学改革，建设科学的高校课程思政育人体系，丰富了学院的人才培养方案与教学方法。同样，河南工业大学环境工程学院在构建高校课程思政共同体上也进行了探索与实践，将每门专业课划分为课程概述、思政元素融入课程的教学设计、教学方法与手段、教学效果评价这 4 个部分，明确了课程思想政治教育目标与价值引领，促进了学生优秀人格的塑造与教师教学质量的提升，优化了基于课程思政的人才培养方案与教学方法。

（三）课程层面：形成了一系列高校课程思政示范课程与教学名师团队

在课程层面，各高校学院成立了很多由学科带头人领衔的课程思政共同体。这些共同体很多成为教育部首批高校课程思政示范课程、高校课程思政教学名师和团队名单。这些高校课程思政示范项目对课程层面的高校课程思政共同体起到了一定的示范引导作用。比如，大连理工大学的材料力学课程被列为高校课程思政示范课程，其包含的高校课程思政教学名师与团队有 8 名教师，他们不断钻研课堂教学模式，注重将思政之盐溶于课程之水，采用案例式和引导式的教学方法，注重将中国传统文化融入专业课堂教学，引导学生树立正确的价值观。暨南大学的《新闻采写》课程被

列为高校课程思政示范课程，其包含的高校课程思政教学名师和团队由 5
人组成，该课程始终坚持以马克思主义新闻观为指导，将家国情怀、法治
意识、道德修养三大思政元素融入教学体系，提升了学生的专业水平与思
想政治素养。北京林业大学的森林培育学课程被列为高校课程思政示范课
程，其包含的高校课程思政教学名师和团队有 8 名教师，他们不仅创新形
成了"五分钟林思考"课程思政品牌，突破了思政进课堂容易发生植入感
太强的问题，深入挖掘高校思政元素，讲授大政方针、林业典范、林人榜
样等，培养学生专业情怀、道德修养和使命担当；还创新了"春雨式"高
校课程思政教学方法，不是说教而是潜移默化、润物无声。长沙理工大学
的电力电子技术课程被列为高校课程思政示范课程，其由 8 人组成的高校
课程思政教学名师和团队致力于一流专业、课程建设和电力人才培养，从
高校课程思政教学内容、教学方式、考核评价体系等方面入手，创造性地
探索出一套可操作、可复制的"三要求四维度五步骤"高校课程思政建设
模式，根据青年一代网络原住民的特征，采用线上线下混合教学、理论与
实践深度融合的方式，支撑培养"底色亮、实践强，有情怀、敢担当"的
新时代电力事业建设者和接班人。云南大学的《民族学通论》课程被列为
高校课程思政示范课程，其包含的高校课程思政教学名师和团队由 6 名教
师组成，该课程在教学设计的过程中注重融入思政元素，并深刻挖掘云南
民族团结进步的实践经验，建立系列思政案例并合理地融入教学过程中，
引导学生形成对国家和民族正确的认知。

四、高校课程思政共同体构建中存在的问题

虽然高校课程思政共同体构建中取得了很多成效，但也存在诸多问
题。这些问题主要集中在理念层面、协作层面、体制机制层面。

（一）理念层面：对高校课程思政共同体缺乏足够的认识

构建高校课程思政共同体首先需要引导教师理解高校课程思政共同体
的运行理念，让高校课程思政共同体运行理念成为高校教师共识，成为高
校教师的理性自觉。目前，高校领导、教师和学生作为共同体关键主体对
高校课程思政共同体工作理念、运行理念尚缺乏足够的认识与自觉。

第一，部分高校领导对于高校课程思政共同体的重视程度有待提升。
高校课程思政建设中出现问题，既包含外部环境因素也包含内部自身因
素，其中，内部自身因素很大一部分原因在于高校领导对高校课程思政的
认识高度不够。任何新兴事物的发展过程都不会是一蹴而就的，而是需要

一个循序渐进的过程。高校课程思政共同体作为高校课程思政发展的一种新范式，它在发展过程中一定会遇到一些困难与障碍，其中最为主要的困难来自高校内部，即高校领导对有关高校课程思政的文件与政策缺乏足够的认识，对构建高校课程思政共同体的意识和行动不够积极。

第二，部分专业课教师无法正确把握知识传授与价值引领的关系。高校每位教师都要承担起教书育人的责任。然而，国内某高校调查结果显示，"有72.7%的专业课教师只是单纯从事专业教学工作，高达86.8%的专业课教师认为学生思想政治教育工作不在自身职责范围内，而将思想政治教育内容渗透到专业课教学中去的仅占专业课教师的28.1%。"[①] 当前部分高校专业课教师由于没有深刻意识到思想政治教育对学生的重要性，没有领悟到高校立德树人的真正内涵，因此他们片面地认为，专业课教师只要将专业知识传授给学生就完成了自身的教学任务，而对学生进行思想政治教育属于思政课教师、辅导员和其他职能部门的责任。部分专业课教师存在只教书不育人的情况，他们对课程思政价值引领采取了不闻不问的冷漠态度，更严重的是还有少数专业课教师在课堂教学中大肆宣扬西方价值观。长此以往，专业课教师的做法会割裂"知识传授、价值引领和能力培养"相统一的关系，因此也会使思想政治理论课处于孤立无援的窘境，陷入"孤岛"困境。

第三，部分高校基层管理者缺乏对高校课程思政共同体的应有认知。高校课程思政共同体的构建和运行，绝不是单单依靠共同体中的某几个主体或某几个部门就可以完成的，它需要高校所有部门、所有主体的通力合作。一方面，部分高校中的理工科学院对于高校课程思政共同体这一概念的认识含混不清，甚至有少数理工类教师表明从未听说过高校课程思政共同体；另一方面，少数基层管理者的教育思想较为保守，他们认为高校课程思政共同体作为我国高校思想政治教育领域的创新发展在实际构建过程中可能还不够成熟，缺乏可效仿的构建模板，即便模仿其他高校构建了高校课程思政共同体，但也可能会由于每个学校各方面情况不同导致所构建的高校课程思政共同体并不能很好地服务于本校实际，最终无法取得良好的效果。此外，也有部分高校基层管理者片面地认为构建高校课程思政共同体距离他们太遥远，并不属于他们的工作范围，而应该交给具有专业优

---

① 莫非：《专业课教师在高校思想政治教育中缺位问题的思考》，《遵义师范学院学报》2010年第12期。

势的马克思主义学院教师来负责。

（二）协作层面：高校课程思政共同体主体之间缺乏有效协同

高校课程思政共同体育人效能的发挥不仅取决于共同体内部主体各自的努力状态，还取决于主体之间相互协同作用的程度。换句话说，高校课程思政共同体的高质量运行，不仅需要思想政治理论课教师与各类专业课程任课教师之间同向同行，也需要高校不同院系的专业教师之间同向同行，同时需要专业课程教师与思想政治工作者之间同向同行。

第一，高校各院系之间缺乏有效协同。构建高校课程思政共同体需要高校内部不同专业院系之间的有效协同。然而在实际课程思政工作推进过程中，高校不同院系之间仍存在协作方面的问题。一方面，马克思主义学院理应发挥带头作用，自觉地同其他学院展开互动与交流，引导其他学院重视学院层面的高校课程思政建设并积极参与到高校课程思政共同体的构建过程中，然而部分高校的马克思主义学院并没有认识到自身的职责，只专心忙于自己学院的工作，一定程度上忽视了对其他学院课程思政建设工作的沟通与引导。另一方面，其他学院在与马克思主义学院协作的过程中缺乏有效配合，没有真正领会立德树人的内涵与价值，没有达到对学生进行思想政治教育的思想高度。尽管不同学院陆续成立了高校课程思政学习小组，但是在很大程度上都流于表面形式，高校课程思政学习小组无法发挥真正的功用，高校协同育人合力尚难形成，高校课程思政共同体内部各类主体无法实现同向同行、协同育人。

第二，高校专业课教师与思政课教师之间缺乏有效协同。高校专业课教师和思政课教师由于在所学专业、研究方向等方面的差异性，他们在教学任务与课程理解上也存在偏差，这些因素使得专业课教师与思政课教师在日常教学活动中处于平行状态，交集较少，缺乏有效的沟通与协作。即使是专业课教师与思政课教师主动地、自发地去进行对话交流，也可能因为自身的性格、思维模式的固化或者沟通方式的不当等原因影响二者对话的质量，加之繁重的科研任务与压力会导致专业课教师与思政课教师的有效沟通难以持续下去。

第三，高校专业课与思想政治理论课之间缺乏有效协同。思想政治理论课是高校思想政治教育的主渠道，但绝不是唯一渠道，高校要充分发挥专业课的育人功能，不能让思想政治理论课在高校思想政治教育中唱独角戏。一些专业课程无法正确地挖掘自身背后的思政元素并有效融入教学过程，"特别是在有的哲学社会科学课程中存在照搬西方理论、反映中国实

践较少、缺乏中国特色社会主义自信的缺陷"。① 而高校课程思政高质量
发展的基石却是高校专业课程与思想政治理论课程同向同行，共同致力于
实现高校课程立德树人功效。

（三）机制体制层面：高校课程思政共同体的机制体制有待完善

当下，随着高校课程思政工作的全面普及化，大多数高校特别是本科
高校都十分重视高校课程思政的高质量推进，一些高校开始构建高校课程
思政共同体的探索和尝试，在学校、学院与课程层面取得了一定成效，但
是在机制体制上仍存在需要改进的地方。

第一，高校课程思政共同体顶层设计不完整。高校课程思政共同体是
一个由多元主体组成的有机体，包括高校内部所有成员、家庭与社会成员
代表等。高校作为构建高校课程思政共同体的责任主体，应当将高校课程
思政建设与高质量发展置于学校战略规划高度。在顶层设计方面，从高校
课程思政共同体总体规划视角明晰共同体内各个主体的工作责任、业务
范畴，规划好构建高校课程思政共同体需要努力的方向，并搭建好总体框
架。虽然上海部分高校已经在高校课程思政建设顶层设计方面取得了一定
的成效，但是放眼全国，部分高校仍存在顶层设计碎片化的问题。高校课
程思政共同体所打造的全员育人模式需要高校内各部门相互配合，而将高
校课程思政建设任务引入高校内部各个部门，会使学校各部门原有工作内
容发生一些变化与调整，各工作部门中的诸多工作环节皆要与高校课程思
政建设任务进行有效衔接，高校各工作部门的新工作落实需要以学校高校
课程思政建设的顶层设计总体规划维度为逻辑起点，科学地将本部门工作
纳入高校课程思政高质量发展的教育教学系统之中。因之，在高校课程思
政共同体顶层设计中，需要明确高校内部各个部门的职责界限，从而使高
校内部各部门能够自觉地承担起构建高校课程思政共同体的责任。

第二，高校课程思政共同体保障机制不健全。当下，高校课程思政共
同体的保障机制还有待完善健全，具体表现在以下两个方面。一是缺少资
源保障，这里所指的资源主要是物力资源、财力资源与高校课程思政资
源。物力资源在高校课程思政共同体的构建中发挥着重要作用，主要涉及
一些技术设备与基础设施的构建。财力资源主要指的是构建高校课程思政
共同体中的经费需求。目前很多高校在构建高校课程思政共同体的过程中

---

① 石书臣：《同向同行：高校思想政治教育协同创新的课程着力点》，《思想理论教育》2017 年
第 7 期。

在物力资源与财力资源两方面都存在缺口。高校课程思政资源主要指的是专业课中蕴含的思政元素，它是教师开展高校课程思政教学的前提与基础。当前部分专业课教师按照自身的理解来挖掘高校课程思政元素并开展教学，缺乏一定的规范性与科学性，而且高校也没有形成一定规模的思政智库来为教师提供资源保障。二是缺少制度保障。当前，关于高校课程思政共同体还没有相关的、较为完善的制度匹配，很多高校仅仅出台了推进高校课程思政教学改革的通知，并没有明确提出高校课程思政共同体这一工作理念，也未将科学构建高校课程思政共同体、促进高校课程思政高质量发展纳入教学改革的实践中。

第三，高校课程思政共同体运行平台不达标。高质量发展的高校课程思政共同体需要高校 3 个层面的共同体有效互动、共同作用，这种有效互动、共同作用的前提是高校课程思政共同体运行平台达标。所谓运行平台达标，即要求高校 3 个层面的共同体可以统一于这个平台之中，各自发挥自己独特功能，且能相互之间有效互动。这就需要平台的智能性、信息化、丰富性、使用性达到一个合理的标准。一是共同体平台应该具有较强的智能性，可以实现资源与各类主体的有效匹配，实现 3 个层面共同体的有效互动。二是共同体平台应该具有较强的信息化水平，平台可以有效地、智能地聚集高校课程思政高质量运行需要的信息和资源，并能对各类资源进行有效处理，使之成为有效信息。三是平台的资源要丰富，实现共同体内各类教师都能方便地找到自己需要的资源，上传自己的资源，实现资源共建共享。四是平台的实用性要强，要让各类主体特别是一线课程教师使用方便、快捷、精准、高效。

目前，高校课程思政共同体平台普遍存在不达标问题。主要体现在以下几个方面：一是作为最为关键的载体，各高校课程思政共同体网站建设存在简单化问题。表现在高校课程思政共同体网站只是"课程思政教学研究中心"的一个简单介绍，网站资源少，没有体现资源的共建共享；网站更多是学校层面的课程思政政策介绍，3 个层面的高校课程思政共同体在网站平台上没有实现良性互动。二是线下载体以会议为主，线上载体以微信公众号、微信群、QQ 群、钉钉群为主，较少有高校建设专业的高校课程思政共同体 App。三是各高校无论是线上平台还是线下平台，均存在智能化、信息化发展水平不高的问题。

第四，高校课程思政共同体的激励机制不健全。有效的激励机制有助于激发高校课程思政共同体主体的积极性与创造性。目前，高校课程思政共同体的激励机制还不够健全。一是对高校教师的物质激励有待强化。高校教师尤其是青年教师在工作中有教学和科研任务方面的压力,在生活中有追求高质量生活的经济压力。双重压力在一定程度上影响了教师在教学方面的关注度与重视度,这使得一些教师将更多重心转移到了科研任务或者是与教书育人无关的事情上。构建高校课程思政共同体应该通过强化对高校教师的物质激励来吸引更多高校教师参与到高校课程思政共同体的构建中,积极发挥教书育人的作用,将立德树人真正落到实处。二是对高校教师的精神激励有待强化。精神激励可以让高校教师加深对立德树人的认同感,并以立德树人作为教师最高的事业追求,鼓舞了教师的育人斗志,促进了高校课程思政共同体的持续发展。

第三节　高校课程思政共同体构建的原则与路径

一、高校课程思政共同体构建的原则

原则是指说话或做事所坚持并遵循的法则和标准,高校课程思政共同体的构建原则指的是在高校课程思政共同体构建过程中,正确处理各种矛盾和问题所必须遵循的法则和标准。高校课程思政共同体的构建原则主要包含实事求是原则、价值共识原则、交互共建原则与系统性原则,它们对高校课程思政共同体的有效构建具有重要指导意义。

（一）实事求是原则

高校课程思政共同体作为一项系统的育人工程,要坚持一切从实际出发,实事求是,因时而变,因势而新。高校课程思政共同体不仅是时代的产物,更是对现代思想政治教育问题的回应与解答。一方面,当前大学生受到了多元文化的冲击与影响,需要高校及时对其进行价值观上的纠正与引导。然而,高校仅凭思想政治理论课来对大学生进行思想政治教育已经不符合新时代人才培养的要求。另一方面,在高校课程思政共同体构建的过程中,部分高校专业课教师并没有合理地融入思政元素进行高校课程思政教学,没有建立专业课与思政课的关系,还存在着专业教育与思政教育"两张皮"的现象。此时高校课程思政共同体一定要立足高校的实际和时代发展的要求,具体问题具体分析,针对不同情况制定相对应的措施,最大限度地提升立德树人的实效性。

（二）价值共识原则

"共同体成员所持的价值观、情操和信念，它能够为使人们凝聚于一项共同事业提供所需要的'黏合剂'。共同体中心统管对共同体有价值的东西，提供指引行为的规范，并赋予共同体的生活意义。"[1] 高校课程思政共同体的价值共识，是指高校课程思政共同体内不同的主体对本共同体价值目标、价值达成等问题的基本一致的态度和看法。只有高校课程思政共同体各主体要素秉承相同或相近的价值共识，才能实现主体间相互凝聚和认同，高校课程思政共同体才能产生其应有的价值与意义。以价值共识性为原则构建高校课程思政共同体，能够聚集起学校、家庭和社会之间利益相关者之间的育人合力，从而使各主体之间、专业课程与思想政治课程之间产生协同效应。在价值共识基础上，高校课程思政共同体的共同目标、共同愿景才能够形成。正是在这个意义上讲，价值共识是高校课程思政共同体存在和发展的根本动力和基础。

（三）交互共建原则

恩格斯认为："许多人协作，许多力量结合为一个总的力量，用马克思的话来说，就造成'新的力量'，这种力量和它的一个个力量的总和有本质的区别。"[2] 高校课程思政共同体是由多个主体参与构成的，交互共建是推进高校课程思政共同体持续开展的保证与机制。坚持交互共建原则，建立专业课程与思政课程一体化平台，完善高校课程思政共同体主体之间沟通、交流、协调、互动机制，是专业课程和思政课程之间形成有机联系的保证。在交互共建的高校课程思政共同体中，所有成员可以共享学习资源、共享学习成果、共享学习理论，共同参与高校课程思政共同体资源、制度、机制构建，促进学习资源的集聚，促进高校课程思政共同体平台友好使用，实现高校课程思政与思想政治课程之间同向同行，进而产生协同效应，最终实现高校课程思政立德树人效能最大化。

（四）系统性原则

系统思维是一种整体思维，它立足于对事物的整体认识，是把握事物、认识事物的一种思维方法。系统性原则对于构建高校课程思政共同体具有重要的指导意义。构建高校课程思政共同体坚持系统性原则，就是要从整体上对各高校课程思政共同体构建的各项工作进行统筹规划，如高校

---

① ［美］托马斯·J.萨乔万尼：《道德领导：抵及学校改善的核心》，冯大鸣译，上海，上海教育出版社 2002 年版，第 58 页。

② 《马克思恩格斯选集》第 3 卷，北京，人民出版社 1995 年版，第 469 页。

如何指导、社会如何参与、家庭如何介入、学院如何主导、教师如何参与、学生如何参与，等等。注重高校课程思政共同体构建的整体性，可以有效提升家庭、学校和社会协同育人程度，高质量实现高校"三全育人"。

二、高校课程思政共同体构建途径

"几乎所有对教师学习共同体的研究都格外地强调 3 个重点，即共同愿景的确立、领导权力的分配，以及共同体运作机制的建立和完善。"[①]对高校课程思政共同体构建来讲，需要在理念层面上凝聚共同体意识，构建和形成共同愿景；在平台层面上搭建和实施共同体运行平台；在机制体制层面上建立健全共同体机制体制；在协作层面上建立共同体主体协同模式；在外部环境层面上发挥社会与家庭的积极作用；在人工智能层面，要注重发挥人工智能在共同体治理中的作用。

（一）理念层面：凝聚共同体意识，形成共同愿景

共同体意志是共同体内生凝聚力的基础，是共同体存在的先决条件。杜威在《民主主义与教育》一书中提出了构成共同体的基本要件："如果他们（群体中的每个成员）都认识到共同的目的，大家关心这个目的，并且考虑这个目的，调节他们的特殊活动，那么，他们就形成一个共同体。"[②]高校课程思政共同体构建首先要解决的是如何凝练实现教育立德树人根本任务的共同意志，这是高校课程思政共同体内所有主体统一共识、统一价值、统一目标的前提。高校课程思政共同体的共同意志就是完成高校课程思政立德树人任务。但让这个价值理念成为高校课程思政共同体的共识，需要制度、机制、体制支撑。只有让课程思政立德树人这一理念深入所有高校课程思政共同体成员的心中，高校课程思政共同体的构建才算进入状态。

1. 凝聚共同体意识。韦伯的研究表明："从无定形的共同体行动所出现的、理性的结合体关系，乃是基于支配与其行使的方式而来。共同体行动的样式及朝某一'目的'的取向，仍是取决于支配的结构与其开展。"[③]支配性共同体意识决定着共同体主体行动者的目的与行为。在构建高校课

① 詹泽慧、李晓华：《美国高校教师学习共同体的构建——对话美国迈阿密大学教学促进中心主任米尔顿·克斯教授》，《中国电化教育》2009 年第 10 期。

② ［美］约翰·杜威：《民主主义与教育》，王承绪译，北京，人民教育出版社 1990 年版，第 10 页。

③ ［德］马克斯·韦伯：《支配社会学》，康乐、简惠美译，桂林，广西师范大学出版社 2016 年版，第 2 页。

程思政共同体的过程中，凝聚主体的共同体意识有助于激发共同体主体的积极性与创造性，密切主体与共同体的联系，促进主体与共同体的共同进步与发展。在高校课程思政共同体中，共同体意识主要通过主体之间的主人翁意识与合作意识这两个方面表现出来。

第一，要注重提升高校课程思政共同体主体的主人翁意识。在构建高校课程思政共同体过程中，高校领导、教师、学生、家庭和社会等都是共同体的主体，都应该自觉树立主人翁意识并自觉地承担起各自的责任。一是高校党委要转变育人思想，与时俱进，注重高校顶层设计与各管理部门责任分工，对高校课程思政共同体构建进行深度研究和科学规划，不仅要将高校课程思政共同体推到战略层面上，也要将其落实到高校各项实践工作中去，做到理论与实践相结合。同时还要建立健全高校课程思政共同体的多种机制体制，为构建教师全程指导、学生全员参与的高校课程思政共同体提供有力保障。二是教师应该提升自身的高校课程思政意识与能力，以教书育人为己任，积极参与到构建高校课程思政共同体的过程中，打造一支高水平的高校课程思政教师队伍。三是学生也要积极参与其中，发挥自身的主动性与创造性，及时对教师的高校课程思政教学给予反馈和建议，提高教师的高校课程思政能力，提升高校课程思政共同体育人的实效性。当然，家长和社会的力量也是不容忽视的，家庭和社会要积极承担自己在共同体中的责任，为高校课程思政共同体的构建营造一个良好的氛围与环境，为构建高校课程思政共同体保驾护航。

第二，要注重提升高校课程思政共同体内各类主体的合作协同意识。高校课程思政共同体是一个有机体，高校课程思政共同体的主体相互依赖，密不可分，主体之间只有通过合作才能实现共赢。因此，一定要注重提升高校课程思政共同体主体之间的合作意识。一是高校课程思政共同体主体需要正确认识并关注高校课程思政共同体的前途，并认识到高校课程思政共同体是一项伟大且有意义的事业，将自己与高校课程思政共同体的命运紧紧地联系在一起。二是共同体主体要有正确的自我认知和判断。高校课程思政共同体主体应该清楚认识到，高校课程思政建设仅靠单一力量是不能取得成功的，只有高校课程思政共同体主体之间联合起来才能实现共赢。三是高校课程思政共同体主体应主动参与到高校课程思政实践中。只有在高校课程思政实践过程中才能检验共同体主体之间互助合作取得的效果，并且可以进一步提升高校课程思政共同体主体的合作意识。

2.形成共同愿景。共同愿景是指特定组织成员共同认可的未来目标、使命感及核心价值观。它是形成高校课程思政共同体内在凝聚力的基础，体现了高校课程思政共同体主体的美好追求与期望。形成共同愿景对构建高校课程思政共同体具有重要意义，它可以为高校课程思政共同体指明方向，推动共同体的有效发展。那么如何构建并形成共同愿景呢？在构建高校课程思政共同体的过程中，形成共同愿景需要充分发挥高校党委的引导作用。一是高校党委必须充分了解高校课程思政共同体中教师、学生、其他管理部门、家庭与社会等主体的想法，在尊重、顾及每位主体的需求的基础上，引导所有主体构建起共同愿景。二是高校党委也需要引导各主体能够相互倾听与尊重，学会包容其他主体。高校课程思政共同体的共同愿景不是由某个主体或几个特定主体来决定的，而是在共同体不同主体之间相互理解、保持良好关系的前提下对所有个人愿景的凝结与发展。只有让共同愿景深入共同体各个主体的心中，高校课程思政共同体的构建才算进入状态。

（二）平台层面：设计和搭建共同体运行平台

高校要最大限度地发挥各专业学科自身的资源优势，通过自建与共建相结合、社会力量和学校力量相结合的方式，大力推进高校课程思政共同体一体化平台建设。高校在其中要发挥核心主导作用，平台构建要围绕高校立德树人的根本任务，秉承"共商共建共享"的原则，明确各学院责任、权利以及目标和任务，共建一个稳定的、高质量的课程思政共同体平台。保障各个学院在平台搭建中实现交互共建，使高校课程思政共同体的价值得到充分的彰显。

高校课程思政共同体一体化平台包括高校课程思政交流平台、网络社交平台、高校课程思政资源共享平台等，高校课程思政共同体的主体通过这些平台可以交流学习，实现资源共享。

1.高校课程思政交流平台。在高校课程思政交流平台中，包括共同体各类主体的高质量交流，其中，教师之间高质量交流最为关键和重要。只有专业课教师与思政课教师相互信任、相互合作，才能高质量完成课程思政立德树人根本任务。高校课程思政交流平台可以为专业课教师和思政课教师进行面对面的沟通和线上的交流提供支撑。一方面，专业课教师可以就高校课程思政教学方面的问题进行提问，经过大家讨论后对提出的问题达成一致见解，也可以让高校课程思政教学经验丰富的教师主动分享自己的心得与方法，帮助一些专业课教师消除疑惑；另一方面，思政课教师要在高校课程思政交流平台上发挥引导作用，提高专业课教师对思政元素的敏感度与准确度，参与到专业课教师的高校课程思政教案设计与教学质量评价中去。总之，高校课程思政交流平台可以强化专业课教师和思政课教师的共同体意识，加深高校课程思政共同体主体间的感情。

2. 网络社交平台。进入信息时代，网络社交平台在人们工作、学习和生活中的普及率不断提高。微信、微博作为典型的网络社交平台应该被合理运用到高校课程思政共同体平台的构建过程中。一是可以创建相关微信公众号，定期向学生、教师推送关于高校课程思政方面的信息，并加大对微信公众号的宣传力度，吸引家庭与社会等高校课程思政共同体主体的关注，从而助推共同体主体对高校课程思政建设达成共识。二是可以建立关于高校课程思政的微博超话。在微博超话这种轻松自由的氛围下有助于共同体主体发表自己的见解与看法，促进资源共享，使共同体主体之间的相处更加融洽和谐。三是高校课程思政共同体平台也应该包括移动平台建设。如开发高校课程思政共同体移动端 App，以适应当下教师移动化、泛在化、即时性对资源共建共享的需要。

3. 高校课程思政资源共享平台。在互联网高速发展的背景下，构建高校课程思政共同体的另一个重要平台是高校课程思政资源共享平台。高校课程思政共同体是一个由多元主体组成的有机系统，因此应该从不同主体的角度建设高校课程思政相关共享资源。比如，针对学生主体可以设置学生问题答疑板块；针对教师主体可以设置教师主题讨论与经验分享板块、课程资源共享板块；针对家庭和社会主体可以设置外部访问板块，以此来满足不同高校课程思政共同体主体的需要，促进共同体主体之间的交流，密切共同体主体之间的联系。

（三）机制体制层面：完善共同体体制机制

构建高校课程思政共同体是一项系统工程，也是一个持续完善的工程。为了保证高校课程思政共同体建设的可持续性和长效性，高校要构建一个人人参与、人人享有、人人有责的高校课程思政共同体治理体制机制。正如杜威所说："每个人把他自己行动的结果看作和别人所做的事情有关，并考虑他们的行为对他自己的后果，那么他们就有了共同的思想，他们的行为就有了共同的意愿。"[①]

1. 合理规划顶层设计。高校对于高校课程思政共同体的顶层设计应当

---

① 程亮：《学校即共同体——重返杜威的〈民主主义与教育〉》，《湖南师范大学教育科学学报》2016 年第 15 期。

从我国高校课程思政建设现状这一实际出发，建立健全自上而下、分工明确、互相协同的领导体制。一是成立高校课程思政共同体领导小组。高校党委在领导小组中发挥核心作用，唯有高校党委真正将高校课程思政共同体建设重视起来，高校课程思政共同体的科学构建才算真正开始，在此基础之上，高校院系、高校各职能部门和高校教师在高校课程思政共同体建设上的积极性与主动性才能被激发出来。二是成立高校课程思政共同体指导委员会，选取马克思主义学院的教师和拥有丰富高校课程思政经验的专业课教师为指导委员会成员，为开展高校课程思政教学的专业课教师提供指导与服务，帮他们排忧解难，进而保证高校课程思政的教学质量，提升高校课程思政立德树人的实效性。

高校课程思政共同体是一个大系统，同时是一个开放的系统，对外交流的系统。对校级共同体来讲，需要建立起以书记、校长为负责人的、有广泛代表参与的、开放的高校课程思政共同体；对学院专业高校课程思政共同体，需要建立起以学院书记、院长为负责人的紧密型、有组织共同体；对高校课程层面共同体，需要建立起以学科带头人为负责人的高校课程思政共同体。虽然高校课程思政共同体治理需要共同体人人尽责，但负责人、带头人责任更加重大，他们是共同体治理和运行中的核心成员。带头人得力，共同体成员参与有方，则高校课程思政共同体易于实现善治。

2. 完善共同体培育机制。教师在教学过程中肩负着引导学生健康成长的重任。在构建高校课程思政共同体的过程中，高校教师作为共同体的关键主体发挥着至关重要的作用。因此，健全高校教师培育机制可以为高校课程思政共同体的构建提供重要保障。

第一，严格高校教师资格准入制度，提高准入门槛。高校在选聘教师的过程中应该改变以往的思路与标准，不能过分关注高校教师以后能为学校创造的科研价值，而是要将其思想政治素质摆在首位。如果一名高校教师的政治立场有问题，那么很有可能会影响到学生的政治立场与方向。当然，对于已经进入高校的教师来说，他们更应该不断提升自身的思想政治素质，坚定政治立场，同时要敢于同触碰政治底线的人作斗争。

第二，加强对高校教师育人能力的培训。高校在招聘过程中不能仅凭一张教师资格证来衡量该教师是否拥有一定的育人水平。高校要提高教师对思想政治理论的重视程度，引导他们自发地展开学习，并将其润物细无声地浸润到学生心田里。

第三，开展对在职教师关于高校课程思政教学的培训。高校可以通过"老人带新人"的方式，让高校课程思政教学经验丰富的优秀教师分享心得，指导新来的教师开展高校课程思政教学，也可以通过邀请校外的高校课程思政方面的专家或者其他高校的优秀教师来对本校教师进行指导与培训。

3. 完善共同体保障机制。主要包括完善高校课程思政共同体的资源保障机制、制度保障机制与管理保障机制。

第一，在完善物力资源与财力资源保障方面，高校与政府要加强构建高校课程思政共同体中基础设施的建设，加大资金方面的投入。当然，社会与家庭作为共同体的主体也可能会在资金方面给予一定的支持。在高校课程思政资源方面，高校要根据不同学科专业建立相对应的高校课程思政资源库，并对其内容进行及时更新与丰富，以满足不同专业课教师的教学需要，为构建高校课程思政共同体提供充足的资源保障。

第二，在完善制度保障上，高校要形成一套切实可行、内容丰富、与时俱进的制度体系。具体方法是高校党委下发关于高校课程思政共同体相关文件规定，各学院领会了文件的内容与要求后对制度进行细化，并在执行制度的过程中对其进行不断优化与改进。

第三，构建高校课程思政共同体是一项持续完善的工程。为了保证高校课程思政共同体建设的可持续性和长效性，高校要构建一个人人参与、人人享有、人人有责的高校课程思政共同体管理机制。一是实施多主体化原则。每个学院及课程团队的成员要丰富化，要尽可能配备思想政治理论课教师，以利于高校思政元素的挖掘与融入。二是实施开放共享原则。高校课程思政共同体具有开放性，要经常参与校级或者国家级的高校课程思政成果分享会，把分享会变成不同教师之间互相学习的平台与机会，利用榜样的力量激发更多教师来参与高校课程思政共同体的构建。

4. 完善共同体激励机制。构建高校课程思政共同体要完善激励机制，以此提升教师开展高校课程思政教学的积极性，肯定教师的劳动成果。

第一，提升物质激励。投入专项经费来实施对高校教师教学方面的激励，奖励对象为主动参与到高校课程思政建设的专业课教师与思政课教师。以此促进教师之间的交流合作，吸引更多教师参与到高校课程思政建设中去，为构建高校课程思政共同体营造良好的氛围。

第二，提升精神激励。通过召开表彰大会来奖励在高校课程思政教学中取得优异成绩的教师，并颁发荣誉证书，提升他们内心的满足感，坚定教师进行高校课程思政教学的决心与信心，增强教师对立德树人这一共同愿景的认同感，促进高校课程思政共同体的稳定发展。

第三，与教师职称晋升建立联系。学校党委出台相关政策，把教师开展课程思政建设作为教师职称晋升的必要条件，以此促进教师对高校课程思政建设与开展的积极参与。

5.完善共同体评价机制。构建高校课程思政共同体需要建立一种内容全面、多元参与、指标合理、方法科学、功能完善的评价体系。中共中央、国务院印发的《深化新时代教育评价改革总体方案》提出，落实高校立德树人根本任务，改进结果评价，强化过程评价，探索增值评价，健全综合评价。[①] 因此，构建高校课程思政共同体需要从多个角度出发，综合全面地进行评价，坚决避免"一刀切"的情况。为了确保评价的科学性，在高校课程思政评价中，可以展开"自上而下"与"自下而上"相结合的评估，促进形成多元主体参与的评估格局。[②] 高校课程思政共同体作为一个由多元主体组成的整体，在高校课程思政建设中一定要积极引导不同主体参与到评价中来保证评价的公平性与合理性。一是在对课程的评价上，不能像过去那样只是片面地注重课程是否向学生传授了专业知识，而要对课程进行综合全面的评价，把课程是否对学生产生了价值引领也列为对课程的评价指标。二是在对教师的评价上，要做到不盲目强调职称，不过分重视科研水平，引导教师关注课堂教学质量和育人水平，将教师参与高校课程思政建设情况作为重要的评价指标。三是在对学生的评价上，不能采用过去"一刀切"方法，仅凭学习成绩来对学生进行评价，而要结合学生在实践能力方面、思想政治素养方面、课下与同学老师相处方面、与家庭成员相处方面的表现来对其进行综合、全面的评价。通过不断完善高校课程思政共同体评价机制，帮助课程思政优化，帮助教师和学生成长，促进高校课程思政共同体的高质量发展。

（四）协作层面：建立共同体主体协同模式

通过高校课程思政共同体的主体相互配合，建立起一种良好的高校课程思政共同体主体协同模式，可以推动高校课程思政共同体不断向高质量发展，并实现高校课程思政立德树人效能的最大化。

1.切实落实学院责任。目前，我国大部分高校采用了院校二级管理的方法，这使得学院在自身内部管理中的主体作用不断增强，学院在很多方

---

① 参见《中共中央　国务院印发〈深化新时代教育评价改革总体方案〉》，https://www.gov.cn/gongbao/content/2020/content_5554488.htm。

② 参见胡洪彬：《课程思政：从理论基础到制度构建》，《重庆高教研究》2019 年第 7 期。

面拥有越来越多的发言权与自主权。在构建高校课程思政共同体过程中，一定要引导学院主动承担责任，发挥学院在高校课程思政共同体善治中的积极作用。

第一，学院要树立高校课程思政共同体理念，提高对高校课程思政共同体构建的重视度。学院领导要担任领头羊的角色，带头加强高校课程思政共同体的建设，为学院教师进行高校课程思政教学营造良好的氛围。专业学院要自觉加强与马克思主义学院的协作，通过挖掘本学院专业知识背后隐藏的思政元素，形成具有本学院特色的高校课程思政资料库，最终致力于同马克思主义学院联合起来一起构建高校课程思政共同体。

第二，学院要成立高校课程思政工作小组，并制定详细科学的规划和切实可行的实施方案，以此来推动高校课程思政共同体的构建。需要注意的是，学院在制定教学大纲和人才培养方案时要有意识地将高校课程思政共同体相关的内容融入进去。同时在马克思主义学院的帮助下，形成具有自身特色的高校课程思政教学内容并通过课堂将其内化于学生的心中，真正将高校课程思政立德树人任务落地落实。

2. 打造专业课教师与思政课教师互相协同的教师队伍。打造专业课教师与思政课教师同向同行、互相协同的全员参与的高校课程思政共同体教师队伍，既可以密切高校内部各类教师之间的合作关系，也利于促进高校专业课与思想政治理论课之间的协同发展。长期以来，我国高等院校十分注重对学生专业素质的培养，并在高校内部划分了许多不同学科与专业，采用了专业化的育人模式。在这种育人模式的影响下，学科专业之间存在明显的区别与界限，不同专业课教师在科研学术与教学等方面的内容与任务迥然不同，教师也会由于长期工作环境与模式形成固化思维。所以，为了更好地构建高校课程思政共同体，一定要打破高校内部不同学科专业之间的壁垒，形成一支专业课教师与思政课教师互相协同、不同专业课教师之间密切联系的教师队伍，汇聚多种力量，凝聚教师育人合力，实现高校课程思政立德树人效能的最大化。

第一，专业课教师与思政课教师都要以立德树人为职责使命，共同参与到高校课程思政建设中。在保质保量地完成好本职工作的前提下，思政课教师要对专业课教师进行耐心帮助与积极引导，即帮助专业课教师对思想政治理论课形成正确的认识并具备一定的思政素养，引导专业课教师参与到高校课程思政教学的过程中来，通过专业课教师准确挖掘自身专业知识背后的思政元素，并找到合适的突破口在课堂中实现教学与育人的有效衔接。

第二，专业课教师与思政课教师要充分利用高校课程思政共同体这一载体，加强专业课教师与思政课教师联系。其中思政课教师可以利用自身专业的优势，帮助专业课教师解决在高校课程思政教学设计或教学方法上存在的疑惑与问题，优化专业课教师的高校课程思政教学方案，共同开发高校课程思政教学内容。

3. 重视学生体验，提高教师与学生的协作能力。高校课程思政共同体构建的最终目的是完成高校课程思政立德树人的任务，最终成效取决于学生的获得感。所以，一定要重视学生体验，通过提高高校教师与学生的协作能力，提高学生对高校课程思政共同体的认可度与参与感。

第一，教师要科学有效地凝练课程背后蕴含的思政元素，在开展教学过程中不断探索与寻找合适的切入口来对学生进行思想政治教育。当前部分教师在进行高校课程思政教学过程中存在一定的盲目性，即为了进行高校课程思政教学而盲目地将专业知识与思想政治元素进行融合，没有考虑到专业本身是否真的蕴含那些思政元素，也没有考虑到专业知识与思想政治教育融合的方式是否被学生接受。因此，教师要不断改进高校课程思政授课方式，以一种学生乐于接受、通俗易懂的方式向学生传授德育知识，改善学生的体验感。与此同时，大学生由于受到多元文化与思想的冲击，再加上自身年龄不断增长，他们对很多事情有了自己的思考与看法。教师要积极关注学生的这一特点，不断地去了解他们的精神世界，利用自身专业知识和高校课程思政知识帮助他们解决在生活、学习等方面存在的问题与困惑。

第二，教师要注重提升学生的全面发展意识与能力，注重引导学生将理论学习与实践活动结合起来。一方面，教师要注重在学校内部提高学生的实践能力，可以通过举办有关实践类的比赛、实践类的班级活动来奖励那些实践能力较强的学生，以此来带动全校学生关注实践能力的提升；另一方面，教师要积极带领学生参与到社会实践中去，将课堂上所学的理论知识转化为实际的实践行动，以此提升学生参与社会实践生活的意识与能力，促进学生的全面发展。

（五）外部环境层面：发挥社会与家庭的积极作用

系统科学的研究表明，高校课程思政共同体不是一个孤立封闭的系统，高校课程思政共同体同样处于复杂多变的系统环境之中，高校课程思政共同体也容易受到环境外界因素的影响。虽然社会与家庭属于外部环境因素，但是二者作为高校课程思政共同体的主体在共同体构建过程中发挥着重要作用。因此，构建高校课程思政共同体要注重发挥社会与家庭的积极作用。

第一，社会要做好环境保障。良好的社会氛围是构建高校课程思政共同体的重要基础，社会与学生联系紧密，对学生价值观的形成具有潜移默化的作用，必须在日常生活中增加大众对高校课程思政的认知度与认可度，为构建高校课程思政共同体提供良好的社会氛围与环境保障。

第二，家庭要做好协同工作。家长作为学生的第一任老师，要通过自身的言行举止帮助学生塑造正确的价值观，为学生营造良好的家庭氛围。同时要自觉了解关于高校课程思政的知识，积极配合有关高校课程思政方面的工作，主动参与到高校课程思政建设中。

（六）人工智能层面：发挥人工智能在共同体运行中的作用

伴随着"互联网+"和"人工智能+"的发展，人工智能正在悄然改变学校发展的生态、教育教学的生态。顺理成章，人工智能也在改变高校课程思政共同体运行和治理的生态。因此，必须重视人工智能在高校课程思政共同体运行和治理中的作用。

1.人工智能正在影响高等教育的教育教学。在人工智能、云计算、大数据时代，教育的理念、形态、形式都会发生根本性变革。利用现代教育技术和设备，可以对教育教学课堂进行全程采集、记录、分析，可以通过数据挖掘分析教师教学过程、分析学生学习过程，同时，可以通过对教师、学生的表情分析、文本分析、声音分析等对教师教学进行相对量化评价，也可以对学生的获得感进行相对量化评价，从而改变过去单一的评价模式。所有这些对高校课程思政共同体功能的发挥具有重要的影响。

第一，人工智能正在改变学生的学习方式。智能技术正在改变人才培养模式，并深层次地影响未来人才的能力观、知识观和学习观，从而重塑人才培养的目标。线上线下相融合的混合学习方式、体验式学习、项目合作式学习等，将深刻地影响学生的学习方式。

第二，人工智能正在重塑教师的角色内涵。人工智能时代，教师的教育教学场景正在发生变化，教师能力结构也将随之发生变化。教师如何与人工智能协作、教师的信息素养将直接影响课程教育教学效果。

第三，人工智能正在改变大学课程课堂的教学生态。在数字化环境中，人工智能正在以智能化的识别模式和自动化行动的基础能力快速地嵌入各类教育技术系统之中。人工智能时代，教育的环境将发生很大变化，智慧教室、智能技术将引起课堂革命。在智慧教室里，智能设备、现代技术、大数据技术等将为教育教学提供个性化的数据指导。

第四，人工智能将提供相对量化的教育教学评价体系。在人工智能背景下，可以充分利用大数据分析、云计算，结合现代教育技术，构建多元智能、数据化的教育教学评价体系。并根据现代智慧课堂，建立起线上线下、校内校外的实时课程教学评价体系。同时，可以根据数据分析为学生提供个性化资源；也可以为教师提供更为个性化的建议，如课堂行为示范、课堂学习引导、课堂有效组织等方面的具体建议，继而提升教师智能化、信息化背景下的教学能力。

2. 人工智能可以提升高校课程思政共同体治理效能。人工智能是 21世纪三大尖端技术之一，其学科基础积聚了计算机科学、信息论、控制论、心理学、神经生物学、数学等学科前沿知识。数字化背景下的人工智能，最基本意蕴是让智能化机器可以模拟人类的思维习惯，遵循可控的进程，按人类的指令进行有序的复杂工作，从而实现代替人类去独立完成以往只有人类智力才能胜任的工作，并且大幅度提高劳动生产率。近年来，互联网、移动互联、大数据、云技术、人工智能、智慧平台等技术的发展，促使人工智能对社会、经济、教育、文化等众多领域呈现加速嵌入与渗透态势，人工智能在教育中的应用，自然也成为世界各国研究的重点领域。"人工智能 + 教育"是依托于人工智能技术兴起的一种崭新的教育理念、教育形态、教育模式，这种新模式，将智能技术全方位地融入教育教学发展之中。教育决策者、研究人员、广大教师、学生以及评估人员，要根据人工智能系统的核心模型与教学和学习的共同目标，重在通过人工智能技术优化教育教学效果，提升高校课程思政共同体教育教学立德树人的效能。

伴随着"人工智能 + 教育"的发展，高校充分发挥各类网络资源进行高校课程思政教育已经成为一种必然。以人工智能为核心，融合了大数据、云计算、虚拟现实、智慧平台等技术的数字科技正在成为变革教育的巨大力量，这种转变是教育观念、教育形态和学校形态的转变，这种教育是以学习者为中心的智慧教育。高校课程思政共同体的科学运行、功能发挥离不开人工智能。正是人工智能、大数据、数据挖掘技术、云计算、智慧平台等技术的发展与运用，才使高校课程思政共同体内的资源共享成为可能，使高校课程思政个性化教育教学成为可能。

人工智能可以促进高校课程思政共同体的高质量发展。新时代人工智能与大数据技术的发展，使以信息通信技术（ICT）和大数据驱动教育创新与学习变革成为可能；可以利用大数据、人工智能技术构建信息化的教学环境；可以推进教育云、公共服务云的有效使用；可以促进高校课程思政共同体的治理现代化，提升高校课程思政共同体立德树人效能。

人工智能和大数据挖掘对高校课程思政立德树人效能评价具有很大影响。智能机器已从"感知智能"型机器向"认知智能"型机器转化。"感知智能是机器具备了视觉、听觉、触觉等感知能力，将多元数据结构化，并用人类熟悉的方式去沟通和互动。"[①] "认知智能则是从类脑的研究和认知科学中汲取灵感，结合跨领域的知识图谱、因果推理、持续学习等，赋予机器类似人类的思维逻辑和认识能力，特别是理解、归纳和应用知识的能力。"[②]

3. 高校课程思政共同体构建中的人工智能系统设计。学界对于"人工智能"内涵的界定尚未达成一致共识，但是大多数学者认为，人工智能最早是于 1956 年达特茅斯会议上提出的。在这次会议上，约翰·麦卡锡等科学家认为，任何有助于模拟、延伸和扩展人类智能的理论、方法和技术都属于"人工智能"的范畴。经过多年发展，人工智能现在主要是指按照人类设定的算法，具备一定的自主感知、决策和判断能力的机器，其本质是借用计算机等机器模拟、延伸和拓展人类智能。

人工智能时代是一个平台支撑、数据驱动、AI 赋能的时代。未来智慧校园也将以智能教育平台为基础，以教育过程生成的海量数据为驱动，通过 AI 算法为教育教学、教育管理、教育服务赋能。因此，高校可以从平台、数据、算法三要素出发，构建人工智能教育体系。一是推进数字化、智能化的资源平台、管理平台和服务平台建设。二是以在线开放课程、虚拟仿真实验教学项目等为载体，推动在线智能教室、智能实验室、虚拟工厂（医院）等智能教育数据空间建设。三是探索基于人工智能、区块链、大数据等技术的智能教育记录、评价方式，构建泛在化、智能化教育生态，打造高校内涵式发展新的增长极。

高校课程思政共同体构建中的人工智能系统设计是一个复杂的系统工程。需要从多个角度、多个要素出发，建立一套完整的高校课程思政共同体教育新模式。

---

① 刘茜、陈建强：《从"感知智能"向"认知智能"转化》，《光明日报》2021 年 5 月 25 日。
② 刘茜、陈建强：《从"感知智能"向"认知智能"转化》，《光明日报》2021 年 5 月 25 日。

一是智能基础设施系统。人工智能的应用、大数据的挖掘，离不开智能基础设施系统。2020 年 3 月，中共中央政治局常务委员会决定加快推进国家规划已明确的重大工程和基础设施建设，加快 5G 网络、人工智能、数据中心等新型基础设施建设进度。5G、云、人工智能是新型基础设施的 3 个核心要素。高校在"互联网 + 教育""人工智能 + 教育"时代，需要把线下教育与线上教育相结合，把智慧教育落在实处。为此，高校应该加强智能基础设施建设，建立完整的智能基础设施系统。一是应该做到 5G 信号全覆盖；二是应该尽可能地建设更多的智慧教室，智慧教室不仅能满足师生互动需要，也可以满足智能设备采集师生上课状态的数据需要，要尽全力保障教师与学生都能 1∶1 地使用现代化的电子移动设备，保障学生"时时可学、处处可学"的数字化学习环境；三是建设功能完备的智慧校园；四是布置更多的云储存，让师生可以随时随地获得资源，让资源共享成为现实。

智能基础设施系统是现代教育技术运用于教育教学的基础性工程，要本着可获得性、可负担性、可安全性与可使用性的原则，健全学校现代教育技术数字化的"硬"设施、"硬"环境。

二是数据采集系统。高校要充分利用智慧校园基础设施收集、采集、整合大学生的全样本数据，包括课堂上师生面部表情数据、教师和学生文本数据、教师和学生肢体语言数据、教学过程中师生口语或书面语的内容，等等。这些数据包括从大学生入学至毕业的全周期数据，既有学习成绩的，也有代表学生心理健康水平的，也包括学生素质积累、网络学习记录等，从而建立起本校大学生的数据平台。通过对大量数据的整合与分析，形成大学生的全面画像，定义出大学生个性特征，从而使教育者的教育做到有的放矢，做到精准教育管理，最终实现精准学情分析，更加科学高效地开展教育教学工作，提供精准的高校课程思政教育。

现代信息技术也是一把双刃剑，随着现代数字技术的普及和数字采集系统的应用，数字化进程中的数据共享一定会存在信息安全风险和信息采集网络伦理问题。所以，在建设数据采集系统的同时，一定要在技术层面完成对教师和学生的隐私保护。这就需要在构建数据采集系统的同时，要从技术和制度层面加强和规范网络安全治理，构建数字安全盾牌，保障教师和学生账户的安全，降低教师和学生账户信息泄露的风险。

三是信息资源系统。人工智能背景下高校课程思政共同体高质量发展，离不开丰富的资源。这些资源既包括面向学校层面、学院层面的大资源，也需要面向高校课程层面的小资源；同时需要教师信息能力提升的各类资源，以及提升学生信息素养的各类资源。资源是高校课程思政共同体高质量发展的基础和前提。要充分利用高校课程思政共同体内的各项资源，利用人工智能技术、智能科学推动高校教师转变教育教学观念，培养人工智能背景下教师能力、信息化素养。

信息资源系统还包括学生情感分析系统，如："著名的国际心理学家Ekman 提出，人的基本情感可以分为喜悦、悲伤、害怕、愤怒、惊讶和厌恶这六种，以此为基础可混合衍生出丰富多样的情感类型，并根据面部肌肉运动单元与不同表情的对应关系，创建了面部动作编码系统来实现自动面部图像分析及人类表情的分类，以上六种情感类型的划分奠定了离散型情感表示模型的基础"。[①]北京师范大学建立的学习情感数据库，其中包括 144 位被试学习者的数据，实现了包括愉快、好奇、困惑、厌烦、专注、走神及疲惫这 7 种主要学习情感的多标签、多强度标注。这些学生情感分析数据，反映了学生课堂上的困惑和收获，可以为高校课程思政精准教学提供数据支持。

四是研判分析系统。利用现代教育技术和人工智能相关 App，并依据现代教育教学理论，如深度学习理论、教学论、心理学等学科知识，结合大学生的成长成才与健康发展的实际，通过对智能设备收集的大学生数据进行有针对性的分析研判，建立起大学生学业预警状态数据、日常学习生活数据、学生成就数据、大学生心理健康状况数据。通过预警研判分析系统，得出大学生的实际学习生活、思想动态等状态数据，通过状态数据对比，就可以得出大学生个性化的研判结果。

研判分析系统还可以计算分析学生在课堂上的情感状况。人的表情变化是通过面部肌肉运动产生的，智慧教室可以通过多部位的机器采集教师上课状态数据和学生听课状态数据。"最近有一种被称作情感 AI（emotion AI）或情感计算（affective computing）的新兴技术，它将摄像机和基于 AI 程序的其他设备结合在一起，用来捕捉面部表情、肢体语言、语调等线索。"[②]情感计算技术可以根据机器采集的数据对人的面部表情进行系统分析，如教师情绪表达、面部表情数据等；学生听课状态数据，如学生点头率、满意率等数据，利用人工智慧的认知分析系统，就可以分析出人们

---

① 田元、周晓蕾、周幂、陈迪：《学习情感分析方法研究综述》，《中国教育信息化》2021 年第 22 期。

② 参见约翰·麦奎德：《机器能识别情感吗?》，施怿译，《光明日报》2022 年 1 月 27 日。

情感的基本状态，如愤怒（anger）、厌恶（disgust）、恐惧（fear）、快乐（happiness）、悲伤（sadness）、惊讶（surprise）、蔑视（contempt）等。[①]根据研判分析系统数据，就可以基本研判出教师教学完成情况、学生学习效果等数据，从而为高校课程思政的教学实践提供精准教育方案，提升高校课程思政立德树人效能。有些 AI 系统甚至可以读出更为深刻的数据，如人的感受、性格和意图等相关的数据，此种技术可以更为深层地解决高校课程思政的实际效能问题。同时，通过对人情感的计算技术，还可以建立起智能化的教学系统，通过对人的情感计算，反映人们的上课状态，并根据人的情感状态，对课程进行教学效果评价和教学改进。

五是协同保障系统。高校课程思政共同体不仅是一种行为理念创新，也是高校课程思政行动的思维方式与教学方法的创新，它必然要求相应的协同保障机制的创新。

学校要加强高校课程思政共同体人工智能系统的顶层设计，通过人工智能和大数据分析挖掘技术，实现学校各部门之间教育教学数据的共享，并在这个大系统中，整合大学的招生系统、教务系统、教学系统、管理系统、就业系统、服务系统等方面的数据，通过对这些数据进行有效整合、分析、整理，将其融合到高校课程思政共同体平台相关模块之中，使高校课程思政共同体平台成为汇集学校各类育人数据的大数据平台、教师开展课程思政工作的协同创新平台。学校各个部门之间，通过数据联通和共建共享，实现各部门之间的协同治理、协同保障，让高校课程思政共同体这一平台体系贯穿于高校教育教学的全过程，实现高校"三全育人"的高质量发展，实现高校课程思政的高质量发展，最终实现高校课程思政共同体立德树人效能的最大化。

---

① 参见约翰·麦奎德：《机器能识别情感吗？》，施怿译，《光明日报》2022 年 1 月 27 日。

第四章　高校课程思政共同体的终极目标

教育的根本问题是培养什么人？怎样培养人？为谁培养人？对这 3 个问题的具体应答就是立德树人理论需要解决的问题。立德树人是教育的根本任务，立德树人理论的任务之一就是要科学回答好这 3 个问题。对此，可以从多个方面去认识、去研究、去理解。一是从政治学的视野去认识立德树人，指的是"为谁培养人"，决定着一个国家教育治理、教育地位与功能、教育课程体系、教育评价监督等一系列问题。从这个意义上讲，立德树人是一种结果，关乎的是合格建设者和接班人的培养问题。二是从教育学视野去认识立德树人，指的是"怎样培养人"，事关人才培养体系与结构、人才培养模式等一系列问题。从这个意义上讲，立德树人是一个过程，关乎的是如何有效科学培养合格建设者和接班人的问题。三是从思想政治教育学视野去认识立德树人，指的是"培养什么人"，事关人才培养总体规格以及人才培养具体素质结构。从这个意义上讲，立德树人是一个内涵丰富的教育理念，关乎的是与"为谁培养人"和"怎样培养人"相关联的"培养什么人"具体规格和表征。

高校课程思政既是教育学的问题，也是政治学的问题，同时是思想政治教育学的问题。高校课程思政是整个人才培养体系中的一个环节，高校课程思政的根本任务是立德树人，高校课程思政的终极目标也是立德树人。高校课程思政共同体作为高校课程思政高质量发展的一种模式，其终极目标就是促进高校课程思政立德树人根本任务的实现，并努力促进高校课程思政立德树人效能最大化。

第一节　教育的根本任务是立德树人

教育的根本任务是立德树人，教育为人民服务、教育为本国建设服务是一个普适意蕴。课程是实现教育立德树人根本任务的基本载体，课程教学是实现人才培养目标的重要途径。在中国，高校课程思政的终极目标是立德树人，课程通过传道与授业相统一方式，实现课程"价值塑造、知识传授、能力培养"三统一的目标，实现教育最终为党育人、为国育才的目标，实现既立德又树人的目标。在西方，对立德树人的理解与界定虽然有所不同，但教育目标是培养主要服务于本国的建设者与培养所谓的"世界领导者"，是教育持续发展的根本遵循。不同国别对立德树人内涵理解的不同，主要体现在对"立德"内涵的界定不同，对"树人"的目标厘定不同。这种理解的不同主要源于意识形态的不同，但教育的根本任务都是立德树人，这是教育的一个基本规律。

一、中国传统教育的基本任务是立德树人

"立德树人"思想源远流长，代表着中华优秀传统文化的价值追求和思想精华。《左转·襄公二十四年》记载，叔孙豹提出："太上有立德，其次有立功，其次有立言，虽久不废，此之谓不朽。"[①] 叔孙豹的思想较全面地阐释了中国古代价值追求的三重境界，首在立德——自身品德高尚，次在立功——为国建功立业，下次立言——为世著书立说，其中最为重要的便是"立德"，足见古人对于"德行"的重视。"立德"强调一个人如果有高尚的品格修养，这种品格修养就可能成为后世人们效法的榜样，因之，这个人就可能因"立德"而人格不朽。此段话着重凸显出"立德"的重要性。"树人"一词最早出现在《管子·权修》一书中，齐国名相管仲提出："一年之计，莫如树谷；十年之计，莫如树木；终身之计，莫如树人。一树一获者，谷也，一树十获者，木也，一树百获者，人也。"[②] 这段话的大致意思是，种植粮食是人们为当年生计打算，种植树木是人们为10年后生计打算，培养人才则是人们为长远生计打算。由此可以看出管仲在教化百姓中注重"立德树人"，即道德的培育，也从侧面显示了人才培养的艰巨性。从词源语义上来说，《辞源》解释"立"为"树立"，解释"立德"为"树立圣人之德"；解释"树"为"种、植"，解释"树人"为"培植人才"。

立德树人是中华民族最深厚的优秀文化传统，也是中国几千年教育

---

① 杨伯峻：《春秋左传注》（第三卷），北京，中华书局 2009 年版，第 1088 页。
② 黎凤翔：《管子校注》，北京，中华书局 2004 年版，第 55 页。

的价值旨归。《大学》提出："大学之道，在明明德，在亲民，在止于至善。"[1]《中庸》提出："天命之谓性，率性之谓道，修道之谓教。道也者，不可须臾离也，可离非道也。"[2] 这两段经典之意在于弘扬光明正大的品质，在于使人弃旧向新，在于使人的道德达致完善的境界。扬德行、塑人格、立精神、育人才是教育的目标所在。《礼记》提出："师也者，教之以事而喻诸德也。德之不修，学之不讲。"[3] 孟子认为，大丈夫应该心怀仁德，做到"富贵不能淫、贫贱不能移、威武不能屈"。《说文解字》一书对"教"与"育"的分别解释是："教，上所施下所效也"，[4]"育，养子使作善也。"[5]"育智"与"育德"是教育内蕴的双重内涵，传授知识、习得技能是"教"的强调点，涵养品德、培育德行是"育"的强调点。

立德树人是一个统一的教育理念，但在中国传统教育思想中，"立德"的教育是基础。"立德"思想从个人、社会、国家、自然4个层面展开。孔子的"君子之道"，"与人忠"（《论语·子路》）；"吾日三省吾身，为人谋而不忠乎？与朋友交而不信乎？传不习乎？"（《论语·学而》）；"人洁己以进，与其洁也，不保其往也"（《论语·述而》）；《大学》的"诚意正心"，《中庸》的"明善诚身"，是"立德"的"个人之德"维度。孔子的"言忠信，行笃敬，虽蛮貊之邦，行矣"（《论语·卫灵公》）；"己所不欲，勿施于人"（《论语·颜渊》）；"己欲立而立人，己欲达而达人"（《论语·雍也》），以及管仲的"礼义廉耻，国之四维""仓廪实而知礼节，衣食足而知荣辱"[6]，是"立德"的"社会之德"维度。孔子的"为政以德"，《礼记·大学》全篇都在论述"修身、齐家、治国、平天下"的道理，孟子的"仁政思想"强调了"立德"的"国家之德"。老子的"道法自然"则强调了"立德"的"自然之德"维度。"立德"的教育思想从国家、社会、个人、自然4个层面贯穿于中国传统文化中。在"立德"的基础之上，中国传统教育思想强调德才并重。古代"君子六艺"，意在培养包括德、教、文、乐、礼、技在内综合发展、全面发展的人才；颜之推提出的"德艺周厚"也在强调德才兼备的重要性。北宋司马光对德才关系

---

[1]　陈晓芬、王国轩等译：《四书》，北京，中华书局2017年版，第145页。
[2]　陈晓芬、王国轩等译：《四书》，北京，中华书局2017年版，第169页。
[3]　胡平生、张萌：《礼记》，北京，中华书局2017年版，第403页。
[4]　许慎：《说文解字》，汤可敬译注，北京，中华书局2018年版，第60页。
[5]　许慎：《说文解字》，汤可敬译注，北京，中华书局2018年版，第310页。
[6]　李山：《管子》，轩新丽译注，北京，中华书局2019年版，第38页。

的界定是："才者，德之资也；德者，才之帅也"（《资治通鉴·周纪一》）。意思是才能是德行的凭借，德行是才能的统帅。司马光理想的用人标准是德才兼备，有德无才者次之，无德无才者又次之，最不能用的就是有才无德的小人。①

立德树人强调"修身、齐家、治国、平天下"。"经术所以经世，方不为迂儒之学"。教育致力于培养知行合一、德才兼备的社会实践者，而不是培养独善其身的迂腐的道德主义者，教育更强调家国情怀、社会担当。比如，孔子提出的"学而优则仕"；张载提出的"为天地立心，为生民立命，为往圣继绝学，为万世开太平"；顾炎武提出的"天下兴亡，匹夫有责"；林则徐提出的"苟利国家生死以，岂因祸福避趋之"；等等。"立德树人"思想就是培养有理想有担当的仁人志士，这是中国传统教育中的重要思想精粹。

二、西方教育视野下的"立德树人"

在西方教育史中，"立德树人"同样是教育的重要任务之一，所不同者是对"立德"与"树人"的内涵有不同的界定。

古希腊哲学家、教育家苏格拉底、柏拉图和亚里士多德等在教育的实践中对于"德"都特别重视，认为"知识即美德"。智慧、正义、勇敢、节制"四德"是苏格拉底谈话中涉及次数最多的。苏格拉底认为，所有美德的根源都来自知识。柏拉图认为，"人若受过真正的教育，他就是个最温良的、最神圣的生物；但是他若没受过教育，或者受了错误的教育，他就是一个世间最难驾驭的家伙"。②

文艺复兴之后，重视教育的道德价值传统没有改变。几乎每一位重量级教育学家都强调教育的道德价值。捷克教育学家夸美纽斯认为，为完成从"今生"到"永生"的过渡，教育必须培养的是博学、有德行、虔信的人。英国哲学家洛克认为培养兼具德、智、礼、学的绅士是教育的根本任务。法国思想家卢梭认为解放人的天性、自然发展才是教育的根本目的。法国社会学家涂尔干认为："从根本上讲，真正的德性在于以一种适当的方式行事，能够将自己身上某种内在的方面加以外化，而根本上不在于对

---

① 参见司马光：《资治通鉴》（第一卷），郑州，中州古籍出版社 2003 年版，第 3 页。
② ［捷克］夸美纽斯：《大教学论》，傅任敢译，北京，教育科学出版社 1999 年版，第 27 页。

高尚的图景和动人的品格闷头进行精神构建和个人沉思。"① 道德作为教育归宿这一观点也得到了德国教育家赫尔巴特的认同，他主张学习知识和培养理智是形成人"善"的主要方式，认为"教育的唯一工作和全部工作可以总结在道德这一概念中，道德普遍地被认为是人类的最高目的，因此也是教育的最高目的"。② 到了近代，西方主流教育思想基本延续这一传统。杜威主张实用主义教育，要让教育受众自己成长，提出"教育即生活""教育即生长"等，强调"教育就是不断生长，在它自身以外，没有别的目的"。③ 在资本主义经济繁荣发展的 19 世纪末至 20 世纪初，为了适应资本主义高速发展，提升人才培养的适用性，新传统派教育思想的代表提出教育的基本任务是传承民族文化、培养人的智慧与理性、塑造"完人"。④ 在现代，《世界人权宣言》《经济社会文化权力公约》《儿童权利公约》中规定，教育的首要目的是发展人的个性。《残疾人权利公约》提倡培养人对于多样性的尊重。《儿童权利公约》中规定，教育的目的可以概述为培养人对于各类文明、各种人与自然的尊重。

　　西方道德教育和价值观教育进一步强化则始于 20 世纪 80 年代末开启的本国教育改革规划。1988 年，美国发布了《关于美国教育改革的报告》，提出了今后美国高等教育发展的基本原则，"讲授基本道德准则，建立纪律和规章制度以及鼓励学生养成努力学习的习惯"，并把"诚实、勇敢、独立、忠诚、善良、遵纪守法、爱国主义、勤奋、公正和自我修养"等列为学生品德培育的重要内容。⑤1992 年，英国公布的教育白皮书中强调了道德教育在学校教育中的重要作用，提出"一所学校在道德教育方面必须不断地进行检查和更新，以促进儿童精神的、文化的、心理的和身体的发展，作为为他们成人生活做准备的一部分。学校不应该是特殊的不受价值观念影响的区域"。⑥ 同期，日本提出"终身学习态度的重点不是它对经

①　[法]爱弥尔·涂尔干：《教育思想的演进》，李康译，上海，上海人民出版社 2006 年版，第 290 页。

②　[德]赫尔巴特：《普通教育学·教育学讲授纲要》，李其龙译，北京，人民教育出版社 1989 年版，第 5 页。

③　[美]约翰·杜威：《民主主义与教育》，王承绪译，北京，人民教育出版社 2001 年版，第 62 页。

④　管华：《教育人权：国际标准与国家义务》，《人权研究》2016 年第 1 期。

⑤　参见吕达、周满生：《当代外国教育改革著名文献》（美国卷·第一册），北京，人民教育出版社 2004 年版，第 359~360 页。

⑥　参见吕达、周满生：《当代外国教育改革著名文献》（英国卷·第二卷），北京，人民教育出版社 2004 年版，第 176 页。

济和人力资源开发的贡献，而是人民在日常生活中精神上的满足"。①

进入 21 世纪，世界各国都把育德育才、全面发展作为教育的出发点和落脚点。价值观引领与品德塑造成为各国教育共同关注的焦点。2006年出台的《美国高等教育行动计划》特别强调了高校的社会责任问题。新西兰将基础价值观教育纳入 2007 年的新课标教学实践中。2011 年，新加坡倡导发展"学生中心、价值观导向的教育"，凸显价值引导与品德培育。② 2015 年联合国发布《反思教育：向"全球共同利益"的理念转变?》，倡导教育应强化人文主义的教育灌输，强调教育为人类共同利益的责任担当意识培育。日本提出"在 21 世纪把日本建设成为富有创造性的充满活力的国家"这一战略目标，强调"教育立德"思想，教育是为了"培养心胸宽广，体魄强健，富有创造性，具有自由、自律和为公共利益服务精神，面向世界的人"。这些国家没有"课程思政"提法，也没有"思想政治教育工作"的范畴。在美国高校中，承担着类似"课程思政"的角色与功能的，是美国高校中普遍开设的通识课程及所谓的通识教育。如"美国高校长期以来以正式开设的通识课程为主要载体，以美国社会主流价值观为主要内容，对学生实施有计划、有目的的价值引领和塑造，形成了以人文、社会和自然科学知识涵养价值精神；以理性、表达和批判性思维能力提升价值判断能力；以社会问题与课程主题相结合引领价值取向的三位一体的实践路径"。③ 日本高校通过专业教育、各教科教育来承载"教养教育"的内容。英国高校把国家道德价值观教育作为国家课程设置的前提。这些国家立德树人的内涵是所谓的"普世价值"、"公民教育"、个人权利、自由、尊严的民主教育，培养的是服务于本国的全面发展的人才。而其实现方式则更多地以柔性融入的方式进入教育内容。各国大都通过"人文教育""通识教育""社区实践"等德育教育的形式，着力培养具有社会责任的合格公民和合格建设者，最终达到实现公民个人价值、贡献社会发展的目标，④ 实现他们意识形态视域中的立德树人。

① 吕达、周满生：《当代外国教育改革著名文献》（日本、澳大利亚卷），北京，人民教育出版社 2004 年版，第 333~334 页。

② 参见陶西平：《当代世界教育教学改革六大新动向》，《中国教育报》2014 年 4 月 27 日。

③ 张宝予、杨晓慧：《美国高校价值观教育路径研究——基于通识课程的视角》，《思想教育研究》2019 年第 5 期。

④ 参见靳诺：《立德树人：高等教育的根本任务和时代使命》，《中国高等教育》2017 年第 18 期。

第二节　高校课程思政与高校立德树人根本任务

高校课程思政遵循所有课程教育教学的基本规律，其根本任务就是实现高校课程"价值塑造、知识传授、能力培养"三统一的目标。高校课程思政与高校立德树人根本任务密切相连。

一、高校课程思政是完成高校立德树人根本任务的重要工作体系

根据教育部等 8 部门 2020 年发布的《关于加快构建高校思想政治工作体系的意见》，高校完成立德树人根本任务的工作体系至少有 7 种：一是理论武装体系。重在加强理论研究，形成加强大学生政治引领、厚植大学生爱国情怀、强化大学生价值引导的理论体系。二是学科教学体系。重在办好思想政治理论课、强化哲学社会科学的育人作用、全面推进所有学科课程思政建设、充分发挥科研育人功能，让学科与科研更好发挥立德树人功能。三是日常教育体系。就是要把思想政治教育融入大学生实践教育，注重高校精神校园文化培育，强化高校网络育人，促进大学生心理健康，让全过程育人、全时空育人变成现实。四是管理服务体系。重在提高高校管理服务水平、加强高校群团组织建设、推动高校"一站式"学生社区建设、完善精准资助育人体系建设，把全员育人落在实处。五是安全稳定体系。重在强化高校政治安全、加强国家安全教育、筑牢校园安全防线、健全安全责任体系，让管理育人、服务育人落在实处。六是队伍建设体系。重在建设高水平教师队伍、打造高素质思想政治工作者和党务工作者、加强马克思主义学者和青年马克思主义者培养力量，让立德树人的主力军永葆生机。七是评估督导体系。重在构建科学测评体系、完善推进落实机制、健全督导问责机制，形成以评促建的立德树人监督激励机制。

中国大学的本质特征就是把立德树人作为高校办学立身之本，立德树人是高校的根本任务。习近平总书记指出："人才培养一定是育人和育才相统一的过程，而育人是本。""人无德不立，育人的根本在于立德。"[①]在以上七大立德树人体系中，课程育人是完成高校立德树人根本任务的重要工作体系。从时间上讲，大学生花费时间最多的是课程学习，课程学习

---

① 习近平：《在北京大学师生座谈会上的讲话》，《人民日报》2018 年 5 月 3 日。

之外的课外时间相对较少；从施化效果上讲，对大学生影响最大的主体是教师，特别是专业教师对学生成长、成才、成人影响最大；从体系设置上讲，其他体系主旨是立德树人，但其重要功能是支持教师和课程实现立德树人效能的最大化。

二、高校课程思政是完成高校立德树人根本任务的主要载体

专业课教师是高校课程思政"主力军"，专业课教学是高校课程思政"主战场"，专业课课堂是高校课程思政"主渠道"，专业课程是高校课程思政建设的主要载体。根据教育部官方数据，从主体上讲，高校教师的 80% 是专业教师，他们应该成为立德树人的主力军，这是高校课程思政实施的一个重要基础。从课程属性上讲，高校课程的 80% 是专业课程，学生在校期间接触最多的是专业课程和专业教师，这是高校课程思政建设的前提条件。从学生时间分配上讲，学生学习时间的 80% 是专业学习，学生的精力和主要着力点也是专业学习，这是高校课程思政建设必须面对的一个现实。教育部官方数据显示，80% 的高校大学生认为，对大学生成长、成人、成才影响最大的因素是专业课以及承担专业课教育教学的高校教师。以上 4 个 80% 是提出高校课程思政建设这一重大命题的现实依据，也决定了高校课程思政是高校完成立德树人根本任务的主要载体。

三、高校课程思政是完成高校立德树人根本任务的战略举措

在庆祝中国共产党成立 100 周年大会上，习近平总书记指出："新时代的中国青年要以实现中华民族伟大复兴为己任，增强做中国人的志气、骨气、底气，不负时代，不负韶华，不负党和人民的殷切期望！"[①] 这一重要论述既是对新时代中国青年的希望，更是对新时代大学生的要求，这些重要论述同时为高校推进课程思政建设、落实高校立德树人根本任务指明了方向。高校课程思政是高校完成立德树人根本任务的战略举措，它事关未来大学生能否具备社会主义事业建设者和接班人的质量、素质和品质。我们要培养的是为社会主义现代化建设服务的人才，为党的治国理政服务的人才，为人民服务的人才，堪当中华民族复兴重任的时代新人。拥有专业知识的大学生，如果没有理想信念，那对国家和社会而言，就是一个大危机。从这个意义上讲，高校课程思政是高校完成立德树人根本任务的战

---

① 习近平：《在庆祝中国共产党成立 100 周年大会上的讲话》，《人民日报》2021 年 7 月 2 日。

略举措。为落实这一战略举措，2020 年 5 月，教育部发布了《高等学校课程思政建设指导纲要》，明确了新时代高校课程思政建设的总体目标和重点内容，对新时代如何推进高校课程思政建设进行了整体设计，从而使高校课程思政从工作要求转化为政策实施表和行进路线图。

第三节　高校课程思政立德树人目标达成的共同体模式

高校课程思政立德树人目标达成的共同体模式，就是要充分发挥高校课程思政共同体这一理想类型的优势，集中高校课程思政共同体主体、资源、平台、制度、机制等力量，在共同体范式下实现高校课程思政共同体立德树人效能目标的最大化。高校课程思政立德树人目标达成的共同体模式，一是要明确立德树人的表征指标是什么；二是要融合高校课程思政共同体内各类主体力量，实现社会教育、学校教育、家庭教育的同向同行、共同努力；三是要紧密围绕教育的 3 个根本问题——"培养什么人""怎样培养人""为谁培养人"来完成高校课程思政的立德树人根本任务。在主体和时空上，全面落实"三全育人"举措；在培养人的机制上，融合七大立德树人工作推进机制，促进高校课程思政立德树人与其他体系在立德树人效能方面的同向同行；在高校课程思政推进方式上，要集合 10 个立德树人具体路径去落实高校课程思政立德树人目标。其中，亦包括高校立德树人环境的培育、高校立德树人方式方法的优化、高校立德树人进程中学生的积极参与等。

一、明确立德树人的表征指标，落实"培养什么人"

（一）立德树人的科学内涵

立德树人科学内涵的具体指向就是"培养什么人"，其基本意旨就是培养时代需要的德才兼备的建设者与接班人。但不同的历史阶段，其内涵是不同的。在革命阶段，培养的是革命者；在建设年代，培养的是有理想的建设者；在现代化建设新时期，培养的是具有创新精神的一流人才；在新时代，则需要培养堪当中华民族复兴重任的时代新人。

可以从以下 3 个时期来考察中国共产党教育立德树人理念中，"培养什么人"的内涵的演进。

　　1. 第一个时期（1921—1978 年）。这一时期包括从党的诞生直至党的十一届三中全会召开。这一时期主要包括建党和新中国成立、新民主主义改造和社会主义建设几个阶段。这一时期以毛泽东同志为主要代表的中国共产党人对中国教育发展进行了有益探索。毛泽东同志在革命战争时期和社会主义实践的探索时期，十分重视人才的培养工作，提出了一系列中国革命和建设时期关于教育的重要思想。其中最具代表性文献有：《关于纠正党内错误思想》，这部文献是中国共产党重视学校德育工作的重要标志；《关于正确处理人民内部矛盾的问题》，这部文献是中国共产党立德树人理念的理论基石。这一时期中国共产党立德树人理念基本形成的重要标志是，中华人民共和国教育方针逐渐形成，以立德树人为学校根本任务的高等教育理念逐步形成。

　　这一时期中国共产党立德树人理念的主要背景是中国长期革命斗争实践和社会主义建设实践。在新中国成立后第一次全国教育工作会议上，教育部提出："今后主要的任务将由战争转入全面的建设，在全国范围的建设任务前面，我们的教育必须根据共同纲领，以原有的新教育的良好经验为基础，吸收旧教育的某些有用的经验，特别要借助苏联教育建设的先进经验，建设我们的'以提高人民文化水平，培养国家建设人才，肃清封建的、买办的、法西斯主义的思想，发展为人民服务的思想为主要任务'的新民主主义教育。"[1] "要准备和开始吸收工农干部和工农青年进高等学校，培养工农出身的新型知识分子。高等教育在内容、制度、方法方面，都必须密切配合国家经济、政治、国防和文化建设，必须适应国家建设需要。"[2] 这一时期，以毛泽东同志为主要代表的中国共产党人深刻认识到教育的功能与地位，认识到青年对时代的意义。1957 年 11 月 17 日，毛泽东同志在苏联莫斯科会见中国留学生、实习生时，发表了热情洋溢的讲话，指出："世界是你们的，也是我们的，但是归根结底是你们的。你们青年人朝气蓬勃，正在兴旺时期，好像早晨八九点钟的太阳。希望寄托在你们身上。"他还教导同学们说："青年人应具备两点，一是朝气蓬勃，二是谦虚谨慎。"在讲话中，毛泽东同志纵论天下，旁征博引，提出了"世界上怕就怕认真二字，共产党就最讲认真"的名言。[3] 这一时期，"教育必须为无产阶级政治服务，必须同生产劳动相结合"是那个时期的

---

① 《在全国教育工作会议上　钱俊瑞副部长总结报告要点》，《人民日报》1950 年 1 月 6 日。

② 马叙伦：《第一次全国高等教育会议闭幕词》，《人民教育》1950 年第 3 期。

③ 《毛泽东著作专题摘编》（上），北京，中央文献出版社 2003 年版，第 1104 页。

时代需要和社会需要。把青年人培养成为"有社会主义觉悟的有文化的劳动者"是那个时期教育必须完成的神圣使命。

这一时期教育立德树人理念之"培养什么人"的内涵主要有以下3点：

第一，正确的政治方向。正确的政治方向是教育"为谁培养人"的内在规定性。在新民主主义革命时期，毛泽东同志曾专门到中国人民大学的前身"陕北公学"讲过哲学，并为师生作过《青年运动的方向》等报告。1938年4月9日，中国人民抗日军政大学四期三大队举行开学典礼，毛泽东同志作了重要讲话，他要求全体学员："要学一个正确的政治方向。"[①] 毛泽东同志为中国人民抗日军政大学制定的教育方针是："坚定正确的政治方向，艰苦朴素的工作作风，灵活机动的战略战术"。这些成为抗日根据地高等教育的传统。

1949年9月，中国共产党和中华人民共和国政府迅速对教育作出明确规定。中国人民政治协商会议第一次会议通过的《中国人民政治协商会议共同纲领》，对中国文化教育作出了很多具体的规定："中华人民共和国的文化教育为新民主主义的，即民族的、科学的、大众的文化教育。"[②] 教育部在1949年12月召开的第一次全国教育工作会议上，规定了新中国教育工作的目标与原则，会议提出，教育要"为人民服务，首先为工农服务，为当前的革命斗争与建设服务"。[③] "两为服务"是新中国成立初期党的教育工作的重要指导思想，指明了这一时期我国教育事业的政策基点、基本职能，是这一时期完成教育立德树人任务的基本行动指南。

1955年毛泽东同志指出："政治工作是一切经济工作的生命线。在社会经济制度发生根本变革的时期，尤其是这样。"[④] 1957年，毛泽东同志在《关于正确处理人民内部矛盾的问题》一文中提出："我们的教育方针，应该使受教育者在德育、智育、体育几方面都得到发展，成为有社会主义觉悟的有文化的劳动者。"[⑤]

1958年8月，毛泽东同志视察天津大学并作出明确指示："教育必须

---

① 《毛泽东邓小平江泽民论教育》，北京，中央文献出版社2002年版，第13页。
② 范跃进：《新中国成立以来高等教育元政策（1949—2016）》，北京，中国社会科学出版社2017年版，第3页。
③ 中华人民共和国教育部办公厅：《教育文献法令汇编（1949—1952年）》，1958年6月30日。
④ 《建国以来毛泽东文稿》（第5册），北京，中央文献出版社1991年版，第497页。
⑤ 毛泽东：《关于正确处理人民内部矛盾的问题》，《人民日报》1957年6月19日。

为无产阶级政治服务，必须同生产劳动相结合。"[1] 即"两个必须"。因此，我国教育中立德树人理念在这一时期的"正确的政治方向"方面内容，可表征为"为人民服务""为无产阶级政治服务"。

综合而言，这一时期立德树人理念之"培养什么人"的一个基本内涵是坚持政治方向，政治方向的基本意蕴是教育要做到"两个必须"，教育要培养"两为"的革命者和建设者。坚持正确的政治方向是"培养什么人"的基本规定。

第二，坚定的马克思主义立场。在《关于正确处理人民内部矛盾的问题》一文中，毛泽东同志指出："好像马克思主义时兴了一阵，现在就不那么时兴了。针对着这种情况，现在需要加强思想政治工作。不论是知识分子，还是青年学生，都应该努力学习。除了学习专业之外，在思想上要有所进步，政治上也要有所进步，这就需要学习马克思主义，学习时事政治。没有正确的政治观点，就等于没有灵魂。"[2]

综合而言，这一时期高等教育的办学目标是培养造就一批德才兼备的"人民共和国建设者"。其中，马克思主义的世界观、方法论和价值观，以及马克思关于人的全面发展思想是这一时期中华人民共和国教育工作的理论指南，这些理论指南也是新中国教育方针的理论基础，是教育"德智体"培养目标形成的理论基础。这一时期教育工作的发展与完善，丰富了中国共产党教育立德树人理念之教育"培养什么人"的确定性、科学性、指导性。

第三，具有社会主义觉悟的有文化的劳动者。抗日战争时期，毛泽东同志为陕北公学的题词提出了培养"革命的先锋分子"，目的就是把广大革命青年培养成为先进的革命者。[3] 在新中国成立前夕，中国人民政治协商会议第一届全体会议通过的《中国人民政治协商会议共同纲领》明确："提倡爱祖国、爱人民、爱劳动、爱科学、爱护公共财物为中华人民共和国全体国民的公德。"[4] 这事实上为教育立德树人的"德"作出了内涵界定。1954 年，政务院总理周恩来同志在政务会议上提出："我们向社会主义、

---

[1]　毛泽东：《1958 年的一次讲话》，载《毛泽东论教育革命》，北京，人民出版社 1967 年版，第 31 页。

[2]　毛泽东：《关于正确处理人民内部矛盾的问题》，《人民日报》1957 年 6 月 19 日。

[3]　参见王树荫：《论中国共产党 90 年思想政治教育的基本经验》，《思想理论导刊》2011 年第 8 期。

[4]　范跃进：《新中国成立以来高等教育元政策（1949—2016）》，北京，中国社会科学出版社 2017 年版，第 3 页。

共产主义前进，每个人要在德、智、体、美等方面均衡发展。"1958年，党中央、国务院在《关于教育工作的指示》中规定："教育的目的，是培养有社会主义觉悟的有文化的劳动者。"1961年，党中央把1957年和1958年提出的教育方针相融合，颁发了《教育部直属高等学校暂行工作条例（草案）》，即高教"六十条"。高教"六十条"提出的"教育必须为无产阶级政治服务，必须同生产劳动相结合，使受教育者在德育、智育、体育几方面都得到发展，成为有社会主义觉悟的有文化的劳动者"，成为这个时期中国共产党在教育方面的工作方针。该教育方针为我国今后一个时期各级各类教育工作、教育事业持续发展明确了前进方向。

以上述教育方针1978年正式载入《中华人民共和国宪法》为标志，这一时期立德树人理念之"培养什么人"内涵的基本规定就是：培养具有坚定的政治方向、坚定的马克思主义立场、有社会主义觉悟的有文化的劳动者。

2. 第二个时期（1978—2012年）。这一时期始于党的十一届三中全会召开之后，止于党的十八大召开前夕。1978年12月，党的十一届三中全会的召开，标志着中国由革命与建设时期进入改革开放新阶段，自此之后，中国共产党和国家的工作重心转移到了社会主义现代化建设上来。中国教育事业与教育工作也因之进入了新的历史阶段。中国共产党对中国教育方针进行了丰富与完善，中国共产党教育立德树人理念也得以进一步丰富和完善。

在这个新的历史时期，中国改革开放的总设计师邓小平同志明确要求：教育必须"把坚定正确的政治方向放在第一位"，体现出中国共产党对教育立德树人的更高要求。这一时期教育立德树人理念主要表征如下：一是把教育立德树人理念放在更加突出的位置，以此体现教育为社会主义现代化建设服务的思想；二是把立德树人目标达成与广泛开展"四项基本原则"教育、"五讲四美"教育、爱国主义教育相结合；三是提出教育发展的基本方针是"双为"服务，也即是"教育为社会主义现代化建设服务，为人民服务"。

1985年，党中央《关于教育体制改革的决定》明确要求，"教育必须为社会主义建设服务，社会主义建设必须依靠教育"。这一转变意味着教育功能定位实现了质的飞跃，在我国经济迅速发展的时代背景下，社会发展迫切需要与之相契合的教育，为此，教育必须适应"教育必须为社会主义建设服务，社会主义建设必须依靠教育"新的需要，进行系统化改革创新。在改革开放时期，随着教育助力社会发展的功能日趋迫切，教育培养什么人的功能定位需要更加明确，这一时期党的教育立德树人理念也随之有了新内涵、新要求。

1999 年，党中央、国务院《关于深化教育改革全面推进素质教育的决定》明确："教育必须为社会主义现代化建设服务，必须与生产劳动相结合，培养德、智、体、美等方面全面发展的社会主义事业建设者和接班人。"①

综合而言，这一时期，中国共产党教育立德树人理念之"培养什么人"的内涵主要包括以下 3 个方面：

第一，把坚定的政治方向放在第一位。1978 年全国教育工作会议召开，邓小平同志在本次会议上明确要求："学校应该永远把坚定正确的政治方向放在第一位。"②"我们最大的经验就是不要脱离世界。"③1983 年，邓小平同志进一步明确了教育发展"三个面向"的具体要求，即"教育要面向现代化，面向世界，面向未来"。1984 年，中宣部、教育部颁布的《关于加强和改进高等院校马列主义理论教育的若干规定》明确提出："马列主义理论课的主要任务是帮助学生通过系统地学习马列主义、毛泽东思想，确立坚定正确的政治方向，树立无产阶级世界观。"④

1989 年，在庆祝中华人民共和国成立 40 周年大会上，江泽民同志提出："各级各类学校，要把德育教育工作放在首位，确立正确的政治方向。"⑤尤其要做好青少年的德育工作，要厚植学生的社会主义、爱国主义情怀，"学校不断增强学生的社会主义理想、爱国主义情怀、集体主义观念，才是素质教育的灵魂。"⑥

2002 年，胡锦涛同志在党的十六大报告中提出："全面贯彻党的教育方针，坚持教育为社会主义现代化建设服务，为人民服务，与生产劳动和社会实践相结合，培养德智体美全面发展的社会主义建设者和接班人。"

总而言之，这一时期在教育之"培养什么人"这一根本问题上，立德树人理念进一步强调了"把坚定的政治方向放在第一位"的要求。

---

① 《中共中央国务院关于深化教育改革全面推进素质教育的决定》，《教育部政报》1999 年第 2 期。

② 《邓小平文选》第 2 卷，北京，人民出版社 1994 年版，第 104 页。

③ 《邓小平文选》第 3 卷，北京，人民出版社 1993 年版，第 290 页。

④ 《关于加强和改进高等院校马列主义理论教育的若干规定》，中发〔1984〕36 号。

⑤ 江泽民：《在庆祝中华人民共和国成立四十周年大会上的讲话》（1989 年 9 月 29 日），http://guoqing.china.com.cn/2012– 09/13/content_26747878878.htm。

⑥ 江泽民：《在第三次全国教育工作会议上的讲话》，《人民日报》1999 年 6 月 15 日。

　　第二，树立正确的世界观、人生观和价值观。树立正确的世界观、人生观、价值观、荣辱观是社会主义市场经济阶段教育立德树人理念之"培养什么人"努力的一个重要方向。对此，邓小平同志指出："我们在建设具有中国特色的社会主义社会时，一定要坚持发展物质文明和精神文明，坚持五讲四美三热爱，教育全国人民做到有理想、有道德、有文化、有纪律。"[1]1987 年，党中央在《关于改进和加强高等学校思想政治工作的决定》中充分强调了高校思想政治工作的重要性，提出培养社会主义"四有"新人的教育目标。在学校教育方面，提出学校要不断加大马克思主义理论课程的改革和建设力度和强度。2004 年，党中央、国务院发布了《关于进一步加强和改进大学生思想政治教育的意见》，明确提出："思想政治理论课是大学生的必修课，是帮助大学生树立正确世界观、人生观、价值观的重要途径，体现了社会主义大学的本质要求。"[2]2005 年，在党中央、国务院颁布的《关于进一步加强和改进高等学校思想政治理论课的意见》中，重申"坚持用发展着的马克思主义武装大学生，始终保持教育教学的正确方向"。[3]2006 年 3 月，在参加全国政协十届四次会议部分民主党派联组讨论时，胡锦涛同志提出，青少年应该学习和践行以"八荣八耻"为主要内容的社会主义荣辱观。以"八荣八耻"为主要内容的社会主义荣辱观，以社会主义基本道德规范为出发点，以社会主义价值观为鲜明导向，融合了优秀传统道德与先进时代精神，既体现了民族特质，又包含着时代特性，具有很强的实践性。以"八荣八耻"为具体内容的社会主义荣辱观，为高校立德树人理念之"培养什么人"目标注入了新内容，有助于推动形成社会良好风气，积极促进社会和谐。

　　第三，培养"德、智、体、美"等全面发展的社会主义事业建设者和接班人。《关于建国以来党的若干历史问题的决议》指出："用马克思主义世界观和共产主义道德教育人民和青年，坚持德智体全面发展、又红又专、知识分子与工人农民相结合、脑力劳动与体力劳动相结合的教育方针"。[4]这一教育方针既概括了新中国成立以来的教育发展历程，又与这一时期我国建设社会主义现代化强国的目标相契合。

---

　　①　《邓小平文选》第 3 卷，北京，人民出版社 1993 年版，第 110 页。
　　②　《中共中央国务院发出〈关于进一步加强和改进大学生思想政治教育的意见〉》，《中国高等教育》2004 年第 20 期。
　　③　《关于进一步加强和改进高等学校思想政治理论课的意见》，中发〔2005〕5 号。
　　④　《关于建国以来党的若干历史问题的决议》（注释本），北京，人民出版社 1983 年版，第 66 页。

1982 年 5 月 4 日，《人民日报》发表了题为《当代青年的历史使命》的社评，文章把邓小平同志的题词延伸为"培养青年成为有理想、有道德、有文化、有纪律、有强健体魄的新一代"①。1995 年，全国人民代表大会通过了修改后的《中华人民共和国教育法》，对原有教育方针中"培养什么人"部分作了补充与完善，在"德、智、体"后面添加了"等方面"，在"建设者和接班人"前面添加了"社会主义事业的"，这些重要文字表述的调整反映出中国共产党教育立德树人理念的进一步明晰和深化。1999年，为契合时代发展需要，江泽民同志提出："以培养学生的创新精神和实践能力为重点，努力造就有理想、有道德、有文化、有纪律的，德育、智育、体育、美育等全面发展的社会主义事业建设者和接班人。"②2001 年江泽民同志在庆祝中国共产党成立 80 周年大会上的讲话中，第一次明确把促进人的全面发展作为党的各项事业所追求的目标，提出促进人的全面发展是马克思主义关于建设社会主义新社会的本质要求，"我们进行的一切工作，既要着眼于人民现实的物质文化生活需要，同时又要着眼于促进人民素质的提高，也就是要努力促进人的全面发展"。③2004 年，党中央颁布《关于进一步加强和改进大学生思想政治教育的意见》，明确我国高等教育的目标是培养中国特色社会主义事业的建设者和接班人，这里的"建设者与接班人"意指德、智、体、美等全面发展的人，具有"五个成为"特质的人。即成为理想远大、热爱祖国的人，成为追求真理、勇于创新的人，成为德才兼备、全面发展的人，成为视野开阔、胸怀宽广的人，成为知行合一、脚踏实地的人。

2006 年中央政治局第三十四次集体学习时，胡锦涛同志首次提出"把立德树人作为教育的根本任务"这一时代命题。2007 年 8 月，胡锦涛同志在全国优秀教师代表座谈会上强调："要坚持育人为本、德育为先，把立德树人作为教育的根本任务，加强爱国主义教育，深入开展理想信念教育，加强和改进学生思想政治工作，把社会主义核心价值体系融入国民教育体系，引导学生树立正确的世界观、人生观、价值观、荣辱观，努力培养德智体美全面发展的社会主义建设者和接班人。"④对中华人民共和国之教育培养目标、中国共产党教育立德树人理念"培养什么人"等内容作出

---

①　《当代青年的历史使命》，《人民日报》1982 年 5 月 4 日。
②　《江泽民文选》第 2 卷，北京，人民出版社 2006 年版，第 332 页。
③　《江泽民文选》第 3 卷，北京，人民出版社 2006 年版，第 294 页。
④　胡锦涛：《在全国优秀教师代表座谈会上的讲话》，《人民日报》2007 年 9 月 1 日。

新的阐述，进一步丰富完善了人的全面发展理论。

总之，在这一历史阶段，立德树人理念"培养什么人"的内涵进一步丰富与升华，即培养把坚持的政治方向放在第一位、具有马克思主义世界观和人生观、德智体美等方面全面发展的人。

3. 第三个时期（2012 年至今）。党的十八大以后，中国特色社会主义进入了新时代。新时代明确了我国发展新的历史方位，形成了马克思主义中国化最新理论成果——习近平新时代中国特色社会主义思想，形成了新时代习近平总书记关于教育高质量发展的重要论述，形成了新时代中国共产党教育立德树人理念之"培养什么人"的新内涵、新理念、新规定和新特征。

"根据党的十九届五中全会精神，2021 年起我国进入新发展阶段。这是在全面建成小康社会、实现第一个百年奋斗目标之后，全面建设社会主义现代化国家、向第二个百年奋斗目标进军的发展阶段。"[1] "新发展阶段的任务已经由实现第一个百年奋斗目标——全面建成小康社会，转向实现第二个百年奋斗目标——全面建成社会主义现代化强国。这表明在新发展阶段，现代化建设的要求更高、现代化程度更高、现代化标准更高，是经济、政治、文化、社会、生态文明'五位一体'全面发展的现代化，是物质文明、政治文明、精神文明、社会文明、生态文明全面提升的现代化，是富强民主文明和谐美丽全面实现的现代化，是包含国家治理体系和治理能力在内的全方位现代化，是以人的全面发展为本质的高标准现代化。"[2]

新时代、新阶段必将对高校人才培养的规格提出新要求，教育立德树人理念之内涵与特征也将日趋完善与成熟。新时代中国共产党教育立德树人理念之"培养什么人"内涵主要包括以下 4 个方面：

一是坚定正确的政治方向是立德树人的中心意旨。2016 年，在全国高校思想政治工作会议上，习近平总书记强调："我国高等教育肩负着培养德智体美全面发展的社会主义事业建设者和接班人的重大任务，必须坚持正确政治方向。高校立身之本在于立德树人。""我国高等教育发展方向要同我国发展的现实目标和未来方向紧密联系在一起，为人民服务，为中国共产党治国理政服务，为巩固和发展中国特色社会主义制度服务，为改

---

① 何毅亭：《谈谈我国新发展阶段》，《学习时报》2021 年 1 月 4 日。
② 何毅亭：《谈谈我国新发展阶段》，《学习时报》2021 年 1 月 4 日。

革开放和社会主义现代化建设服务。"①"四个服务"成为新时代立德树人在"正确的政治方向"方面的表征指标。

二是坚固的"三观"养成是立德树人的根基。以马克思主义为指导思想，用马克思主义理论育人，是中国高等教育的鲜明特色。开发多种路径培养学生牢固树立马克思主义世界观、方法论和社会主义核心价值观是我国高校立德树人的根基。习近平总书记强调："我们的高校是党领导下的高校，是中国特色社会主义高校。办好我们的高校，必须坚持以马克思主义为指导，全面贯彻党的教育方针。要坚持不懈传播马克思主义科学理论，抓好马克思主义理论教育，为学生一生成长奠定科学的思想基础。要坚持不懈培育和弘扬社会主义核心价值观，引导广大师生做社会主义核心价值观的坚定信仰者、积极传播者、模范践行者。"②

2016 年 5 月，在全国哲学社会科学工作座谈会上，习近平总书记强调："坚持以马克思主义为指导，是当代中国哲学社会科学区别于其他哲学社会科学的根本标志，必须旗帜鲜明加以坚持。"这一重要论断既与中华优秀传统文化相贯通，又与人类文明优秀成果相融合，更与中国特色社会主义发展相契合，凝聚了全党全社会的价值共识。"富强、民主、文明、和谐"是社会主义核心价值观在国家层面的建设目标；"自由、平等、公正、法治"是社会主义核心价值观在社会层面的建设目标；"爱国、敬业、诚信、友善"是社会主义核心价值观在公民个人层面的建设目标。这24 个字的高度凝练，为高等教育学校开展社会主义核心价值观教育提供了指引和遵循。

三是"五爱"教育是立德树人的基本素养追求。培养什么人的问题，是立德树人的根本问题。培养出的人具有什么样的素养是立德树人效能发挥的基本保障。社会主义高校，就是把"五爱"即"爱党、爱国、爱社会主义、爱人民、爱集体"作为新时代大学生的核心素养。2020 年 5 月，教育部公布的《高等学校课程思政建设指导纲要》明确指出："课程思政建设内容要紧紧围绕坚定学生理想信念，以爱党、爱国、爱社会主义、爱人民、爱集体为主线。"③

---

① 《习近平在全国高校思想政治工作会议上强调　把思想政治工作贯穿教育教学全过程　开创我国高等教育事业发展新局面》，《人民日报》2016 年 12 月 9 日。

② 《习近平在全国高校思想政治工作会议上强调　把思想政治工作贯穿教育教学全过程　开创我国高等教育事业发展新局面》，《人民日报》2016 年 12 月 9 日。

③ 《教育部关于印发〈高等学校课程思政建设指导纲要〉的通知》，教高〔2020〕3 号。

　　四是担当民族复兴大任是立德树人的目标追求。《中华人民共和国高等教育法》第五条规定："高等教育的任务是培养具有社会责任感、创新精神和实践能力的高级专门人才，发展科学技术文化，促进社会主义现代化建设。"2020 年 5 月，教育部等 8 部门颁布的《关于加快构建高校思想政治工作体系的意见》："努力培养担当民族复兴大任的时代新人，培养德智体美劳全面发展的社会主义建设者和接班人。"①这为高校立德树人根本任务给出了基本标准，即"高级专门人才"，必须能够"担当民族复兴大任"。"培养什么人"在新时代有了具体内涵，即"担当民族复兴大任的时代新人"，时代新人应该是"有理想、有追求的大学生，有担当、有作为的大学生，有品质、有修养的大学生"。②十三届全国人大常委会第二十八次会议对教育法进行修改，修改教育法的决定于 2021 年 4 月 30 日起施行。新教育法规定："教育必须为社会主义现代化建设服务、为人民服务，必须与生产劳动和社会实践相结合，培养德智体美劳全面发展的社会主义建设者和接班人。"

　　综合而言，新时代中国共产党教育立德树人理念之"培养什么人"的科学内涵有了新的规定：培养具有坚定政治方向、稳固"三观"、具有"五爱"素养，堪当中华民族复兴重任的时代新人。

　　（二）立德树人内涵的表征指标

　　高校课程思政是高校完成立德树人根本任务的基本载体、平台，也是高校完成立德树人根本任务的关键环节。为了完成这一任务，实现高校课程思政立德树人效能最大化目标，高校教师首先要明确立德树人的科学内涵和价值意蕴是什么，用一套简单的指标体系表征立德树人的科学内涵和价值意蕴，是高校课程思政共同体首先应该完成的任务。只有简单有效的立德树人表征指标深入教师心田，教师才能明确如何在高校课程思政中做到有的放矢。最终理解立德树人的具体意旨，从而明确落实"培养什么人"这一任务。

　　立德树人表征指标是立德树人"质"的规定性。如何用一些简单的表征指标来体现立德树人的科学内涵呢？"在教育评价上突出立德树人，旨在引导教育回归根本。"中国人民大学党委书记靳诺认为，从基本内涵看，"立德树人"至少包括 4 个方面的内容，即有德行、有才学、有根基、有

　　①　《教育部等八部门关于加快构建高校思想政治工作体系的意见》，教思政〔2020〕1 号。
　　②　《习总书记勉励我们做"六有"大学生》，《中国青年报》2020 年 7 月 16 日。

格局。① 综合国内外立德树人的理论与实践，特别是新时代我国高等教育立德树人理论特征，我们认为立德树人最终的效能可用以下几个指标来衡量：固三观、立信念、明素养、促能力、担使命。

固三观。在 2018 年召开的纪念马克思诞辰 200 周年大会上，习近平总书记提出："我们要坚持和运用辩证唯物主义和历史唯物主义的世界观和方法论，坚持和运用马克思主义立场、观点、方法，坚持和运用马克思主义关于世界的物质性及其发展规律，关于人类社会发展的自然性、历史性及其相关规律，关于人的解放和自由全面发展的规律，关于认识的本质及其发展规律等原理，坚持和运用马克思主义的实践观、群众观、阶级观、发展观、矛盾观，真正把马克思主义这个看家本领学精悟透用好。"② "要坚持以社会主义核心价值观为引领，将国家、社会、个人层面的价值要求贯穿道德建设各方面，以主流价值建构道德规范、强化道德认同、指引道德实践，引导人们明大德、守公德、严私德，在全社会形成崇德向善、见贤思齐、德行天下的浓厚氛围。把社会主义核心价值观日常化、具体化、形象化、生活化，使每个人都能深刻感知和领悟，使其内化为人们的精神追求和行动自觉"。③ 党的十九届四中全会把坚持马克思主义在意识形态领域指导地位明确为根本制度，并作出一系列重大部署。这在我们党和国家的历史上是第一次，具有开创性、里程碑意义。

固三观，就是要在高校课程思政中坚守帮助学生筑牢马克思主义世界观和方法论之责、树立正确的人生观之责、坚定社会主义核心价值观之责。固三观，是大学生事业成功的前提。高校课程思政集意识形态性和学理性为一体，坚持价值引领、知识传授和能力培养相统一，必然坚持正确的政治立场。高校课程思政"要坚持不懈传播马克思主义科学理论，抓好马克思主义理论教育，为学生一生成长奠定科学的思想基础。要坚持不懈培育和弘扬社会主义核心价值观，引导广大师生做社会主义核心价值观的坚定信仰者、积极传播者、模范践行者。"④

立信念。一个人只有具有稳定持久的理想信念，才会有奋发有为的

① 参见赵婀娜、吴月：《专家解读〈深化新时代教育评价改革总体方案〉：用好教育改革的指挥棒》，《人民日报》2020 年 10 月 2 日。

② 习近平：《在纪念马克思诞辰 200 周年大会上的讲话》，北京，人民出版社 2018 年版，第 25 页。

③ 李小标：《知行合一推进新时代公民道德建设》，《人民日报》2019 年 12 月 19 日。

④ 《习近平在全国高校思想政治工作会议上强调　把思想政治工作贯穿教育教学全过程　开创我国高等教育事业发展新局面》，《人民日报》2016 年 12 月 9 日。

持久动力。"作为人心灵世界的核心，理想信念是人们在一定的认识基础上，对某种思想、理论和事业所抱的坚定不移的观念并身体力行的心理态度和精神状态。理想信念对人生历程起着导航作用，一旦确立，就可以使人的方向明确，精神振奋，百折不挠，坚定执着。"①现阶段坚定理想信念，就是要求大学生坚定"马克思主义行"的理论信仰，坚定中国特色社会主义道路自信、理论自信、制度自信和文化自信，坚定中华民族伟大复兴和中国式现代化新目标实现的信心。因此，各高校要充分利用好课程思政，开好高校思政课程，使学生从心理基础上、观念支撑上、深层笃信上形成信仰、信念、信心三位一体的理想信念教育体系，更好奠定大学生建设祖国、回报社会、振兴民族的思想基础。

明素养。素养是一个人事业发展的实力和潜力，它主要包括家国情怀、世界视野、艰苦奋斗、道德修养等内容。高校课程思政要"坚持用习近平新时代中国特色社会主义思想铸魂育人，以政治认同、家国情怀、道德修养、法治意识、文化素养为重点，以爱党、爱国、爱社会主义、爱人民、爱集体为主线，坚持爱国和爱党爱社会主义相统一，系统开展马克思主义理论教育，系统进行中国特色社会主义和中国梦教育、社会主义核心价值观教育、法治教育、劳动教育、心理健康教育、中华优秀传统文化教育"②。高校课程思政要善于挖掘自身理论体系中的有关基因和事实，以历史的角度、发展比较的角度，在课程教学中渗透相关思政要素，达到润物细无声的境界。

促能力。这里的能力既包括人之为人的普适能力，也包括特定专业的专业能力，同时包括学生系统思维、反向思维等综合能力。具备适切的能力是承担民族复兴大任的基础。在百年未有之大变局背景下，学生的综合能力是中国未来竞争的关键因素，是中华民族伟大复兴的关键因素。只有我们的教育培养出足够的能力强、素质高的人才，才能应对百年未有之大变局下的挑战。这些挑战包括人才挑战、技术挑战、价值观挑战等。教育强国的核心意蕴是人才培养质量高，人才核心竞争力强，可以应对任何"卡脖子""卡嗓子""卡脑子"挑战。唯有如此，我国教育立德树人根本任务才算得到圆满实现。

担使命。大学生的使命是什么？习近平总书记明确给出了答案："实

① 虞丽娟：《从"思政课程"走向"课程思政"》，《光明日报》2017年7月20日。
② 《关于深化新时代学校思想政治理论课改革创新的若干意见》，中办发〔2019〕47号。

现'两个一百年'奋斗目标、实现中华民族伟大复兴中国梦、为人类作出更大贡献的历史使命。"[①] 不管是以"课程"为载体，探索"知识传授与价值引领相结合"的有效途径，将思政元素融于特定课程的高校课程思政，还是对大学生进行特定理论内容教育的思政课程，二者均需要进行初心使命学习与责任担当教育，始终引导大学生坚定共产主义信仰，自觉肩负民族复兴大任，始终做国家需要、事业需要、人民需要的时代新人，不断增强使命担当。同时，中国大学生还应该具备世界情怀，树立人类命运共同体意识，立足中国大地，具有世界视野，勇于面向世界难题，提出中国方案。这是随着中国进入世界发展中心，我国大学生必须具备的一种使命与责任。

立德树人表征指标既是高校课程思政需要传递的基本内容，也是高校课程思政需要融入的核心思政元素。这些表征指标的具体内容主要来自课程知识本身的价值意蕴，也来自思想政治理论课（马克思主义哲学原理、中国特色社会主义理论、习近平新时代中国特色社会主义思想、党史、新中国史、改革开放史、社会主义发展史、形势与政策等）、马克思经典著作、党的代表大会报告、党和国家领导人讲话等。对此，高校课程思政共同体的职责是共同分析课程本身所蕴含的价值元素，并在此基础上进行精炼、提取相应的高校课程思政元素，然后共同讨论如何融入课程教学。这一过程需要专业教师、思政课教师、教育管理工作者、学生甚至家庭、社区和企业代表等的共同努力和参与。

应该指出的是，这 5 个立德树人具体的表征指标并不一定在每一节高校课程思政中均有所体现，而是要根据课程学科性质，科学传递其中一两个或者三四个指标所蕴含的价值意蕴。同时，应该明确的是"培养什么人"是由学校、社会、家庭等因素共同作用的，单一课程要做的是"守好一段渠"，做好课程学科属性所决定的价值引领。绝不能出现以一门课指代全部人才培养体系的现象。因为"培养什么人"是一个系统，而课程只是系统之中的一个元素（见表 4–1）。

二、坚持系统思维，高质量推进"怎样培养人"

在明确教育"培养什么人"之后，高校课程思政共同体同时需要明确的另一个教育的根本问题就是"怎样培养人"。在理解中国共产党教

---

①　李娟、陈金龙：《中国青年的责任和使命》，《光明日报》2019 年 5 月 7 日。

表 4-1　立德树人评价表

序号	表征指标	思政元素	主要来源
1	固三观	正确世界观、方法论	政治理论课
		社会主义核心价值观	"四史"：党史、改革开放史、社会主义发展史、新中国史
		以人民为中心思想	
2	立信念	正确的政治方向	
		马克思主义信仰	马克思主义经典文献
		社会主义、共产主义信仰	时势发展
		新时代"四个自信"	各类专业发展史
3	明素养	明大德、守公德、严私德	中外发展比较
		"五爱""四学会"	五爱：爱党、爱国、爱社会主义、爱人民、爱集体
		家国情怀、世界视野	四学会：学会自我管理，学会与他人合作，学会过集体生活，学会处理好个人与社会的关系
		法治意识、规则意识	
		劳动精神、奋斗精神	
4	促能力	专业知识	"六有"：做有理想、有追求的大学生，做有担当、有作为的大学生，做有品质、有修养的大学生；"德智体美劳"
		专业能力	
		专业素养	
5	担使命	做好"四个服务"	教育方针
		合格建设者、接班人	
		担民族复兴大任	

育"怎样培养人"的百年探索的基础上，明确高校课程思政在"怎样培养人"中的地位与作用，以及发挥作用的具体方式。

（一）中国共产党教育"怎样培养人"的百年探索

1. 第一个时期（1921—1978 年）。这一时期中国共产党在"怎样培养人"方面的体制机制安排主要包括以下 4 个方面。

第一，坚持党的领导。1939 年 10 月，在毛泽东同志为《〈共产党人〉发刊词》撰写的论述新民主主义理论一文中，特别强调："统一战线，武装斗争，党的建设，是中国共产党在中国革命中战胜敌人的三个法宝，三个主要的法宝。"[1] 在教育治理方面，同样重视党对教育的领导、对学校的领导。1937 年 8 月，党团领导下的校长负责制开创性地应用到刚刚成立的陕北公学，党团（党组）成为讨论决定学校重大问题的最高领导机构，确保办学的政治方向。1944 年 12 月 15 日，毛泽东同志在陕甘宁边区参

---

[1] 《毛泽东文集》第 3 卷，北京，人民出版社 1996 年版，第 241 页。

议会演说时指示："各地政府与党组织，均应将报纸、学校、艺术、卫生四项文教工作，放在自己的日程里面。"①

新中国成立之初，中国共产党提出我国教育工作必须由中国共产党来领导。我国高等教育工作是通过改良旧中国高等教育而建立起的中国共产党统一领导下的新式高等教育。1957 年，毛泽东同志在《关于正确处理人民内部矛盾的问题》一文中指出："思想政治工作，各个部门都要负责任。共产党应该管，青年团应该管，政府主管部门应该管，学校的校长教师更应该管。"②1958 年，毛泽东同志在视察天津大学时发表重要讲话，提出："高等学校应抓住三个东西，一是党委领导；二是群众路线；三是把教育同生产劳动结合起来。"③1961 年，教育部颁布《教育部直属高等学校暂行工作条例（草案）》，明确指出高校的统一领导由党委领导下校务委员会负责，以校长为首。

第二，对教师进行马克思主义世界观、人生观、价值观教育。教师是立德树人的关键因素和重要力量，新中国成立初期，对旧知识分子改造显得尤为重要，这成为新中国立德树人理念实施的一个关键环节。1951 年 8 月，北京大学组织政治学习运动，提高全校教师的政治理论水平，这项运动得到了毛泽东同志的首肯。1951 年 9 月 29 日，周恩来同志受党中央的委托，向京、津地区 20 多所高校教师作了《关于知识分子的改造问题》的政治报告。周恩来同志阐述了对高校教师进行思想改造学习的意义、目的及必要性，并就解决教师立场问题、态度问题、为谁服务问题、教师思想问题谈了自己的观点，参加报告的高校教师深受教育，自此中国高校开始了教师思想改造运动。高等学校教师积极响应，并积极参与学校组织的各项思想改造活动。通过系统地学习马克思主义、列宁主义、毛泽东思想、中国共产党党史、各个时期党的路线方针与政策，高校教师运用批评和自我批评方式方法进行思想改造和自我教育。由此，高校教师逐渐形成了马克思主义世界观、价值观和人生观，强化了为人民服务的思想。

第三，实施"三育人"理念。1950 年 8 月 2 日，中国教育工会第一次全国代表大会在北京召开，在与会代表的倡议下提出了教书育人、管理

① 《毛泽东文集》第 3 卷，北京，人民出版社 1996 年版，第 241 页。

② 毛泽东：《关于正确处理人民内部矛盾的问题》，《人民日报》1957 年 6 月 19 日。

③ 《毛泽东论教育》第 3 版，北京，人民教育出版社 2008 年版，第 292 页。

育人、服务育人的口号。[①]"三育人"理念第一次从育人主体上明确了高校的教师、管理人员、其他职工均具有立德树人的职责。

第四，开展思想政治教育。在高校开设思想政治理论课是思想政治教育的重要形式。早在抗日战争时期，当时抗日军政大学就倡导"七分军事，三分政治"、陕北公学倡导"七分政治，三分军事"。陕北公学在普通班（学员队）中开设了"社会科学概论""抗日民族统一战线""游击战争""民众运动"等课程。在高级研究班（高级队）中开设了"中国革命运动史"（"中国问题"）、"马列主义""辩证唯物主义"和"政治经济学"等课程。[②]

新中国成立后，毛泽东同志进一步提出坚持用无产阶级思想占领社会意识形态阵地的重要论断和"思想政治工作是一切工作的生命线"的重要命题。在 1949 年召开的全国教育工作会议上，教育部提出："对新区学校安顿以后的主要工作，是有计划、有步骤地在教师和青年学生中进行政治与思想教育，其主要目的乃是逐步地建立革命的人生观。"[③]1950 年 6 月，全国高等教育会议召开，这次会议对高校课程的具体设置作了明确规定："废除政治上的反动课程，开设新民主主义的革命的政治课程。"[④]1952 年，教育部公布《关于全国高等学校马克思列宁主义、毛泽东思想课程的指示》规定：在不同层次、学制的高校开设"辩证唯物论与历史唯物论""新民主主义论""政治经济学"3 门公共必修的政治理论课。1956 年 9 月教育部颁布了《关于高等学校政治理论课程的规定（试行方案）》，规定全国高校均需要开设"马列主义基础""中国革命史""政治经济学""辩证唯物主义和历史唯物主义"4 门政治理论必修课。

2. 第二个时期（1978—2012 年）。这一时期，中国共产党对教育"怎样培养人"的体制机制安排主要包括以下 4 个方面。

第一，完善党的领导。1980 年 12 月，中共中央组织部、教育部党组发出《关于加强高等学校领导班子建设的意见》提出："党委对学校工作的领导，主要应该是路线、方针、政策的领导，党委要着重致力于做好政治思想工作，以及党的思想建设、组织建设工作。""学校的所有行政工

---

① 参见张宁、王伟强：《改革开放以来高校"三全育人"研究综述》，《中国校外教育》2018 年第 8 期。

② 参见陈骊骊：《成仿吾与陕北公学》，《中国人民大学报》2016 年 2 月 29 日。

③ 中华人民共和国教育部办公厅：《高等教育文献法令汇编（1949—1952）》，1958 年 6 月。

④ 政务院：《关于实施高等学校课程改革的决定》，《人民日报》1950 年 8 月 3 日。

作，都应由以校（院）长为首的行政人员去处理，要使他们有职有权有责。"[1] 1985 年 5 月，党中央印发了《关于教育体制改革的决定》，明确学校要逐步实行校长负责制。并在部分高校中试行过校长负责制。经过实践证明，校长负责制在一定程度上淡化了党的领导，削弱了高校基层党组织的作用，其结果是弱化党在高校的领导，甚至在高校中出现了资产阶级自由化思潮。1998 年，新修订的《中华人民共和国高等教育法》规定，"国家举办的高等学校实行中国共产党高等学校基层委员会领导下的校长负责制"，首次以法律的形式明确了党对高校进行全面领导的制度。1999 年，党中央发布《关于加强和改进思想政治工作的若干意见》，系统阐述了思想政治工作的目标与意义，是这个时期完善党对思想政治工作领导、完善立德树人路径的重要党内法规。党对教育工作的领导、党对立德树人理念的落实有了完善、完整的党内政策与国家法律保障。

第二，明确教师教书育人责任。1994 年颁布的《中华人民共和国教师法》第三条对教师职责作了如下规定："教师是履行教育教学职责的专业人员，承担教书育人，培养社会主义事业建设者和接班人、提高民族素质的使命。"[2] 2004 年，党中央、国务院《关于进一步加强和改进大学生思想政治教育的意见》发布，明确了课程的思政功能和教师的教书育人之责："高等学校各门课程都具有育人功能，所有教师都负有育人职责。……要深入发掘各类课程的思想政治教育资源，在传授专业知识过程中加强思想政治教育，使学生在学习科学文化知识过程中，自觉加强思想道德修养，提高政治觉悟。"[3] 这个文件明确了所有教师都应该履行教书育人职责，可以说是"课程思政"理念的最早的政策文本。

第三，强化思想政治教育专业建设。思想政治教育科学化、学科化、制度化是做好思想政治工作的保障。20 世纪 80 年代初，开始了"思想政治教育是一门科学"的大讨论，形成了中国高校思想政治教育专业化、学科化的发展建设路径。教育部 1984 年颁发的《关于在十二所院校设置思想政治教育专业的意见》，标志着"思想政治工作是一门科学"的立场得到统一，也标志着思想政治教育学科和思想政治教育专业的诞生。1990 年，思想政治教育学科正式设立硕士点。1996 年设置了马克思主义理论

---

① 教育部：《关于加强高等学校领导班子建设的意见》，1980 年。

② 《中华人民共和国教师法》，《中华人民共和国最高人民法院公报》1993 年第 4 期。

③ 中共中央、国务院：《关于进一步加强和改进大学生思想政治教育的意见》，《人民日报》2004 年 10 月 15 日。

与思想政治教育博士点，高校思想政治教育学科建设得到进一步加强。

"科学厘定新时代思想政治教育的历史方位和阶段性特征。着眼社会历史的发展变化，审视把握思想政治教育规律，是思想政治教育科学化发展的基本经验。"[①]思想政治教育专业化、学科化，为高校思想政治教育工作提供了理论支撑，也为立德树人理念的发展提供了理论支撑。

第四，优化思想政治理论课体系。这一时期，高校思想政治教育理论课程设置上相继推出本科教学的"98方案"和"05方案"，研究生教学的"10方案"，对高校这一时期思想政治理论课教材的编写、使用、管理、出版等事项作出具体规定，思想政治理论课的课程体系、教材体系、教学方法得到优化。教育立德树人的路径在思想政治课程之外也得到不断拓展。爱国主义教育、法治教育、道德教育、校园文化教育、网络思想政治教育、创新创业教育、心理健康教育、艺术教育、传统文化教育等成为完成教育立德树人根本任务的教育领域。

3. 第三个时期（2012年至今）。新时代，中国共产党对"怎样培养人"的体制机制安排主要包括以下5个方面。

第一，坚持党对教育事业的全面领导。2018年9月，习近平总书记针对我国教育改革发展面临的问题，在全国教育大会上提出了教育工作要做到"九个坚持"的重要论述。即坚持党对教育事业的全面领导、坚持把立德树人作为根本任务、坚持优先发展教育事业、坚持社会主义办学方向、坚持扎根中国大地办教育、坚持以人民为中心发展教育、坚持深化教育改革创新、坚持把服务中华民族伟大复兴作为教育的重要使命、坚持把教师队伍建设作为基础条件。"九个坚持"的提出深化了我国对教育高质量发展的规律性认识。具体到高校，就是要彻底地落实党委领导下的校长负责制，这是办好高等教育的根本保证。目前，高校党委完全履行了把方向、管大局、作决策、抓班子、带队伍、保落实的领导之责。建立健全高校内党的基层组织，则是加强党对高校全面领导的关键。进入新时代以来，高校建立健全了二级学院党政联席会议制度，建立健全了教研室（系）"双带头人"制度（教研室主任或系主任，既是学术带头人，也是党建带头人），为党对高校全面领导打下了深厚组织基础。

第二，明确了高校立德树人的十大育人体系。明确了高校立德树人的基本路径，做到"三全育人"，即全员育人、全程育人、全方位育人，要

---

① 杨晓慧：《中国70年思想政治教育科学化发展》，《社会科学战线》2019年第10期。

让立德树人内化到高校工作的方方面面；构建课程、科研、实践、文化、网络、心理、管理、服务、资助、组织"十大育人体系"，让高校的每一项活动都成为立德树人的阵地；要下足坚定理想信念、厚植爱国主义情怀、加强品德修养、增长知识见识、培养奋斗精神、增强综合素质"六个方面功夫"，让高校的立德树人方向更清、用力更准。

"三全育人"是全方位、全时空、全体职工共同育人。"十大育人体系"是充分发挥育人功能，挖掘育人要素，完善育人机制，优化评价激励，强化实施保障的具体路径、方式和抓手。"六个方面功夫"则是提升立德树人效能的具体着力点。

第三，完善好老师标准。"强国必先强教，强教必先强师。"习近平总书记十分重视教师队伍建设。2018 年 5 月，在北京大学师生座谈会上，习近平总书记提出"建设高素质教师队伍"是抓好教育的三项基础性工作之一。高校要培养德智体美劳全面发展的时代新人，培养堪当民族复兴大任的建设者和接班人，必须坚持教育者先受教育，让政治合格、能力突出、水平高超的教师更好地成为学生成长路上的指引者。要把师德师风作为评价教师素质的首要标准，引导教师将育人化人和师德修养相结合，真正做到寓德于教。2019 年 3 月 18 日，学校思想政治理论课教师座谈会隆重召开。习近平总书记在会上强调，教师是办好思想政治理论课的关键所在，教师的积极性、主动性、创造性直接关乎思想政治理论课效果。习近平总书记指出："要加强师德师风建设，坚持教书与育人相统一，坚持言传和身教相统一，坚持潜心问道和关注社会相统一，坚持学术自由和学术规范相统一，引导广大教师以德立身、以德立学、以德施教。"[①]并明确提出"四有好老师"标准，提出了政治要强、情怀要深、思维要新、视野要广、自律要严、人格要正的"六要思政课老师"要求。

2019 年 12 月 16 日，教育部等 7 部门发布《关于加强和改进新时代师德师风建设的意见》，强调："把立德树人的成效作为检验学校一切工作的根本标准，把师德师风作为评价教师队伍素质的第一标准。"[②]2015 年修订后的《中华人民共和国教育法》第六条增加一款，"教育应当立德树人"。从政策到法律，教育"立德树人"的根本任务地位最终确立。

---

①《习近平在全国高校思想政治工作会议上强调 把思想政治工作贯穿教育教学全过程 开创我国高等教育事业发展新局面》，《人民日报》2016 年 12 月 9 日。

②《教育部等七部门印发〈关于加强和改进新时代师德师风建设的意见〉的通知》，教师〔2019〕10 号。

第四，提出立德树人的六大着力点。一方面，把立德树人内化到大学建设和管理的各领域、各方面、各环节。2018 年 5 月 2 日，习近平总书记在北京大学师生座谈会上指出："要把立德树人的成效作为检验学校一切工作的根本标准，真正做到以文化人、以德育人，不断提高学生思想水平、政治觉悟、道德品质、文化素养，做到明大德、守公德、严私德。要把立德树人内化到大学建设和管理各领域、各方面、各环节，做到以树人为核心，以立德为根本。"①

另一方面，强调立德树人要在 6 个方面下功夫。"要在坚定理想信念上下功夫；……要在厚植爱国主义情怀上下功夫；……要在加强品德修养上下功夫；……要在增长知识见识上下功夫；……要在培养奋斗精神上下功夫；……要在增强综合素质上下功夫"②。习近平总书记关于教育立德树人的论述丰富了中国共产党立德树人教育理论，揭示了教育的本质，明确了人才培养目标。

第五，思想政治工作是学校各项工作的生命线。新时代新阶段，习近平总书记明确了新时代高等教育"四个服务"的新定位，完成了高校思想政治工作"全员全程全方位立德树人"的新部署，确立了"围绕学生、关照学生、服务学生"的新导向，提出了"四个正确认识"的新任务，倡导了"遵循思政工作规律、教书育人规律、学生成长规律"的新要求。③

习近平总书记强调："思想政治工作是学校各项工作的生命线。"④在全国高校思想政治工作会议上，习近平总书记指出："高校思想政治工作关系高校培养什么样的人、如何培养人以及为谁培养人这个根本问题。要坚持把立德树人作为中心环节，把思想政治工作贯穿教育教学全过程，实现全员育人、全程育人、全方位育人，努力开创我国高等教育事业发展新局面。"⑤

高校做好思想政治工作，必须搞好思政课程建设。思政课程是立德树人的关键课程。"政治引导是思政课的基本功能。强调思政课的政治引导

---

① 习近平：《在北京大学师生座谈会上的讲话》，《人民日报》2018 年 5 月 3 日。
② 习近平：《坚持中国特色社会主义教育发展道路　培养德智体美劳全面发展的社会主义建设者和接班人》，《人民日报》2018 年 10 月 11 日。
③ 杨晓慧：《中国 70 年思想政治教育科学化发展》，《社会科学战线》2019 年第 10 期。
④ 习近平：《坚持中国特色社会主义教育发展道路　培养德智体美劳全面发展的社会主义建设者和接班人》，《人民日报》2018 年 10 月 11 日。
⑤ 《习近平在全国高校思想政治工作会议上强调　把思想政治工作贯穿教育教学全过程　开创我国高等教育事业发展新局面》，《人民日报》2016 年 12 月 9 日。

功能，并不是要把课讲成简单的政治宣传，而要以透彻的学理分析回应学生，以彻底的思想理论说服学生，用真理的强大力量引导学生。"① "思想政治理论课要坚持在改进中加强，提升思想政治教育亲和力和针对性，满足学生成长发展需求和期待。"②

高校做好思想政治工作，同时必须搞好高校课程思政建设。"要用好课堂教学这个主渠道，思想政治理论课要坚持在改进中加强"，"其他各门课都要守好一段渠、种好责任田"。③

综合而言，从中国共产党对教育"怎样培养人"的探索，可以看出，"怎样培养人"是一个政治问题，也是一个教育问题。"怎样培养人"需要坚持系统思维，综合发力。"怎样培养人"需要各个主体、各类教育、各个工程在立德树人上同向同行，产生协同效应。作为主阵地的高校课程思政，需要积极与系统内其他元素良性互动，同频共振，实现高校课程思政立德树人效能最大化。

（二）坚持系统思维，高质量推进课程思政与其他元素的同频共振

通过中国共产党关于教育"怎样培养人"的体制机制安排，我们可以明确的一个概念就是高校课程思政是中国共产党关于教育"怎样培养人"体制机制中的一个重要组成部分。高校课程思政的高质量发展，需要全面理解高校课程思政共同体的科学内涵，把高校课程思政融入中国共产党教育"怎样培养人"的大系统中，把高校课程思政作为教育"怎样培养人"一个重要元素，促进高校课程思政与其他育人元素的同频共振，进而产生协同效应。要充分利用高校课程思政共同体机制，设计出高校课程思政与其他育人元素共商共建、良性互动、合作共赢的机制与制度。

1. 在"三类教育"中推进高校课程思政高质量发展。1994 年，党中央在《关于进一步加强和改进学校德育工作的若干意见》中强调要把学校教育、家庭教育、社会教育密切结合起来，把德育落实在教学、管理、后勤服务的各个环节上。2020 年，党中央在《关于制定国民经济和社会发展第十四个五年规划和二〇三五年远景目标的建议》中特别强调："推动理想信念教育常态化制度化，加强党史、新中国史、改革开放史、社会主

---

① 习近平：《思政课是落实立德树人根本任务的关键课程》，《求是》2020 年第 17 期。

② 《习近平在全国高校思想政治工作会议上强调　把思想政治工作贯穿教育教学全过程　开创我国高等教育事业发展新局面》，《人民日报》2016 年 12 月 9 日。

③ 《习近平在全国高校思想政治工作会议上强调　把思想政治工作贯穿教育教学全过程　开创我国高等教育事业发展新局面》，《人民日报》2016 年 12 月 9 日。

义发展史教育，加强爱国主义、集体主义、社会主义教育，弘扬党和人民在各个历史时期奋斗中形成的伟大精神，推进公民道德建设，实施文明创建工程，拓展新时代文明实践中心建设"。[①]并特别提出"加强家庭、家教、家风建设"。把学校教育与家庭教育、社会教育相结合，是今后落实教育立德树人理念的一个重要着力点。

"三育人"讲的是学校内部育人主体要做到教书育人、管理育人、服务育人。"三类教育"则是把立德树人放在更大的社会系统中去实践，主张学校教育、家庭教育和社会教育的紧密配合，进一步充实了立德树人理论与实践。

在立德树人目标达成的高校课程思政共同体模式中，需要把"三类教育"进行充分的融合，找到"三类教育"在高校课程思政共同体模式中相融合的方式。其中最为主要的就是明确各自的分工和完成教育立德树人的具体任务，同时在高校课程思政共同体中尽量吸纳"三类教育"的主体。这样，在高校课程思政共同体的范式内，在高校课程思政共同体相应的平台上进行人员交流、资源融合、机制相通。

2. 在"三全育人"中推进高校课程思政高质量发展。"三育人"始于1950 年召开的中国教育工会第一次全国代表大会。在此会议上，与会代表提出了教书育人、管理育人、服务育人的口号。[②]"三育人"理念从育人主体上明确了高校的教师、管理人员、其他职工均具有立德树人的职责。而后，随着时间的推移，中国共产党教育立德树人理论实现路径越来越丰富、完善。2004 年至今，"三全育人"逐渐替代"三育人"。2004 年，党中央、国务院《关于进一步加强和改进大学生思想政治教育的意见》提出了进一步加强和改进大学生思想政治教育的指导思想、基本原则、主要任务和有效途径。[③]在它的指引下，各高校思政教师开始了"三全育人"的研究热潮。2005 年，胡锦涛同志在全国加强和改进大学生思想政治教育工作会议上强调："各高校要努力形成党委统一领导，党政群团齐抓共管，全体教职员工全员育人、全方位育人、全过程育人的工作机制。"[④]这

① 《中共中央关于制定国民经济和社会发展第十四个五年规划和二〇三五年远景目标的建议》，《人民日报》2020 年 11 月 4 日。

② 张宁、王伟强：《改革开放以来高校"三全育人"研究综述》，《中国校外教育》2018 年第 8 期。

③ 参见《中共中央国务院关于进一步加强和改进大学生思想政治教育的意见》，中发〔2004〕16 号。

④ 中共中央文献研究室：《十六大以来重要文献选编》(中)，北京，人民出版社 2006 年版，第 645 页。

是党中央第一次在全国思想政治教育工作会议上明确提出"三全育人"的口号，尽管该理念已在高校发展多年。

在立德树人目标达成的高校课程思政共同体模式中，要充分发挥高校课程思政共同体优势，切实完善"三全育人"的机制。要通过高校课程思政共同体这一模式，实现全员育人、全方位育人、全过程育人的统一。这方面的统一，主要包括育人内容上的同向同行，产生协同效应；把立德树人表征指标在"三全育人"中进行科学化分工与表述，实现育人目标上的统一；同时，通过高校课程思政共同体这一模式，实现"三全育人"在进程上的统一。总之，高校课程思政不是一个独立的立德树人根本任务完成体系，它与其他体系是相融合的，是同向同行的。

3. 在"十育人"中推进高校课程思政高质量发展。2017 年 12 月，教育部发布了《高校思想政治工作质量提升工程实施纲要》，这个纲要明确：高校思想政治工作的基本任务是发挥课程、科研、实践、文化、网络、心理、管理、服务、资助、组织等方面的育人功能，充分挖掘育人要素，完善育人机制，优化评价激励，强化实施保障，切实构建"十大"育人体系。自此以后，"三全育人"综合改革试点逐步展开。2018 年 9 月，教育部公布了首批"三全育人"试点单位遴选结果；2019 年 1 月，教育部公布了第二批"三全育人"试点单位遴选结果。

"三全育人"科学厘定了教育立德树人的时空观念、育人主体，厘定了全员育人、全方位育人、全过程育人的基本脉络，勾画了培养什么人、怎样培养人、为谁培养人的路线图。而"十育人"则是"三全育人"具体路径的明确与着力领域，重在时空的每一节点、每一个项目都体现教育立德树人这一根本任务。

在教育立德树人目标达成的高校课程思政共同体模式中，课程是"十大"育人体系的重要组成部分，与其他九大育人体系是同向同行、协同发力的。高校课程思政共同体模式要充分利用和发挥"十大"育人体系的协同育人功能，要注重在高校课程思政共同体范式中，建立课程立德树人工作体系与其他工作体系的联系互动机制，注重把其他工作体系的成果引入到高校课程思政中来，从而实现高校课程思政立德树人效能的最大化。

4. 在"共同体系统"中推进高校课程思政高质量发展。高校课程思政共同体是一个系统，它包括多个层次的共同体，也包括多个内容的共同体，它们共同组成高校课程思政共同体这一大的系统。实现高校课程思政共同体立德树人效能目标最大化，必须坚持系统思维。一是要注重高校课程思政共同体运行的环境。高校课程思政作为立德树人工作的重要系统之一，它一定包括环境要素，这是系统存在的土壤，是系统与外部进行物质、信息、能量交换的前提。这个环境包括立德树人的校园软硬环境、线上线下环境，也包括立德树人的社会环境、家庭环境等。二是要注重高校课程思政共同体运行的技术。技术包括高校课程思政完成立德树人任务所需要依托的技术手段、方式方法等，它既包括现代教育技术在教育中的应用，也包括智能时代人工智能、大数据、区块链等技术在教育中的运用，还包括教育教学方式方法的更新等。三是要注重高校课程思政共同体的内容供给。这里的内容供给是一个融合的立德树人内容供给，它包含了"三类教育"立德树人内容的融合、"十育人"立德树人内容的融合等。四是要特别重视高校课程思政共同体中学生功能的发挥。学生是高校课程思政完成立德树人任务的客体，也是立德树人工作推进系统中的重要参与者，必须调动学生参与的积极性。五是要特别重视高校课程思政共同体平台机制建设，各类育人主体、各类育人资源、各类育人技术与方法，都应该在高校课程思政共同体平台中自由互动、融合。

三、坚持教育初心，高质量实现教育"为谁培养人"之目标

教育的"三个根本问题"最终着力点在教育"为谁培养人"方面，高校课程思政最终的任务、目标也要落实到教育立德树人根本任务上来。"为谁培养人"既是高校课程思政的终极任务和目标，也是高校课程思政的过程性终极任务和目标。在高校课程思政共同体模式下，高校课程思政高质量实现"为谁培养人"的目标，必须做到理解党和国家对"为谁培养人"的内在规定性，同时要从学校定位视角、从学科定位方面，开展有针对性的"为谁培养人"价值引领。

（一）在明确教育定位中，高质量实现教育"为谁培养人"之目标

中国共产党高度重视对教育"为谁培养人"这一根本问题的研究与探索。在革命和建设时期，教育"为谁培养人"的定位是"双为"，即为人民服务，为无产阶级政治服务。立德树人在教育中的定位是培养"德育、智育、体育几方面都得到发展，成为有社会主义觉悟的有文化的劳动者"。[①] 在改革开放和社会主义现代化建设新时期，教育"为谁培养人"

---

① 《庆祝中华人民共和国成立 70 周年专论　新时代教育工作的根本方针》，《福建教育研究》2019 年第 5 期。

主要定位如下："教育必须为社会主义建设服务，社会主义建设必须依靠教育。"①"坚持教育为社会主义现代化建设服务，为人民服务。"②党的十七大报告进一步明确了立德树人的定位："坚持育人为本、德育为先，实施素质教育，提高教育现代化水平，培养德智体美全面发展的社会主义建设者和接班人，办好人民满意的教育。"③

在新时代，从 2012 年至今，中国共产党对教育、立德树人定位进一步完善与升华。党的十八大报告明确指出："教育是民族振兴和社会进步的基石。要坚持教育优先发展，全面贯彻党的教育方针，坚持教育为社会主义现代化建设服务、为人民服务，把立德树人作为教育的根本任务，培养德智体美全面发展的社会主义建设者和接班人。"④首次在党的工作报告中将"立德树人"确立为教育的根本任务，也是党中央为实现中华民族伟大复兴而作出的战略决策。

2015 年修订的《中华人民共和国教育法》第六条规定："教育应当坚持立德树人，对受教育者加强社会主义核心价值观教育，增强受教育者的社会责任感、创新精神和实践能力。"⑤2015 年修订的《中华人民共和国高等教育法》第四条规定："高等教育必须贯彻国家的教育方针。"⑥

2018 年 9 月，在全国教育大会上，习近平总书记提出了教育发展中的"九个坚持"，形成了习近平总书记关于教育的重要论述。"九个坚持"中的第二个坚持即是："坚持把立德树人作为根本任务。""教育事关国家发展、事关民族未来；没有哪一项事业像教育事业这样影响甚至决定着接班人问题，影响甚至决定着国家长治久安，影响甚至决定着民族复兴和国家崛起。从这个意义上说，教育是国之大计、党之大计。""培养什么人，是教育的首要问题。"⑦

2021 年 4 月 30 日实施的新修订的《中华人民共和国教育法》规定："教育必须为社会主义现代化建设服务、为人民服务，必须与生产劳动和社

---

① 《中共中央关于教育体制改革的决定》，中华人民共和国国务院公报，1985 年，第 467~477 页。
② 本报评论员：《坚持"两个服务"推动教育发展》，《中国教育报》2012 年 11 月 23 日。
③ 胡锦涛：《高举中国特色社会主义伟大旗帜　为夺取全面建设小康社会新胜利而奋斗》，《人民日报》2007 年 10 月 25 日。
④ 胡锦涛：《坚定不移沿着中国特色社会主义道路前进　为全面建成小康社会而奋斗——在中国共产党第十八次全国代表大会上的报告》，北京，人民出版社 2012 年版，第 35 页。
⑤ 《中华人民共和国教育法》，《人民日报》2016 年 2 月 23 日。
⑥ 《中华人民共和国高等教育法》，《人民日报》2016 年 3 月 30 日。
⑦ 《习近平总书记教育重要论述讲义》，北京，高等教育出版社 2020 年版，第 78 页。

会实践相结合，培养德智体美劳全面发展的社会主义建设者和接班人。"①

高校课程思政必须理解教育在整个国家中的定位，明确教育是国之大者，是影响国家长治久安的国之大计、党之大计。在对教育定位深深理解的基础上，高质量推进高校课程思政建设，为党育人、为国育才，培养堪当民族复兴重任的时代新人。高校课程思政共同体模式需要利用高校课程思政共同体平台、资源，促进每位教师对教育功能的理解，每位教师在对教育定位的理解中，形成为党育人、为国育才的责任心和使命感。

（二）在明确高校功能定位中，高质量实现教育"为谁培养人"之目标

在明确为党育人、为国育才的大前提下，对高校课程思政影响较大的因素就是高校功能定位了。高校功能定位直接决定教育三大根本问题——"培养什么人""怎样培养人""为谁培养人"在各个高校立德树人实践中的内涵。在中国高校中，功能定位可以简单地分为两大类：一是基础研究型，以"双一流"大学为主；二是技术应用型，以广大地方高校、行业型高校为主。高校功能定位的类型不同，直接决定"为谁培养人"的目标构成。高校课程思政共同体要利用共同体机制，选择合适类型的高校课程思政元素，并作分类索引，这样广大教师可以更加精准地引入与"为谁培养人"相关的思政元素。比如，河南工业大学是一所具有粮食行业背景的高校，其功能定位主要服务于全国粮食行业。高校功能定位这一特征决定了该校课程思政最好选择与粮食行业相关的思政元素，这些思政元素与学生的未来有关，学生对这些思政元素有天然的亲近感。与学生未来相关的思政元素最容易引起学生的共鸣，课程本身蕴含的价值观也易于为学生接受，从而实现高校课程思政的高质量发展。

（三）在明确学科定位中，高质量实现教育"为谁培养人"之目标

在明确为党育人、为国育才的大背景下，明确了为行业培养人、为某一区域和领域培养人的功能定位后，高校课程思政服务于"为谁培养人"的目标就愈加清晰与明确。在以上两个明确的前提下，明确学科定位，对高校课程思政高质量发展也十分重要。可以说，每一个学科门类，每一门课程，都是高校立德树人系统中的一个元素。学科性质、课程性质决定着课程属性，一个专业所有课程属性，决定着人才培养的规格，这个人才规格直接与具体的行业、企业相连，是"为谁培养人"的归结点。

高校课程思政共同体要善于在共同体的机制内，吸纳与学生最终就业

---

① 《中华人民共和国教育法》（2021 年修订版），2021 年 4 月 30 日。

相连的利益相关者主体参与课程思政设计，同时，在资源建设中，要紧密联系"为谁培养人"的目标诉求，积极引入与学科密切相关的思政元素。对此，教育部发布的《高校课程思政建设指导纲要》细分了7个学科门类：文学、历史学、哲学类专业；经济学、管理学、法学类专业；教育学类专业；农学类专业；理学、工学类专业；医学类专业；艺术学类专业，并对每个学科门类的具体思政元素、价值内涵作了指南性说明。具体到各门具体课程，可以作进一步的细分。这样的细分有利于引入与学科和学生更为紧密的思政元素，从而提升高校课程思政的价值引领功能，最终高质量实现"为谁培养人"目标。

总之，在立德树人目标达成的高校课程思政共同体模式中，"为谁培养人"是一个谱系。既包括顶层的为党育人、为国育人根本要求，也包括为各行各业培养他们需要的具有高度责任感和专业能力的人才。高校课程思政共同体创造了这样一种平台，一种资源共享的机制，让每门课程的教师都能在这个平台上找到自己需要的资源，找到自己高质量从事课程思政的合作伙伴，从而有效提升高校课程思政的精准性。

第五章　高校课程思政共同体之课程生产

共同体是人们对美好生活的向往，是一种世界观；共同体是人们应对外部挑战的一种模式，也是一种方法论；共同体是人们相信集体力量大的信念，同时是一种价值观。共同体是人们进行各类活动的一种有效载体。高校课程思政之"课程生产"是一项复杂的系统工程，包括课程目标选择确定、课程内容设计、课程资源积聚、思政元素选择、课程设计原理选择等环节。高校课程思政是融入思政元素的专业课程，高校课程思政的生产需要更多主体参与，也需要更多学科理论支撑。高校课程思政生产既包含一般"课程生产"的特征及生产过程，也有其独特的"课程思政生产"之道。高校课程思政共同体是一种有效的高校课程思政生产模式。

第一节　课程与经典课程理论

一、课程

美国教育学者博比特于 1918 年出版了《课程》一书，随后查特斯在 1923 年出版了《课程编制》，这些成果标志着课程研究成为独立的研究领域。

（一）"课程"典型定义

有人曾经归纳总结出 100 多个关于课程的定义，但实实在在把各种课程定义加以归类，则这些定义主要在知识、学生、社会 3 个维度上进行，每个维度有两个代表性课程定义，总计可以归结为以下 3 个维度下 6 种典型课程定义。

1.在知识维度上。第一，从静态的知识维度定义课程，代表性定义为：课程作为学科知识。这种定义包含着这样的课程初衷，即学校开设的课程是从相应的学科积累中挑选，并以学习者的认知水平为标准加以编排。基于静态的知识维度上的课程一般是指课程内容、课程标准、课程计划、课程要求、课程教科书等看得见、摸得着的客观、实在的物质存在物。把课程作为学科知识是一种较传统的观点。在《中国大百科全书》中，"课程是指所有学科的总和，或学生在教师指导下各种活动的总和。这通常被称为广义的课程；狭义的课程，则是指一门学科或者是一个活动。"① 费尼克斯提出："一切的课程内容应当从学术中引申出来。或者唯有学术中所包含的知识才是课程适当的内容。"② 在费尼克斯看来，课程呈现出金字塔的形状，金字塔的最高层就是学者的知识，学者的知识是科学探究的知识，是具有探究性、创造性的；教师则居于金字塔的中间，教师所要做的就是把学者所研究出来的学科知识传授给学生，跟学者相比，教师所理解的知识就是更客观的、有标准答案的、标准化的知识；学生所处的位置是金字塔的最底端，学生所要做的实际上就是接受教师传授给他的知识。

第二，从动态的知识维度界定课程，则把课程视为一种有计划的教学活动安排。动态知识维度上的课程强调以学生为课程生产的主体，强调课程生产对学生的学习兴趣、学习能力、学习经验和学习需求等方面的把握与利用。把课程理解为一种有计划的教学活动还强调活动的整体性，强调活动是人心理发展的基础，人只有在活动中才能够获得全面的发展。把课程作为有计划的教学活动，这种观点的倡导者是活动教育学代表人物皮亚杰、列昂节夫和加里倍林。

2. 在学生维度上。第一，典型定义是把课程作为预期的学习结果。这个课程定义把课程的重点由活动转向学生，由手段转向目标，注重课程预期的学习成果。行为主义心理学家华生曾经说过一段很有意思的话："如果给我一打健康而又没有缺陷的婴儿，把他们放在我所设计的特殊环境里培养，那么我可以担保，我能够把他们中间的任何一个人训练成我所选择的任何一类专家——医生、律师、艺术家、商界首领，甚至是乞丐或窃贼，而无论他的才能、爱好、倾向、能力，或他祖先的职业和种族是什么。"③ 在现实中，课程是不是预期的呢？不一定！这就出现了学生维度定义课程的第二个典型定义。

---

① 中国大百科全书总编辑委员会《教育》编辑委员会、中国大百科全书出版社编辑部：《中国大百科全书·教育》，北京，中国大百科全书出版社1985年版，第207页。

② 钟启泉：《现代课程论》，上海，上海教育出版社1989年版，第115页。

③ ［美］约翰·华生：《行为主义》，芝加哥，芝加哥大学出版社1930年版，第82页。

第二，将课程作为学习者的体验或经验。课程就是学生本身获得的某种性质或形态的经验，持有这种观点的人主要是美国教育家杜威。与知识和活动不同，经验或者体验实际上是学生主体与外在的学科知识在互动的过程中产生的一种东西，所以它有主客互动的结果和意味。如果把课程理解为学习者的一种体验和经验就意味着，我们的课程设计应该从学生的角度出发，注重课程的个性化，注重课程人性化设计和生产，强调学生作为学习主体的角色。学生在学习过程中，每一个学生在面对同一个课程内容的时候，他们因为自己先前的知识基础和个人经验不一样，所以对于这些知识的理解也会有自己独特的体验。

3. 在社会维度上。第一，典型定义之一是：课程作为社会文化的再生产。这个定义强调教育目标是使个体社会化，课程应该把传统社会中优秀的文化照原样的形式传递给下一代的人，从而让社会的文化不断传承下去，实现社会文化的持续再生产。为此，政府教育部门来规定国家课程内容，学校和教师的职责是把课程知识通过科学的方式传递给学生，并让学生内化这些知识。这个定义过分强调了社会对个体的作用，忽视了个体对社会的反作用。于是，在社会维度上，就出现了第二种课程典型定义。

第二，将课程作为社会改造的过程。这个定义的基本预设是社会都存在很多不合理的制度或问题，学校课程应该帮助学生建立一种批判性思维，学生不是被动地去接受社会文化，而是要具有批判思维，去发现社会问题，去解决这些问题，最后去推动我们整个社会的发展。

（二）古德莱德的课程定义

以上 3 个维度、6 种典型课程定义，分别从内容、活动、目标等层面对课程进行了界定。对课程形式的权威界定当属美国学者古德莱德对课程的界定。他认为在现实中存在着 5 种不同类型、不同形式的课程。[①]

1. 理想的课程。理想的课程一般是由学者、课程专家一起来探讨研究，是一种学术上理想状态的课程。这种课程，在理论上代表着最优化，需要逐步转换为现实中的课程。

2. 正式的课程。这类课程是由政府教育部门制定的官方课程计划、课程大纲、课程内容、课程文件、课程标准以及教科书等，是具有法定效力的课程。正式的课程是政府教育部门根据理想的课程而改良出的正式课程

---

① GOODLAD JI.Curriculuminquiry:*The Study of Curriculum Practice*. New York:McGraw–Hill Book Company, 1979, pp.5–16.

文件，这类课程保留了理想课程中有价值的、可操作的内容，同时让课程内容更符合社会期望。

3. 领悟的课程。领悟的课程就是落实到学校层面、教师层面的课程。当教育行政部门发布了正式的课程、开启一项新的课程改革的时候，学校的校长和教师就必须去学习和理解这些正式的课程政策文件和课程内容，通过参与培训和自主学习，校长和教师会对新课程有自己的领悟和理解，领悟课程就是将正式课程转化为校长和教师理解的课程形态。

4. 运作的课程。运作的课程就是教师根据自己对课程的理解和领悟，在课堂教学实施与运作中的课程。不管政府的课程改革多么宏大，课程政策制定得多么好，课程改革最终能否获得成功，主要取决于教师的教学活动，取决于教师能否有效落实正式课程。

5. 经验的课程。经验的课程就是注重以学生为主体的课程。教师教、学生学，在课堂中学生实际获得的知识是经验的课程，这种课程体现着学生的体验和经验，可能教师讲的内容是一回事，学生学到什么则是另外一回事。

（三）课程内涵的发展趋势

课程内涵随着课程理论的发展与课程实践的实施而不断丰富完善，集中表现在："从强调学科内容到强调学习者的经验和体验；从强调目标、计划到强调过程本身的价值；从强调教材这一单因素到强调教师、学生、教材、环境四因素的整合；从强调显性课程到强调显性课程与隐性课程的并重；从强调实际课程到强调实际课程与虚无课程的并重；从强调学校课程到强调学校课程与校外课程的整合。"[1] 这 6 个方面的趋势变化，实际上是对课程内涵的深化与融合。可以看出，每一种变化都是课程认识维度上的变化，如由学科知识维度向学生维度转移。同时，课程内容的变化，也是对课程规律认识的深化，如课程影响的不只是教材，也包括教师、学生、环境，甚至还包括教育技术。同时课程内涵的变化，也体现着育人的复杂性。当前除学校正式课程影响育人质量和育人效果之外，社会课程、校外课程、实践课程、隐性课程等显性或隐性存在的各类课程同样影响正式课程育人质量与效果。

除了以上方面的变化，还要看到另一种因为现代信息技术、互联网技术、人工智能和大数据技术所带来的课程内涵的变化。我们可以把它归结

---

① 钟启泉、张华：《课程与教学论》，沈阳，辽宁大学出版社 2007 年版，第 57 页。

为：从强调标准化的学校课程到私人定制的现代课程的转变；从单一学科内容向"人工智能 + 课程"的转变。

在未来社会，正式的学校课程还会在形式和内涵上发生巨大转变。须知，人类文明的发展速度越来越快，在未来社会中其不确定性逐渐增加：石器时代，人类一共走过了 2 万年；铁器时代，人类走过了 2000 年；机器时代，人类走过了 200 年；网络时代，人类只走过短短的 20 年；在未来的几年中，社会将进入以第四次工业革命为代表的智能时代，课程内涵也会随之而变化。

第一，未来课程将出现颠覆学生想象的"宏大课程"。课程生产的主体将由课程工作者、教育工作者转变为各方面主体共同参与的综合体，这个综合体甚至会包括电影、电视导演、剧场设计者、演员等。以全国学生同上一堂课为代表的"宏大课程"将越来越多，从这些宏大课程生产中，可以发现课程内涵、课程形式、课程生产方式、课程生产主体等均在发生丰富的变化。

第二，未来课程是一种基于大数据、人工智能的个性化课程。以教育公平、教育质量为代表的教育宏大理念和宏大理论，将彻底改变课程生产、教学的形式。从大城市到遥远的山村，均可以在全国在线优质课程平台上找到自己想学的课程。而大数据、人工智能将为其提供技术支撑。可以预见，将来的课程决定因素，不是某一教师，也不是某一学校，而是全国优秀教师、学生、环境、教材、教育技术的整合体。私人定制式的课程将不再是梦想，学生在课程中的主体性功能实现也不再是梦想。

课程内涵新变化，预示着课程生产将迎来重大变化。对此，我们一方面要认真对待，另一方面也要积极为此做好准备。

二、经典课程理论

经典课程理论是在课程理论的演进过程中，产生的影响巨大、至今依然有其科学内涵的课程理论。

（一）夸美纽斯及其课程理论

捷克教育专家夸美纽斯最早提出了相对系统的课程理论，集中反映在其著作《大教学论》和《泛智学校》中。在《大教学论》中，课程内容包括学问、德行和虔信等内核。在《泛智学校》中，他提出 3 种课程类型：一是主要课程，包括语言、哲学和神学等课程；二是次要课程，是主要课程的辅助性课程，主要包括历史课程和各种练习课程；三是其他课程，主要指各种游戏、娱乐和戏剧表演等课程。

（二）赫尔巴特及其课程理论

德国教育学家、心理学家赫尔巴特撰写的《普通教育学》，标志着科学教育学的诞生。他以实践哲学和表象心理学为基础，并以"兴趣"为依据提出了他的课程理论。赫尔巴特把兴趣划分为 5 种类别：一是经验的兴趣。经验的兴趣就是一个人要学会观察和认识外部的客观世界，这涉及的主要是科学学科，比如物理、化学、地理。二是思辨的兴趣。思辨的兴趣涉及我们要思考事物的内在的逻辑，比如数学、逻辑学、文法学。三是同情的兴趣。同情的兴趣是要培养人的人际交往的能力、语言表达的能力，这就包括本国语、外语。四是社会的兴趣。社会的兴趣就是一个人不仅要了解个体，同时他还要通过个体了解社会，它对应的学科就是历史、政治和法律。五是宗教的兴趣。宗教的兴趣就是要求人来信奉上帝，它涉及的学科主要是宗教和神学。赫尔巴特用心理学的理论来探讨课程问题，以及把哲学和心理学作为建立和论证课程的重要依据，这对后来的课程研究具有重要的意义。

（三）斯宾塞及其课程理论

英国功利主义哲学家、社会学家、教育家斯宾塞提出了一个非常重要的宏大课程命题，即"什么知识最有价值？一致的答案就是科学"。[1] 斯宾塞为此提出了较为系统的课程体系。但其对课程理论的思考，是零散的、片段的，大多停留于现象描述和经验总结的层面。即便如此，其宏大课程理论命题"什么知识最有价值？"为后来的课程理论研究提供了有益的启示。

（四）博比特及其课程理论

美国著名的教育学者博比特的课程理论，开启了"课程开发的科学化运动"，即所谓的"科学化课程开发理论"。[2] 其核心命题包括以下内容：一是提出教育即生产。"教育是一个塑造过程，如同钢轨的制造一样，经由这种塑造过程，人格将被塑造成所需要的形态。当然，人格的塑造要比钢轨的制造更为精密，而且包含更多非物质成分，然而塑造的过程并没有两样。"[3] 二是以活动分析为课程生产的基本方法。即通过对人的活动进行具体的、特定的单元分解，来分析各个活动单元的具体行为特征。并以此

① ［英］赫·斯宾塞：《教育论》，胡毅、王承绪译，北京，人民教育出版社 1962 年版，第 43 页。
② 钟启泉、张华：《课程与教学论》，沈阳，辽宁大学出版社 2007 年版，第 4 页。
③ 钟启泉、张华：《课程与教学论》，沈阳，辽宁大学出版社 2007 年版，第 5 页。

为依据，指导课程的设计、生产和开发。这类课程生产过程一般包括 5 个步骤，即"人类经验的分析；具体活动或具体工作的分析；课程目标的获得；课程目标的选择；教育计划的制订"[①]。博比特教学理论深受"泰罗主义"的影响，他把学校当成工厂，把学生当成工厂原料，把教师当成工人，有其局限性。但他对人类经验的分析，对教育目标的分析与选择，对以后的课程生产与开发具有借鉴意义。

（五）泰勒及其课程理论

1949 年以后，课程理论进入理论体系的建构与发展时期。其代表人物就是泰勒。泰勒是课程理论发展史上一位重要的人物，其课程理论诞生标志着比较成熟的课程理论体系的诞生。在泰勒之后，课程理论开始走向多元化，后面出现了布鲁纳的结构主义课程理论，施瓦布的实践性课程理论，以派纳、马克思·范梅南、阿普尔为代表的概念重建主义课程理论，还包括后现代主义课程理论。

第一，泰勒课程理论形成过程。美国"八年研究"在课程史上具有非常重要的意义，它是一个承前启后的事件，之后又引出了重要的课程研究者。1919 年，当时进步教育协会刚刚成立，他们就发起了著名的"八年研究"。在 1919 年，美国进入了经济大萧条时期，有很多人在学校毕业之后找不到工作，于是很多青年人没有办法，又回到学校，尤其是回到高中继续读书，目的在于通过读书掌握一技之长，以便适应社会找到工作。但是，回到学校里的青年发现高中的课程非常枯燥无味，具有应试主义倾向，都是为了考大学而设置的一些课程。因此，很多学生学得没有意思，引发了一些社会问题。当时美国的进步教育协会开始改革传统中学教育课程。他们发起的"八年研究"，重点做了 4 件事情：一是改革传统中学教育中片面传授知识、忽视情感教育的现状，对课程进行了新的设置。二是改革传统中学教育以分科为主的课程体系，建构分科课程转向综合课程的课程体系。三是建立师生合作的教学制度。四是建立了非常科学公平的升学考试制度。这些改革非常有成效，取得了巨大的成功。泰勒担任了"八年研究"的评价组组长，他把"八年研究"的成功归结为以下 3 个方面：一是在课程编制上非常成功。二是改革了高考。三是以学生为中心的学校比传统的学校更加能够使学生获得有效的成功。

第二，泰勒创新提出了课程生产的基本模式，即课程编制过程模式。

[①]　钟启泉、张华:《课程与教学论》，沈阳，辽宁大学出版社 2007 年版，第 6~7 页。

他认为课程生产应主要解决以下 4 个基本问题："学校应该试图达到什么教育目标（确定教育目标）？提供什么教育经验最有可能达到这些目标（选择学习经验）？怎样有效组织这些教育经验（组织学习经验）？我们如何确定这些目标正在得以实现（评价学习结果）？"①

泰勒课程理论成为课程理论中的圣经，其课程生产的四大问题，是任何课程理论都难以回避的问题，直至今天其课程理论仍有很大影响。但其把课程生产过程当成工厂中的技术流水线，忽视学习者的主动性，则经常受到批评。

（六）布鲁纳及其结构主义课程理论

布鲁纳及其结构主义课程理论是伴随着"学科结构运动"而产生的一种课程理论。1957 年 10 月，世界第一颗人造地球卫星由苏联成功发射，这震惊了美国朝野。美国人由此认识到，军事竞争归根结底是科技竞争、教育竞争。1958 年，美国《国防教育法》颁布，全国范围的课程改革正式启动。该项运动集中了美国 35 位科学家、学者和教育家，这项活动的负责人为杰罗姆·布鲁纳。布鲁纳作了题为《教育过程》的总结报告，报告对"学科结构运动"的理论基础与行动纲领进行了阐明，从理论上有效解决了学科专家和教育专家之间的持久争论。自此以后，"学科结构运动"在美国蓬勃展开。

布鲁纳以结构主义心理学为理论基础，深入研究了教育问题和课程问题，创立了结构主义课程论。其结构主义课程论重点关注的核心问题主要有以下几个方面：

第一，课程内容是学科的基本结构。这个问题代表着教师"教什么"的问题。布鲁纳提出："不论我们选教什么学科，务必使学生理解学科的基本结构。"② 学科的基本结构，就是各门课程中的基本概念、基本框架、基本公式、基本定理、基本方法、基本原则等学科知识。布鲁纳认为学科结构具有 4 个优点：一是帮助学生更好地理解学科内容；二是有助于学生记忆学科内容；三是通向适当的"训练迁移"的大道；四是缩小"高级"与"初级"知识之间的差距。③

第二，课程设置，即"什么时候教"的问题。布鲁纳认为学科基本结构的学习，越早越好。

① 钟启泉、张华：《课程与教学论》，沈阳，辽宁大学出版社 2007 年版，第 77 页。
② 张彦山：《布鲁纳"学科基本结构"理论之评析》，《新疆教育学院学报》2006 年第 3 期。
③ 钟启泉、张华：《课程与教学论》，沈阳，辽宁大学出版社 2007 年版，第 16 页。

第三，课程实施，即"怎么教"的问题。布鲁纳认为学科基本结构主要依靠学生的自我发现与探究，即通过调动学生学习的主动性去认识学科基本结构，教师重在引导而不是传授，教师要通过自己的导引，启发学生自己对学科结构进行解析和综合，找到学科的基本原理与基本方法。布鲁纳认为发现学习法有 4 点好处：提高智慧潜力；使外在动机向内在动机转移；学会发现的试探法；有助于记忆。

《教育过程》被誉为当时"最重要的和最有影响的教育著作之一"，[①]被译为 20 余国文字。布鲁纳把"结构"概念引入课程论，并且改造了传统的迁移学说，具有积极意义。他针对学习主体作用绘出了较为具体的图画，注意发展人的解决问题的能力和探究精神。在实践中，鉴于其课程学术性、专门性和结构性特征，由此理论生产出的教材难度过高，枯燥晦涩，难以在实践中推广。

（七）施瓦布及其实践性课程开发理论

施瓦布作为结构主义课程理论的主要代表者之一，对 20 世纪 60 年代美国课程改革的失败进行了反思。他认为没有哪一种理论可以完整地反映具体课程的整体特征，课程研究应该建立在实践课程之上，而不是建立在抽象的、普遍的、科学的课程原理之上。由此，他建立了实践性课程开发理论。实践性课程开发理论具有以下特征。

第一，实践取向。施瓦布认为课程是动态存在的，是随时变化的。任何课程在不同的实践中，因课程实践环境不同、参与主体因素不同，课程的内涵与形式都会呈现不同的样态。

第二，实践性课程主要由教师、学生、教材和环境 4 个要素构成。它们通过相互联系、相互影响，丰富和发展了实践性课程的形式与内涵。在这 4 个要素中，教师是课程生产的主体；学生是课程生产的中心；而教材是课程生产的承载物，教材包括课程文本、课程政策文件以及与课程相关的教学资料等内容；环境则由社会的、物质的、文化的和心理的因素组成。"教师、学生、教材、环境之间通过交互作用形成有机的生态系统，有多少个教育情景，就有多少个课程的生态系统。"[②]

第三，审议是实践性课程生产的主要方式，课程生产集体负责课程审议。课程审议是课程生产集体对课程变革、课程生产达成一致意见的过程

---

① 陈青：《毛泽东读书笔记》，广州，广东人民出版社 1996 年版，第 1417 页。

② 钟启泉、张华：《课程与教学论》，沈阳，辽宁大学出版社 2007 年版，第 18 页。

与举措。课程集体则包括与课程实践相关的所有利益相关者：教师、学校校长、课程学科专家、学生代表、社区与社会精英代表、心理学家、社会学家、教材专家、企业代表等。

第四，校本课程生产的主体虽然还是课程集体，但其中的关键主体仍然是教师和学生。

实践性课程开发理论中课程集体的理念，是一种民主的理念，也是科学处理课程生产系统与课程外环境系统关系的策略，是一种值得借鉴的课程生产方式。

（八）概念重建主义课程理论

课程理论专家派纳在《理解课程》中指出，美国在 20 世纪 70 年代中期以前，课程理论研究主要围绕泰勒课程开发理论进行，重点研究"怎样有效地开发课程"；而这以后，由"课程开发"向"课程理解"的理论范式转化，重在研究"怎样理解课程"。概念重建主义课程理论主要有存在现象学课程理论和批判课程理论两个主要流派。

1. 存在现象学课程理论。存在现象学课程理论的理论基础是存在主义哲学、现象学哲学和精神分析理论，这类课程重点从现象学的视角理解课程现象，重视学生个体自我意识的维护与提升，关注学生个体存在经验的发展。代表人物有派纳、马克思·范梅南等。其理论特征主要包括以下 5 个方面。

第一，"课程是具体存在的个体的活生生的经验或存在体验，是个体的自我知识，而不只是外在于个体的文化知识。"[1] 现象学教育学起源于"面向事实本身"的现象学哲学，是立足于"现象学精神"的教育追问。取向各异的哲学现象学为现象学教育学的发展提供了丰富复杂的思想基础，现象学教育学的发展实际上就是对这些思想流派的继承和延续，在此基础上，形成其多元纷呈的理论形态和思想旨趣。

第二，重视课堂显性教育，更重视学生隐性教育的内容，比如学生的生活环境和生活体验。

第三，重视师生和谐，关注家长与学生的和谐。通过师生和谐，家长与学生和谐，实现"学"与"育"的统一。

第四，重视教师实践智慧的发挥。教师要实现课程目标，只有技术层面的知识和能力是不够的，还需要具有一定的实践智慧和教学智慧。

---

[1]　钟启泉、张华：《课程与教学论》，沈阳，辽宁大学出版社 2007 年版，第 23 页。

第五，教育现象学不仅探讨理论问题，同时探讨方法问题。马克思·范梅南在其著作《生活体验研究》中主张：教育研究是一种通往人文社会科学的研究，是一种生活体验研究，这种研究应该是一种诗化的活动，应该是一种对人类生存意义的探寻，应该是对我们生活经验意义的一种描述，应该是一种对现象的人文科学的研究。从这些主张中，我们可以体会到，马克思·范梅南把课程研究范式推向了一种人文理解课程研究范式。

2. 批判课程理论。批判课程理论是以法兰克福学派、知识社会学和哲学解释学为理论基础，着力于社会意识形态的批判。该课程理论把课程作为"政治文本"来理解，其主要代表人物包括：阿普尔、古德曼、弗莱雷等。

阿普尔是美国威斯康星大学麦迪逊分校的教授，是直言不讳的政策分析者，他非常不满意美国教育受到商业和企业的影响；巴西教育家保罗·弗莱雷的课程理论提出了非常重要的两个概念：意识与实践。他的代表作为《被压迫者的教育学》。批判课程理论具有如下 4 个特征。

第一，"反思性实践"是课程的本质，行动和反思是"反思性实践"的两大构成因素。"反思性实践"把人的世界看作建构的世界，其任务是通过对人的社会现实世界的不断反思、批判，来创造、建构意义。课程开发与生产就是课程创造，是一种社会性建构。

第二，阿普尔在其研究中，提出一个宏大课程命题："谁的文化资本，无论是显在的还是潜在的，被放进了学校课程？谁的经济、种族和性别实质观念，谁的经济现实原则，谁的社会公正原则体现在学校教育的内容之中？这些问题涉及权力、经济资源和控制。"[①] 他明确指出，课程对知识的选择，本质上是社会当权者所作出的意识形态抉择，课程是为当权者服务的。

第三，从"解放"入手，分析"课程知识应以什么样的方式来教？"弗莱雷反对传统"技术—生成"取向的课程设计模式，注重把"解放"作为课程最终追求的目标，强调对自己具体情境的批判性反思。倡导"对话法"。课程生产不再被认为是一个技术问题，而是一个政治的、意识形态的问题。这种过程的目的，是要使学生讨论对世界的看法和想法，感到自己是思考的主人。同样，最终的结果不是学习的成绩，而是批判性的反思

---

① ［美］阿普尔：《意识形态与课程》，黄忠敬译，上海，华东师范大学出版社 2001 年版，第 184 页。

和实际的行动。当然，作为学习结果，具有批判性反思的能力是理想的，而旨在使自己得到解放的政治行动，是最终目的。

第四，批判课程理论在实践中存在窘境：陷入批判性话语的困境，缺乏可能性的意义；陷入晦涩空泛，缺乏可操作性；陷入霸权叙述，缺乏差异共享；注重社会正义，忽视生态正义；注重学究偏向，忽视实践取向。

（九）后现代主义课程理论

后现代主义课程理论把课程视作"结构、解构、后现代文本"。其代表人物有多尔、吉鲁、金彻里、斯腾伯格、麦克莱伦，等等。后现代主义课程理论具有如下4个特征。

第一，反表象、反基础与反本质主义，课程理论主要分为两类：一类是批判性的后现代课程理论，重点在于对传统课程理论进行批判；另一类是建设性的后现代课程理论，旨在超越泰勒课程开发理论以建立新的课程理论。

第二，倡导人与自然相互依存与生态维持的和谐关系，其课程价值是积极参与创造一种可持续发展的新文化。

第三，倡导建立民主平等、合作对话的师生关系。

第四，后现代课程标准是"4R"，即丰富性（Richness），是指课程的意义层次、课程内容的深度呈现多种可能性或者具有多重解释性，这种特征赋予课程丰富性；回归性（Recursion），由再次发生的词义而来，通常与数学的重复运算有关，如布鲁纳"螺旋型课程"；关联性（Relations），凸显后现代课程具有教育和文化两方面的功能价值；严密性（Rigor），是指在后现代框架中的强调解释性、不确定性、变换的关系和自发的自组织等，意味着有目地寻找不同的选择方案、关系和联系。

总之，我们从历史发展的角度、影响力的大小梳理了9种有影响力的课程理论和课程生产模式，从中可以看出这样的趋势："课程研究正在超越'课程开发'研究，走向'课程开发'与'课程理解'二者整合研究。"[1] "从参与主体看，教师、学生更多地参与课程决策、审议。""从课程内容的来源看，随社会的发展而拓宽。"[2] 实际上随着课程理论的多元化发展，课程开发与生产的思想也越来越丰富，课程理论正走向繁荣多样。这些课程理论对高校课程思政生产具有一定的指导意义。

---

① 陈旭远：《课程与教学论》，北京，高等教育出版社2012年版，第33~34页。
② 陈旭远：《课程与教学论》，北京，高等教育出版社2012年版，第33~34页。

第二节 课程生产与课程生产模式

马克思有句名言："蜘蛛的活动与织工的活动相似，蜜蜂建筑蜂房的本领使人间的许多工程师感到惭愧。但是，最蹩脚的建筑师从一开始就比最灵巧的蜜蜂高明的地方，是他在建房以前已经在自己的头脑中把它建成了。"[①] 人们进行课程生产同样也是一个智慧的过程，主要体现在课程生产包括课程设计、课程开发、课程生产、课程维护等过程，其中最为关键的环节是课程设计。

一、课程设计概念

（一）课程设计概念

不同的课程理论，有不同的课程生产方式，对课程设计也有不同的界定。常规意义上的课程设计一般是指依照课程育人的目标要求，根据课程生产的各环节、各要素之间的相互联系，设计规划学校的课程计划、课程标准并编制各类教材的过程。

1.课程设计是一种目标设计。课程设计是对教育目标、教育价值、教育理念的规定，指向课程活动未来发展的方向，是一种方向性设计、宏观的理念设计，它首先要解决的是一种目标、理念和价值的问题。

2.课程设计是一种技术程序。课程设计还是一种课程的开发技术、生产过程、开发程序，是为开发一定的课程产品、改革课程实践所采用的一系列技术程序。

3.课程设计是一种产品设计。课程设计还是为追求一定目的而进行的产品设计与生产，其课程产品是学校的课程计划、课程标准以及各类的教材。从这个角度来说，课程设计是一种产品的设计，最后必须生产出一系列可以看得见、摸得着的课程产品。

（二）课程设计的3个层次

1.宏观层面的课程设计。在宏观层面主要解决课程生产中的基本理念、价值取向、主要任务、课程结构等问题。在课程宏观设计中，根据课程内涵界定的3个维度，其设计理念有3种，即以学科为中心、以教师为中心、以

---

① 《马克思恩格斯文集》第5卷，北京，人民出版社2009年版，第208页。

学生为中心的课程设计理论。不同的设计理念取向影响甚至决定着课程内部的很多因素如内容选择的标准，课程目标、功能，对内容的组织，以及传授内容时的指导理念等。其最大的区别体现在课程设计的结果以及课程实施的结果上，不同的课程设计理念产生不同的课程类型，而实施不同类型的课程，教育的结果也就不同。宏观层面的课程设计另一个重要的内容是进行学校课程的宏观结构设计，这基本上由国家、省级人民政府及其教育部门来进行。如以文件形式表现的义务教育课程计划、普通高中课程计划、普通高等教育学校课程计划等。如我国对高校开设思想政治理论课就有明确的规定，包括开设的课程及各课程学时分配、开设课程的主要内容、开设顺序等。这一阶段的学科课程设计主要由学科课程专家、政府代表等进行。

2. 中观层面的课程设计。中观层面的课程设计主要解决具体学校中所开设的各门具体学科课程的设计与生产问题。这一阶段是宏观课程设计的继续，是对宏观课程设计的进一步细化。这一阶段呈现的结果是关于各门学科课程具体的课程标准、所选择的教科书、教学参考资料、课程目标与内容、课程评价、教学环境、教学反馈等。该层面的设计相对来讲，主要由学科课程专家来进行。在这一层面课程设计中，课程理念的 3 个维度，同样会影响具体的课程设计。课程设计者需要依据学校不同的设计理念、价值取向对这些要素进行安排、处理，它直接影响到不同要素之间的搭配以及重要性的排序，自然，设计的结果就是不同的课程功能和编制风格。

3. 微观层面的课程设计。微观层面的课程设计主要是对宏观层面、中观层面课程设计的继续。其执行主体是任课教师、教学团队、学生代表等。这一层面的主要任务是对已有的课程（已明确了课程标准和教科书时），根据教学目标，课程设计理念、已有课程材料进行重新设计和预演，其目标是服务于课堂教学。其呈现结构为课程教学计划、教学方案、教学策略、教学活动安排等，类似于一般意义上的集体备课。这类教学设计需要关注教学条件、教学环境、教师风格、学生学情、教学技术等因素。

表 5-1　3 个层面的课程设计比较

设计层面	宏观层面	中观层面	微观层面
设计任务	课程设计的基本理念	理念的具体化	具体课程要素设计
设计成果	课程计划（学校课程的类别结构）	课程标准（课程的科学结构）	教学设计（教师的备课与教学）
设计主体	课程专家、政府代表	课程专家、教育专家	教师团队和学生

二、课程设计要素

课程设计要素包含宏观的课程结构与要素，以及具体的课程内部要素的组织形式。

（一）宏观的课程结构及要素

各种课程类型按一定的比例关系组合起来的具体方式主要包括：

1. 管理体制或开发主体。根据课程管理体制或者开发主体的不同，课程可分为国家课程、地方课程和校本课程。国家课程就是由国家为主体而制定和开发的课程；地方课程就是以省一级教育行政部门为主体来开发的地方型的、适于本地的课程。校本课程是以学校为主体来开发的，是本校学生使用的学校课程。在义务教育阶段，地方课程和校本课程实际上是2001年新课程改革之后出现的新的课程类型，此前所有的学校课程都只有国家课程这种类型，新课改后，开始出现地方课程和学校课程。对高等学校课程来讲，国家课程越来越多，目前不只是思想政治理论课要采取国家规定的课程；一些学科专业课程也更多地强调选择国家规定的各类规划教材。说明课程在国家教育中的地位。

2. 课程内容。根据课程内容可以为公共基础课程（通识课程）、专业课程、实践课程。在高等教育以下层级教育中，根据课程内容可以划分为基础文化课程、科技课程、艺体课程；而在高等教育中，各高校课程基本分为公共基础课程（通识课程）、专业课程、实践课程3类。它们在学校的整个课程体系中间各自应该占有多少比重，这些都是国家在制定课程设计时要预先规定的。目前国家主要规定思想政治理论课程比重，其他课程一般由各高校自主规定。

3. 课程内容和表现形式。根据课程内容和课程表现形式，分为（正式的）学科课程、活动课程、（非正式的）潜在课程。根据课程内容和课程表现形式可以分为学科课程、活动课程和潜在课程，国家在进行课程设计的时候，会从总体上规定学科课程、活动课程之间的比例。潜在课程在各个学校里也开始逐渐受到关注，比如很多学校都在开展校园文化建设，这就体现了他们对潜在课程的关注。

（二）具体的课程结构及要素

在微观或具体层面的课程设计中，教师要考虑课程目的与内容，以及学生的学习活动方式这3个要素。教师做的课程设计实际上就是教学设计。他在写教学设计、写教案的时候一定会写教学目标是什么，以及他的课程内容是什么，他上课的步骤是怎样的，以及他会在学生上课过程中采用哪些学习活动方式，他还要做一个反思，看最后他是否能够达到目标。撰写好教学计划是每一个教师必具的专业素质，是教学基本功。

三、课程设计的客观基础

课程理论的不同，最终催生了不同的课程设计、开发与生产模式。一般来说，课程设计的客观基础包括以下几个方面：学科基础、学生基础、社会基础、现代教育技术基础。

（一）学科基础

学科基础包括学科知识和学科逻辑两个方面内容，但学科知识和学科逻辑又恰如硬币的两面，指的是学科内部相关知识、价值、能力等要素之间的逻辑体系，它一般包括学科的基本概念、基本原理、基本方法、基本逻辑以及学科与相关学科的逻辑互生关系等。科学合理的课程设计一定要体现出不同学科的独特知识体系和独特研究方法。教师在做课程设计之前，必须理解学科课程的性质、学科结构、学科逻辑及其组成的核心要素。这些要素包括学科课程中核心概念、基本观点、基本原理、基本价值、基本公式等，以及它们之间的相互逻辑关系。

（二）学生基础

学科教师做课程设计不仅要了解他所教的学科知识领域，而且要了解他所教的学生。学生是课程设计必须考虑的重要因素。教师在开展课程设计时，要考虑所教学生的现实水平和实际需要，一切教学活动和课程活动都应该是以学生身心发展规律作为出发点，只有这样，才能保证课程和教学的适切性。教师在进行课程设计、课堂教学的同时要关注学生的个性发展，关注学生的个体需要，关注学生对这个学科是否感兴趣，关注学生在学习这门课程之前，已经具备怎样的知识状态，在此基础之上开展的课程设计才能符合学生的需求，其课堂才能真正地焕发生命活力。从这个角度来看，对学科知识的精熟掌握可以让一个老师成为学科专家，而只有当他既了解学科知识又了解整体学情，也了解学生个性需要时，他才能够成为一个好老师。

（三）社会基础

教师在进行课程设计时，要充分考虑社会因素对课程教学的影响，在课程设计结构与课程设置内容选择上对社会基础进行充分考量。比如，教师做课程设计时需要考虑：我在课堂上要给学生讲什么东西？我是应该认真地照着教材上的东西讲，还是应该在选择和创造性改编教材内容的基础上教给学生？一般主张教师应选择适当的课程内容，并尽量把课程内容与学生生活、社会生活密切结合起来，然后再教授给学生，唯有如此，课程设计才能够跟上时代步伐，符合社会发展的需求。

（四）现代教育技术基础

现代教育技术正在多方面改变知识的类型和知识增长、获得的方式。

第一，现代教育技术是伴随着现代信息技术发展起来的，而现代信息技术使知识更新速度大大加快，出现了"知识爆炸"现象。"据联合国教科文组织的统计，人类近30年来所积累的科学知识占有史以来积累的科学知识总量的90%，而在此之前的几千年中所积累的科学知识只占10%。英国技术预测专家詹姆斯·马丁的测算结果也表明了同样的趋势：人类的知识在19世纪是每50年翻一番，20世纪初是每10年翻一番，70年代是每5年翻一番，而近10年大约每3年翻一番。"[1] 这个事实是课程生产必须考虑的条件之一，即课程生产要关注学生终身学习能力，课程内容选择的应该是学科的基础知识，是能够起到举一反三作用的知识。

第二，现代教育技术使人们接受知识的条件环境发生变化。现代教育技术使智能时代大学课程、大学课堂、大学教学都发生质的变化，大学课程、课堂和教学将更加弹性化、更加个性化。在人工智能时代，翻转课堂学习模式、自适应学习模式、线上线下学习模式、项目合作与探究的学习模式等不断完善。高校课程思政生产的组织形式、实施办法和传递方式要符合现代教育技术运行环境。高校课程思政生产要综合考虑现代教育技术的应用，使高校课程思政生产更加个性化、更加精准，满足学生个性化需要，实现人才培养的精细化和差异化。

第三，现代教育技术条件要求高校课程思政要培养学生的现代信息素养。现代信息素养是人们对信息处理的能力与素质，信息素养是现代信息社会人应该必须具备的能力。在现代信息环境中，通过现代教育技术可以进行学习者个性分析、学习过程诊断与评测、对学生进行知识的智慧化推送等，学生可以通过人工智能终端随时随地获得个性化的资源，让学生学习过程变得更加自主、更加精准、更加个性化。

第四，现代教育技术正在改变高校课堂教学结构。传统的以教师为主体、为中心的课堂模式正在向"教师＋学生"双主体、双中心的课堂模

---

① 管理学刊编辑部：《泛知识时代的"弱智"》，《管理学家》（学术版）2012年第8期。

式转变。高校课程思政生产要适应这种变化，在高校课程思政生产的共同体模式中，要积极发挥学生在高校课程思政生产中的主体作用。

（五）课程设计的钟摆现象："学科—学生—社会—技术"

课程设计中存在一个钟摆现象，它实际上在学科、学生、社会和技术这 4 个点之间来回摆动，因此，我们在课程设计时必须关注如下问题。

第一，"学科与学生"的关系。在学科和学生的关系上，我们要关注学科知识的发展价值，要考虑教师教给学生的学科知识是否能够促进学生的发展。在选编教材和组织课程内容时，一方面要遵循学科知识的逻辑顺序，另一方面还要遵循学生的心理发展规律，只有把学科课程逻辑顺序跟学生心理发展规律统一起来，才能有效地促进学生的学习。仅仅体现学科知识逻辑的教材只是学术专著，它不适合于教师教，也不适合于学生学，只有当一本教材既体现学科知识，又体现学生的心理发展规律时，才能真正达到学科教学的目的。

第二，"学科与社会"的关系。在课程设计的钟摆中，我们还要考虑学科和社会的关系问题。学科知识实际上具有社会发展的功能，教师不是教学生死记硬背，不是照本宣科，而是要关注教材内容与学生的现实生活世界之间的关系，要尽量选择学生熟悉的、与学生生活有关的内容来教，要基于学生的现实生活，为学生创设一种可能生活、美好生活、理想生活，达到教育目的。课程设计一定要处理好学科和社会的关系，教师不仅要关注教材内容，而且要关注学生生活与社会生活，让学生在学习时有兴趣，且能够学以致用。

第三，"学生与社会"的关系。课程设计不仅要促进学生的发展，而且要符合社会发展的需要，满足学生走向社会所需要素养的需要，只有把这两者之间的关系处理好了，我们的课程设计才会比较合理。

第四，"学科、学生和技术"的关系。课程设计要科学处理好"学科、学生和技术"之间的关系，技术可以促进学生理解学科内容，促进学生的全面发展。课程设计要科学利用技术条件，使课程内容更好呈现，促进学科知识转化。

四、课程生产的理论模式

课程设计、开发、生产的理论模式有很多种，如泰勒课程开发模式、塔巴课程开发模式、斐勒课程开发模式、柯尔课程开发模式、詹森课程开发模式、迪金课程开发模式、史北克课程开发模式等。这些模式大致可以分为3种类型：目标模式、过程模式和文化情境模式。

（一）目标模式

课程生产理论的目标模式，是指以确定教育目标为起点、基础和核心，展开课程设计、开发、生产等工作的一种操作程序和策略体系，这种模式又被称为技术性模式或工学模式。代表人物有泰勒、博比特、塔巴、斐勒等人。其中，泰勒课程理论是目标模式的代表之一。其基本程序是：第一步，根据课程的3个维度（学科、学生、社会）等来研究确定课程一般目标，并根据课程社会学基础、心理学基础、教育哲学基础来确立课程详细目标；第二步，根据课程详细目标来选择学习经验；第三步，根据课程目标、学习经验来组织学习经验；第四步，根据课程目标、学习经验来评价学生的学习效果。在整个课程设计、开发、生产过程中，课程目标自始至终贯穿在整个课程开发、生产的全流程之中（图5-1）。

课程目标确定，是一个复杂的过程。它需要同时满足很多条件：一是国家、社会对课程的期望是其首先应该考虑的一个方面。二是这个目标应该符合学科专业的基本规律，符合专业计划对这门课程的具体要求。三是这个目标需要满足学生成长成人成才需要。可以说，课程目标是由政府代

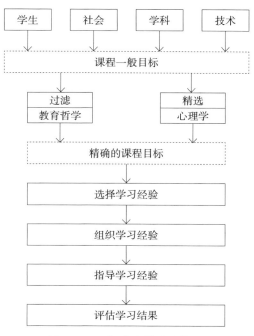

图 5-1　目标生产模式结构图

表、社会专家、课程专家、教师等共同决定的，它不是由某一个人决定的。四是课程目标是专业培养目标实现的基础，课程目标必须能够支持专业目标的实现。专业培养目标和课程目标之间的联系必须在课程目标设置和表述上清晰呈现出来。从课程设计、开发和生产的角度讲，课程要求和目标是否清晰明确，是判断课程设计、开发和生产的基础环节。

1. 课程生产的目标模式特点。目标的预设性。目标模式中的目标是这个模式的核心词，目标具有预设性。该模式是以明确具体的行为目标作为课程设计、课程开发、课程生产的中心。无论是开始设计课程目标，还是后面进行课程生产和课程评价时，它关注的都是学生具体的、精确的、明确的、外显的行为层面上的目标，这个目标是预先制定好的。该模式课堂教学过程中生成的东西，只关注预先设计的目标和结果。

目标的结构性。目标模式中的目标不是单一目标，而是系列目标。按照不同的层次水平，由不同项目共同组成完整的目标体系。比如，布鲁姆专门提出了教育目标分类学，他把课程目标分成认知领域、动作领域、情感态度领域三大类型，并且这三大类型目标分别从低级到高级划分出不同层次。最后，他建构了一个具体的教育目标体系。目标模式的课程开发通过建立这种结构化、体系化的目标，指导课程开发的整个过程。

目标的中立性。从课程学科属性上讲，课程目标是一种科学的、技术化的对象，课程设计属于科学工程问题，而非人文社会科学问题。在课程设计中，主要应把目标加以落实，而不应对这个目标进行任何价值判断。通过收集数据，判断预先设定的目标在学生身上是否得以实现。

目标的社会性。从课程社会属性上讲，目标模式课程设计在制定目标时，要保证该目标有助于学生适应未来的社会生活，强调教师的主导作用。

2. 课程生产的目标模式的缺陷。不全面的课程观。强调具体的、行为的目标，忽视了非预期的学习结果，关注正式课程，忽视非正式课程。课程实际上是一种过程、一种经验、一种体验，在实际的课程实施过程中，教师和学生往往会生成一些新的东西，而目标模式则忽视了这些非预期的、生成的东西；目标模式仅仅关注正式课程，忽视非正式的课程。因此，其教育观念和课程观念是不太全面的。

工具理性的认识论。技术理性割裂了教育过程中的事实与价值的关系，评价课程效果仅仅凭借预先规定的目标或客观的数据，导致课程设计的机械化和缺乏艺术性。

忽视人的主体性。把学校视为工厂，学生视为原料，教育等同于训练，压抑了学生的积极性、主体性和创造性。在目标模式下，学校教育成为一个工厂，学生成为原材料，教育就等同于训练，教师和学生的主体性、创造性完全被忽视，课程历史中提到的泰勒、布鲁纳等开展的课程改革是以目标模式推进的，遵循自上而下的原则，都是由上级领导、课程专家预先制定好课程目标、课程改革的计划，教师和学生则是被动的执行者，导致教师和学生主动性的丧失。

（二）过程模式

与课程生产理论的目标模式不同，课程生产理论的过程模式不预先制定目标，而是详细说明课程所要学习的内容和所要采取的方法，以及课程生产活动中固有的标准。持有这个观点的代表有斯腾豪斯、布鲁纳、阿特金、巴恩斯等。英国课程理论专家斯腾豪斯通过批判泰勒课程生产目标模式，于 1975 年出版了《课程研究与开发导论》，该书提出了课程生产理论过程模式，奠定了课程过程模式的理论框架。他认为"所有课程是关于知识的本质、教学与学习本质的假设性实现"。[①] 提出了"课程开发的任务就是要选择活动内容，建立关于学科的过程、概念与标准等知识形式的课程，并提供实话的'过程原则'"。"过程原则"强调："①教师应该与学生一起在课堂上讨论、研究具有争议性的问题；②在处理具有争议性的问题时，教师应持中立原则，使课堂成为学生的论坛；③对于具有争议性的问题的探究，主要方式是讨论，而不是灌输式的讲授；④讨论应尊重参与者的不同观点，无须达成一致意见；⑤教师作为讨论的主持人，对学习的质量和标准负有责任。"[②]

1. 课程生产的过程模式的特点。开放性。保持高度的动态性、开放性，可以针对具体情况不断作出调整。

过程性。教育是一个过程，把课程变成一种像旅行一样的经历过程。学生在课堂中可以通过讨论、思考、辩论，形成一种批判性思维，发展一种求知的能力，更加地适应未来社会。它有助于培养具有探究精神的研究型人才。

合作性。强调师生合作，在课程生产过程中，教师和学生的地位是平等的，教师具有激发学生主动参与课程生产探究的责任，要激发学生主动

---

① 范敏：《斯腾豪斯的课程开发观及其启示》，《当代教育科学》2015 年第 24 期。

② 钟启泉、张华：《课程与教学论》，沈阳，辽宁大学出版社 2007 年版，第 91~92 页。

参与到课堂教学中来，让其主动探究。

形成性。强调对课程实施过程进行形成性评价。通过对课程实施过程的观察、研究和分析，明确课程存在的问题及其产生的原因和性质，提出优化策略。

2. 课程生产的过程模式的缺陷。缺乏可操作性。虽然重视教育过程，但该模式对教师要求较高，很难实行。由于它没有一个明确的目标，教师在课堂教学中如果把握不好，就容易跑偏，被学生的思路拉着走，甚至整堂课变成闲聊，一堂课下来学生毫无收获可言，因此这种模式在课堂教学中实施起来非常困难。但实际上，该模式在西方的大学课堂里应用较多。

价值的相对性。没有具体客观的标准，很难对学生的学习情况进行评价。由于课堂上讨论的都是争议性问题，最后可能没有标准答案，这便导致我们在对学生进行评价时，有可能不客观，难以让大家信服。在这个方面，该模式与目标模式之间存在截然不同的区别。

我们用表格对这两种模式进行比较（表 5-2）。

第一，在评价上，目标模式是一种目标参照评价，学校在评价学生时，往往参照事先制定的精确的行为性目标，如果学生达到目标就会获得好评，如果没有达到目标就会得到差评。过程模式是一种过程性评价，教师在课堂教学过程中要对学生进行观察、记录、分析。

第二，在研究上，目标模式主要采用定量的研究方法，如抽样调查法。比如，北京市教委为了了解不同年级学生的学习水平，就会采用抽样调查法，对各区六年级的孩子进行一次抽测，通过比较，发现各区的孩子在语文、数学、英语等学科上的发展状况。过程模式主要采用个案研究法或质性研究方法，在教师和学生共同生成的课堂中，可以通过观察、记录和描述教师和学生的教学行为和教学故事，来研究过程模式。

第三，在目标上，目标模式强调要制定明确具体、外显的行为目标，而过程模式则更多地关注模糊的、非行为化的目标。比如，教师在课堂中组织学生辩论或讨论，一堂课下来，最后引起学生对这个问题的关注，甚至有些学生课下主动研究这个问题，这实际上就是过程模式想要达到的目标，它可能不是这堂课上立竿见影的结果，不是外在的行为表现，而可能是探究意识的增强，学习兴趣的提升。

第四，在教学过程中，目标模式强调要预先做计划，而过程模式注重过程中的生成。

第五，目标模式的重点就是精选和编排好教材，强调学科教材必须精心选择，并由国家统一编排。而过程模式更加注重教师的培养和发展，旨在培养那种能够激发学生学习兴趣，能够引导学生探究、生成问题的好老师。

表 5-2　课程目标模式与过程模式对比分析

	目标模式	过程模式
评价	目标参照评价	过程性评价
研究	抽样调查法	个案研究法
目标	明确具体的行为目标	一般的非行为化目标
教学过程	预先计划	注重过程
重点	教材的精选与编排	教师的培养和发展

（三）文化情境模式

文化情境模式就是通过对学校环境进行全面分析与评估来设计、开发、生产课程，又被称为环境模式或文化分析模式。文化情境模式"立足于学校现状，重视文化情境分析，有助于克服目标模式的机械性和狭隘性，弥补了过程模式主观性及理想化的不足，在课程设计上比较灵活，是理论和实践的有机结合"。[①] 文化情境模式的代表有斯基尔贝克、劳顿、索基特等人。

劳顿是英国伦敦大学著名的教育学家，他提出的文化分析模式对我们的课程研究、教材研究有很大的影响，是文化情境模式的代表之一。他认为，课程设计要考虑 3 个因素。一是知识的本质，二是学生的特性，三是社会情境，这与泰勒原理非常类似。同时，劳顿认为，"教育关注的便是把我们认为文化中最有价值的方面传授给下一代"。[②] 课程开发主要应解决的问题是：怎样才能够把社会文化中最重要的东西传授给学生。为此，劳顿提出："要使课程规划建立在对文化的合理选择基础上，我们就必须建立一套筛选过程或筛选原则。劳顿把这个选择过程称之为'文化分析'。"[③]

在文化分析模式中，劳顿把课程设计过程分为 6 个步骤（图 5-2）：

第一，确立文化分析的架构。其主要任务在于获得文化不变项，即人类文化中的普遍的或共同具有的要素。他把这些文化不变项分为九大文化子系统，即社会政治系统、经济系统、道德系统、交流系统、理性系统、

---

① 郭凌云：《西方近百年课程设计理论演变述评》，《黑龙江高教研究》2019 年第 2 期。
② 石伟平：《劳顿的"文化分析"课程理论及其应用》，《外国教育资料》1995 年第 5 期。
③ 石伟平：《劳顿的"文化分析"课程理论及其应用》，《外国教育资料》1995 年第 5 期。

技术系统、信念系统、美学系统和成熟系统。

第二，开展文化分析。用从"步骤一"中获得的人类文化不变项来分析特定社会的文化，考察特定社会在文化不变项中的具体表现，从而使这些文化不变项成为文化变项。

第三，根据"步骤二"分析的结果来选择共同的课程内容，确定最适合于每项子文化系统的知识或经验类别。同时，把文化不变项与现有的学校科目进行比较，找出它们之间的缺口、失谐或冲突。

第四，根据心理学理论，考虑学生心智发展、学习方法、教学理论、学习动机等方面理论，为组织课程目标提供理论支撑。

第五，根据文化分析、文化选择的结果以及心理学理论应用结果来设定学科课程目标，并依课程目标把课程内容按照一定的顺序和阶段组合起来，形成正式课程。

第六，分析学校实际的师资和设备等情况对课程目标、课程内容的支撑情况。

文化情境模式的特点：一是文化性。它提出一个文化分析的理论框架。二是全面性。既体现了目标模式特征，又包括了过程模式风格，具有

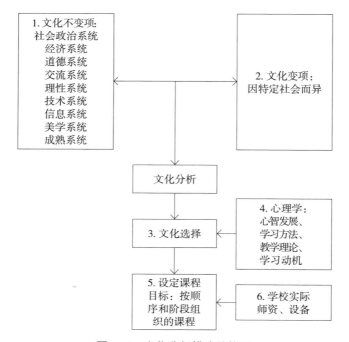

图 5-2　文化分析模式结构图

可操作性，是一种综合化的课程设计模式。

文化情境模式的缺点：主要是文化分析停留在表层，仅仅注重课程对文化的选择和传承，缺乏课程对于文化的改造、批判和重建功能，把所有文化都看成价值中立的，这实际上也不太确切。

第三节　高校课程思政生产的共同体模式

课程是高校人才培养的重要载体，是高校人才培养体系的关键组成部分，是高校人才培养方案的组成细胞，是高校人才培养、高校教育教学工作的基本抓手，因之，课程也是高校完成教育立德树人这一根本任务的主要抓手。课程是影响乃至决定高等教育、高等学校教育教学质量的关键要素，是高等教育教学改革的最后一公里。在全面提高教育教学质量、回归高等教育人才培养质量初心的大背景下，高校课程的作用与地位、高校课程的质量与价值日益凸显，高校课程已经成为高校核心竞争力的重要组成部分。当下，"高校的重要产品是课程"已然成为共识，各高校正在下足力气推进课程改革、课程开发、课程生产质量提升等工作。

高校课程思政是近年逐步形成发展完善的一种课程理念、课程模式、课程概念和课程方法，它涵养着中国高等教育立德树人理念的完善与提升。要使高校课程思政这一理念与方法深入人心，必须统一高校课程思政的价值追求、理念、方法，完善高校课程思政的设计、开发和生产过程，提升高校课程思政的课程生产质量。

高校课程思政生产整合学科课程思政的具体要求，按照教育立德树人根本任务要求和课程内部各要素、各成分之间的逻辑关系，相互联系制定学校的课程计划、课程标准、课程内容、思政元素和编制各类教材。高校课程思政生产可以分 3 个层次：一是学校层面的人才培养体系；二是学院层面的专业培养方案；三是课程层面的具体课程设计。

在学校层面的人才培养体系中，更加注重高校课程思政的普及率及高校课程思政立德树人整体效能发挥；在学院专业层面，更加注重各学科课程思政之间的同向同行、协同共振；在课程层面，注重知识传授、能力培养和价值塑造的统一。

高校课程思政生产的模式不可能是单一的设计模式，它包括设计、开发、生产等过程。它既是目标模式，也是过程模式，同时注重文化模式运用。其生产过程，既需要目标模式的"目标确定"，也需要师生共同学习、共同建构的"过程原则"，同时，它需要关注文化不变系统和文化可变系统，并据此进行"文化分析"。高校课程思政生产必须同时在"学科、学生、社会、技术"4个维度上进行设计、开发和生产。既体现以学生为中心的课程设计导向，也体现学科的地位及社会需要；高校课程思政目标更重视知识传递、能力培养和价值塑造的统一，注重学生个性差异。

信息化时代，知识的内涵、特征及生产方式都发生了很大变化，"可以将知识广泛地理解为通过学习获得的信息、理解、技能、价值观和态度。"[1]高校课程生产作为一种高深知识生产和高深知识传播的重要方式，必然需要更为确切的课程生产模式。高校课程思政设计、开发、生产有其独特性，同时有课程设计、开发和生产的共性。在进行高校课程思政生产模式选择时，很难局限于一种模式，它更是一种模式的集合。在高校课程思政生产中，重视课程目标的科学设定，也重视教学过程的师生互动，同时在整个课程设计、开发和生产中，文化的再生产是高校课程思政必须面对的一个问题。高校课程思政生产一定要体现马克思主义的意识形态理论，站稳课程本身的学科立场，同时需要站稳高校意识形态立场。由是，我们提出高校课程思政共同体课程生产模式，来完成高校课程思政生产的全过程。高校课程思政共同体可以说是高校课程思政生产的一种理想类型。

一、目标确定

高校课程思政目标是对国家教育方针政策、学校教育理念、学科理论体系的具体化，也是高校课程思政教育理念向实践层面的延伸和拓展。确定高校课程思政目标是完成课程生产的首要环节，其目的是明确学生需要学习和完成的目标，是价值目标、学科知识目标、能力目标的统一体，是学科维度、学生维度、社会维度课程理念目标的具体化，是立德树人目标与学科知识目标的统一体。

（一）确定高校课程思政目标必须明确的问题

作为高校课程思政共同体，在确定高校课程思政目标时，必须明确以下问题：

第一，学生学习本课程的知识目标是什么。5—10年内，希望学生记

---

[1]　联合国教科文组织：《反思教育：向"全球共同利益"的理念转变》，北京，教育科学出版社2017年版，第8页。

住本课程的什么内容？高校课程思政目标，既要立足不同专业定位与学科人才培养标准，又要立足新时代知识、能力和价值相统一要求。

第二，本门课程将对学生专业学习带来什么影响，本门课程对学生未来产生哪些影响？要紧跟信息化与智能化条件，聚焦学生专业核心素养培养，明确高校课程思政本身学科专业的关键知识、核心能力与价值观念，培养学生解决实践问题、创新发展的综合能力和思维能力。课程内容要与时代需要、社会需要与学科学术需要相结合，尽最大可能将学科专业的前沿学术研究、科技发展最新成果引入课程。

第三，通过本课程的学习，希望学生获得哪些知识、能力和价值？思维品质和创新品质培养是高校课程思政目标的重要组成部分。

第四，本课程在课程思政进行中如何与思政课程同向同行？与其他课程同频共振？

第五，如何激发学生学习兴趣，提高其学习理解本课程的主观能动性？

（二）影响高校课程思政目标确定的因素

高校课程思政目标确定，是一项系统工程，高校课程思政目标本身就是一个完整的系统体系。它受以下因素的影响：

第一，目标因素。高校课程思政目标的影响因素包括高校的立德树人目标、学校人才培养目标、学院专业人才培养目标、学科课程培养目标，等等。

第二，目标内容。包括高校课程思政自身思政元素挖掘、外部思政元素融入引发的课程立德树人目标、学科结构目标、世界人才培养趋势引起的人才目标结构变化。

第三，课程生产理论。课程生产理论是影响课程思政目标的重要因素之一。不同的课程理论范式，其目标会有所不同。

第四，课程内容。课程内容的决定者也由很多主体构成，几乎所有的课程利益相关者都会影响课程学科内容，也会影响学科目标。

（三）高校课程思政目标体系

高校课程思政目标体系，包括国家层面、学校层面、学院专业层面、学科课程层面的课程思政目标等。

1. 国家层面课程思政目标定位是：立德树人是高校的根本任务；思政课程是立德树人的关键课程，其他课程是立德树人的重要环节，其他课程要与思政课程同向同行、形成协同效应。教育部于 2020 年发布的《高等学校课程思政建设指导纲要》中明确提出："落实立德树人根本任务，要将课程思政融入课堂教学建设全过程，必须将价值塑造、知识传授和能力培养三者融为一体、不可割裂。"高校课程思政成为立德树人的重要环节，是培养堪当民族复兴重任时代新人的重要环节。这是国家对每一门学科课程提出的明确课程思政目标。

2. 高校层面课程思政目标是综合开展"三全育人"，通过人才培养体系综合改革，不断优化人才培养体系，并将思想政治的工作体系贯穿到学科、科研、教学、日常教育、教材、实践与管理体系中去。培养具有本校特色的高素质人才，培养社会需要的合格建设者与接班人。学校层面课程思政目标，重在以下 4 个方面的目标确定：一是学校课程思政普及程度：人才培养方案中显性课程与隐性课程思政化程度；二是学校课程思政支持程度：学校领导对课程思政建设的重视程度，学校在课程思政建设方面资金、人员、制度等匹配程度；三是学校课程思政协同程度：学校各类课程与思政课程同向同行的程度、协同共振的效度、课程之间的协同育人度；四是学校课程思政满意程度：在校学生、已毕业学生对学校课程满意程度，毕业 N 年后学生完成工作的质量与贡献等。

3. 学院专业层面课程思政目标是优化专业培养方案，专业课程群层面的课程思政目标，重在通识课、基础课、专业基础课、实践实训课、创新创业课、专业课、毕业论文（设计）等教学课程实施中融入适切的思政元素，并与思政课程同向同行。这方面的建设目标主要有以下 4 项：一是专业人才培养方案系统设计程度：学院领导、专业教研室对课程思政的重视程度，专业人才培养方案中各门课程思政系统化设计程度；二是课程思政相互耦合程度：专业人才培养方案中各门课程思政之间相互耦合、协同共振的效度；三是人才成长程度：专业培养人才的社会接受度，毕业生对社会、地区、行业等贡献度；四是学生满意程度：各年级学生对专业人才培养方案的满意度。

4. 学科课程层面课程思政目标。《高等学校课程思政建设指导纲要》明确了学科课程思政目标，即"实现课程思政价值、知识与能力三位一体的教学目标，体现课程思政教学的规律性、价值性和目的性"。这个目标具体可以分解为以下 4 个方面：一是教师完成度，侧重于从立德树人效果上判断课程团队特别是主讲教师对立德树人目标完成情况，是对教师这一课程与教学中最重要主体之教学课堂完成程度的一种评价。二是教案融合度，重视教案完整，重点、难点突出；重视挖掘知识本身蕴含的思政元素，如价值观、思想物质、思维倾向性、情感表达等；重视外部思政元素映入课程知识点，做到挖掘、融入自然，无硬性植入感觉。三是教学达成度，代表着课程教学全过程中所有参与要素最终达成的立德树人目标情况。四是学生参与度，重点关注课程与教学中的重要元素，"学生"在课程思政教育教学全过程中的表现情况及今后一段时间内学生立德树人目标完成情况。

高校课程思政目标体系之间的关系是，上层次目标体系对下层次目标体系具有指导作用；下层次目标体系要支撑与服务于上层次目标体系。即课程思政目标要支撑与服务于学院专业课程思政目标、学校课程思政目标及国家课程思政目标。

5. 高校课程思政目标确立需要考虑的要素。包括学习者本身、当代社会需要、市场与企业、学科专家、现代教育技术等因素。

第一，师生互动与课程生态设计。高校课程思政生产需要共同体内相关主体，如学校领导、相关教师、学生、企业代表等人员参加。高校课程思政目标要尽可能地实现学生目标与学科目标和社会目标的统一。

第二，政府与学校要求。高校课程思政共同体要综合考虑学生获得感及终身受益性、教师个性与学科背景需要、学科课程发展需要、学生发展需要、社会需要等因素来确定。同时根据这些方面因素，确定课程"应该"以及"可以"融入的思政元素。

第三，学科与专业规律。高校课程思政目标更多是课程作为一门学科的教学目标，在高校课程思政设计上应考虑整个专业计划对课程的要求和目标设定。因此，高校课程思政的目标是受专业培养计划制约的，对专业目标的实现起着支持作用。

第四，未来社会对人才的需求。1989 年，在北京召开的"面向 21 世纪教育国际研讨会"上提出了培养人才成功的标志，即每个人持有"三个通行证"，一是学术性的，二是职业性的，三是事业性的和开拓性的。[①]高校课程思政目标需要与时俱进，提出更有时代感和时代需要的目标。

第五，现代信息技术条件。线上线下相结合的"混合学习模式"成为世界高等教育的一种趋势。伴随着这种新学习模式的出现，该模式下的新学习技术和学习工具进入现代大学课程、大学教学之中。"视频会议""虚拟教室"等技术工具成为现代课程生产不得不考虑的因素。在高校课程思政生产中，"教育＋现代信息技术"最终体现在课程设计、课程开发、课

---

① 参见薛天祥：《高等教育学》，桂林，广西师范大学出版社 2001 年版，第 235 页。

程教学与现代信息技术的融合程度方面。

二、原理选择

高校课程思政生产的共同体模式需要系统选择课程设计原理，利用好各类课程设计、课程开发、课程生产的成功理论，指导高校课程思政具体设计、开发和生产。

（一）高校课程思政生产的系统原理

高校课程思政共同体是一种整体观、是一种系统观，它强调整体的力量、系统的力量，同时强调个性的力量及系统元素的力量。系统原理，就是运用系统论的思想、理论、观点和方法，研究、分析和处理各类复杂问题的一种理论模式。系统原理重视问题的整体性分析，重视问题系统的各要素之间的相互作用关系，重视问题系统与其环境间的关系。系统原理在高校课程思政生产中的基本要求如下：

第一，把高校课程思政生产本身作为整体系统来考察，并运用系统原理、系统方法对其进行设计、开发、生产、运行和管理，即把高校课程思政共同体作为一个整体来进行设计、实施和评价，使之成为进行高校课程思政教学和高校课程思政功能最优的系统。

第二，高校课程思政生产综合了教育教学系统的各个要素，其中最主要的是处理好知识传授、能力培养和价值塑造之间的关系。高校课程思政作为专业课程，是系统的首要功能；高校课程思政作为专业课程进行思政的载体，也是课程思政题中应有之义。其中的关键是要把系统中的专业知识要素作为核心，作为显性知识；把系统中的思政元素作为隐喻，作为隐性知识。既不能忽视系统的专业功能，也不能忽略系统的价值引领教育功能。

第三，高校课程思政共同体是学校立德树人共同体系统的重要组成元素（分系统），高校课程思政共同体在进行课程思政生产时，必须融合学校层面与教师层面的合理化建议与诉求；融合社会对高校立德树人的期望、高校人才培养方案、学院专业培养方案、课程思政生产方案，要尽可能地让这些要素有机统一起来，产生协同效应。

第四，系统原理需要我们将高校课程思政生产系统作为整个社会大系统之中的小系统，这需要高校课程思政共同体注重融合学校教育、社会教育和家庭教育之间的互动与融合，注重拓展高校课程思政生产的视野，为学生提供更多的适切的知识、能力和价值素材。

（二）重构主义课程原理

重构主义课程原理注重将生活体验的本质以文本的形式表达出来，通过反省和深思，形成一种对教育具体情况的敏感性和果断性。重构主义课程原理对高校课程思政生产的基本启示：

1. 关注课堂的显性情况，更关注其隐性方面。加拿大学者艾根在《深度学习》一书中探讨了深度学习的原则与路径，提出了深度学习的 3 个标准：知识学习的充分广度（Sufficient Breadth）、充分深度（Sufficient Depth）和充分关联度（Multi-dimensional Richness and Ties），以对应知识所具有的符号表征、逻辑形式和意义系统的 3 个组成部分。[①] 艾根对教学活动与学习过程作出了新的阐释：拓展知识学习的广度与深度，将深藏于知识的表层符号和内在结构之下的道德与价值意义与学习者的个人经验、生命体验建立深层关联，挖掘知识所凝结的思想要素与德性涵养，通过转化促进学习者个体的精神发育。艾根的深度学习理论可以为当下开展深度学习的课堂教学改革提供基本路向。[②] 这为开展高校课程思政隐性教育，挖掘课程本身的价值元素提供了一个原则和思路。

"显性教育是指正规的课堂教育，有一定的计划性，教育方式一般以灌输为主，具有一定的直接性、公开性和略带强制性。"[③] "隐性教育是引导学生在学校教育性环境中，直接体验和潜移默化地获取有益于个体身心健康和个性全面发展的教育性经验的活动方式和过程。"[④] 高校课程思政生产，应坚持显性教育与隐性教育的结合。

显性教育与隐性教育相统一的原则，是根本的高校课程思政之道。这一原则要求在高校课程思政生产中，努力挖掘课程知识本身的价值意义，遵循"学以进德"之道，严守学科课程边界，做到知识传授、能力培养和价值传递相统一，通过隐性渗透、寓道德教育于各门专业课程之中，促进显性教育与隐性教育统一发展、同向同行，使高校课程思政实践既有"惊涛拍岸的声势"，也有"润物无声的效果"。[⑤]

"学以进德"正是对西方知识道德理论进路的总结：将知识视作精神

[①]　Egan, K.Learning in Depth: *A Simple Innovation That can Transform Schooling*, London Ontario: The Althouse Press, 2010, pp.148~149.

[②]　参见伍醒、顾建民：《"课程思政"理念的历史逻辑、制度诉求与行动路向》，《大学教育科学》2019 年第 3 期。

[③]　陈志章：《美国社会隐性教育研究》，北京，中国社会科学出版社 2017 年版，第 1 页。

[④]　贾克水、朱建平、张如山：《隐性教育概念界定及本质特征》，《教育研究》2000 年第 8 期。

[⑤]　习近平：《思政课是落实立德树人根本任务的关键课程》，《求是》2020 年第 17 期。

发育的种子，将学习看成造就个体智慧与美德的路径。这也在提醒我们，教育场域中的知识不单是人类认识成果的符号表征，"大学需要将高深知识转化为智慧，智慧涉及价值和事实两个方面，当真正反映事物本质的知识按照人类的需要组合起来并满足人们希望时，智慧就会从知识的背后呈现出来"①。这就表明，大学课堂教学不能止步高深知识，而是要通过坚持合规律性与合目的性相统一、事实与价值相统一的原则，将课程知识背后的"智慧与德性"呈现出来。

2. 注重理论联系实际，既关注课堂，也关注课堂之外学生的生活世界。高校课程的思政元素，并不能从高校课程抽象的理论、学科概念中顺利地、逻辑地推论出来，而是需要教师从课程知识本身的符号意义中挖掘出来，它不仅需要在专业知识中寻找，更要从社会实际中寻找，坚持理论与实际相结合，因事而化、因时而进、因势而新。所以在高校课程思政生产进程中，要注重学习内容联系学生生活，有机整合学生的需求与经验。学生是带着好奇心和专业课程的先前概念来到教室的，高校课程思政要促进有意义的学习生成，即让每个学生以自己原有的知识经验为基础，通过高校课程思政引导促进学生对新知识、新信息、新理念进行识别和编码，从而建构起自己的理解。当学生的自发性、主动性和创造性被激发出来，他们就有了更强的学习动力，高校课程思政立德树人的效能就会更好。

3. 对教师要求不只是教书，更要育人。重构主义课程原理强调教师要以"师长"和"长者"的身份，重视教师身份自身的角色规范，在课程教育教学中实现"教之学"和"教之育"的统一，在强调教师课程知识传递、能力培养的同时，更要强调教师课程的价值引领功能。重构主义课程原理不只关注教师的知识与教学技术层面，更关注教师的实践智慧、育人智慧，关注教师育人的理性自觉。

（三）实践性课程开发理论

施瓦布提出的根植于实践的课程开发模式——实践性课程开发理论，提出课程四要素之间具有持续的相互作用。"教师和学生、教材、环境"四要素在交互作用与联系中构成一个动态系统，随着教育情景和课堂的数量变化，生发出多个课程的动态系统。为此，要保持四要素相互间的动态平衡，"对教师、学生、教材、环境的某一个方面关注过多或关注过少，

---

① ［美］布鲁贝克：《高等教育哲学》，王承绪等译，杭州，浙江教育出版社 1987 年版，第 131 页。

都会打破班级和其他教育情境的'生态平衡'。"^①同时，该理论特别强调了实践性课程的开发方法：审议。施瓦布建议应以学校为基础建立一个集课程设计、开发与生产为一体的"课程集体"，该集体应由学校校长、教师、学生、教材专家、课程专家、学科专家、心理学专家以及社会、政府、社区和家长代表等组成。课程集体的理论意蕴就是高校课程生产的共同体理念。这对高校课程思政设计、开发和生产有以下启示：

第一，保持高校课程思政共同体构成主体的多元性，以使高校课程思政共同体之课程生产过程更具权威性。

第二，要给高校课程思政共同体系统不断输送负熵，促进高校课程思政共同体系统平衡不断被打破，同时通过系统内外的信息、物质、能量等的持续交流，保持高校课程思政共同体系统的动态平衡，保持高校课程思政共同体课程生产过程的活力。

第三，体现高校课程思政建设的高度广度深度相统一，让高校课程思政共同体课程生产过程时刻把握育人高度，把"培养什么人"的问题，作为高校课程思政的首要问题。同时，要把握高校课程思政的思想深度，重视"课程思政"对构建"人才培养体系"的途径作用。习近平总书记强调："要努力构建德智体美劳全面培养的教育体系，形成更高水平的人才培养体系。"^②最后，扩大高校课程思政共同体主体参与广度，让高校课程思政共同体课程生产过程成为完善"三全育人"举措的关键载体。

（四）后现代课程开发理论

后现代主义课程开发理论认为，课程作为"结构、解构、后现代文本"来理解。其主要观点有：倡导人与自然的和谐关系，注重相互依存和维持生态；倡导建立民主平等、合作对话的师生关系。其代表人物之一多尔提出了后现代课程理论的4个准则——丰富性（richness）、关联性（relation）、回归性（recursion）、严密性（rigor）。丰富性强调课程的深度及意义的层次，重视多样可能性与解释性；回归性，由再次发生的词义而来，通常与数学的重复运算有关，如布鲁纳"螺旋型课程"；关联性是指运用联系的观点指导后现代转变性课程生产，特别是在课程教育方面和课程文化方面应该建立起联系；严密性，与现代主义不同，后现代框架中的严密性强调解释性、不确定性、变换的关系和自发的自组织等，意味着有

---

① 张华：《课程与教学论》，上海，上海教育出版社2000年版，第20页。

② 《习近平在全国教育大会上强调　坚持中国特色社会主义教育发展道路　培养德智体美劳全面发展的社会主义建设者和接班人》，《人民日报》2018年9月11日。

目的地寻找不同的选择方案、关系和联系。

我们从历史发展的角度梳理了 4 种课程理论和课程设计思想，是希望在高校课程思政生产中学会情境应用。这种应用不是一种原理的应用，而是适切原理的应用。在高校课程思政共同体之课程生产过程中，需要有系统课程开发理论作指导，也需要结构主义、建构主义、后现代主义课程观的理论原理的具体应用。它是随着高校课程思政生产的实践而发生变化。高校课程思政共同体需要准确把握原理意蕴，能动地去认知、认同、内化原理，而非被动地注入、移植、楔入。

高校课程思政生产是高校课程思政高质量发展的重要环节，在这个环节中，除了以上层次、模式、原则和原理选择环节之外，还有一些关键因素影响高校课程思政共同体的课程思政生产。这些环节包括高校课程思政目标确定、高校课程思政学情把握、高校课程思政内容选择、高校课程思政共同体平台建设等。

三、理念统一

高校课程思政共同体的一个根本任务就是统一高校课程思政理念，让高校课程思政价值诉求深入教师心田，变成广大教师的自觉行动。理念统一是高校课程思政共同体构建与运行的前提，也是高校课程思政共同体善治的基础。高校课程思政共同体需要利用各种平台、机制、制度来促进这一进程的健康发展。

第一，广大教师应该明确立德树人是课程题中应有之义，是教师应有之责，是教育应有之本分。教师只有形成自觉的高校课程思政意识，才有高校课程思政建设的基础。

第二，要利用平台、机制、制度等来促进教师顺利开展高校课程思政建设。其中的关键是提升广大教师的高校课程思政建设能力。

第三，高校课程思政共同体以共同价值、共同事业为基础，反过来，统一的价值诉求与事业追求促进高校课程思政共同体更加完善、更加持续发展。

四、生产原则

（一）共同体原则

根据高校课程思政生产的本质属性，我们认为，共同体原则是高校课程思政设计、开发和生产的根本原则。高校课程思政设计、开发生产是一项复杂的系统工程。高校课程思政生产不仅需要学科专业知识，也需要教学与课程论知识、思想政治教育学知识、教育传播知识等，是一个跨学科的课程设计、开发和生产过程。组织跨学科教师的最有效方式是高校课程思政共同体。高校课程思政共同体集合了学科专业教师、思政教师、教育学教师等，可以有效促进跨学科团队的形成。同时，高校课程思政共同体机制和共同体平台也可以促进高校课程思政共同体各主体之间有效理解、沟通、互助，从而实现共商、共建、共享，让高校课程思政生产过程变得更加适用于课程教学、课堂教学、课外教学。坚持高校课程思政共同体原则是高校课程思政生产必须坚持的根本原则，它要体现主体全面、内容丰富，体现全员育人、全过程育人、全方位育人的"三全育人"原则；体现高校课程思政共同体各类主体共商、共建、共治、共享的"各尽所能"原则；做到统一理念、统一价值、统一要求，按照人人有责、人人尽责、人人享有的原则，科学生产高校课程思政。

（二）同向同行原则

同向同行原则是指高校课程思政共同体各主体之间价值导向的同向同行；高校课程思政共同体内各学科理论、各学科知识的同向同行；高校课程思政共同体内教育与教学、教与学的同向同行。这需要广泛的沟通，反复的交流，实践的反馈与反思。总之，这是一个持续追求的原则，也是一个目标性原则。

（三）分类设计生产原则

课程是高校进行高等教育的重要载体，是实施高校课程思政的最基础单位。高校课程丰富，各专业不同，各高校课程设置也不同。就各门课程思政来讲，不同的课程蕴含的价值存在一定差异，即各门课程内容中"价值"的渗透性不同，则课程内容本身的价值内涵、性质、价值呈现强度也有所不同。有些课程内容蕴含的价值易于识别、性质与社会主流价值同向、价值特征易于感知；而有些课程内容的价值识别却不是容易的事。这需要根据不同类别的课程进行分类设计生产。

分类设计生产，一是要把高校课程思政设计和生产分为宏观、中观和微观课程思政设计；二是要进行学科专业分类；三是最终细化为每一门高校课程思政设计和生产的个性化。

五、元素选择

高校课程思政内容是达成课程目标的重要手段，它既包括课程专业方面内容，也包括课程需要融入的思政元素内容。思政元素的选择是高校课程思政生产的关键，也是高校课程思政贯彻落实、持续发展的关键。这既需要明确课程具体融入的元素，也需要明确元素来源以及融入的方式。这是一项十分复杂的工程，单靠专业教师是难以完成的，它需要高校课程思政共同体提供适切平台，实现共同协商、共同挖掘、共同融入。

（一）高校课程思政元素选择

教育部发布的《高等学校课程思政建设指导纲要》明确了专业课程选择思政元素内容的总体原则。

第一，对课程融入思政元素内容作了总体概括，即"一条主线、五个供给、六项教育"。"一条主线"，即"课程思政建设内容要紧紧围绕坚定学生理想信念，以爱党、爱国、爱社会主义、爱人民、爱集体为主线"；"五个供给"，即"围绕政治认同、家国情怀、文化素养、宪法法治意识、道德修养等重点优化课程思政内容供给"；"六项教育"，即"系统进行中国特色社会主义和中国梦教育、社会主义核心价值观教育、法治教育、劳动教育、心理健康教育、中华优秀传统文化教育"。

第二，提出了分专业融入不同思政元素的要求："专业课程是课程思政建设的基本载体。要深入梳理专业课教学内容，结合不同课程特点、思维方法和价值理念，深入挖掘课程思政元素，有机融入课程教学，达到润物无声的育人效果。"

第三，细分了"三大类""七个专业课程"分类融入思政元素的总体原则。"三大类"，即"公共基础课程、专业教育课程、实践类课程"。"七个专业课程"，即"文学、历史学、哲学类专业课程；经济学、管理学、法学类专业课程；教育学类专业课程；理学、工学类专业课程；农学类专业课程；医学类专业课程；艺术学类专业课程"。[1]

应该明确的是，这些内容供给及"六项教育"是高校课程思政生产总体原则，并不是每门课程思政都需要融入这些元素，而是要掌控好课程本身的内容，从课程知识本身内容出发挖掘最为适切、最为自然的思政元素融入专业课程之中。这就要求课程思政元素融入需要遵循显性教育与隐性教育相统一的原则，而不能把思政元素当成显性教育元素带入课程内容之中。后者的做法会使专业课程教育不伦不类，失去专业课程的特质，让专业课程思政教育变成类思政课程教育。

---

① 教育部：《关于印发〈高等学校课程思政建设指导纲要〉的通知》，教高〔2020〕3 号。

为了便于教师理解思政元素内容选择的总体原则，我们进一步把课程目标转化为立德树人量化表征指标，以方便教师理解思政元素是什么这一难题。也即是说，只要在课程显性教育与隐性教育中达到"固三观、立信念、明素养、担使命、促能力"等教育要求，即课程思政教育。

（二）思政元素选择上的问题

在高校课程思政生产过程中，最关键的就是如何选择适切的"思政元素"。其中突出的问题包括以下几个方面：

1.无序选择，弱化了"高校课程思政"的学理支撑。"高校课程思政"本质上仍是课程，它的最主要内容仍然是这个专业、这个学科最为独特的知识与能力体系。高校课程思政的本质属性决定了高校课程思政共同体在进行高校课程思政生产时，首先着眼于课程知识本身所蕴含的思政元素挖掘与选择。

在现实中，教师对高校课程思政内涵的泛化理解十分严重，认为高校课程思政就是在课程中加入《高等学校课程思政建设指导纲要》中提出的思政元素，于是便出现了思政元素无序选择的情况。其基本表征是：

第一，高校课程思政元素选择的随意性。在高校课程思政生产中，由于对高校课程思政本质属性认识不够，一些教师往往把高校课程思政作泛化理解，将其扩展成学生的"素质教育""思政教育""社会主义核心价值观教育"等。把与本课程不相干的所谓"思政元素"内容无序充斥到课程内容、课程目标中，不分课程类型和知识结构的特质将思政元素内容融合在课程思政设计中。

第二，高校课程思政元素选择缺乏整体性、系统性和科学性。整体性、系统性和科学性的课程学科知识特性，决定了课程的构建目标不是独立的一门课程单元。在人才培养方案中，各门课程之间存在着一定的逻辑性、连续性和科学性，是独特专业人才培养方案特有的设计合理、知识完备、相互关联的课程体系。高校课程思政生产是达成课程立德树人效能结构化和现实化的关键步骤。当下高校课程思政生产尚未形成统一的课程设计、开发和生产标准，课程体系内部的"思政元素"逻辑关系较为混乱。整体性、系统性和科学性的缺失，造成有些"思政元素"被不同学科课程重复使用，一些"思政元素"知识点，如"抗疫精神""社会主义核心价值观"等"思政元素"在不同课程课堂中被反复提及，影响了高校课程思政共同体各主体之间的同向同行、协同共振。

第三，高校课程思政与思政课程同向同行效度不足。由于无序选择

"思政元素"，使课程思政与该课程所在班级的思政课程难以实现同向同行，协同效应就会大打折扣。

2. 硬性选择，弱化了高校课程思政的隐性教育特征。高校课程思政本质上仍是课程，其显性教育是这个学科最为独特的知识与能力体系，其隐性教育是课程潜入思政元素后所具有的价值引领功能。

在高校课程思政生产中，高校课程思政元素硬性选择的情况主要有以下几种情况：

第一，把隐性教育显性化。有的教师并未对课程知识本身的思政元素进行深度挖掘，只在课程设计和教学中简单谈及部分"思政元素"，把"思政元素"的隐性教育特征变成显性教育课程。这样的高校课程思政缺乏深度思考和反思，思政元素与课程知识本身没有实现"盐溶于水"，没有充分挖掘课程本身内含的价值教育元素，这样的课程思政不能对学生进行有效的引导，甚至会引起学生的反感，也让课程内容显得不伦不类。

第二，教师本身对"育人"理解的偏差，影响了其进行课程思政的积极性和主观能动性。很多教师注重知识传授和能力培养，但不注重价值引领，认为价值引领是思想政治理论课教师的任务。在实践中，有的教师对课程思政疲于应付，从而出现对"思政元素"硬性选择的情况。

第三，"后真相"时代特征，加大了"高校思政元素"选择的难度。"后真相"是事实真相并不是重要的事情，所谓的"真相"甚至是与事实相反的事实。这意味着"真相"的主观情感更容易影响民情、民意，弱化了真相的事实性对民情、民意的影响。这是因为自媒体传播所产生的情感煽动，在影响效果和效力上盖过了事实真相本身。大学生作为自媒体时代的主要群体，对其进行价值引领并不是容易的事。大学生并不完全局限于教师的解读，他们更注重自主寻找答案。这无疑增加了教师挖掘"思政元素"的难度。

3. 无芯选择，专业课程本身的思政元素未得到充分挖掘。挖掘课程自身内蕴的思政元素是高校课程思政高质量发展的基石。这方面的困境主要是"思政元素"的无芯选择。具体表现是：

第一，教师缺乏思政元素选择之核心素养与能力。"师者，所以传道授业解惑也"，"传道"是第一位的，教师要在"授业"与"解惑"中坚守"传道"这一要务和使命。教师应该主动加强传道能力与素养的自我提升，学校也应该创造条件、机会和平台为教师提升这方面的能力和素养服务。

第二，失去"知识传授"和"能力培养"的思政教育是无芯的思政教育。高校课程思政只有做到"知识传授"和"能力培养"与"价值引领"的统一，只有从课程知识本身挖掘的"思政元素"才能更好地与"知识传授"和"能力培养"相统一，并最大化高校课程思政的立德树人效能。

六、挖掘和融入

高校课程思政共同体是高校课程思政元素挖掘和融入的有效模式（图5-3）。

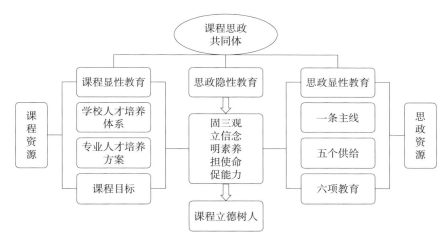

图 5-3　课程思政元素关系图

（一）思政元素挖掘的基本原理

1. 形成显性教育与隐性教育的耦合点。显性教育与隐性教育的耦合点是高校课程思政生产的逻辑起点，这个耦合点就是立德树人表征指标所蕴含的基本目标点。这些目标点的实际成效就是高校课程思政立德树人效能的最终体现。只要从课程本身挖掘出有利于"固三观、立信念、明素养、担使命、促能力"的要素，并使这些要素真正被学生认可、吸收，就是好的高校课程思政。广大教师完全不必受制于"什么是思政元素"的困扰。

基于这样的认识，教师在挖掘思政元素时，就可以从课程本身的知识体系出发，找到有利于"固三观、立信念、明素养、担使命、促能力"的要素。当然，在高校课程思政共同体中，通过相互之间的启发、互动，教师对这些要素的认识会越来越清晰。

2. 构建显性教育与隐性教育的连续线。"高校课程思政"是"专业课程"与"思政元素"的有机融合。"高校课程思政"不是"思政课程"，它不应该进行显性的思政教育。"高校课程思政"的基本原理是通过课程的显性教育与隐性教育相统一，在课程的显性教育中实现高校课程的隐性教育功能，从而实现高校课程思政知识传授、能力培养和价值塑造相统一的功能。高校课程思政这一目标的实现要求，在进行课程本身的思政元素挖掘时，就必须构建起显性教育与隐性教育的连接线。这条"连接线"一头连着专业课程的显性知识体系，一头连着课程立德树人的隐性职能。做到这种有机连接，就需要充分挖掘课程本身可以实现的立德树人表征指标所内含的意蕴，找准"高校课程思政"与立德树人具体表征指标之间的契合点，并与同期开设思政课程形成有效连接，从而实现高校课程思政与思政课程在立德树人目标上的同向同行、同频共振，最终形成协同效应。这需要高校课程思政共同体内专业课程教师和思政课程教师充分交流、互相启发、互相配合。

3. 建构显性教育与隐性教育的生成网。用显性教育与隐性教育相统一的方法进行高校课程思政教学，重在使学生在知识、能力获得的同时，获得价值引领。获得价值引领的关键是大学生对所授知识、能力、价值的顺应、理解、同化、吸收，并生成自己的新建构。为了这种新建构的生成，高校课程思政所隐喻的思政元素必须是学生关注的、与学生实际生活相联系的鲜活现实问题，这个问题可以促进学生个人或团队做深度学习或研究。高校课程思政共同体只要结合课程学科本身的专业特征，引导学生思考和探究社会生产中各式各样的热点问题，并能以此促进学生反思自身的素养、能力、知识要求，理解自己的使命担当，就能做到专业课程与"思政"产生协同效应，达到立德树人的实际效果。

（二）思政元素挖掘的方法

借助高校课程思政共同体平台，在高校课程思政生产实践中，以下 5 种方法是有效方法。

1. 发展分析方法。发展分析方法是伯顿·克拉克（Burton R.Clack）在分析研究大学学术权力时首先使用的一种方法。这种方法主要是在两个层面使用。一是"分析构成当代高等教育体制的重要组织和控制形式的历史根源，以及它们的发展过程。分析的单位可以是现实体制结构中的各个部分。研究的目的在于获得一些问题的历史答案。"[①] 二是"发展分析还需

要包括对国际间相互移植和借鉴组织形式问题的研究。在新建国家和后来才注意到高等教育发展的国家，高等教育的组织形式一般都不是自己发明的，而是从其他国家学来的。在新的环境中建起旧的组织形式，引起了有趣的、关于本国创办者或殖民地创办人的意图问题。不管怎样，被移植的形式必须进行调整以适应不同的环境，并在其中生存"。① 即是说，伯顿·克拉克在运用发展分析方法时，首先注重某一高等教育问题的自身发展状态，从问题的历史根源去分析现状；其次是从国与国之间比较的角度去分析，在这种分析中，同样注重了问题发展的历史根源问题。

在高校课程思政元素挖掘中运用发展分析方法，就是要从历史的纵向视角分析课程本身所蕴含的思政元素，同时要从现实的横向视角比较分析课程本身所蕴含的思政元素。高校课程思政共同体要善于从专业课程的发展史中、从中外课程现状对比中、从学科课程专业中、从大师成长道路和学科课程教师个人经历等方面完成对学生的知识传递、能力培养和价值塑造。这些元素应该是隐性的，它隐于知识本身，它主要靠学生的感悟，而不是靠教师直接的分析。

2. 比较分析方法。主要是通过比较分析具有相同属性的事物、相同属性的事实，以实现对事物和事实本质和规律的科学认识。比较分析法最常用的还是把两个相互联系的事物和事实指标数据进行比较，从数量上对比和说明两个事物和事实之间规模的大小、质量的高低、进展的快慢，以及发展是否协调。在比较分析方法中，选择恰当的对比标准是该方法能否取得预期效果的关键。标准选择不合适，比较分析得出的结果就可能是错误的结论。

因为是相同的指标，所以它有说服力。如中外国家国内生产总值增长率对比，可以证明中国经济 40 多年一直保持高增长；2020 年新冠疫情数据，如死亡率、感染率等对比，可以显示各国应对疫情的能力，进而可以证明国家治理水平的高低、制度的优劣等，都是很好的例子。

在高校课程思政生产中，要善于用课程本身数据说话，用课程本身的事实说话，通过科学的数据、事实实现知识传递中的隐性价值引领。

3. 案例分析方法。是指把实际工作中出现的问题作为案例，对这些有典型性和代表性的案例进行科学分析，以获得特定事物的运行规律和总体

---

① ［加］约翰·范德格拉夫：《学术权力》，王承绪等译，杭州，浙江教育出版社 1989 年版，第 215 页。

认识，进而指导特定事物的高质量发展。在高校课程思政生产案例分析中，一般由教师带领学生进行，在分析中培养学生的分析能力、判断能力、解决问题能力等。

在高校课程思政共同体之课程生产中，运用案例分析方法，关键在于案例选择及对案例的具体分析。专业课程教师、思政课程教师和学生一起对时势热点问题、学科专业热点问题进行讨论，共同找到"课程思政元素"最好的切入点。在高校课程思政生产中，要善于寻找具有"短、新、近、大、本"的案例。"短"是指案例别太长；"新"是指案例比较新；"近"是指案例发生在大学生身边的事；"大"是指案例影响范围大；"本"是指多收集校本案例，这样的案例有特色，对学生也有亲近感。课程教师要善于从专业课程知识点中发掘思政元素；善于通过研究课程内容，发掘其中所蕴含的哲学思想；善于通过对失败的学科发展教训、社会警示性的问题等的分析判断，提高学生批判思维能力和责任意识。

4. 系统分析方法。系统分析方法是源自系统科学的一种社会科学研究方法。系统科学自20世纪40年代诞生以来，成为人们观察世界、分析世界的一种工具，也成为社会科学研究的一种跨学科分析方法。系统分析方法，强调从系统的角度、整体的角度去考察、分析、研究事物。系统分析方法通过对系统的整体性分析、系统的关联性分析、系统的目标分析、系统的主要组成要素分析、系统要素的相互关系分析、系统与外部环境进行的能量、信息、物质分析，从整体角度、系统角度分析诊断问题，找到解决问题的方案，促进研究对象的系统动态进化。

在高校课程思政共同体之课程生产中，要坚持系统思维，做到高校课程思政共同体内各主体之间、专业课程之间、专业课程与思政课程之间互相协调、相互配合，实现对课程思政元素的深度系统挖掘。在高校课程思政共同体平台上，思政元素的挖掘提倡互相配合、协同作战、同向同行、系统挖掘：以学校人才培养体系、专业人才培养方案为重点，明确学校层面、专业层面的人才培养总体目标和思政元素挖掘要求。继之，要将总体目标和思政元素挖掘要求分解到课程群；最终把这些目标和要求细分到每一门课程。系统分析方法，不仅有利于不同课程的教师相互启发、相互配合，避免重复性工作，也有利于同一专业内部的各门"课程思政"之间互相配合、同向同行，产生协同效应。

5. 知识解构法。知识的内在结构通常包括3个主要的元素。"第一，符号表征。作为人类的认识自然、改造自然的认识成果，任何知识都是以特定的符号作为表征。认识论立场中的知识反映的是人类认识的最新成果，是以理论化的符号形式呈现的。""第二，逻辑形式。知识的逻辑形式是指人认知世界的方式，具体包括知识构成的逻辑过程和逻辑思维形式。任何知识的形成，都经历了分析与综合、归纳与演绎、类比与比较、系统化与综合化等逻辑思维过程，都包含着概念、判断和推理等逻辑思维形式。""第三，意义。知识的意义是其自在地促进人思想、精神和能力发展的力量，是知识与人的发展之间的一种价值关系。作为人类认识成果的知识蕴含着对人的思想、情感、价值观乃至整个精神世界具有启迪作用的普适性的或'假定性的'意义。"[1]"知识就是力量""知识即美德""知识改变命运"，就是由于知识内在结构中"意义"的存在而生成的一种品质。"没有通过知识而积极地启发世界的意义，也启发人生的意义。人在教育中感受不到意义的充盈与生活的完满，亦感受不到教育的意义。"[2]《反思教育：向"全球共同利益"的理念转变？》一书中把知识定义为："知识在有关学习的任何讨论中都是核心议题，可以理解为个人和社会解读经验的方法。因此，可以将知识广泛地理解为通过学习获得的信息、认识、技能、价值观和态度。知识本身与创造及复制知识的文化、社会、环境和体制背景密不可分。"[3]

"在知识的内在结构中，符号是知识的外在表达形式，是知识的存在形式，即符号存在。""逻辑形式是知识构成的规则或法则，逻辑形式是人的认识成果系统化、结构化的纽带和桥梁，是认识的方法论系统。""意义是知识的内核，是内隐于符号的规律系统和价值系统。只有把握住符号、逻辑形式、意义之间的内在关联，才能从整体上理解知识和掌握知识。"[4]

"从教育的角度看，知识问题不是一个知识产生的问题，而是与学生发展过程相关联的知识再生产问题；不是关于客观事物的事实性问题，而是关于学生成长的价值性问题。"[5]在高校课程思政生产中，教师在传递事实性知识的同时，一定要认真分析探究课程知识中的价值元素，要通过知识的解构分析，对学生进行价值引导，使学生获得生命意义体验，建立起

① 郭元祥：《知识的性质、结构与深度教学》，《课程·教材·教法》2009年第11期。
② 刘铁芳：《人、世界、教育：意义的失落与追寻》，《教育研究》1997年第8期。
③ 联合国教科文组织：《反思教育：向"全球共同利益"的理念转变》，北京，教育科学出版社2017年版，第8页。
④ 郭元祥：《知识的性质、结构与深度教学》，《课程·教材·教法》2009年第11期。
⑤ 郭元祥：《知识的性质、结构与深度教学》，《课程·教材·教法》2009年第11期。

信仰的殿堂、精神的家园。

（三）高校课程思政元素融入原则

高校课程思政建设成败的关键在于思政元素融入课程本身的方式与程度。我们主张课程思政显性教育与隐性教育相统一，高校课程思政主要以挖掘课程知识本身的思政元素为主要模式，就是让高校课程思政在发挥思政教育功能的同时，不改变课程本身的学科特征。这就需要高校课程思政元素融入必须坚持基因融合和有机融入两大原则。

1. 基因融合。是指运用课程知识本身内蕴的思政性基因，运用课程本身显性教育所产生的必然隐性教育效果，产生课程本身内蕴的立德树人教育目标。高校课程思政功能来源于课程本身的思政元素基因，对这些思政元素基因进行有效融合，可以实现课程知识传递、能力培养和价值塑造的完美统一。基因融合，可以有效避免课程思政教育功能的"窄化"和"泛化"，有效避免专业课程的"思政化"，有效避免专业课程思政的"形式化"。

2. 有机融入。是指在高校课程思政生产中，引入的思政元素必须是课程本身的一种自然延伸，而不是强行加入。引入思政元素的过程恰如盐溶于水的过程，表面没有变化，但实质内容却有了质变。有机融入，同样是为了有效避免专业课程的"思政化"和高校课程思政的"形式化"。

（四）高校课程思政共同体平台

高校课程思政共同体是促进高校课程思政生产与教学的最为有效的载体。它既是高校课程思政生产的平台，也是互相学习、互相交流的平台。它同时还是一种最新高校课程思政资源展示、课程思政精品课程展示、教师培训的平台。

1. 平台构建原则。作为高校课程思政共同体交流学习、课程生产与开发平台，其构建是一个复杂的过程，也是一个复杂的多学科知识与技术应用过程。构建这样的平台需要坚持和坚守以下 3 个原则。

线下实体平台与线上虚拟平台相融合原则。高校课程思政共同体线下实体平台包括会议、培训、论坛、团建活动等形式，它是一种面对面的形式。其优势是共同体平台主体可以深入地进行面对面交流，其劣势是组织成本较高。高校课程思政共同体线上平台，形式多种多样。优势是利于组织，信息易于保存，劣势是交流效果不如线下面对面交流。构建高校课程思政共同体平台时要同时考虑线上与线下平台的整体构建，注重线上与线下平台的融合。

学校、学院和课程层面高校课程思政共同体平台相融合原则。这主要是指线上平台的构建原则。构建高校课程思政共同体平台一定要考虑 3 个层面共同体的融合建设，在一个平台上提供各类共同体交流学习的空间与载体，并为各个层面共同体的功能实现提供智能化解决方案。

社会教育、学校教育与家庭教育相融合原则。在构建高校课程思政共同体平台时，一定要考虑共同体各类主体参与高校课程思政生产的渠道、方式问题。在共同体平台上要为各类主体提供便捷的、智能化的渠道与方式，并对各类主体的建议与意见给予智能化、人性化反馈。

2. 平台基本要求。在教育数字化、现代化推进的大背景下，高校课程思政共同体平台构建以线上平台构建为重点。线上高校课程思政共同体平台既可以是一个网站，也可以是一个资源客户端，或者是一个微信、钉钉资源共享群。不管是怎样的形式，它应该满足高校课程思政生产和教学的需要。其基本的要求有 3 个。

内容资源能交互。高校课程思政共同体的一个基本功能就是可以实现资源的交互使用，这也是高校课程思政共同体存在的最为主要的价值。高校课程思政共同体应该为共同体各类主体提供优质丰富的资源，并能实现各主体之间友好的资源共享。

学习空间可拓展。高校课程思政共同体是高校教师互相学习的空间与平台，它需要满足广大教师的当下课程思政生产和教学需要，并能为未来的课程发展需要提供可拓展的空间。在高校课程思政共同体平台内，学习空间由学校延伸到校外；从教室延伸到实验场所；从线下学习方式延伸到线上线下混合学习方式。这些拓展既包括资源的可拓展性、技术的可拓展性，也包括物理学习空间向虚拟学习空间的可拓展性。

学习工具智能化。在智能化时代，高校课程思政共同体需要提供智能化服务与资源，提供集成化、智能化、便利化的服务与资源。资源是为了使用；高校课程思政共同体是为了让高校课程思政生产和教育更为有效，永远是高校课程思政共同体构建和治理的基本原则。为了方便教师使用高校课程思政共同体平台，高校课程思政共同体平台应该提供各类智能化的学习工具，这些智能化学习工具可以有效、智能解决教师使用高校课程思政共同体平台的各种障碍。

3. 高校课程思政共同体资源提供。要体现共建共享原则，注重资源的质量与二次开发选择，资源建设与发布要符合国家、学校和课程开发标准。至少应该包括以下 8 个方面。

共同体动态。展示校内外各类高校课程思政共同体发展的现状与未来趋势，特别是国家级课程思政教学与研究中心的运行情况。

理论前沿。展示高校课程思政建设的理论成果、实践创新成果，展示最新的高校课程思政生产与教学理论、最新的教育教学理论等。

课程资源。展示专业课程本身的发展史、权威人物、中外发展现状、关键数据与实践应用等。

思政资源。包括最新的课程思政国家政策、地方政策和学校政策；展示可以体现教育部《高等学校课程思政建设指导纲要》思政元素内容的总体原则，即可以体现"一条主线、五个供给、六项教育"所有资源。

样板课程。展示国家课程思政精品课程、本校课程思政样板课程等。

培训信息。校内外课程思政教师培训的各类信息及相关资源展示。

交流园地。高校课程思政共同体内教师相互进行学术和情感交流的留言区。

研究成果。展示高校课程思政共同体教师在课程思政方面的成果、学校在课程思政建设方面的成果等。

第六章　高校课程思政共同体之教学设计

高校课程思政教学是课程思政实施的关键，其难点在于如沐春风、如盐入汤式实现高校课程思政教学，即在高校课程思政生产中挖掘适切的"思政元素"或者加入适切的"思政元素"，通过教学艺术的方式使"挖掘"和"加入"思政元素与原课程学科内容、知识点浑然一体。这对广大专业教师来讲是一种挑战。高校课程思政共同体的教学设计模式，可以实现高校课程思政教学中不同学科教师之间的理念共享、资源共享、信息共享、经验共享、情感共享，并以此推进高校课程思政教学的高质量演进。

第一节　高校课程思政教学过程要素

一、教学与高校课程思政教学

教学，在中国源远流长。据专家考证，商代甲骨文已有"教"和"学"2个文字，如"丁酉卜，其呼以多方小子小臣其教戒"；"壬子卜，弗酒小求，学。"最初，"教"与"学"均为独立的汉字。《说文解字》中记载："教，上所施，下所效也；学，原为敩，觉悟也。"综合来讲，"教学"在古代中国有3种含义：一是教育。"玉不琢，不成器；人不学，不知道。是故，古之王者，建国君民，教学为先"（《礼记·学记》）；"十一月壬戌，诏曰：'盖三代导人，教学为本'"（《后汉书·章帝纪》）；"自古开物成务，必以教学为先"（《南史·崔祖思传》）。二是指教师传授知识与技能的过程。"颜由，颜回父，字季路。孔子始教学於阙里而受学，少孔子六岁"（《孔子家语·七十二弟子解》）。三是教书。"此间有一个教学的先生，姓阮，叫阮太始"（《初刻拍案惊奇》卷十二）。

"教学"在英文中相对应的词有"teach""instruct"与"teach and

learn"。胡森主编的《国际教育百科全书》一书中解释道：learn 和 teach 是由同一词源派生，learn 解释是"学"和"教"。"teach"一词还有另一种派生形式，teach 这个词与 token（意为"信号"或"符号"）也有关系。由此词源来看，"教"具有通过信号或符号引起别人对事件、人物、结果等作出反应之意。teach 和 instruct 的不同之处在于：teach 一般是指教师的行为，重在课堂中的活动形式与主体作用；instruct 一般与教学环境相关，重在教学过程中的指导。在现代教育学中，教学是《教学论》学科的核心概念，是教师教、学生学的过程。在这一过程中，通过教师教、学生学以及师生互动，从而让学生实现知识、技能、能力、素养、价值的提升。

高校课程思政教学是主讲教师与学生互动的过程，在这一过程中，教师向学生传递学科知识、学科技能、学科素养、学科能力，同时向学生传递学科知识本身所蕴含的价值、意义信息。这些学科知识本身所蕴含的价值和意义信息由高校课程思政共同体来协商供给，教学过程的实施也由以主讲教师为主体的高校课程思政共同体协同进行。

二、高校课程思政教学过程的基本要素

（一）教学过程的基本要素

教学过程由哪些基本要素构成，学术界一直争论不休。但对其基础性的要素认知基本上是统一的，那就是教学过程由教师、学生、教学内容 3 个基本要素组成，即"三要素说"。在三要素基础上加一个"方法"要素，即构成"四要素说"。而在四要素基础上加一个"媒体"要素，即构成"五要素说"。在五要素基础上加一个"目标"要素，即构成"六要素说"。在六要素基础上再加一个"反馈"要素，则为"七要素说"。知名教学论专家王策三教授认为："任何教学活动都包括教学目的任务、教学内容、教学方法、教学手段、教学组织形式、教学效果检查等成分或因素。"[①] 另一教学论专家李秉德教授认为："学生是教学活动的根本因素。""教学目的也是教学活动必不可少的要素之一。""教学内容或者说课程，这是教学活动中最有实质性的因素。""方法也是教学活动的一个要素。""有一个常被人们忽略甚至无视的教学要素就是教学环境。""对于反馈，过去从事教学工作的人也是较少注意的。……不承认反馈是教学活动的要素之一，也是对教学活动认识上的片面性的一种表现。""显然还有一个绝对少不了的

---

① 王策三：《教学论稿》，北京，人民教育出版社 2005 年版，第 86 页。

要素，那就是教师。"① 上述论点表明，两位大家都倾向于教学过程的"七要素说"。

事实上，无论哪种要素说，它们都只是对教学过程进行了不同程度的细分。对教学过程应该进行细分研究，因为教学过程的要素组成不同，教学过程的进展与评价就会不同。作为完整的教学过程，其要素越明确、越细分，越有利于教学的进展，有利于教学的实施，也有利于教学评价、反馈和改进。也正是因为这个事实，虽然争论不断，但必须明确教学过程要素。本研究比较认同多要素说，即尽可能地细分教学过程，把教学过程作为一个完整的系统来对待，以系统观念来分析教学过程，尽量把影响教学过程的要素细分出来，并给予恰当的重视和应对。

（二）高校课程思政教学过程中的基本要素

对于高校课程思政的教学实施，我们倡导的是高校课程思政共同体教学类型。因此，高校课程思政教学过程中的基本要素要比《教学论》中所提及的教学过程的基本要素复杂很多。这是由高校课程思政的本质属性决定的。

高校课程思政教学具有《教学论》中教学的所有属性，它至少有 7 个要素。同时高校课程思政属于高等教育教学，又具有高等教育教学的基本属性。这些基本属性包括：高深知识性、探索性、实践性、复杂性等。在高等教育教学基础上，高校课程思政需要挖掘课程本身的"思政元素"，或者把与课程高度相融的"思政元素"以盐入汤的方式进行教学，这更是难上加难。高校课程思政共同体教学类型本身就会有很多复杂的要素在里面。这些，我们会在下面的论述中涉及。

高校课程思政教学的共同体类型，其过程因素不能仅包括单个因素，更应该从共同体角度分析其整体因素。在整体因素中，高校课程思政共同体内含着"1+1>2"的基本特性。高校课程思政教学的共同体由教师、学生、学习内容、教学资源、教学目标、教学方法、教学技术、教学平台、教学手段、教学反馈等因素组成，它将打破不同学科教师之间的边界，同时还要打破不同课程教学内容之间的边界，它联通不同的教育主体、不同的知识场域、不同的时间空间，高校课程思政共司体发挥的是整体作用。

---

① 李秉德：《教学论》，北京，人民教育出版社 2001 年版，第 11~13 页。

三、高校课程思政教学设计

高校课程思政教学设计是课程思政教学实施过程中的关键因素，它既有一般课程教学设计的特点，遵守一般课程教学设计的原则与原理，同时，它也有自身独有的特征，相比较来说，高校课程思政教学设计过程参与的主体、要素、方式更为丰富。

（一）教学设计的界定

对于什么是教学设计，学界并没有一个统一的共识。比较著名的有以下几个：加涅 1992 年提出："教学是以促进学习的方式影响学习者的一系列事件，而教学系统设计是系统化规划教学系统的过程。"肯普 1994 年提出："教学系统设计是运用系统方法分析、研究教学过程中相互联系的各个部分的问题和需求，确立解决它们的方法和步骤，然后评价教学成果的系统计划过程。"史密斯、雷根 1999 年提出："教学系统设计是指运用系统方法，将学习理论与教学理论的原理转换成对教学资料、教学活动、信息资源和评价的具体计划的系统化过程。"梅瑞尔 1996 年提出："教学是一门科学，而教学系统设计是建立在教学科学这一坚实基础上的技术，因而教学系统设计也可以被认为是科学型的技术（Science Based Technology），教学的目的是使学习者获得知识与技能，教学系统设计的目的是创设和开发促进学习者掌握这些知识与技能的学习经验和学习环境。"乌美娜 1994 年提出："教学系统设计是运用系统方法分析教学问题和确定教学目标，建立解决教学问题的策略方案，试行解决方案、评价试行结果和对方案进行修改的过程。"[1]

何克抗等在《教学系统设计》一书中提出："教学系统设计是以促进学习者的学习为根本目的，运用系统方法将学习理论与教学理论等相关原理转换成对教学目标、教学内容、教学方法和教学策略、教学评价等环节进行具体计划，并创设有效的教与学系统的'过程'或'程序'。"[2]

从以上定义可以看出，教学设计主要解决的是教学过程要素的优化、互动、衔接等问题，其目标是促进学习者学习效果的提升，其基本的依据是学习理论、系统理论、教学论理论、传播理论等。教学设计的核心问题包括：教学设计的主体是谁？教学设计为了谁？教学设计的基本依据是什

---

① 何克抗、林君芬、张文兰：《教学系统设计》，北京，高等教育出版社 2016 年版，第 3~4 页。

② 何克抗、林君芬、张文兰：《教学系统设计》，北京，高等教育出版社 2016 年版，第 4 页。

么？教学设计的基本模式有哪些？

（二）教学设计主体是谁？

教学设计的对象可以是"产品"，也可以是"课堂"，或者是"系统"，或者是"学生"。但不管是什么，其设计主体相对固定。基本有以下 3 种方式：

第一，由主讲教师进行教学设计。这是高等教育成熟化、大众化、普通化后的一个结果，也是目前很多高校教师采取的一种方式。一位教师接受一班课，然后根据国家法定规定、学校教学规定、教学大纲、教材等要求，参照教育对象，进行有针对性的教学设计，以使自己的教学过程更为丰富，教学效果更为优秀，学生获得感更强。

第二，团队共同体方式。这是一些研究型大学，或者重视科研的高校发明的一种办法。当然，这种办法在一般高校也很有市场。其基本做法是组成课程教学团队，这个团队依负责人习好、个性魅力、学习规定等因素组成教学共同体。这个共同体成员由主讲教师、学科专家、社区工作者、媒体工作者、学生、家庭成员等组成。这个共同体就成为教学设计的主体，大家共同来设计教学的各个环节，以取得教学效果的最大化。

第三，教研室。这是新中国成立时学习苏联教学经验而形成的一种教学组织。在我国高校中，教研室这一教学设计组织经历了很多年，甚至至今有些高校仍保留这一组织，当然更多的高校把它升级为"团队"或者"系"。作为教研室，其主要职能就是研究如何做好一门课的教学设计，如何有针对性地进行教学。教研室事实上就是一种教学共同体，因为他们有共同的目标、共同的事业、共同的情感。教研室升级为"团队"或者"系"后，其"组织"职能提升，其业务范围扩大，但更为专注于科研而忽视教学。当然，教学设计在"团队"或者"系"中也就严重弱化。

（三）教学设计为了谁？

教学设计为了谁？本是一个简单的问题。但由于其时代不同，理论依据不同，而有所不同。但大致有以下两种：

第一，为了教师的"教"。教师职业的产生，高校的诞生基本上起源于"教"。教师之所以为教师，在于他有自己独特的学问可以传递给大家。也正是由于他的学识，学生才愿意花一定学费来教师处学习其专门知识。教师当然是以如何教为目标来组织教学、进行教学设计。后来，随着心理学、教育学的发展，对以"教"为中心的教学设计有了更多理论支撑。如学习理论、教学理论、传播理论、系统理论都为如何教提供理论支撑。在这类教学设计中，教师的"教"是教学设计的中心，注重系统性、连贯性，教师自身的学识、人格、言行在教学设计中也具有非常重要的作用，这些隐性教育因素也往往是教学设计中必须考虑的要素。

第二，为了学生的"学"。以学生为中心，以学生的学习效果为中心，以学生课程获得感为中心是随着时代的发展而发展起来的一种教学设计理论。它主要以人本主义、建构主义为理论支撑。在这种教学设计中，学生的"学"处于中心位置，其他一切教学过程因素，如教育技术、教育环境、教育资源、教育方法、教育目标、教育内容等皆围绕着学生的"学"来进行。教学设计的目标是唤起学生的上进心、求知欲，调动学生的学习积极性。教师在教学活动中更多地起引导、指导作用，学生起主体作用。

（四）高校课程思政教学设计

从教学设计定义来看，高校课程思政教学设计将更为复杂，对"教学设计的主体是谁？教学设计为了谁？教学设计的基本依据是什么？教学设计的基本模式有哪些？"4个问题的解答也更为丰富，因此，也决定了高校课程思政教学设计是一个复杂的、值得研究的问题。

在高校课程思政相关设计中，主体是谁呢？目前来看，主要是教师，教师是高校课程思政建设发展的主力军。但只有教师，或者由教师组成的教学队伍，并不一定能胜任高校课程思政教学设计。这是因为，对什么是思政元素的把握，一般专业教师感到力不从心；如何挖掘课程知识本身的思政元素，更是觉得无从下手。甚至天然地反感这件事情。所以高校课程思政教学设计的主体只能是一个团队，是一个高校课程思政共同体。在这个高校课程思政共同体中，有学科教师、教学设计专家、马克思主义理论学科代表、学生代表，甚至包括社区、家庭、企业代表。现代教育教学技术，也能满足这些不同主体在一个高校课程思政共同体平台中进行教学设计。

在高校课程思政相关设计中，教学设计为了谁？这个问题要从多个角度去看。一方面，高校课程思政教学设计一定是为了学生。高校课程思政的终极目标是立德树人，即培养德智体美劳全面发展的建设者和接班人，也是我们常说的"为党育人、为国育才"。学生的获得感是高校课程思政教学设计必然的要求和中心。另一方面，为了使学生有真正的获得感，达到立德树人的目标，高校课程思政教学设计又必须聚焦"教学资源"。高校课程思政要做到"内容为王"，要选择学科、专业最强的知识与能力体系，课程教学中选择的思政元素要科学融入学科知识体系之中，实现教学过程的"润物无声"。这就要求，在教学设计过程中，一定要联系社会实际，联系学生特征，联系学科知识体系，解决学生的现实问题、未来问题。

四、高校课程思政教学设计的理论基础

高校课程思政教学设计的理论依据是什么呢？这需要从两个大的方面进行论述。一方面，高校课程思政教学设计本质上仍是一种教学设计，它遵从教学设计的基本原理；另一方面，高校课程思政教学设计又是以高校课程思政为本质属性的教学设计，它又有自身的规律性，也需要遵从其自身的基本原则。

高校课程思政教学设计的基本依据是什么？一般讲来，主要有以下 5 种主要理论：学习理论、教学理论、系统理论、传播理论和思想政治教育理论。

（一）学习理论对高校课程思政教学设计的支持

学习理论是一种心理学理论，其研究对象是人类学习的本质及学习规律，其关注以下两个问题："学习是如何发生的，学习机制是什么"。明白了学习如何发生，学习的基本机制，就可以有针对性地根据学习者学习需要进行科学的教学设计。不同的学习理论，对这两个问题的回答也是不同的，其揭示的规律也是不同的。目前，主要的学习理论包括行为主义学习理论、认知学习理论、建构主义学习理论、人本主义学习理论、有意义学习理论等。

1. 行为主义学习理论与高校课程思政教学设计。行为主义学习理论认为学习是有机体在一定条件下形成刺激与反应的联系从而获得新经验的过程，他们注重学习者外显行为的观察，忽视心理反应，强调外在刺激对行为的影响和强化作用。他们把环境看作刺激，把伴随学习者机体的行为变化看作反应。其代表人物为巴甫洛夫、斯金纳等。

1954 年，美国心理学家斯金纳的著名文献《学习科学与教学艺术》发表，该文提出了"小步子、循序渐进、序列化、学习者参与、强化、自定步调 6 个教学设计原则，从而确立了行为主义教学设计的基础"[1]。行为主义学习理论对教学设计的影响主要包括 5 个方面："①强调确定可观察的和可测量的学习结果（行为目标、任务分析和标准参照评估）。②预先对学习者作出评估以确定教学应该从哪里开始（学习者分析）。③在进入

---

[1]　张华：《教学设计研究：百年回顾与前瞻》，《教育科学》2000 年第 4 期。

更高层次的学习水平或业绩能力之前,先要掌握前面的东西(教学呈现内容的排序,掌握学习)。④运用强化影响业绩(实际奖赏,形成性反馈)。⑤运用线索、塑造和练习以确保形成刺激—反应之间的强有力联系(从简单到复杂的练习序列,运用提示)。"①

在高校课程思政教学设计中,行为主义理论与原则对高校课程思政教学设计具有一些积极影响。如利用可以观察到的学生行为判断学生对知识的理解程度、满意程度、认同程度,甚至可以用现代人工智能技术直接对学生外在行为进行测量,从而获得学生在课堂中表现的第一手数据。同时,通过学生外在行为表现,教师也可以观察学生,调整教学目标、教学内容,从而实现更有效的师生互动。当然,教师也可以通过一些正向的奖励强化教学知识点、价值意义点,这些都是行为主义理论对高校课程思政教学设计的积极影响。当然,我们也要注意其消极影响,不能把学生看成被动的有机体,忽视其心理变化。总之,行为主义注意刺激与有机体反应之间的联系,对高校课程思政教学设计是有一定启示作用的。

2. 认知学习理论与高校课程思政教学设计。随着脑科学发展,认知理论开始占有一席之地。他们否定行为主义简单的"刺激—反应"行动主义假设,主张学习理论要更多地研究人的心理活动,研究学习者认知结构和认知过程,并据此解释、说明、指导教学设计过程。美国教育心理学家加涅是其代表人物。他提出了一个学习者信息加工模型,该模式假设,信息的刺激首先作用于学习者的感受器,并通过生理活动把感受信息进行编码,继续转化为神经信息,神经信息继而传递给学习者感觉记录器,学习者几乎是本能地产生视觉、听觉、触觉,学习者就获得了对特定信息的注意。

"认知性教学设计理论与行为主义者不同之处在于强调内部的认知结构。教学的目标在于帮助学习者习得这些事物及其特性,使外界客观事物(知识及其结构)内化为其内部的认知结构。"②

对高校课程思政教学设计来讲,设计者需要了解学生的基本认知结构,理解学生认知结构发生变化的机制、机理;同时,教师也要通过对教学知识的引导性介绍,让学生对学习内容有一个概要性了解,并尽可能地

---

① [美]Peggy A.Ertmer, Timothy J.Newby:《行为主义、认知主义和建构主义》(上),盛群力译,《电化教育研究》2004年第3期。

② 张建伟、陈琦:《从认知主义到建构主义》,《北京师范大学学报(社会科学版)》1996年第4期。

使教学内容与学生认知结构发生关联。通过这些主动的教学设计引起学习者对学习活动的积极参与，让学生成为教学意义、知识意义的建构者，促进学生深度学习的生成。促进学生深度学习的教学对学生易于产生润物细无声的效果。

3. 建构主义学习理论与高校课程思政教学设计。建构主义学习理论是对行为主义理论、认知理论为代表的客观主义学习理论的超越。皮亚杰、布鲁纳、维果茨基等是建构主义学习理论的代表人物。建构主义学习理论认为，"知识是人的心灵在与外界客体相互作用的过程中从内部生成的，人的心灵具有自觉能动性，学习过程是主动建构过程，是对事物和现象不断解释和理解的过程，是对既有的知识体系不断进行再创造、再加工以获得新的意义、新的理解的过程。"①

建构主义学习理论对高校课程思政教学设计的支撑是：充分调动学习者的主观能动性，通过对新信息的主动选择、加工和处理，建构起新信息对自己的意义从而愉快接受学习内容；同时，教师要主动自觉关注学习者原有的经验、知识结构、心理结构、个性特征、理想信念等改造，关注大学生自我认知结构，以促进大学生同化教师传递的知识、能力和价值意义。树立以学生为中心的理念，尊重学生，并通过情境设置、教师互动、学生互动、意义建设等教学设计促进学生向着预定方向进行知识建构。

4. 人本主义学习理论与高校课程思政教学设计。人本主义学习理论是心理学史上的第三次浪潮，"第三次浪潮"的标签彰显其强大的影响力。罗杰斯是该理论应用于教学设计中的代表人物。该学习理论认为，行为主义等学习理论大都忽略了教学过程中对学生感受的关注，没有重视教学设计对学生人格方面的培养。人本主义学习理论强调教学设计中的师生互动，强调学习中的情感作用，强调建立和谐的师生关系，强调充分发挥学生的主观能动性。人本主义学习理论以"健全人格"和"自我实现"作为教学设计的出发点和归宿，注重学生的全面发展，教育教学由以往学习理论关注的知识本位转向以人的发展为教学设计本位。其培养目标是把学生培养成"学会怎样学习的人""学会怎样适应和变化的人"。

人本主义学习理论对高校课程思政教学设计的理论意义在于，在高校课程思政教学设计中，必须充分发挥学生的主观能动性，注重学生健全人格的培养。在高校课程思政教学设计中要注重营造师生互动的氛围，设计

①　张华：《教学设计研究：百年回顾与前瞻》，《教育科学》2000 年第 4 期。

学生"自我实现"的场域，让学生成为主动发掘知识意义的主人，成为高校课程思政共同体构建和治理过程中能动的主体。

5. 有意义学习理论与高校课程思政教学设计。有意义学习理论的代表人物是奥苏泊尔。他认为教学设计是一个以实质性的和非人为的方式将潜在有意义的信息与学习者已知内容联系起来的过程，要让学生认识到这是一项有意义的学习过程。有意义学习理论认为发生的"有意义学习"的必要条件有 3 个：一是学习者对自己的学习任务采取一种有意义学习的心理倾向。二是学习的内容是潜在有意义的知识体系。三是学习者可以将正在学习的知识内容和自己已知的知识储备联系起来。

有意义学习理论对高校课程思政教学设计的指导意义在于：在教学设计中教师要努力激活学生已储备的知识体系；教师努力使教学中所使用的教学案例、教学材料对学生来讲更有意义。在此基础上激发学生学习的主动性，进而提高教师的教学效果。

（二）教学理论对高校课程思政教学设计的支持

教学理论，简称教学论，是以"教学"为研究对象，综合研究教学过程各要素及要素之间关系的科学。可以不夸张地说，教学理论是伴随着教育的产生而产生的。孔子是中国的第一位教师，也可以说是中国最早的教学理论奠基人。其著名的教学思想，如"不愤不启，不悱不发"（《论语·述而》）；"学而时习之"（《论语·学而》）；"温故而知新""学而不思则罔，思而不学则殆"（《论语·述而》）等，都是教学理论方面的至理名言。在西方，夸美纽斯是教学理论的重要奠基人，其主要著作是《大教学论》，它要"阐明把一切事物教给一切人类的全部艺术"。[①]

教学理论与心理学、社会学、系统科学、生理科学等密切相关，并深受它们的影响。传统的教学理论以教师的"教"为研究中心，而现代教学理论大多以学生的"学"为研究中心。当下教学理论受心理学、社会学、系统科学、人工智能等影响，呈现更多的综合化、现代化、智能化、科学化特征。主要表现在以下 5 个方面。

1. 教学目标日益丰富。如布卢姆（B.S.Bloom）的教学理论，其核心与精华是其教育目标分类理论，也称为"教育目标分类学"。他把目标分为教育总体目标、教育目标、教学指导目标。同时他把教育目标界定在 3 个维度：认知维度、动作技能维度、情感和价值观维度。"总体目标的实

---

① ［捷克］夸美纽斯：《大教学论》，傅任敢译，北京，人民教育出版社 1984 年版，第 1 页。

现也许要求一年或多年的学习努力，而教学目标可以在几天之内达到，总体目标提供愿景，它们通常会成为支撑教育目标的基础，而教学目标位于目标连续体的另一端，它们在计划日常课堂教学中发挥作用。教育目标位于目标连贯体的中间部位，它们涉及范围中等。"① 其中的情感和价值维度目标，就是知识本身的价值目标，也是知识本身所蕴含的课程思政目标。这也从另一个角度证明，知识是有价值取向的、有价值意义的，这在西方世界里，是"普世价值观"教育；而在中国，这即是课程思政。西方另一名著《意识形态与课程》，同样提出了一个"课程思政"问题，即"谁的知识最有价值"。② 对这一问题的回答，就是课程思政的内容所在。无论如何，课程本身就具备"思政"意蕴，是不争的事实，只是中西方对此内涵理解有所不同。我们的课程思政目标，必须聚焦于立德树人根本任务，课程所传递的知识、能力、价值等终极目标必须是培养社会主义事业的建设者和接班人。

2. 教学内容日趋丰富。无论哪一种教学理论，对教学内容的重视越来越多，以至于对斯宾塞的"什么知识最有价值"难以抉择。尽管不同派别的教学理论在内容选择上有不同的价值取向，但有一点是明确的，那就是随着时代发展，人们希望在课堂上学习到更多的知识。跨越时空、跨越课堂边界的学习内容及教学方式已经成为教学理论必须研究的一个问题。对高校课程思政来讲，需要做的是围绕学科课程知识目标、能力目标和价值目标，向学生提供更多的可能性。如翻转课堂、以问题为导向的教学理论与方法都可能为学生提供更多的学习内容。

3. 教学手段日益智能。教学手段是教学过程中的最为主要的要素之一。随着信息化、人工智能发展，传统的课程讲授教学方式正向智慧课堂转变。在这一过程中，不再是简单的 PPT 教学，更不是简单的板书教学，而是向智能化、智慧化、个性化方向发展。师生在课堂上可以使用任何更为有效的教学展示手段。虚拟现实、角色转换，使学生有更多的参与机会，课堂上师生互动、生生互动，甚至跨越课堂、跨越国境的课堂互动都在发生。全国大学生同上一门课，国内国外学生同上一门课，不再是梦想，而是现实。在高校课程思政教学设计中，要注重厘清传统教学、同步

---

① ［美］洛林·W. 安德森：《布卢姆教育目标分类学》，蒋小平译，北京，外语教学与研究出版社 2009 年版，第 13 页。

② ［美］迈克尔·W. 阿普尔：《意识形态与课程》，黄忠敬译，上海，华东师范大学出版社 2001 年版，《序》。

线上教学、异步线上教学等教学形式的区别与联系，引进、引入更为先进的教育技术，让教育教学技术融入课程之中，成为课堂教学的一部分，这是高校课程思政教学设计中应该解决的问题。

4. 教学理论相互渗透。教学理论千千万，可以叫得上名称的人本主义教学理论、科学主义教学理论、后现代教学理论等，都有其独特的地方。但未来的趋势是教学理论的相互渗透。以建构主义教学理论为主的教学设计，也离不开客观主义教学理论的支持；以人本主义教学理论为主的教学设计，也离不开行为主义教学理论的支撑。在进行高校课程思政教学设计时，不应该局限于一个理论、一个学说，而应该以开放的心态进行高校课程思政教学设计。只要有利于提高学生的获得感，有利于教师教学效果的提升，就是有效的教学理论。

5. 教学过程日趋量化。人工智能的发展，使教育教学过程中的测量更为精准，也更为深奥。目前的技术，已经可以对人的行为、心理、情绪、生理反应等进行测量。中国科协主席万钢在第五届世界智能大会上指出："'感知智能'向'认知智能'转化，是新一代人工智能的发展趋势。""感知智能是机器具备了视觉、听觉、触觉等感知能力，将多元数据结构化，并用人类熟悉的方式去沟通和互动。""认知智能则是从类脑的研究和认知科学中汲取灵感，结合跨领域的知识图谱、因果推理、持续学习等，赋予机器类似人类的思维逻辑和认识能力，特别是理解、归纳和应用知识的能力。"[1] 在现代中国的高校里，日益普及的智慧教室为新一代人工智能支撑教育教学提供了机会与机遇。今后，可以肯定地说，通过教室里的技术设备，加上设备背后的软件支撑，我们将很容易得出学生在课堂上的各类数据：是否满意、是否有收益、是否全程参与、是否认同教师观点等将会被大数据一一算出。同样，我们也很容易得出教师在课堂上的各类数据：教师是否尽力教学、教师教学表现、教师教学幸福感等也将会一目了然。教学过程的精准数据，为高校课程思政教学设计提供有力参考，也为教学反思提供了有效数据。

（三）系统理论对高校课程思政教学设计的支持

系统理论把教学设计看成一个系统，系统则由多个子系统组成，子系统由各个要素组成，系统存在需要与外部环境进行良性互补。系统具有整体性特征，同时具有结构性、动态性与协调性特征，系统需要通过与外部

---

① 刘茜、陈建强：《从"感知智能"向"认知智能"转化》，《光明日报》2021 年 5 月 25 日。

环境进行物质、能量和信息的交换，才能保持系统的动态平衡。系统理论对高校课程思政教学设计的影响主要有以下 3 个方面：

1. 优化高校课程思政系统教学设计。教学设计以优化教学过程、实现教学系统要素之间的协调、保持与外部环境良性互动为主要目标，并以此实现高校课程思政立德树人教学效果的最大化。高校课程思政教学设计中要注意教学过程要素的优化，如教学目标、理念、内容、方法、教师、学生、环境等各个元素及各个元素相互之间关系的优化与协调。

2. 优化高校课程思政教学设计系统与环境的关系。环境因素是系统理论中的一个重要因素，教学系统受系统外部环境因素的影响，这些环境因素包括课堂内部环境、课堂外部环境、学校外部环境、社会环境等因素。高校课程思政教学设计过程需要充分考虑各类环境因素对教学效果的影响，在可能的情况下，积极引入环境因素对教学效果的影响，如家庭、社会等环境因素的影响。

3. 优化高校课程思政教学设计系统的进步机制。系统不是一成不变的，它是随着系统与外部环境进行物质、信息、能量的交换而发生变化。向系统引入负熵，是促进系统变化的最主要举措。对高校课程思政教学系统来讲，就是要不断促进系统要素之间平衡的打破与新平衡的建立。新的环境因素刺激、教学评估评价、新教学理论引入等，都可能是有效的负熵。

（四）传播理论对高校课程思政教学设计的支持

传播理论是研究信息从一地向另一地传递过程中，所有参与传播的要素之间的相互关系，以求达到更好的传播效果。传播系统具有与教学系统十分相似的传播机理。传播过程包括传播者、接受者、信道、环境等因素，教学过程实际上也是一种传播过程，是教师对学生传播知识、能力与价值的过程。传播主体需要编码、释码和译码，即把要传播的信息进行编码，然后把信息进行正确的解释，也就是译码，译码后再来解释信息、解读信息。一个优秀的传播主体，一定会准备编码、合理释码、科学译码，只有这样，接受者才不至于理解错误，从而达到传播过程的优化。当然，在传播过程中，会有各种干扰因素，如编码不准确、释码不合理、解码不科学，或者受环境噪声，或者受其他环境因素诱导，都有可能引起信息传播不完整，甚至出现误解、错误的理解等情况。

传播理论对高校课程思政教学设计具有以下几个方面的支撑：

第一，教师是关键。教师是教育传播过程的关键因素，教师的学科知识水平、立德树人意识、课程思政教学能力与素养直接影响高校课程思政教学的效果。一定要把握育人者先育己的道理。

第二，学情分析很重要。教育传播的接受者是学生，要想获得最佳传播教学效果，必须从学生实际出发，了解学生真实情况，如学识水平、性格特征、生长环境等因素。

第三，内容编排要科学。高校课程思政教学设计就是要把学科知识中的思政元素科学、合理地融入教学中去，做到自然流畅很重要。不能把学科课程上成思政课程。

第四，方法选择要得当。在信息化时代，教师可供用来教育传播的方法越来越丰富，教师要根据教学内容、学生个性特征、教学环境等因素选择适切的教学方法和表现媒体。

第五，环境要设计。在传播过程中，环境噪声、工具干扰、人为干扰、机器干扰等都可能影响教学传播效果。高校课程思政教学设计必须把环境因素考虑好、设计好，避免出现教学过程中的干扰因素。

（五）思想政治教育理论对高校课程思政教学设计的支持

思想政治教育理论是以立德树人为根本任务的理论，它的根本任务是对学生进行价值引领。思想政治教育理论对高校课程思政教学设计具有以下 4 个方面指导意义：一是根据思想政治教育理论，深入全面挖掘课程本身的思政元素。二是根据思想政治教育理论，在专业课程中融入思政元素，要做到润物细无声。三是根据思想政治教育理论，做到隐性教育与显性教育相结合，在课程思政教学设计中，要积极发掘并传递课程本身的价值。四是根据思想政治教育理论，促进教师深刻领会教书育人的意旨、课程育人的意蕴，发挥广大教师特别是专业教师在高校课程思政教学设计中的主力军功能。

第二节　高校课程思政中的课程论与教学论的关系

一、课程论与教学论的不同观点

在课程与教学研究史上，对于课程论与教学论的关系已提出了诸多看法，可以把这些不同的看法划归为 4 种类型。

第一，大教学论。持这种观点的学者认为教学论应该包含课程论，课程论只是教学论中的一个重要组成部分，它沿袭了夸美纽斯、赫尔巴特和凯洛夫等教育学者所构建的教学论体系和研究传统。长期以来，我国用"教学论"代表"课程论"，用"教学内容"代表课程，用教学内容代表国家规定的教学计划和教学大纲。这主要是新中国成立初期，教育学尚没有独立的系统，只能全面学习苏联教育学的结果。但是，随着欧美教育理论在我国的传播和影响，课程论也开始不断地成长起来，这种情况已经得到改变。

第二，大课程论。持这种观点的学者认为"课程论"包含"教学论"，教学论是课程论的一个组成部分。美国的塔巴、布劳迪、蔡斯等著名的课程专家就持这种观点。他们认为，课程是一个更为广泛的概念，是学校教育体系中的一个重要体系，而教学则是一个子系统，教学只是作为一个复杂多变的要素在不同的情境下介入课程之中。在"大课程论"中，课程实施活动实际上也就是教学过程，教学论探讨的主体问题其实也是课程论研究的重要内容。

第三，独立论。有学者认为，课程论与教学论是两个相互独立的学科，它们都是教育学的下位分支学科，课程论与教学论均有独特的研究对象和研究问题，也有各自的理论支撑。这种观点认为，课程论与教学论不是完全地彼此孤立的，它们之间也存在着联系，而且，它们之间的联系绝不是简单的重复，而是有着不同的着眼点。持课程论与教学论相互独立的观点的学者主要有布鲁纳、麦克唐纳、塞勒、比彻姆等。例如，布鲁纳和麦克唐纳就认为，课程与教学是两个并列的、具有同等重要性的教育领域，尽管这二者有时候结合在一起，但它们主要还是具有各自的特点和独立性；而比彻姆就更加鲜明地指出，课程论与教学论是教育学的两个并列的下位学科。

第四，整合论。持这种观点的学者认为，课程论与教学论是教育学下位的相互联系的学科，虽然各自有其特点，但不能彼此分开孤立地存在。融合两者、整合两者并进行系统研究是学科的必然要求；课程论与教学论无主次之分，具有同等的重要性，它们是一个问题的两个侧面，是根本不能分割的。像泰勒、坦纳夫妇等人就持这种观点。泰勒的名著《课程与教学的基本原理》这一书名本身就足以表明他的观点。把课程与教学看成两个无关联的要素，非但不可能，且可能使研究陷入歧途。正确的做法是，把课程与教学整合成一个系统而不是把它们彼此分开，是系统研究、整体研究，而不是对孤立的课程问题和教学问题进行研究。此外，一些学者的教育理论也明显地强调了课程论与教学论需要进行整合的观点，认为课程论与教学论的分离及其关系问题上存在的诸多争论，其认识论根源是现代教育中的二元论思维方式，而早在 20 世纪初，杜威在消解其二元论思维方式的同时，就根据其实用主义认识论的"连续性"原则为课程与教学的整合作出了实际的努力。在 20 世纪八九十年代，诸多学者的课程观与教学观更加模糊了课程论与教学论之间的界限，美国学者韦迪甚至提出了新的术语"课程—教学"来突出课程与教学的整合理念。

二、高校课程思政中的课程论与教学论

在本研究中，虽然把高校课程思政共同体之课程生产和教学过程分别论述，但我们坚持的是课程论与教学论整合论观点。

（一）高校课程思政中的课程论与教学论既相互融合，又非简单重合

尽管课程论与教学论在学科化发展中不断地走向耦合，但彼此之间从来没有在理论建树上进行简单重合。要理解这一点，关键需要明确已有理论中的两种认识误区。一是在"大教学论"中把教学内容等同于"课程"。课程论中研究"课程"并非仅仅规定教学内容，它所涉及的范畴远远超越教学内容本身，"教学内容"更加接近课程论中的"课程内容"，而除此之外，课程论还研究课程的目标、组织、实施、评价、开发、管理与领导等范畴，而这些范畴都是围绕着"课程"这个逻辑起点来展开研究的。二是在"大课程论"中把"课程实施"等同于"教学"。教学论中研究"教学"并非仅仅研究如何实施规定的课程所涉及的范畴，而是远远超越课程实施本身，要研究教学的目标、过程、原则、方法、媒体、环境、评价、组织、审美与艺术等。

在高校课程思政实践中，高校课程思政共同体在进行课程思政生产时，一定要考虑课程思政的教学过程；反之，进行课程思政教学设计时，必须以课程思政生产为依托。二者是一个系统，也是一个过程。

（二）课程论与教学论既相互区别，又非界限分明

从课程论与教学论的学科发展趋势来看，二者分别围绕着教育中的"课程"与"教学"事件，在各自的话语体系下追求不同的理论旨趣，这是课程论与教学论能够自成一体、相互区分的关键所在。但是，在课程论与教学论学科化过程中，它们开始呈现互补的发展趋势。课程论越来越重视教学过程中的课程事件，如生成课程、潜在课程等，从教学论的研究范畴中寻找课程论的话语地位越来越成为课程理论的重要生长点。同时，教

学论也越来越重视课程领域中的教学事件，从课程论的研究范畴中寻找教学论的话语地位也越来越成为教学理论的重要生长点。课程论与教学论相互渗透、相互关照的趋势，使二者逐渐呈现出一体两面的关系，而非简单的包含或机械的整合关系。

总体上讲，从理论构架来看，课程论与教学论能够自成一体、相互渗透开放发展；从研究地位来看，课程论与教学论能够并行研究、平等发展；从实践需要来看，课程论与教学论能够相辅相成、美其所美、各美其美。高校课程思政必须在课程思政生产中，坚守课程论理论和理念，同时联系教学论过程，这是一个完整的过程。

（三）我国教学论学科发展

我国教学论学科发展，大体经历了 3 种形态：教学思想、教学论课程、教学论学科。

第一种形态：教学思想。中国古代社会存在启发思想、知行合一、因材施教等教学思想。新中国成立前、新中国成立后及新时代，都有一系列具有中国特色的教学思想产生。

第二种形态：教学论课程。1902 年，颁布第一个现代学制，举办师范教育。在京师大学堂师范馆，专门开设教学论课程。目前的师范类学校、师范类专业都会开设这方面的课程。教师资格考试也有教学理论方面的科目。

第三种形态：教学论学科。1980 年，在教育学一级学科中，设置教学论二级学科，并建立众多教学论博士点、硕士点。1997 年，改称为课程与教学论二级学科。经过 40 多年的发展取得了很大成绩。目前，课程与教学论虽然是二级学科，但其系统化的理论、学科化的支撑体系是其持续发展的资本。

第三节　教学设计模式

综上所述，高校课程思政教学设计受到很多因素的影响。在我们的研究中，我们把高校课程思政看成一个共同体，并以共同体的机制、模式来完成高校课程思政的各项任务。"教学模式是在一定教学思想或理论指导下建立起来的各种类型教学活动的基本结构或框架"。"一个完整的教学模式的基本结构应该具有四个要素，即理论基础、目标、实现条件、活动

程序。"① 梅里尔把在大多数教学设计理论和模式中都能找到一组元素称为
"首要原理"。这些"首要原理"包括:"聚焦解决问题、激活相关旧知、
展示论证新知、尝试应用练习和融会贯通掌握"。② 高校课程思政共同体
的教学设计模式,集合高校课程思政共同体和教学设计模式两个方面的优
势,为高校课程思政的教学创新打下良好的基础。

一、教学设计模式的生成逻辑

(一)高校课程思政共同体之教学设计模式提出缘由

　　根据系统理论,高校课程思政教学过程可以看成一个系统,其受制于
教学过程要素,也受制于环境因素。教学过程中的主要因素有教师、学生
和教学内容。环境因素内容十分广泛,包括学校的因素,如学风、学校的
支持、学校环境等;有社会的因素,如一些社会现象、社会文化、社会风
气等都可能影响高校课程思政教学效果;有家庭的因素,如家风、家庭结
构、家庭经济状况等;有全媒体因素,如媒体中的各种思潮、现象都可能
影响学生的判断;有同辈群体因素,同龄人相互之间的影响是很大的。所
以,在进行高校课程思政教学设计中,只有主讲教师甚至是一个教研室都
不太可能高质量完成这一任务。高校课程思政共同体的理念与运行模式就
是在这种情况下提出的。在现代信息技术条件下,高校课程思政共同体中
可以包容更多的主体,高校课程思政共同体也可以包含更多的资源,高校
课程思政共同体的交流也可以采取更多的方式。可以说,高校课程思政共
同体是高校课程思政教学设计中可资利用的一个有效机制与平台。高校课
程思政教学设计共同体模式如图 6-1 所示。

　　该模式具有以下 5 个特征:

　　第一,充分利用各教学设计模式成果,吸收其合理内核。

　　第二,对高校课程思政教学目标进行了细分。它既包括一般课程的知
识、能力、价值目标,同时,我们也把立德树人表征指标要求的目标进行
了细化与明确。

　　第三,高校课程思政共同体教学分析。根据共同体机制原理,增加一
些具体内容,由共同体来集体完成。如教学理论的学习、选择;教学技
术、方法策略的选择;教学环境因素分析;教师之间知识与情感交流等。

---

① 陈旭远:《课程与教学论》,北京,高等教育出版社 2012 年版,第 224~225 页。
② [美]亚历山大·J.罗米索斯基:《首要教学原理:再议知识和技能》,华煜雯、盛群力译,
《远程教育杂志》2007 年第 4 期。

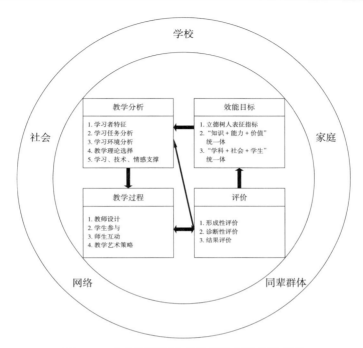

图 6-1　高校课程思政教学设计共同体模式图

第四，对于高校课程思政教学过程，根据各类教学理论，特别是建构主义教学理论，特别强调共同体设计，强调师生互动，强调学生主观能力发挥。

第五，特别重视环境对高校课程思政立德树人教学效果的影响。其中，学校学风、教风、家风、社会风气、网络环境、同辈群体等均能直接影响高校课程思政立德树人的教育效能。

（二）高校课程思政共同体之教学设计模式的生成逻辑

高校课程思政共同体的教学设计模式，有其独特性，但其来源仍是各种教学设计理论。高校课程思政共同体模式是从各个教学设计理论中吸取有价值的成果，完善高校课程思政教学设计。高校课程思政共同体之教学设计模式的生成是吸收各类教学设计模式合理内核的结果。

有不同的教学理论，就会有不同的教学设计模式，但无论哪一种教学设计理论模式，都必须科学解答 5 个基本问题：一是学习者的基本特征有哪些？这是教学设计的前提与基础。二是学科教学的目标有哪些？这是教学设计必须时时需要着力解决的问题，是教学设计的灵魂。三是教学资源、教学手段和教学策略有哪些？这是完成教学目标所能运用的条件。四是如何进行教学评价、教学反馈和教学设计完善？教学过程是一个不断完善的过程。教学反思、反馈与完善，是教学设计中必须存在的一个程序。五是教学过程的基本环境有哪些？教学过程不是一个真空中的独立事件，它受到环境因素的影响。如果学科知识与社会环境格格不入，学科知识的传播效果就不会好。

针对这 5 个基本问题，行为主义教学理论、认知主义教学理论、建构主义教学理论分别提出了自己的教学设计模型。事实上，每一种教学设计模式也往往是以一种教学理论为主，兼吸收其他教学理论的优势。

1. 行为主义教学设计模式。该模式以行为主义学习理论、行为主义教学理论为基础，教学设计紧密围绕一系列预先设置的学科教学目标来进行，教学设计需要根据行为主义基础理论，把学习过程分成很多过程目标，教学设计就依这些过程目标来选择课程教学内容、教堂教学策略与教学方法、课程教学资源、课程教学适切媒体等，其代表人物有很多，如斯金纳、梅格、加涅等。但从教学设计模式上，肯普模式更有影响力。1977年，肯普提出该模式，其中心框架是围绕教学过程的 4 个要素，做好教学目标的 10 个环节。4 个要素是教学目标、学习者特征、教学资源、教学评价，以及 4 个要素之间的相互关系和解决方式。10 个教学环节指："确定学习需要和学习目标，为此应先了解教学条件；选择课题和任务；分析学习者特征；分析学科内容；阐明教学目标；实施教学活动；利用教学资源；提供辅助性服务；进行教学评价；预测学习者的准备情况。"[1] 其模式图表示如下（图 6-2）。

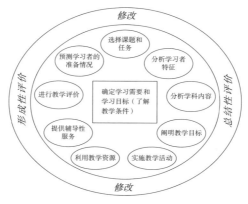

图 6-2　肯普模式图

① 何克抗、林君芬、张文兰：《教学系统设计》，北京，高等教育出版社 2016 年版，第 29 页。

2.认知主义教学设计模式。该模式以认知主义学习理论、认知主义教学理论为基础，强调教学设计不能简单把教学过程分成若干个教学目标，而是关注学习者的个性心理特征、认知能力、原有知识结构和认知特征。教学设计要据此进行教学策略的调整。这些调整，代表着认知主义教学设计模式与行为主义教学设计模式的联系与区别。其代表模式是史密斯—雷根模式，而该模式与行为主义教学设计模式迪克—凯瑞模式紧密相关。

图6-3为迪克—凯瑞模式，图6-4为史密斯—雷根模式，二者的区别主要在于策略设计部分，后者加入了组织策略、传递策略和管理策略，正是这一策略的扩充，使后者在模式性质上发生了变化，"由纯粹的行为

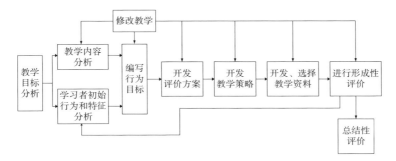

图6-3 迪克—凯瑞模式图

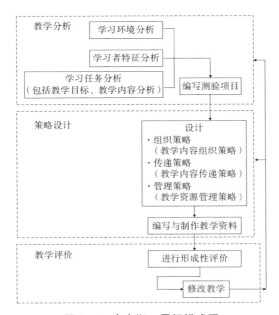

图6-4 史密斯—雷根模式图

主义联结学习理论发展为'联结—认知'学习理论"。①

3. 建构主义教学设计模式。建构主义学习理论强调学习者主观建构，强调学习者认知结构和认知特征。中国学者何克抗于 1998 年提出了建构主义教学设计模式（图 6-5）。该模式既重视学习环境设计、自主学习设计，也注重教学目标分析，重视教师主导作用。这个模式主要包括 3 个模块：确定教学起点、学习情境创设、进行形成性评价；包括 7 个关键环节："教学目标分析、学习者特征分析、学习情境创设、信息资源的设计与提供、自主学习设计、协作学习设计、学习效果评价设计。"②

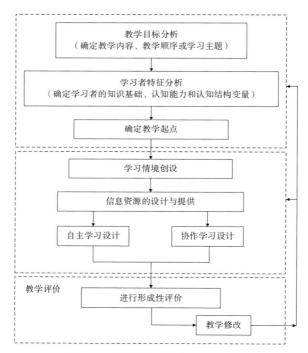

图 6-5　建构主义教学设计模式图

基于各类教学设计模式，高校课程思政共同体之教学设计模式的生成逻辑是：

第一，"该模式是运用系统方法设计而成的，是一种用于教学的设计、开发、实施和评价的系统化方法模型。系统化的方法强调任务中各环节之

① 何克抗、林君芬、张文兰：《教学系统设计》，北京，高等教育出版社 2016 年版，第 31~32 页。

② 何克抗、林君芬、张文兰：《教学系统设计》，北京，高等教育出版社 2016 年版，第 32~33 页。

间的关系，任务过程中的每一步作为下一步的条件，对于是否达到目标要求，通过反馈进行检测，如果没有达到要求，就要对该过程进行反复修改直至达到既定教学目标。系统化强调系统各个组成部分之间的互动性，在其思想和模型中都得到体现。"① 在该模式内核部分，充分考虑了教学设计过程的系统性、循环性，要素之间的关联性。而其外环则充分考虑了系统外部环境因素的影响，引入了学校、社会、家庭、全媒体、同辈群体 5 个外部因素。

第二，充分考虑行为主义学习理论中教学目标细分的重要性，并把细分后的目标与教学中资源、策略、环境、技术、方法、评价等紧密相连。

第三，充分吸收认知主义"联结—认知"学习理论，通过各种策略，促进课程思政教学效果的提升。如学习策略（组织教师进行教学理论学习、思政元素学习、思政元素挖掘方法学习等）、组织策略（通过平台来组织各类主体）。

第四，积极引入建构主义学习理论的合理内核。认知理论认为："知识是由认知主体积极建构的，是通过新旧经验的互动实现的，教学的设计要注意从学生已有的经验入手。教学设计要充分利用学生已有的知识经验再结合学生所处的环境，以学生其他方面的实际经验作为学习的基础来开展教学，要让学生看到日常概念和经验的局限，通过观察、实验、分析、验证等方法形成科学的概念，掌握要学的定义、原理、定理及公式。"②

第五，由于高校课程思政教学目标的特殊性，高校课程思政教学设计需要有利于生生之间、师生之间的互动合作。共同体模式不同于传统的单一学科教师教学设计模式，高校课程思政共同体强调各类主体通过线上线下平台进行各种形式的课程教学讨论、课程教学交流、课程教学协作与配合、课程教学探究等。

第六，既坚持以学习为中心的教育理念，也坚持教学以教师为主导的原则，发挥学生和教师在共同体中的作用，发挥学生在教学过程中的主观能动性。

"第二代教学设计之父"戴维·梅瑞尔认为，未来教学设计发展的方向是："教学设计将更多地关注于如何为改进学习作出自己的贡献，以及

---

① 李阳、杜文超：《系统化教学设计观之典范——沃特·迪克教育技术学思想研究》，《现代教育技术》2009 年第 8 期。

② 余承海、凤权：《成果导向教育的基础、关键与动力》，《扬州大学学报》（高教研究版）2020 年第 5 期。

如何更好地指导教学设计的过程。未来需要更好地对复杂任务和问题解决的行为表现进行评估的相关技能。需要为那些从事教学设计工作而没有受过专业训练的人员（那些大量存在的"被任命的设计者"）提供教学设计的指导工具——或者可以称作自动化教学设计工具。教学将更多地转向以问题为中心的方法，将更多地鼓励学习者之间的交互，将更加遵循教学的基本原则"。[①]

二、教学设计模式的理论基础

有多少种教育教学理论，就有多少种教学设计。Peggy A.Ertmer 等列出了 7 个能够厘清各类学习理论、进行适切课程教学设计的核心命题："第一，学习是如何发生的？第二，哪些因素影响着学习？第三，记忆的作用是什么？第四，迁移是如何发生的？第五，哪一种学习类型可以用某一种理论得以最佳说明？第六，该理论的什么假设与原理对教学设计来说是特别相关的？第七，为了促进学习应如何安排教学？"[②]"教学研究或教学设计研究的一般趋势可以从理念、技术、基础 3 个层面加以概括。在理念层面，建构主义认识论正在取代客观主义认识论而成为教学领域的基本观念。在技术层面，信息技术的迅猛发展正在引起教学领域的深刻变革。在基础层面，教学论已不再只是教育心理学的应用学科，其研究开始置于多学科的基础之上。"[③]

高校课程思政因其目标的多重性，决定了高校课程思政教学设计模式理论基础的多学科性、交叉性。但无论如何变化，高校课程思政共同体的教学设计模式既需要教学模式的基本原理，如学习理论、传播理论、教学理论等的指导，还需要以下基本理论为其提供支撑：共同体理论、思想政治教育理论、意识形态理论、成果导向教育理论、建构主义教育理论、高等教育教学理论，等等。这些理论可以指导高校课程思政实现知识传授、能力培养和价值塑造相统一的教学目标；这些理论共同支撑着高校课程思政共同体教学设计模式的高质量完成。

①　梁林梅、李晓华：《美国教学设计的过去、现在与未来——访"第二代教学设计之父"戴维·梅瑞尔博士》，《中国电化教育》2009 年第 8 期。

②　[美] Peggy A.Ertmer, Timothy J.Newby：《行为主义、认知主义和建构主义》（上），盛群力译，《电化教育研究》2004 年第 3 期。

③　张华：《教学设计研究：百年回顾与前瞻》，《教育科学》2000 年第 4 期。

（一）遵循共同体运行规律

共同体一个基本原则就是：在发挥每一个主体作用的同时，发挥共同体各类主体的整体功能，让共同体成为一个事业共同体、价值共同体、利益共同体、精神共同体。在高校课程思政共同体的教学设计模式中，关键的原理是必须让所有的共同体利益相关者参与到高校课程思政教学设计中来，特别是让学生参与到教学设计中来。在高校课程思政共同体教学模式中，强调教学的双向性和多主体特别是学生的参与性。在多主体参加和深入体验教学设计中，教师发挥教学的主导作用。这样，既加深学生对于课程知识的理解，又能够促进学生课程学习和体验的意义升华和内化，加深学生对自我的认知，增强学生对社会现实的认知，提高学生的学习积极性。

（二）思想政治教育理论

思想政治教育是一门科学，它有自己独特的理论体系。在高校课程思政共同体教学设计模式中，思想政治教育理论应用包括两个部分，一是思想政治理论课传授的理论；二是思想政治教育本身的创新理论。前者给予我们基本的马克思主义理论和中国特色社会主义理论等思想政治教育理论课所传播的理论；后者给予我们如何对学生进行有效思想引领和价值引领的理论。

在高校课程思政共同体之教学设计模式中，有一个重要的功能就是思政课教师与专业课程教师之间的互动与学习，他们之间有效的交流与理解，有助于高校课程思政与思政课程同向同行，形成良性互动，产生协同效应。而高校课程思政共同体中思想政治教育专业人员，如辅导员、心理咨询师等的参与，则有利于教师了解思想政治教育的基本规律，让思想引领与价值引领更为有效。

（三）意识形态理论

"意识形态"是指一种观念的集合，是对事物的理解、认知。从词源上看，"意识形态"的英文 ideology 可拆解为两部分：ideo 指希腊语中的"理念"或"观念"，logy 是"言说"或"思想"，意识形态即"观念的学说"。马克思主义认为，意识形态是"观念的上层建筑"，是社会占统治地位的思想观念系统，包括"那些法律的、政治的、宗教的、艺术的或哲学的，简言之，意识形态的形式"[①]。任何统治阶级都会将本阶级的意识形

---

① 《马克思恩格斯选集》第 2 卷，北京，人民出版社 1995 年版，第 33 页。

态灌输给人民。

阿普尔提出"谁的知识最有价值?",是自斯宾塞提出"什么知识最有价值?"以来课程问题的重大转变。"课程的意识形态分析提上历史日程,课程结构承载的意识形态也日益引起人们研究的兴趣而得以解读。阿普尔认为课程是法定知识,它代表的是统治集团的利益。"① 对教育教学来讲,意识形态理论的基本要求是本社会、本民族主流"观念的上层建筑"。雅斯贝尔斯曾说:"教育须有信仰,没有信仰就不成其为教育,而只是教学的技术而已。"② 斯普朗格提出:"教育绝非单纯的文化传递,教育之为教育,在它是一个人格心灵的'唤醒',这是教育的核心所在。"③ 意识形态理论对高校课程思政共同体之教学设计模式的基本要求是:任何课程必须立足于学科育人,让学科传递社会需要的知识、能力和价值体系。不同时代、不同社会,对立德树人的具体界定是不同的。在当代中国,就是要培养时代需要的合格建设者和接班人,培养堪当中华民族复兴重任的时代新人。

（四）遵循成果导向教育理论

高校课程思政共同体之教学设计模式不同于纯粹的课程教学设计,它注重的是学生的获得感,最为主要的是高校课程立德树人效能取得最大化,即学生在价值观塑造、信念养成、素养形成、能力提升、使命担当等方面的综合收获。它可能是一门课结束后立即形成的,也可能是三五年后学生在工作中显现的,但无论如何,学生经过系统的、各类课程思政的培养,最终成为堪当民族复兴重任的时代新人,是高校课程思政的终极目标。

（五）遵循建构主义原理

"建构主义学习理论强调以学生为中心,认为学生是认知的主体,是知识意义的主动建构者;教师只对学生的意义建构起帮助和促进作用,并不要求教师直接向学生传授和灌输知识。"④ 知识可以传授,能力可以培养,但价值观却不是靠外力直接可以内在生成的。价值观的生成更多是学生在自我以往经验基础上的主观建构,是学生的一种自我修炼养成。它靠

---

① 赫明君、靳玉乐:《课程结构的意识形态诠释》,《当代教育科学》2005年第18期。

② ［德］卡尔·雅斯贝尔斯:《什么是教育》,邹进译,北京,生活·读书·新知三联书店1991年版,第44页。

③ 邹进:《现代德国文化教育学》,太原,山西教育出版社1992年版,第73页。

④ 何克抗:《建构主义的教学模式、教学方法与教学设计》,《北京师范大学学报（社会科学版）》1997年第5期。

外在的激发、启发，更靠内在的修炼，是一种内外兼修，是一种观念建构、理念建构。孔子所言"不愤不启，不悱不发，举一隅不以三隅反"（《论语·述而》）；《礼记·学记》提出："君子之教，喻也。""道而弗牵，强而弗抑，开而弗达。道而弗牵则和，强而弗抑则易，开而弗达则思。和易以思，可谓善喻矣。"苏格拉底教学中的产婆术；第斯多惠所谓的"坏老师奉送真理，好老师教导真理"。所有这些中外学者、先贤关于教育教学的著名论述，均内蕴着建构主义的基本原理。

（六）遵循高等教育教学规律

高等教育教学过程要素与一般教学过程要素是一致的，主要由教师、学生、内容、教学方式、教学技术、教学环境、教学艺术、教学反馈等因素组成。其与一般教学过程主要的区别在于各个要素本身的内涵有所不同。高等教育教师，具有教学、科研、社会服务、文化传承等职责；学生也需要进行自主学习、探究式学习，体现着认识世界和改造世界的统一；高等教育教学内容主要是聚焦于"高深学问"，体现专业性、学术性和实践性的统一；高等教育教学方式、环境等也与一般普通教学有所不同。高校课程思政具备高等教育教学过程的所有特征，并需要着力强调课程本身的价值元素发掘与传递。因此，高校课程思政共同体教学设计需要遵从高等教育教学规律，在教学过程中，教师要增强育人意识，提升育人能力，形成教书育人理性自觉；高校课程思政内容要体现知识性、能力性、价值性的统一，要注重把隐匿于显性知识背后的隐性价值元素发掘出来，并通过灵活、多样的方式传递给学生，以此来培养社会需要的、能够堪当民族复兴重任的时代新人；高校课程思政教学过程中的学生，需要具备一定的知识能力结构，形成独立创新的精神品质；高校课程思政教学过程中的方式、环境、反馈也要充分遵循高等教育教学规律，满足学生个性化、社会化需要。

三、教学设计模式的目标集合

培养什么人、如何培养人、为谁培养人，是各类教育高质量发展的根本问题，是各类教育的根本使命，因此这三大核心命题也是明确高校课程思政教学目标的首要问题。高校课程思政教学目标要围绕国家高等教育人才培养目标、高校人才培养目标、专业人才培养目标等来确定学科课程目标、课程课堂教学目标。

高校课程思政教学目标是指课程教学活动的指向或预期的学习者行为改变的结果。这些行为改变，包括知识、智力、能力、情感、价值、身体素质等各个方面的变化。高校课程思政教学目标是高校课程思政课堂教学的出发点和总要求，对课堂教学过程起着定向、调整、控制、评价等作用。高校课程思政教学目标是社会对人才需求目标、学校育人目标、学科育人目标、教师教学目标与学生学习目标的集合体。把社会需要的立德树人目标、学科培养目标与教师教学目标统一转化为学生的学习目标，这将是高校课程思政教学中追求的最大目标。规范的教学目标陈述一般应该包含以下 4 个要素：一是以学生为中心；二是要用可测可察的外显行为来界定；三是教学目标的规定反映学科课程特征；四是要全面系统地考虑教学效果。

同时，制定高校课程思政共同体之教学目标，要力求反映国家教育方针总体要求。在我国，各类教育着力培养的人才就是德智体美劳全面发展的社会主义合格建设者和接班人。从立德树人视角来讲，课程目标必须围绕着固三观、立信念、明素养、促能力、担使命等立德树人表征指标来进行。

具体到每一个课程，需要参考的因素除课程本身知识体系以外，仍需要考虑以下因素。

1. 充分关注国家对核心素养的界定，培养全面发展的人才。2016 年 9 月，中国学生发展核心素养研究成果《中国学生发展核心素养》框架正式发布，明确了学生经历教育后必须拥有怎样的基本素养和能力，成为怎样的人才（见图 6-6）。

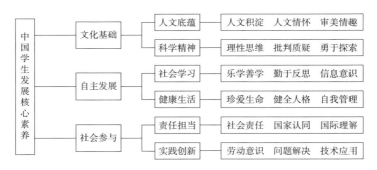

图 6-6　中国学生发展核心素养框架图

2. 关注职场需要，培养具有世界职场竞争力的人才。美国劳工部于 1990 年成立了专门委员会——职场基本技能达成秘书委员会（Secretarys Commission on Achieving Necessary Skills，SCANS），以探寻和确立青年人在职场中获得成功所必需的技能。1991 年，该委员会提出美国职场基本技能的五大指标。2002 年美国正式启动 21 世纪核心技能研究项目，努力探寻那些可以让学生在 21 世纪获得成功的技能。美国 P21 框架的核心技能、与之配套的课程以及支持系统之间的相互关系以彩虹图呈现（The Partnership for 21st Century Skills，2009，见图 6-7）。图中彩虹部分的外环呈现学生学习结果的内容，即核心素养，主要包括"学习与创新技能"（创造力与创新、批判思维与问题解决、交流沟通与合作）、"信息、媒体与技术技能"（信息素养、媒体素养、ICT 素养）、"生活与职业技能"3 个方面。这 3 方面主要描述学生在未来工作和生活中必须掌握的技能、知识和专业智能，是内容知识、具体技能、专业智能与素养的融合；每一项核心素养的落实都要依赖于基于素养的核心科目与 21 世纪主题的学习，即彩虹的内环部分；图中的底座部分呈现的 4 个支持系统，包括 21 世纪核心素养的标准与评价、课程与教学、教师专业发展以及学习环境，它们构成了保证 21 世纪核心素养实施的基础。值得一提的是，这个框架还有两个重要特点：一是体现素养教育过程与结果的结合，二是重视支持系统在 21 世纪学习框架中的作用。[①]

图 6-7　美国学生核心技能框架图

哈佛大学的 Tony Wagner 致力于研究和揭示 21 世纪所需的 7 种生存技能。为了实现这一目标，Tony Wagner 和他的团队采访了数百名商业、非营利和教育机构的首席执行官。根据他们的答案，Tony Wagner 汇编了人们在 21 世纪生存和发展所需的 7 项技能清单（见图 6-8）。"这 7 种技能分别是：批判性思维和解决问题；跨网络协作和影响力引领；敏捷性和适应性；积极主动和企业家精神；有效的口头和书面交流；获取信息和分

[①]　参见师曼、刘晟、刘霞、周平艳、陈有义、刘坚、魏锐：《21 世纪核心素养的框架及要素研究》，《华东师范大学学报》（教育科学版）2016 年第 34 期。

图 6-8　21 世纪七项技能清单图

析信息；好奇心和想象力。"[1]

中国—研究团队在梳理全球 29 个核心素养框架中的素养条目基础上，"得出九项超越特定领域的通用素养：在高阶认知方面包括批判性思维、创造性与问题解决、学会学习与终身学习；在个人成长方面包括自我认识与自我调控、人生规划与幸福生活；在社会性发展方面包括沟通与合作、领导力、跨文化与国际理解、公民责任与社会参与。"[2]

除了以上充分关注国家对核心素养的界定，培养全面发展的人才、关注职场需要，培养具有世界职场竞争力的人才外，还应该关注新时代需要，培养堪当民族复兴重任的时代新人。

3. 关注学生专业发展，实现课程教学目标。我们多次强调，高校课程思政虽然有思政育人功能，但从本质上讲，它仍是一门专业课程。在进行教学目标设计时，我们不能模糊和混淆了课程思政与思政课程的边界，从专业出发，明确特定课程思政这门课（本节课）最核心和关键性的内容是什么？明确学生通过本门课程思政最希望获得什么样的知识、素养、能力和价值？明确学生在本门专业课程思政学习中可能存在的难点是什么？基于这些问题，在具体高校课程思政共同体教学设计目标中，要特别重视对学习内容、学习结果与学习需求进行科学分析。同时，发挥共同体的优势，让高校课程思政共同体之利益相关者，如企业代表、社区代表等就以上问题给出建设性意见。

---

① 焦建利：《21 世纪学生所需要的 7 种技能》，https://www.jiaojianli.com/8593.html。
② 师曼、刘晟、刘霞、周平艳、陈有义、刘坚、魏锐：《21 世纪核心素养的框架及要素研究》，《华东师范大学学报（教育科学版）》2016 年第 34 期。

四、教学设计模式的实现基础

"教学模式的实现条件包括的内容很多，有教师、学生、课程内容、教学手段、教学的时空组合等。"[①] 高校课程思政共同体之教学设计模式的实现基础包括以下 7 个方面。

（一）高校课程思政共同体教学活动的基本原则

教学设计原则是教学工作为了达到最佳教学效果而遵循的基本要求。教学设计原则体现着教育教学规律，是对教育教学工作的总体概括和凝练，是对各类教育教学理论、学习理论、心理学成果的直接反映。具体到高校课程思政教学设计原则，其主要的理论包括：其一，以马克思主义理论为指导，用历史唯物主义和辩证唯物主义的观点、方法来剖析教学理论、分析教学实际。其二，科学运用国内外成熟的、有效的教学理论，吸取其长处，根据我国高等教育立德树人根本任务要求，加以利用。其三，借鉴国内外教育教学实际发展的新经验，将其上升到理论的高度，指导高校课程思政教学设计。其基本的设计原则可以概括为以下 4 项：

1. 教学共同体原则。高校课程思政的基本要求是，学校的任何课程，都必须在马克思主义理论指导下完成课程立德树人的根本任务。这个要求给高校课程思政共同体之教学设计模型带来变化，原来属于隐性的课程价值引领目标变成了显性的课程思政目标，这也是高校课程思政设计的最突出的特征。在一般的课程设计中，都有"知识传递、能力培养和价值塑造"3 个目标，但在这个目标体系中，价值引领目标往往是隐蔽的、是隐性的。在高校课程思政中，我们要突出价值引领目标，变成课程目标中的显性目标，变成教师必须传递的目标。应当说，这个目标转换过程需要很长的时间和过程，这绝不是一两天、一两年可以做到的，但是这一转换最终又是必须完成的。为了实现这一目标，高校课程思政教学设计必须坚持的一个原则就是教学共同体原则。

高校课程思政共同体之教学设计不仅是授课教师的工作，学校也可以依托高校课程思政共同体这一载体，为教师高校课程思政教学设计提供指南或者安排课程设计专家、思政课程教师协助教师完成高校课程思政教学设计。教学共同体的原则要求课程相关的事业相关者都参与到高校课程思政教学设计之中。这些事业相关者包括课程任课老师、课程设计专家、思

[①]　陈旭远：《课程与教学论》，北京，高等教育出版社 2012 年版，第 225 页。

政课任课教师、学生辅导员、学生家长、社区代表、企业代表等。这些事业相关者实现边界跨越，进而形成高校课程思政共同体，在共同体内，各类主体共同研究高校课程思政的教学内容与教学手段、课程教学原理与课程教学艺术等，最终实现各类高校课程思政与思政课程的同向同行、各类教师在课程立德树人目标上的同向同行。高校课程思政共同体教学模式的教师实现方式主要有：团队教学、主辅教学、平行教学、轮流教学、教学站教学等。

2. 无痕嫁接原则。高校课程思政教学活动既要把学科所代表的先进科学知识和技能传递给学生，同时要结合学科课程知识、技能中所蕴含的思政因素对学生进行思想政治教育、价值观教育、家国情怀教育、道德品质教育等，实现课程思政元素与学科知识、能力一体培养，教学过程做到无痕熔接。"无痕"体现为学生内化引起自己兴趣的态度、原则、现象等，并使之成为自己价值判断和价值选择的重要因素之一。

无痕嫁接原则有其理论依据及现实可能性。《礼记》曰："师也者，教之以事而喻诸德也。"教师在高校课程思政教学活动中，依据教育教学规律，应用适切学习理论、教学艺术、教学原理、教学方式、教学策略、传播原理等充分调动学生自觉学习的主观能动性，引导学生独立思考，自主建构，积极反思，养成学生自觉地把科学知识、价值培育和提高分析问题、解决问题能力相结合。积极利用情感分类理论，设计好情感教学中的"注意—反应—评价—组织—价值与价值体系的性格化"等关键环节[1]，提升学生情感转化的效果，让学生价值观念内化、无痕化。

3. 为党育人、为国育才原则。"应该教什么……不'仅仅'是一个教育的问题，而且从本质上讲也是一个意识形态和政治的问题。"[2] 为党育人是新时代对高等教育的根本要求，是高等教育运行的灵魂与准则。高等教育最根本的目标是培养社会主义事业的合格建设者和接班人，为党育人为国育才，核心要求是爱国，爱国的前提是热爱中国共产党。这是中国特色社会主义最本质的特征所要求的，也即是说，爱党与爱国是统一的，只有自觉热爱中国共产党才能更好地为中国特色社会主义服务。习近平总书记指出："教师是人类灵魂的工程师，是人类文明的传承者，承载着传

① 参见［美］D·R.克拉斯沃尔、B·S.布卢姆等编：《教育目标分类学·第二分册情感领域》，施良方、张云高译，上海，华东师范大学出版社1989年版，第97页。

② ［美］迈克尔·阿普尔：《意识形态与课程》，黄忠敬译，上海，华东师范大学出版社2001年版，第1页。

播知识、传播思想、传播真理，塑造灵魂、塑造生命、塑造新人的时代重任。"①教师在进行高校课程思政教学活动时，要自觉遵循这一原则，唯有如此，高校课程思政立德树人目标才算落在实处。

4. 理论联系实际原则。理论联系实际原则是指教师在教学时，要以学科知识、能力培养、价值传递相统一的思想，从理论与实际的联系上去理解知识、培养能力、接受价值，注意综合运用"知识、能力、价值"相统一的思想去分析问题、认知问题和解决问题，达到学懂学会、学以致用的目的。具体到高校课程思政共同体教学设计，就是要用高校课程思政相关理论，把高校课程知识与能力和实际问题联系起来，特别是要联系国际国内发展实际，联系学生成长成才成人实际。用学术的态度研究实践问题、研究高校课程思政教学，以专业的态度开展高校课程思政教学。读万卷书，行万里路；行是知之始，知是行之成；纸上得来终觉浅，绝知此事要躬行；见之不若知之，知之不若行之。只有与实践结合紧密的教学、与学生身边实际融合的教学，才是好的高校课程思政教学。

（二）学习者特征分析

高校课程思政的受教育者是大学生。大学生至少具备以下 3 个本质特征：

1. 与先进的科学、技术、文化相联系。大学生在课堂上接受的是先进的科学文化知识，他们善于进行理论思索，在社会、政治、人生等问题上，追求本质的东西。思维力求做到与书本上知识相一致的科学性、严谨性，而且总是最大限度地向未来开放。正是这一特征使得他们喜好品头论足、指点江山、批判社会。在课余活动中，他们广泛接触各类"时尚文化"，起着领导青年时尚的作用，体现着他们多元化的人生追求。但这种文化反过来又作用于大学生，使大学生形成主观随意性的特征，不想为纪律所约束，无视一些行为规范。

新时代的大学生主体是 00 后，是互联网的"原住民"，高校课程思政教学必须强调适应学习者的互联网"原住民"特点，注重信息技术、人工智能新技术的引入、注重智慧教室的应用，只有这样才能满足大学生心理期待，高校课程思政的效果才会好，学生学习的有效度、满意度和获得感才会增强。

---

① 《习近平在北京市八一学校考察时强调　全面贯彻落实党的教育方针　努力把我国基础教育越办越好》，《人民日报》2016 年 9 月 9 日。

2. 身处与社会相分离的"伊甸园"地域环境。中国的大学与社会之间有一堵墙，这堵墙既是物质的墙，也是心理的墙。这堵墙圈出了大学生与社会相分离的"伊甸园"地域环境。这一地域环境决定了大学生行动的单调性和程式化，也决定了他们社会关系的简单化和格式化，更决定了他们思维方式的单一化和模式化。这种特征，使大学生更易于接受先进的思想、理念和价值，更有青春的活力和行动力，更易于参加有益于自身和社会发展的活动。也可以说，这一特征，易于对学生进行高校课程思政教育教学，学生更易于接受学科所传递的价值观。

3. 心理合法延缓期比一般社会青年长。大学生正处于青年中期，青年正处于寻求自我同一性的时期。美国心理学家埃里克森认为，青年都有一合法心理延缓期（Psychosocial Moratorium），它是指青少年寻找某种自我同一性的时期。同一性（Identity）是指个体自己及自己生活目标的意识，是在人生第五阶段的危机解决之后形成的个性品质。同一性的形成标志着童年期的结束和成年期的开始。大学生要经过 4 年的大学生活，所以他们较之一般社会青年有更多的时间对自己及自己的生活目标进行思考和选择。

寻求同一性时期，是大学生之人生观、价值观和世界观形成的关键时期，在这一过程中，大学生需要教师和学科课程指引，需要高校课程思政的帮助。这既是大学生心理特征使然，也是教育教学规律在人才培养中的具体应用。

除了对普适意义上大学生本质特征了解以外，教师为了高校课程思政的实效性，还要特别注意不同专业大学生特点和不同年级大学生特点。真正做到了解学生真实的学科课程积累、学生学习的软硬件环境、学生学习的基本态度、学生学习的基本方式、学生学习的主要习惯、学生生活的主要经历、学生个性差异等。

（三）学习者环境因素影响

英国高等教育学者阿什比在其著名的《科技发达时代的大学教育》一书中提出一个著名的观点："大学是继承西方文化的机构。它像动物和植物一样地向前进化。所以任何类型的大学都是遗传与环境的产物。"[①] 美国学者休伊特在 20 世纪 90 年代提出了"休伊特模式"（Huitt, 1995），试图以此证明学生学习成就与其环境变量有着紧密关系。在他的模式中，增

---

① ［英］阿什比：《科技发达时代的大学教育》，滕大春等译，北京，人民教育出版社 1983 年版，第 7 页。

加了情境变量，如家庭、社区、学校、电视、媒体等，最终"休伊特的模式证明了情境变量（家庭状况、亲子关系、学校和社区环境）、输入变量（师生影响教学过程的内容）、教学过程（课堂中发生的内容）和输出变量（学生课外学习的内容）之间的一种关系"。[①] 高校课程生产与教学作为人才培养的最近端载体，也同样受到环境的影响，高校课程思政立德树人的效能实现与课程内外的环境密切相关。

在高校课程思政教学中，为了取得高校课程思政立德树人效能最大化，应该充分考虑促进学习者发展的各种支持性环境要素，如社会、家庭、同辈群体、新媒体、国内国际形势、学生个性特征等环境要素对学习效果的影响是十分重要的。"教师／学习者与各种学习环境要素之间的关系是互动关系。互动是学习环境诸要素产生效力、学习共同体得以产生／维系和发展师生关系和学习发展的灵魂。"[②] 高校课程思政共同体这一载体可以充分在教学设计中融入这些环境要素，并发挥要素之间交往互动合力，最终促进高校课程思政立德树人效能最大化。

（四）高校课程思政教学内容设计

教学内容的设计是教师研读学科课程教科书，选择讲授学科课程教学内容的能动选择过程，教学内容集中呈现在学科课程教科书中。对于高校课程思政教学设计，要从知识本身的特征出发，注重知识的符号性、逻辑性和意义特征。"符号是知识的外在表达形式。是知识的存在形式，即符号存在。离开了符号，任何人都不可能生产或创造知识，也不可能理解知识。而逻辑形式是知识构成的规则或法则，逻辑形式是人的认识成果系统化、结构化的纽带和桥梁，是认识的方法论系统，没有了特定的逻辑形式，同样不能构成知识。意义是知识的内核，是内隐于符号的规律系统和价值系统。只有把握住符号、逻辑形式、意义之间的内在关联，才能从整体上理解知识和掌握知识"[③]。

从高校课程思政的立场出发，教学过程就不只是知识传递和能力培养，不能仅仅满足于课程内容具有"科学立场"和对"真"的把握，需要在内容知识思维之间建立一种价值思维，使高校课程思政时刻关注课程内容对学生发展的价值，赋予课程知识以意义关怀。这个意义关怀，既是课

---

①　[美]William G.Huitt：《教学过程模式探讨》，谢捷琼、盛群译，《远程教育杂志》2006年第5期。

②　钟志贤：《论学习环境设计》，《电化教育研究》2005年第7期。

③　郭元祥：《知识的性质、结构与深度教学》，《课程·教材·教法》2009年第11期。

程知识题中应有之义，也是丰富教学的层次，实现知识教学的丰富价值，这也是高校课程思政的最佳着力点。高校课程思政如果缺乏价值思维的知识教育，只会把学生变成工具人，而不是有灵魂、有信仰的新时代建设者和接班人。

有研究认为，课堂学习至少应该包括 6 个部分的知识（见图 6-9）：一是课程的核心知识；二是课程学以致用的知识，即能力；三是课程触类旁通的能力，即学生联结的思维能力；四是课程人性维度知识，即让学生通过课程学习，学会认识自己和他人；五是课程人文关爱能力，即通过课程培养学生特定情感、兴趣和价值观；六是课程学会学习的能力，即通过课程培养学生自主学习、探究某一学科的能力。

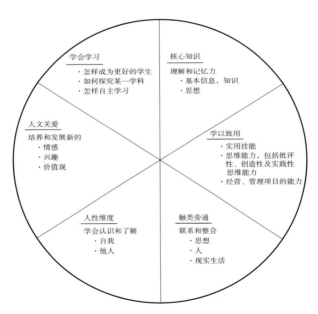

图 6-9　课堂学习内容类别 [①]

对于高校课程思政教学内容的设计，应该注意以下 3 点：一是不能仅关注课程的知识传递；二是不能把它变成思政课程；三是不能忽略课程知识的价值属性挖掘。高校课程思政教学内容设计既要注重知识的难度、知识的广度、知识的精度、知识的强度、知识的深度，也要重视知识的高

　　① ［美］迪·芬克：《大学课程设计自学指南：如何设计课程以促进意义深远的学习》，李康译，《复旦教育论坛》2008 年第 1 期。

度、知识的温度。①后两者更多地体现在知识的意义层面，是高校课程思政的关键教学内容设计所在。

（五）高校课程思政教学策略的选择与设计

教学方法与教学媒体是紧密关联的。一方面，教学方法需要教学媒体的支撑，任何一种教学方法的应用都离不开媒体的配合；另一方面，媒体的使用需要使用特定的、适宜的教学方法。教学方法与教学媒体是互相联系、互相作用、互为客体、互相配合、互相成全，二者关系处理不恰当或配合使用不恰当，都会影响课程教学效果。

以下因素直接影响着课程思政教学策略的选择与设计：一是教学模式选择。有什么样的教学模式，如行为修正模式、社会互动模式、建构主义模式、信息加工模式等，就需要有不同的教学策略。二是教学组织形式。教学组织形式，如小班教学、小组教学、小组研讨、个性化教学等，也直接影响教学策略选择。三是教学方法的选择。教学内容的呈现方法，也直接影响教学策略，如演示法、讨论法、训练与实践法、游戏法、模拟法、发现法、个别指导法等都影响教学策略设计。四是教学媒体选择。教学媒体选择是教学策略设计的重要内容，在进行教学策略设计时，要充分考虑教学任务、学习者、经费和技术、媒体的教学性能、教学管理方法等方面的因素。

在充分依托这些因素的基础上，高校课程思政教学的策略设计也更注重学生的接受性、注重学生知识的建构性、注重对知识结构中"意义"元素的挖掘。为了达到学生喜欢、思考、建构、接受的效果，在整个教学要素中，对每一元素都需要进行系统的策略设计。如教师与学生互动的设计、教师教学话语特点的设计、教师教学形象设计、教学场景设计等。以最大限度地唤醒学生参与学习的所有学习方式，如躯体要通过移动和做活动来学习；听觉要通过听和说来学习；视觉要通过观察和描绘来学习；智力要通过解决问题和反思来学习。这些元素的有效组合，可以有效地优化所有学习方式，进而增强学生学习效果和高校课程思政教育立德树人效果。

（六）高校课程思政学习情境设计

学习情境设计是高校课程思政教学设计方案的关键所在。在这一部

---

① 参见李芒、李子运、刘洁滢：《"七度"教学观：大学金课的关键特征》，《中国电化教育》2019年第11期。

分，要说明高校课程思政教学的环节及所需的资源支持、具体的活动及其设计意图、师生互动学生参与的环节和形式，以及那些需要特别说明的教师引导语等。

构建激励和支持学生成为主动的意义建构者的学习环境是这部分设计的关键，也是高校课程思政教学成败的关键。

1. 物理环境的设计。要通过为学生提供有益的学习氛围、有效的资源与工具，让学生获得积极的情感体验。通过桌椅摆放、教室小装饰等课堂物理空间的设计，促进学生放松，给学生提供一种民主、自由、开放、进取、协调的学习环境。物理学习空间能够激励和支持学生的主动探究、对话与协作，自由的氛围会使学生真切体验到自身是学习的主体，学生自我学习、协同学习可以促进学生自信心的形成。

2. 资源环境的设计。教师要善于利用图书馆、互联网和身边的资源，将其整合在学习资源中，告诉学生如何搜索和应用各种有益的资源进行学习。要利用身边的各种网络工具和计算机软件，给学生做认知、反思、探究、交流、合作的工具，教导他们学会如何使用这些工具进行学习。让学生在教学活动中通过主动探索、自主建构的学习方式来学习知识和解决问题，提升学生在教学活动中的地位与作用。

3. 教育技术的环境。5G 网络环境在高校的普及使高校智慧教育成为可能，在 5G 环境下，要重构学生、教师、学习内容、学习环境等教学要素，实现技术促进学习的愿景。高校课程思政教学要充分利用 VR/AR/MR 设备和技术，使用全息投影设备，利用智能白板设备，融合各类移动终端和智慧学习笔等多种形态的智慧教育设备，可以实现教学方式和学习方式的重构。5G 环境下的高校课程思政智慧教学课堂设计，可以为学生提供代入式、沉浸式的实时学习体验，增加高校课程思政教学的精准性、智能性，为学生提供个性化的知识、能力与价值三者相统一的教育教学。

（七）高校课程思政教学评价设计

评价对一切系统都具有指挥、导向、引导的功能，没有评价的教学活动，是缺乏活力的。高校课程思政教学作为一个动态循环系统，要有序地达到既定的教学知识目标和立德树人目标，必须在反复的调控中才能实现。教学评价就是对教学系统实施调节与控制，最终实现既定方向目标的必要手段和重要举措。高校课程思政教学评价设计，是一项复杂的评价过程，它包括教师教学完成度、课程教学立德树人完成度、学生获得感、学生评价等因素。在高校课程思政教学评价中，有 3 个评价与反馈的着力点：

1. 专业教学与思政意义。一个好的高校课程思政教学，应该是知识传授、能力培养和价值塑造的统一。高校课程思政教学中必须坚守课程专业教学原则，不能把专业课程讲成思政课程；同时高校课程思政教学中必须坚持价值引领，但这种价值引领是挖掘课程知识本身的价值意义所在，它不是外在赋予的，而是知识本身内生的。

2. 中国特色与全球视野。任何一门课，特别是人文社会类课程必须坚持中国特色、中国风格、中国气派。但这种坚持不是排外的，任何一门课必须坚持全球视野，在全球视野中找到中国课程特色，找到与世界进行学科课程对话、增进理解的元素。2015 年联合国教科文组织在《反思教育》报告中提出："在科学技术迅猛发展、人类面临全球化挑战的今天，世界在变，教育也必须应时而变——尊重个体价值，追求人的全面发展，教育将以'全球共同利益'为理念，经历从规模化教育走向生态化、分散化、网络化、生命化的个性化教育的变革。教育已经从规模化教育，走向个性化教育。"①

3. 个性化教育与规模化教育。在高校课程思政教学中，注重规模化教育，同时注意个性化教育。在规模化中，普及高校课程思政的基础意义与价值；在个性化中，引导学生明确学习目标，发挥学习的主动性、创造性；在课程教学中发掘学生的长处和优势潜能。

五、教学设计模式的活动程序

高校课程思政共同体之教学设计模式，是高校课程思政教学的一种范式，其基本的程序如下。

第一，理论学习。理论学习主要是指高校课程思政共同体各类主体之间对教育教学相关理论的学习，如共同体理论、立德树人理论、教学设计理论、思政理论、最新学习理论等，其目的在于用科学的理论指导高校课程思政共同体进行教学设计。

第二，主体互动。主体互动是指高校课程思政共同体各主体之间的互动，包括情感交流、教学经验交流、教学过程反思、教学策略选择等过程，共情、共愉、共识是高校课程思政共同体存在并高质量发展的前提。

第三，资源共享。资源共享是指高校课程思政共同体各类主体可以通过共同体这一平台，共商、共建、共享高校课程思政共同体教学设计中所

① 刘献君：《课程教学中的个性化教育》，《中国高教研究》2020 年第 11 期。

需要、所使用的各类教学资源，包括课程思政资源、思政课程资源、样板课程资源等。

第四，观摩学习。观摩学习是高校课程思政共同体进行教学设计时常用的一种方式，包括线上和线下的高校课程思政观摩学习，如高校课程思政示范课程的互相学习观摩、青年教师课程观摩指导等。观摩学习是反馈、反思高校课程思政教学过程和教学效果的一种主要方式。

第五，评价反馈。评价反馈，包括线下会议评价反馈与线上评价反馈。在人工智能时代，高校课程思政共同体可以通过课程教学信息中心，运用人工智能技术对每堂课程数据进行分析，以此获得第一手的课程效果数据，评价并反馈给教师，以提升教师的教学水平。评价反馈是为了高校课程思政共同体更好地进行教学设计。

可以肯定地说，以上每一个程序，都需要有一套机制与制度、形式与范式作为保障，这也是高校课程思政共同体教学设计得以持续高质量发展的关键。

六、教学设计模式反馈、反思与调整

教学过程从来就是往复循环的过程，每一新的教学过程就是前一教学过程的延续与升华。作为高校课程思政共同体，需要对教学过程进行反馈、反思与调整，只有这样，教学过程才不会是重复的过程，而是不断螺旋上升的过程。对高校课程思政教学来讲，教学方面的反馈、反思与调整更为重要。

教学反馈主要是教师以外的教学过程参与主体对主讲教师的教学建议。这些反馈性建议主要来自同行专家、教学督导专家、教学设计专家、学生等。教学反思则主要是教师自己对自己教学过程的反省与思考，是自我教学过程的复盘。教学反馈很重要，它是外在的力量对教师教学的建议与帮助；教学反思，同样十分重要，它是自我提升教学水平的过程。高校课程思政教学反馈与反思都可以帮助教师从每节课程的教学行为中发现自身的教学问题，并提出解决问题的方案，提升自身的教育教学水平。高校教师如何进行有效的课程思政教学反思呢？我们认为教学反馈反思主要从以下几方面来展开。

（一）教师完成度

高校课程思政教学有多重目标，主要包括高校课程思政立德树人目标、知识传递目标、能力培养目标等。教师完成度，主要看教师教学过程对这些目标的完成度。

高校课程思政共同体内主体会对教师进行这方面的评价与反馈，教师自己也会自行反思，找到差距与努力方向。其中的关键是教师对高校课程思政理性自觉的评价与认知。虽然说高校课程思政正在"所有高校、所有课程、所有教师"中展开，但也应该看到，大部分高校课程思政仍停留在较低层面运行。其中关键的影响因素是教师对高校课程思政的理性自觉高度不够。只有自觉把高校课程思政作为教师的基本角色规范，教师才能从心理与行动上去努力实现高校课程思政的最佳效果。

（二）教案融合度

高校课程思政的教案生产是一个技术性、学术性、专业性都很强的技能。如何把学科课程中的思政元素科学地挖掘出来，并恰当地融入教案之中，反映着教师思政能力。这时候，反馈、反思的重点就在于教师思政元素提取能力方面。

提升高校教师课程思政元素发掘能力并非一日之功，它需要各学科的教师在高校课程思政共同体的平台上，互相促进、互相启发、互相帮助。高校课程思政共同体需要集合与课程思政教学相关的各关系主体，需要积聚高校课程思政各类资源，需要有共商、共建、共享的机制与平台。总之，这时的调整，不是一个简单的评说，而是需要人力、物力、资源、信息的支撑。一个教师高校课程思政教案整合度，不只是与教师本人的教学能力有关，更与这个学校对高校课程思政的重视程度、投入情况有关。

（三）教学达成度

这方面的反馈反思主要集中于高校课程思政课堂教学过程和教学效果，集中于教师与学生之间的互动。教学达成度，需要教学媒体、教学方式、教学环境、教学资源、教学过程中的各类因素之间的良性互动。同时体现着教师教学艺术、教学策略的选择与水平。

这方面的调整主要体现在教师对资源的使用与优化水平，对教学理论、学习理论、传播理论的把握度。作为调整，它是教师教学能力提升的一个重要过程，它需要高校课程思政共同体内各类主体的齐心合力，需要大家互相支撑、互相鼓励，同时大家要畅谈各类资源的使用情况，各种教学方式的效果，教学环境的使用等。作为一个重要组成因素，提升教师教学达成度，要提升教师对资源的敏感度，对各类教学理论的敏感度，对学生个性化的敏感度。当然，这些同样需要高校课程思政共同体内各主体的互相帮助、互相理解。

（四）学生参与度

好的高校课程思政教学，一定是学生积极参与的教学。教师如何调动学生的主观能动性，让学生沉浸于课堂，思考教学内容，是一个教师教学成功的关键。

作为教师或教学团队，要善于运用各类教学理论、传播理论，设计好教学故事，讲好课程学科知识与思政元素所代表的价值体验。讲知识，要深入浅出；讲价值，要引发共鸣。特别是要认真理解价值引导的基本过程，教师通过引人入胜的方法引起学生的共鸣、思考，进而反思、接受，并形成一定的思维定势。

这项调整，重在对学生的个性、共性进行科学的学情分析，重在让课程内容引发学生的兴趣，重在让学生成为教学过程的主体，让学生通过已有知识、能力和价值，建构起新的知识、能力和价值。同时，重视学生对学习能力的培养，注重通过课程教学，培养学生对课程知识的热情、责任和创造力。

第七章　高校课程思政共同体之
立德树人效能评价

　　高校课程思政共同体立德树人效能评价是一个很难说清和立时办到的问题，但又是一个影响高校课程思政持续发展、高质量发展的大问题。难说清，是因为立德树人效能是一个数量化的概念，而高校课程思政共同体立德树人效能评价是一个定性多于定量的概念。难以立时办到，是因为立德树人的效能不是一时呈现的。所谓十年树木，百年树人，育人的效能绝对不是课程一结束就可以明晰的，但又是一个影响高校课程思政持续发展、高质量发展的大问题。因为，评价是"指挥棒"，评价是"指南针"，高校课程思政共同体立德树人效能评价具有导向作用。故而，高校课程思政共同体立德树人效能评价很难进行科学定量与测量，但这一问题却值得探索，值得在实践中得到检验与发展。

第一节　高校课程思政共同体立德树人效能
评价的概念与功能

一、立德树人效能评价的概念

　　高校课程思政共同体立德树人效能评价，是对于高校课程思政运行过程和结果的立德树人效能评价，它重在对高校课程思政共同体运行过程所涉及的要素整体功能发挥情况进行评价，重在对高校课程思政共同体立德树人效果进行衡量，判断高校课程思政在价值引领、能力提升、知识传递等方面所发挥的功能情况，并为其效能最大化提供理论参考。

　　高校课程思政共同体立德树人效能评价是一种过程评价，重在高校课程思政教学过程的评价；这种评价是一种要素功能评价，重在评价高校课程思政运行过程中参与要素功能发挥的评价；这种评价也是一种诊断评价，重在以评促建，以评促改，服务高校课程思政的高质量发展；这种评价也是一种效能评价，重在对学生高校课程思政获得感的评价。

二、立德树人效能评价的功能

2018 年，在全国教育大会上，习近平总书记系统总结了中国教育事业改革发展的"九个坚持"，为我国教育改革与发展提出了新理念、新基准和新路径。2020 年出台的《深化新时代教育评价改革总体方案》，直接把教育评价放在"事关教育发展方向"的战略高度去认识，鲜明指出了教育评价在党委和政府教育工作中的改进完善功能，充分肯定了教育评价在学校教育中的判断管理功能，更加明确了教育评价在教育教学中的引领指导功能，进一步确保新时代我国教育改革与发展的方向不偏离"九个坚持"的轨道，在满足中国特色社会主义现代化建设的社会外在需求的同时更符合学生个体成长内在需要的现实诉求，最终实现"社会本位"与"个人本位"两种教育价值的有机结合。

具体到高校课程思政共同体立德树人效能评价，我们认为它至少具备以下 6 种功能。

1. 判断功能。高校课程思政是课程教学的一种新理念。作为一种新理念，在前进发展的道路上难免会出现问题和失误。为了能够及时发现高校课程思政实施过程中出现的问题、对其产生原因进行判断分析、提出科学合理的解决措施，起到诊治判断的作用，构建高校课程思政共同体立德树人效能评价体系至关重要。

2. 引领功能。评价往往隐含着人们对某种事物的价值选择，价值选择是特定时期的政治、经济、文化、教育等共同作用下的抉择。构建高校课程思政共同体立德树人效能评价体系，不仅可以为高校开设什么样的专业课程以及如何开展专业课程提供科学的参照标准，也能够有效衡量高校开设的专业课程是否偏离国家所提倡的核心价值理念，保证课程在正确的轨道上发展得越来越好。

3. 指导功能。高校课程思政共同体立德树人效能评价体系为整个教学过程提供了较为客观、便于执行的标准，高校课程思政共同体关键主体，如教师、学生、高校管理者可以参照相关标准和评价结果识别自己的行为是否达到预期目标，以便及时调整教育教学方向和行为。高校课程思政共同体立德树人效能评价，对于教师而言，可以根据评价结果及时调整课程资源，改进教学方式，改进教学策略，提高教学精准性，实现因材施教；对于学生而言，可以通过学习过程中的评价反馈了解学习成效、调整学习策略；对于高校管理者而言，则可以通过立德树人效能评价的多个维度的教学数据，调整学科专业培养方案、优化教学服务体系，作出更高质量的服务于教育教学的管理和决策。

4.管理功能。评价是一种隐性的管理，是一种诱导机制。在评价体系中，鼓励的指标、避免的指标对教师教学具有很强的诱导作用，是无声的管理。

5.改进功能。评价的最终结果是对客观现实的真实反馈，这种反馈可以帮助教师及时了解教学情况、帮助学生适时进行自评自查。构建高校课程思政共同体立德树人效能评价体系，能为教师课程思政教学的开展提供标准，也可以为学生评价自身学习效果提供依据，以便教师乃至学校进一步调整方向，完善师生的教与学模式。

6.激励功能。高校课程思政共同体立德树人效能评价的结果是反馈，也是一种强化激励举措。高校课程思政共同体关键主体，如教师、学生、高校管理者等主体在得到评价结果反馈后，会对自身过往行为形成一种更为科学与精准的认识。为了更好更快地完成既定目标，主体会在评价反馈的基础上作出调整，朝着正确的方向继续努力。高校课程思政共同体立德树人效能评价体系并不是一成不变的，它有着从低到高的标准要求。基于对高校课程思政实施情况的标准参照，它可以对相关主体更进一个台阶起到良好的激励作用。

第二节　高校课程思政共同体立德树人效能评价的原则与立场

一、立德树人效能评价的原则

一套系统全面、可操作性强的评价，一定以具体的构建原则作为前提，高校课程思政共同体立德树人效能评价作为一种侧重判断高校课程思政教学过程、侧重判断高校课程思政运行过程中参与要素功能的发挥、侧重判断学生高校课程思政的获得感的评价，必须以教学评价的总体原则为参照，结合时代发展、教学需要、学生诉求等找到适合其自身的评价原则。

（一）教学评价的总体原则

1. 客观性原则。作为教学评价的基本要求，其目的是对教师的教和学生的学提供客观的价值判定，这种价值判定不仅要基于教学目标，还要基于学生获得感。如果在教学评价中缺少客观性，评价就会失去意义。

2. 整体性原则。在教学评价中，要从组成教学过程的全要素、多角度出发，进行综合评价，既评价教师主体因素，也评价师生互动要素、教学内容要素、教学环境要素等方面。

3. 指导性原则。评价是一种诊断，是过程性评价，是诊断性评价。教学评价的目的是指出当前教师在教学方面、学生在学习方面的长处和不足，在此基础上提出具体指导性、建设性意见，使被评价者能够通过及时、具体和有效的信息反馈，明确教与学中的发展方向。

4. 科学性原则。科学性原则主要体现在评价标准的科学性、评价程序的科学性、评价结果使用的科学性。基于教与学相统一，以教学目标体系为评价基础，来进行教学评价，需要确定一个科学、全面、合理、系统与规范的课程立德树人效能评价标准，并在此评价标准的基础上，制定并遵循科学的课程立德树人效能评价程序，使用先进的、人工智能化的测量手段和统计方法，对获得数据进行科学的处理。对课程立德树人效能评价的结果使用，要立足于"以评促建"，促进课程思政高质量发展。

5. 发展性原则。教学评价重在"以评促建"。作为一种鼓励师生、促进教学的教育手段，教学评价一方面应重点关注学生的学习进步、获得感、动态发展、幸福感，另一方面也应着眼于教师的教学改进和教学能力提升，目标在于调动师生参与教学互动的积极性，通过师生互动、深度参与不断提高教学质量。

当代教学评价的改革趋势较之传统的评价方式发生了深刻的变化，具体体现在：评价目的在于促进师生发展；评价内容注重对师生评价的全面性；评价主体更为多元化；评价方法注重综合性。

（二）《深化新时代教育评价改革总体方案》中的教育评价原则

2020 年发布的《深化新时代教育评价改革总体方案》明确了 4 个评价原则，即"四个坚持"。

第一，"坚持立德树人，牢记为党育人、为国育才使命，充分发挥教育评价的指挥棒作用，引导确立科学的育人目标，确保教育正确发展方向。"

第二，"坚持问题导向，从党中央关心、群众关切、社会关注的问题入手，破立并举，推进教育评价关键领域改革取得实质性突破。"

第三，"坚持科学有效，改进结果评价，强化过程评价，探索增值评价，健全综合评价，充分利用信息技术，提高教育评价的科学性、专业性、客观性。"

第四，"坚持统筹兼顾，针对不同主体和不同学段、不同类型教育特点，分类设计、稳步推进，增强改革的系统性、整体性、协同性。"① 《深化新时代教育改革总体方案》明确的 4 个评价原则，是高校课程思政共同体立德树人效能评价必须遵循的基础性原则，是高校课程思政共同体立德树人效能高质量发展的关键。

（三）高校课程思政共同体立德树人效能评价的原则

从最早提出的教学评价的总体原则，再到《深化新时代教育评价改革总体方案》提出的教育评价原则，能够看出当代教学评价的改革趋势较之传统的评价方式发生了深刻的变化。

高校课程思政共同体立德树人效能评价在参照传统教学评价与当代教学评价的基础上，更侧重从共同体视角对高校课程思政教学过程及运行过程中参与要素的功能发挥以及学生课程思政获得感的评价。高校课程思政共同体立德树人效能评价应体现以下 7 个原则。

1. 政治正确原则。高校课程思政的根本属性是意识形态性。高等教育要为党育人、为国育才，要培养社会主义建设所需要的德智体美劳全面发展的时代新人。政治正确是高校课程思政共同体立德树人效能评价的第一原则。

2. 同向同行原则。专业课教学中"思政"内容不可缺失，高校课程思政要做到与思政课程同向同行。但也应该注意，高校课程思政中的课程是知识传递、能力提升的重要载体，它不应该打乱自己的知识体系去专门讲思政，而是在知识传递中，注重思政元素的挖掘，做到知识传递、能力提升与价值引领的统一。

3. 多元主体评价原则。包括高校课程思政共同体立德树人效能评价要坚持多元主体参与评价原则。多元主体参与评价的方式主要有：教师评价学生、学生评价教师、学科专业同行评价、社会评价等。

4. 综合性原则。注重高校课程思政共同体运行的过程评价，也重视高

---

① 《中共中央　国务院印发〈深化新时代教育评价改革总体方案〉》，https://www.gov.cn/gongbao/content/2020/content_5554488.htm。

校课程思政共同体立德树人效能的结果评价，同时重视高校课程思政共同体立德树人效能增值评价。

5. 知行合一原则。就教师而言，立德树人绝不能只停留在教师口头上，同时要落实到教师行动上。就学生而言，既要评价学生的道德判断能力，更要考查学生是否将道德观念转化为自觉的道德行为。

6. 发展分析原则。充分利用学科发展史、中国党史、新中国史、改革开放史、社会主义发展史进行纵向、横向比较，在比较中融入适切的"思政元素"。

7. 智慧评价原则。《深化新时代教育评价改革研究（笔谈）》中指出，"第四次工业革命背景下的教育结构是以人工智能、互联网、物联网、区块链为物质和技术基础，嵌入万物互联的社会结构，是万物互联的组成部分。……新时代教育评价必须前瞻性地适应这种教育结构体系的变革，充分利用 5G、人工智能、互联网、物联网、大数据、区块链等前沿技术构建科学的高效的评价制度。"[1]对高校课程思政共同体立德树人效能的评价，要根据新时代教育生态，依据数字化转型背景，根据立德树人的长远性、长效性、长期性，引入数字化技术，促进高校课程思政共同体立德树人评价数字化与科学化，既重视定性评价，亦重视定量评价，但最终的评价目的重在对教师教书育人给予引导、指导、管理和激励。

二、立德树人效能评价的立场

（一）站稳新时代教育评价立场

高校课程思政共同体立德树人效能评价，站稳新时代教育评价立场，就是以新时代中国特色社会主义发展的总体要求为依据，以习近平总书记关于教育、思想政治教育、政治理论课等的重要论述为指导思想，以教育评价的全面性、科学性、整体性、系统性、全息性改革为方法论原则。如习近平总书记提出的教育"九个坚持"原则；教育的"四为"方针；培养堪当民族复兴重任的时代新人要求；德智体美劳全面发展论述；等等。

新时代党和国家人才培养的新理念、新标准和新要求是教育改革创新的新任务，也是新时代对高校课程思政的新要求。高校课程思政共同体立德树人效能评价要遵循教育"九个坚持"要求，贯彻教育"四为"方针，

① 马陆亭、王小梅、刘复兴、周光礼、施晓光：《深化新时代教育评价改革研究（笔谈）》，《中国高教研究》2020 年第 11 期。

把"时代新人"等人才培养的新理念、新标准、新要求作为高校课程思政共同体立德树人效能评价的关键指标和根本方向。

（二）站稳学校立德树人教育评价立场

习近平总书记在 2018 年全国教育大会上指出，"健全立德树人落实机制，扭转不科学的教育评价导向……要坚决克服唯分数、唯升学、唯文凭、唯论文、唯帽子的顽瘴痼疾，从根本上解决教育评价指挥棒问题，扭转教育功利化倾向。"① 高校立德树人成效是评价高校一切工作的根本标准，"学校的办学治校、教师的教书育人、学生的成长成才，归根结底都必须以培养担当民族复兴大任的时代新人、培养德智体美劳全面发展的社会主义建设者和接班人作为主线"。② 落实《深化新时代教育评价改革总体方案》，牢记为党育人、为国育才使命，坚持问题导向，刀刃向内，下决心解决办学治校的突出问题和弊端，促使校长专心管理、教师专心教书、学生专心学习，充分体现了引导学校确立科学育人目标的导向。作为高校人才培养体系重要载体的课程，要以此为指导，牢记立德树人使命，立稳学科育人立场，是高校课程思政的题中应有之义，也是应尽之责。高校课程思政共同体立德树人效能评价永远要站稳"为党育人"立场。

（三）站稳教师教书育人教育评价立场

教师教书育人，是教育、教学、课程及教师的题中应有之义。《说文解字》："教，上所施下所效也。""育，养子使作善也。"《礼记·学记》："建国君民，教学为先。"课程在拉丁文中意为"赛跑用的交通工具"。中国太学中对教师的要求是博士："明于古今，温故知新，通达国体。"唐代著名教育家韩愈说："师者，所以传道、授业、解惑也。"徐特立："既当经师又当人师"，"经师是教学问的，人师是教行为的。"

《深化新时代教育评价改革总体方案》在教师评价、学生评价、学校评价 3 个方面明确了重点改革任务。

1. 在教师评价上。明确"要突出质量导向，重点评价学术贡献、社会贡献以及支撑人才培养情况，不得将论文数、项目数、课题经费等科研量化指标与立德树人效能工资分配、奖励挂钩。""不得把人才称号作为承担科研项目、职称评聘、评优评奖、学位点申报的限制性条件，依据实际贡

---

① 《习近平谈治国理政》第 3 卷，北京，外文出版社 2020 年版，第 348 页。

② 《怎样破"五唯"促教育评价科学转型——专家解读〈深化新时代教育评价改革总体方案〉》，《中国教育报》2020 年 10 月 21 日。

献合理确定人才薪酬，不将人才称号与物质利益简单挂钩"。① 重申教师最主要的职责是教书育人，将教书育人摆在更重要的地位，把学生能力的提升、科研创新能力的增强、服务社会水平的提高作为重要参考因素，把对教师的评价推向全面化、多元化、综合化。这些举措有利于明确政策边界，约束落实、执行措施与行为，使支持性、激励性政策在合理区间运行，防范政策过度诠释与使用。

2. 在学生评价方面。明确"要坚持以德为先、能力为重、全面发展，坚持面向人人、因材施教、知行合一，坚决改变用分数给学生贴标签的做法，创新德智体美劳过程性评价办法，完善综合素质评价体系"。② 明确育人的核心目标是培养德智体美劳全面发展的社会主义建设者和接班人，全力避免对学生的简单化、单一化评价，建立健全多向度的评价标准。

3. 在学校评价方面。明确"以立德树人成效为根本要求，着力制定与规范各级各类学校评价的标准，从落实党的全面领导、坚持正确办学方向、加强和改进学校党的建设以及党建带团建队建、做好思想政治工作和意识形态工作、依法治校办学、维护安全稳定等方面进行多向度评价"。③ 这些任务的提出明确了促进学生身心健康、全面发展的重要性，指出了以往重智育轻德育、重分数轻素质等片面办学行为的不妥之处。

总之，新时代的教育评价要向着内涵丰富、充满鲜明探索精神的开放式科学评价迈进，要与学生的成长相匹配、与教育实践相协调，探索并完善立体多元、行之有效的评价标准。唯有如此，才能促进人的蓬勃发展。

（四）站稳回归课堂育人教育评价立场

课堂是立德树人的主战场，任何课程在实施过程中都必须站稳课堂育人这一基本立场。但要遵循教育教学规律，用一门课、一堂课去评价立德树人效能是不科学的，也是难以完成的。所以对高校课程思政共同体立德树人效能的评价，更多地应站在课堂本身的视角，去观察评价课程与课堂的教学效果。对立德树人的评价，需要从更为宽广的视角，如学校整体、专业整体视角去评价。

---

① 《中共中央　国务院印发〈深化新时代教育评价改革总体方案〉》，https://www.gov.cn/gongbao/content/2020/content_5554488.htm。

② 《中共中央　国务院印发〈深化新时代教育评价改革总体方案〉》，https://www.gov.cn/gongbao/content/2020/content_5554488.htm。

③ 《中共中央　国务院印发〈深化新时代教育评价改革总体方案〉》，https://www.gov.cn/gongbao/content/2020/content_5554488.htm。

（五）站稳意识形态教育评价立场

"课程是主流阶级的权力、意志、价值观念、意识形态的体现和象征，它实际上是一种官方知识，是一种法定文化。"① 联合国教科文组织在《学会生存》一书中指出："从家庭教育开始，所有的教育都有使儿童和青年社会化的任务。学校继续和将要继续贯彻执行公民训练的职责（特别是在那些近来要求恢复或已经恢复了他们的民族的国家里）和意识形态训练的职责（在那些革命领袖的职责是改造人的思想和推翻一切过去的堡垒的国家里）。重要之处不是这种训练在教育上的地位而是它的目标，至少是它的含蓄的目的。"② 意识形态与课程从来都是密不可分的，意识形态是为国家立心的工作，作为高校育人工作的重要阵地，高校课程思政必须站稳这一立场，对高校课程思政共同体立德树人效能评价也应该从这一立场出发。

（六）站稳学科专业立场

高校课程思政的核心要义是把课程讲好，通过好的课程教学效果实现对学生价值引领、知识传递、能力提升的统一。好的高校课程思政是听不出显性的思政教育，但有隐性的思政教育的课程。高校课程思政一定要坚守学科立场，守住学科边界，不能把课程思政变成思政课程，而是充分挖掘课程本身的思政元素，把学科课程讲得更好。对高校课程思政共同体立德树人效能评价必须坚持并站稳学科专业立场。

第三节　高校课程思政共同体立德树人效能评价的理念与理论

一、立德树人效能评价理念

（一）回归教学教育本质

马克思在人的实践活动中强调人的价值追求。人的实践既是合规律的活动，也是合目的的活动。以人为本的评价导向，就是要以人为中心，突出人的发展，人是教育的中心，也是教育的目的；人是教育的出发点，也是教育的归宿；一切教育必须以人为本，这是"高校课程思政"的基本价

---

① 徐卫、范会敏：《课程内容的意识形态诠释》，《教学与管理》2009 年第 21 期。

② 联合国教科文组织：《学会生存》，北京，教育科学出版社 2002 年版，第 85~86 页。

值观。有什么样的教育评价，就会有什么样的教育教学。高校课程思政共同体立德树人效能评价的核心是让学校回归育人根本，让教学回归到其学校中心工作中来，让课堂成为教书育人的阵地，让教师成为教书育人的主力军。

高校课程思政的终极目标是立德树人，所以对高校课程思政共同体立德树人效能评价的关键指标即是对其立德树人目标达成的评价。细究起来，对立德树人进行评价有点难。为何？因为立德树人是一个长线指标，也可以说是 10 年后才显现出来的指标。立德树人的表征指标，更多的是一个目标构成体系，它是评价的基础。目标达成体系需要教学等推进。这不是一个线性关系，教育立德树人成效是学校、社会、家庭等因素综合作用的结果。所以，"对立德树人的评价，更多是质性评价，是一个持续的评价。我们想做的是让立德树人基础强起来、指标硬起来、制度实起来"。①

（二）注重引领引导功能

这既是对既定高校课程思政教学效果、育人效果的评价，也是不断促进该课程立德树人效能的持续改进。这种效能与立德树人效能之间并不是一种简单的线性关系。

既注意对教学过程要素的评价，也是对教学过程要素之间关系的评价。教学过程的基本要素包括教师、学生、内容、教学环境、教学媒介、教学方法、教学目标等。教育传播系统具有 4 个基本要素，包括教育者（教师）、教育媒体、教育信息和受教育者（学生）。4 个要素相互关联，就会出现非常丰富和生动的关系，比如说师生关系，在教育传播中，怎样正确地处理老师和学生之间的关系；比如说生生关系，怎样恰当地处理学生和学生之间关系；比如说人媒关系，老师和学生怎么良好地使用媒体技术来教与学；等等。在我们的教育传播过程中，一定要注意处理好不同要素之间的关系。

就单一课程来讲，主要是 4 个要素之间的关系；但就整个学校立德树人效能评价来讲，其教育传播系统要素要复杂得多。就单一课程来说，重在以学生成长为中心，以提升学生课堂听课"获得感"为要义。在高校课程思政教学过程评价中，注重思政元素与学科元素的耦合度，注重专业课程与思政课程的同向同行。教学结果要体现出高校课程思政教学效果，主

---

① 范唯：《深化本科教育教学评价监测改革》，《中国教育报》2020 年 3 月 3 日。

要是学生的获得感，这种获得感既有学科知识的增加，也有做人做事素养的提升。

（三）构筑综合性评价体系

高校课程思政具有综合性、系统性、全息性特征，对高校课程思政共同体立德树人效能评价也需要构建"三层四维四度"系统评价体系。"三层"是指学校层面人才培养体系评价、学院层面专业培养方案评价、单一课程层面评价。在单一课程评价层面，注重"四维"与"四度"："四维"是指从教师、教学、教案、学生4个维度综合进行评价；"四度"是指从高校课程思政元素融入程度（饱和度）、高校课程思政元素融合程度（自然度）、学生满意程度（达成度）、教案完整程度（完成度）4个方面的实现程度，系统评价高校课程思政共同体立德树人之效能。

为了深化高校课程思政共同体"立德树人"目标达成度，高校需要做好以下3个方面的工作。一是要把课程思政理念内化到学校人才培养体系中去，内化到人才培养目标规格之中，把"立德树人"内化到学校人才培养体系总体规划和专业人才培养综合目标之中。二是要把高校课程思政理念融入教学全过程之中。通过"基因式"方法把思政元素融入所有高校课程之中，"努力构建思政理论课、综合素养课程、专业课程三位一体的高校思政教育课程体系，让第一课堂和第二课堂相结合、显性教育和隐性教育相辅相成，立德树人贯穿于学校教育教学全过程润物无声"。[①] 三是要把高校课程思政理念明确到教育教学质量标准执行之中。《高等学校课程思政建设指导纲要》中指出，要建立健全高校课程思政的质量评价体系，建立健全高校课程思政激励机制，"把课程思政建设成效作为双一流建设监测与成效评价、学科评估、本科教学评估、一流专业和一流课程建设、专业认证、双高计划评价、高校或院系教学绩效考核等的重要内容，作为教师考核评价、岗位聘用、评优奖励、选拔培训的重要内容"。[②] 因此，高校在制定教育教学标准、制定教师评价体系和学生课堂考核标准、制定高校或院系立德树人效能考核标准等方面，都应把"立德树人"成效作为内容进行考核。

（四）区分立德树人目标表征体系与目标达成体系

立德树人目标表征体系，体现的是立德树人效能，其具体化的效果呈

---

① 张俊玲：《将"课程思政"理念基因式融入专业课堂教学的探索》，《教育教学论坛》2018年第46期。

② 《教育部关于印发〈高等学校课程思政建设指导纲要〉的通知》，教高〔2020〕3号。

现是一个相当长的历史时期，很难用一个数字来评价，也很难简单地用质性办法评价一门课程的立德树人的效能。其效果呈现可能是10年以后的事情，且这种效果也一定是各门课程综合作用的效果。目标达成体系，是指课程教学过程所能实现的课程立德树人效果。这也是一个系统的综合作用，这个系统包括教师、学生、教学内容、教学方法、教学环境、教学目标等方面内容。

立德树人目标表征体系主要包括5个方面内容：固三观、立信念、明素养、强能力、担使命。目标达成体系则是实现立德树人目标的路径体系。目标达成体系是一个复杂的系统，单从学校、专业、课程角度来评价的话，重在学校人才培养体系规划、设计、落实的效度与效果。从评价方法来讲，既注重过程评价，也重视结果评价，更要关注增值评价。

增值评价关注的是评价对象的增长幅度，是对评价对象的相对增长和进步幅度进行的一种客观评价。它重视过程评价，重视评价对评价客体的实际改变。从这个意义上讲，增值评价更为关键的是评价目的，重在评价教育教学促进学生成长、成才、成人的效度。

新时代，根据国家对教育的新要求，我们需要建立更能反映教育立德树人根本任务的教育评价制度、体制和机制。在学校层面上，要提高学校对高校课程思政的重视程度，重视外部评价和社会评价对高校的促进作用，重视高校对课程思政建设的机制、体制和制度建设情况，注重长远性、持续性评价。在学院专业层面，注重在高校课程思政理念视角下，注重学院人才培养方案改革情况、教师投入情况、学生学习情况，学院建立健全高校课程思政立德树人体制机制情况。在课程层面，重在过程评价、引入结果评价、探索增值评价、健全综合评价，重点评价高校教师对课程思政实践的理性自觉，对课程思政建设的价值认同，重在提升高校教师课程思政建设能力与高校课程思政实践胜任力。

二、立德树人效能评价理论

（一）教育评价政策

教育部颁发《高等学校课程思政建设指导纲要》，是高校课程思政共同体立德树人效能评价的主要政策依据。纲要明确，今后要在所有高校、所有学科专业全面推进高校课程思政建设，将建设成效纳入"双一流"成效评价、学科评价等。其中第八条明确了要把课程人才培养立德树人效能作为高校课程思政共同体建设评价的首要标准。"建立健全多维度的高校课程思政建设成效考核评价体系和监督检查机制，在各类考核评估评价工作和深化高校教育教学改革中落细落实。……研究制订科学多元的高校课程思政共同体立德树人效能评价标准。把高校课程思政建设成效作为'双一流'建设监测与成效评价、学科评价、本科教学评价、一流专业和一流课程建设、专业认证、'双高计划'评价、高校或院系教学立德树人效能考核等的重要内容。把教师参与高校课程思政建设情况和教学效果作为教师考核评价、岗位聘用、评优奖励、选拔培训的重要内容。"①

（二）课程与教学评价的理论

高校课程思政共同体立德树人效能评价从本质上讲，就是课程与教学评价的升级版，它除了关注课程与教学评价的因素外，同时关注课程思政元素的融入过程与效果。所以课程与教学评价理论是高校课程思政共同体立德树人效能评价的基本理论支撑。重点需要明确与借鉴以下 6 个方面的理论要点。

1. 课程评价基本内涵。课程评价是对课程活动进行价值判断的过程。如凯利认为"课程评价是评价任何一种特定教育活动的价值和效果的过程。"黄政杰在《课程评鉴》中提出："课程评鉴是对各个层次的课程，判断其优劣价值，提出缺陷或困难所在，并使做成行动过程。"② 廖哲勋在《课程学》中指出："课程评价是根据一定的标准和系统信息对一定课程产生的效果价值判断。"③

课程评价是提供信息、利于决策的过程。克隆巴赫认为课程评价是"为作出关于教育方案的决策，搜集和使用信息"，④ 其"最大的贡献是确定课程需要改进的地方"。斯塔弗尔比姆指出课程评价就是"为决策提供有用信息的过程"。斯塔弗尔比姆把评价看作"一种划定、获取和提供叙述性和判断性信息的过程。这些信息涉及研究对象的目标、设计、实施和影响的价值及优缺点。以便指导如何决策，满足教学效能核定需要，并增加对研究对象的了解"。⑤ 戴维斯提出："课程评价是为了对课程作出决策和判断而描述、获取和提供有用信息的过程。"⑥ 陈侠在《课程论》中提出：

---

① 《教育部关于印发〈高等学校课程思政建设指导纲要〉的通知》，教高〔2020〕3 号。
② 黄政杰：《课程评鉴》，台北，师大书苑有限公司 1987 年版，第 40 页。
③ 廖哲勋：《课程学》，武汉，华中师范大学出版社 1991 年版，第 63 页。
④ 瞿葆奎：《教育学论文集·教育评价》，北京，人民教育出版社 1989 年版，第 64 页。
⑤ 陈玉琨：《教育评价学》，北京，人民教育出版社 1999 年版，第 16 页。
⑥ 陈侠：《课程论》，北京，人民教育出版社 1989 年版，第 330 页。

"课程评价是一个客观的过程，它要应用科学的工具，来确认和解释教与学的内容和过程的效果，衡量它的有效程度，以便为课程的改进作出有根据的决策。"①

将课程评价看作相互作用的过程。舍利·格兰德的《课程：结果还是反思性实践?》指出，"课程评价在课程中已经不再是一个独立的领域，在反思性课程实践过程中，评价就是赋予和了解教与学活动的意义，这一意义是通过人们在小组合作活动中相互协商、达成一致过程中获得的"。②小威廉姆斯在《后现代课程观》中认为，"评价应是共同进行的、相互作用的，应将其作为一种反馈，作为'做—批评—做—批评'这一循环过程的组成部分"。③

2. 课程评价类型。基于评价目的和功能，将其分为发展性评价（诊断、激励、改进）、水平性评价（监控、衡量、比较）和选拔性评价（甄别、选拔、比较）。

根据评价的作用和性质，将其分为形成性评价、总结性评价、诊断性评价。其中，形成性评价是在课程生产过程中进行的，其目的在于总结经验，进一步完善课程生产过程与提高课程生产质量；总结性评价是在课程生产之后进行的，其目的在于对课程执行过程、教学过程进行评判，以促进课程生产完善后的推广；诊断性评价则是在课程教学活动之前，对教学设计状态进行的一种评价，其目的在于教学计划、教学设计更有针对性和科学性。

根据课程评价的价值取向，可以把课程评价分为目标取向型评价、过程取向型评价和主体取向型评价。目标取向型评价是对课程目标达成情况进行的评价；过程取向型评价是对教师与学生在课程生产和教学过程中师生互动、学生参与、学生建构情况进行的评价。主体取向型评价则是指评价是评价者与被评价者、教师与学生共同建构意义的过程。

根据评价的对象，可以把课程评价分为学校评价、教师评价与学生评价3个层面的评价。学校评价是以学校为对象所进行的价值判断，目标是推进学校整体的教育教学质量提升和教学条件的改善。教师评价是以教师及其教学活动为对象所作的价值判断，以此促进教师教学技能提升和教师

---

① 陈侠：《课程论》，北京，人民教育出版社1989年版，第330页。

② Shirley Grundy Currculum.*product or praxis Philadelphia*, New York: The Falmer Press, 1978, pp.127~128.

③ ［美］小威廉姆·E.多尔：《后现代课程观》，王红宇译，北京，教育科学出版社2002年版，第245~247页。

专业能力发展。学生评价是基于学生这一对象所进行的价值判断。

3. 课程评价模式。目标评价模式。目标评价模式产生于 20 世纪 30 年代，标志事件是美国"八年研究"，代表人物是拉尔夫·泰勒。他提出："评价过程实质上是一个确定课程与教学计划实际达到教育目标程度的过程。"① 这一课程评价模式将课程评价与课程开发紧密结合，在评价中结构紧凑，易于评价者实践操作，对后来的课程评价产生重要影响，大多评价模式都是在继承或批评这一评价模式的基础上发展起来的。

消费者导向评价模式。消费者导向评价模式产生于 20 世纪 60 年代，代表人物是斯克利文，其主要观点是针对泰勒在课程评价中过分强调预定目标的作用。他认为，评价的标准不是工具实现其目的的程度，而是工具能够满足使用者确实需要的程度。评价者的专业角色应是"具有启发性的替代消费者"。消费者导向评价模式的实质是"以需要为基础的评价""以顾客为基础的评价"。②

CIPP 评价模式。CIPP 评价模式产生于 20 世纪 60 年代，代表人物为斯塔弗尔比姆。CIPP 的倡导者提出，课程评价是为作出某种课程教学决策而对教学过程进行的描述、获得和提供有价值信息的过程。"评价最重要的目的不是证明，而是改善。"③1966 年，斯塔弗尔比姆曾对评价下了一个定义："评价是提供有用资料以做决定的历程。"④

应答评价模式。该模式产生于 20 世纪 70 年代，代表人物是斯泰克。他认为，评价一个方案的方法不唯一且不具有绝对正确性。"要使评价产生效用，评价应积极听取评价结果的人所提供的相关信息，且评价者要充分了解那些人所关心的问题。"⑤ 古巴和林肯进一步发展了这种评价模式，认为其"就是以所有与方案有利害关系或切身利益的人所关心的问题为中心的一种评价"。⑥ 最终是要达到评价方案满足各课程方案主体参与需要的目的。

---

① ［美］拉尔夫·泰勒：《课程与教学的基本原理》，施良方译，北京，人民教育出版社 1994 年版，第 85 页。

② 苏连福、王明宾：《课程资料的消费者导向评价模式述评》，《江苏教育学院学报（社会科学版）》2000 年第 3 期。

③ 黄光雄编译：《教育评鉴的模式》，台北，台湾师大书苑有限公司 1989 年版，第 197 页。

④ Stufflebeam, D.L, *A Depth Study of the Evaluation Requirement*, Theory into Practice, 1966 5(3),pp.121~133.

⑤ 钟启泉编著：《现代课程论》，上海，上海教育出版社 2003 年版，第 406 页。

⑥ Guba, E.G&Lincoln, *Y.S., Fourth Generation Evaluation*, Newburg Park, CA:Sage, 1989, pp.46~47.

4. 教学评价的概念。在不同的教学理论中，就会有不同的教学评价概念。在传统教学理论中，教学评价主要是依据课程教学目标对课程教学过程、课程教学要素以及课程教学效果进行有针对性的价值判断。其评价对象主要是教师的教学效果和学生的学习效果，一般包括课程教学过程中的主讲教师教学表现、课程教学内容呈现效果、课程教学方法运用、课堂学生表现以及课程教学环境管理等方面内容。

5. 教师教学工作评价。教师教学工作评价有广义和狭义之分，我们一般是在狭义层面讨论教师教学工作评价问题。教师课程教学评价工作主要是从课程教学目标、课程教学内容、课程教学方法、课程教学过程组织及课程教学效果来开展的。评价方法有教师自评和同行评价、学生评价以及学生家长评价等几种常用方法。

6. 教学评价发展趋势。2020 年 6 月 30 日，中共中央全面深化改革委员会第十四次会议审议通过了《深化新时代教育评价改革总体方案》指出：“要遵循教育规律，针对不同主体和不同学段、不同类型教育特点，改进结果评价，强化过程评价，探索增值评价，健全综合评价，着力破除唯分数、唯升学、唯文凭、唯论文、唯帽子的顽瘴痼疾，建立科学的、符合时代要求的教育评价制度和机制。”① 从通过的《深化新时代教育评价改革总体方案》，我们能够看出当代教学评价的改革趋势较之传统的评价方式发生了深刻的变化，具体体现在：评价目的在于促进师生发展；评价内容注重对师生评价的全面性；评价主体更为多元化；评价方法注重综合性。

（三）立德树人评价理论

立德树人评价问题正在成为马克思主义理论学科、教育学学科的研究热点。目前虽然有一些目标体系的建立，但整体来讲，尚处于探索阶段。新一轮教学评估，已把立德树人作为重要目标来进行设计。相信不远的将来，立德树人评价理论将日趋完善。

---

① 《中共中央 国务院印发〈深化新时代教育评价改革总体方案〉》，https://www.gov.cn/gongbao/content/2020/content_5554488.htm。

第四节　高校课程思政共同体立德树人
效能评价体系构建与反思

　　高校课程思政建设分为 3 个层次，一是学校层面的高校课程思政建设，重在高校课程思政普及程度与建设质量；二是学院（专业）层面的高校课程思政建设，重在专业学科课程之间同向同行，符合学科发展逻辑；三是单一课程层面的高校课程思政建设，重在教师课程与教学完成度和学生课程获得感。对高校课程思政共同体立德树人效能评价也应该在 3 个层面分别进行。

一、学校层面立德树人效能评价体系

　　对学校层面的高校课程思政共同体效能评价重在协调学校、社会、家庭在立德树人方面的同向同行，重在协调学校各专业课程思政建设，重在形成高校课程思政持续发展的机制、体制和制度。对学校层面的课程思政立德树人效能评价主要侧重以下 4 个方面：普及程度、支持程度、协同程度、满意程度（表 7-1）。

表 7-1　高校课程思政共同体立德树人目标达成评价表（学校层面）

序号	一级指标	二级指标	得分
1	普及程度	课程思政普及比例	
		第二课堂、第三课堂开设情况	
		线上课程思政开设情况	
		学生上课现代技术应用情况	
		学校课程思政氛围	
2	支持程度	顶层设计的理念	
		制度、机制、体制建设	
		资金投入、项目投入、精力投入	
		社会影响	
		学校新基建建设情况	

序号	一级指标	二级指标	得分
3	协同程度	全校"一盘棋"建设	
		职能部门分工协作情况	
		各职能部门具体举措及实效	
		专业学院与马克思主义学院协作情况	
		社会、家庭、企业代表等参与情况	
4	满意程度	课程思政效果(学生、教师、社会评价)	
		学生发展(在校生、毕业5年/10年)学生情况	
		学生成果(在校生)	
		教学成果	

（一）学校课程思政普及程度

学校课程思政普及程度包括以下几个方面：

人才培养体系中显性课程完成课程思政程度，要求做到"门门有思政"，做到学科育人。有针对性地完善人才培养体系，构建涵盖通识类课程、专业类课程、实践类课程的高校课程思政教育教学体系。将高校课程思政落实到高校课程思政教学全过程，从大纲修订到教案编写，再到课堂讲授和课程实习实训等过程。

学校隐性课程思政化程度，要求做到"处处有思政""时时显思政"，做到环境育人、文化育人。创新教学模式，探索高校课程思政教育新模式、新方法、新载体。综合运用第一课堂和第二课堂，实现有机融入，提高学生学习体验，建设校级课程思政课。

要求学校所有高校课程思政品质最佳化，真正做到"高阶性""创新性"和"挑战度"，受到学生喜爱。

构建学校、社会和家庭协同育人共同体机制与体制，促进学校育人、社会育人和家庭育人的同向同行。

构建"课程、科研、实践、文化、网络、心理、管理、服务、资助、组织"等"十育人"协同育人共同体，使课程思政有一个良好的发展环境。

各级各类课程思政样板课程数量及占比。即已有各级各类课程思政门数及占总课程数量比例。重点是建设有省级以上课程思政样板课程、课程思政教学团队等示范点数量，高质量课程思政教科研成果数量等。

建立健全高校课程思政建设的具体制度，特别是建立健全高校课程思政的激励约束机制。高校需要建设有明确的高校课程思政建设质量标准，建设有高校课程思政高质量发展的监督检查机制，并把高校课程思政建设成效作为学院立德树人效能考核、教学评优评先的重要内容。

（二）学校课程思政支持程度

学校课程思政支持程度包括以下几个方面：

学校领导对高校课程思政建设的重视程度。

学校在高校课程思政建设方面资金、人员、制度等匹配程度。

学校现代教育技术对高校课程思政的支持程度。

学校落实中央关于马克思主义学院发展、思想政治教育、思想政治教育课程等政策情况，如生均经费、马克思主义学院办公条件、思想政治理论课程安排、思政课程教师等规定落实情况。

学校课程思政教学研究中心建设情况以及中心对课程思政推广支持情况。

校园多媒体支持程度。充分发挥学校报刊、官方微博、官方微信、校园网等现代信息技术交流平台的作用，总结推广有效经验，营造良好舆论氛围。

学校新基建建设情况。5G普及情况、智慧教室建设情况、深度学习软件和硬件建设情况。

附　国家有关文件规定：

教育部印发《新时代高等学校思想政治理论课教师队伍建设规定》：[①]

高等学校应当根据全日制在校生总数，严格按照师生比不低于1∶350的比例核定专职思政课教师岗位。公办高等学校要在编制内配足，且不得挪作他用。

高等学校应当根据全日制在校生总数，按照本科院校每生每年不低于40元、专科院校每生每年不低于30元的标准安排专项经费，用于保障思政课教师的学术交流、实践研修等，并根据实际情况逐步加大支持力度。

中共中央办公厅、国务院办公厅印发《关于深化新时代学校思想政治

① 教育部：《新时代高等学校思想政治理论课教师队伍建设规定》，中华人民共和国教育部令〔2020〕46号。

理论课改革创新的若干意见》:①

各地在核定编制时要充分考虑思政课教师配备要求。高校要严格按照师生比不低于 1 : 350 的比例核定专职思政课教师岗位,在编制内配足,且不得挪作他用,并尽快配备到位。

本科院校按在校生总数每生每年不低于 40 元,专科院校按每生每年不低于 30 元的标准提取专项经费,用于思政课教师的学术交流、实践研修等,并逐步加大支持力度。

委托高校马克思主义学院分片建立高校思政课教学创新中心,设立一批思政课教学质量监测基地。

建成一批课程思政示范高校,推出一批课程思政示范课程,选树一批课程思政教学名师和团队,建设一批高校课程思政教学研究示范中心。

高校党委常委会每学期至少召开 1 次会议专题研究思政课建设,高校党委书记、校长每学期至少给学生讲授 4 个课时思政课,高校领导班子其他成员每学期至少给学生讲授 2 个课时思政课,可重点讲授《形势与政策》课。

《教育部关于印发〈普通高等学校马克思主义学院建设标准（2019 年本）〉的通知》（教社科函〔2019〕9 号）:②

保证学院办公用房,原则上教授有独立的教研用房。

依托全国高校思想政治理论课教师网络集体备课平台,开发在线课程,建设名师名家网络示范课,推进优质网络教学资源建设。

以学生获得感为评价导向,以"有虚有实、有棱有角、有情有义、有滋有味、有己有人"为根本标准,在学生评教基础上进一步完善教师评价制度。

（三）学校课程思政协同程度

主要考虑专业课程与思政课程,同向同行的程度、协同共振的效度、课程之间的协同育人度。评价的重点:

1. 马克思主义学院建设情况。特别检查评价高校是否依《普通高等学校马克思主义学院建设标准（2019 年本）》来发展建设马克思三义学院。

2. 马克思主义学院教师参与学校课程思政情况。一看参与率;二看课

---

① 《关于深化新时代学校思想政治理论课改革创新的若干意见》,中办发〔2019〕47 号。
② 《教育部关于印发〈普通高等学校马克思主义学院建设标准（2019 年本）〉的通知》,教社科函〔2019〕9 号。

程思政团队中马克思主义学院教师参加率。

3. 学校教师对学科立德树人的认知度、认同度、参与度和实践情况。

4. 教师发表高校课程思政相关论文和主持相关项目情况。

（四）学校课程思政满意程度

在校学生、已毕业学生对学校高校课程思政满意程度，毕业 N 年后学生工作的质量与贡献等。

1. 课程结束后学生对高校课程思政的评价。

2. 课程结束 N 年后对学生的影响。

3. 本校学生对社会贡献率（参照第三方评价来进行）。

二、专业课程群评价体系

专业课程群评价体系是指对专业人才培养方案融入思政元素的通识课、基础课、专业基础课、实践实训课、创新创业课、专业课、毕业论文（设计）等教学课程实施中与思政课程同向同行同频评价（表 7-2）。

表 7-2　高校课程思政共同体立德树人目标达成评价表（专业层面）

序号	一级指标	二级指标	得分
1	系统设计程度	学院领导、系部领导重视程度	
		学院、系部课程思政建设制度、机制	
		专业人才培养方案课程思政普及度	
		专业培养方案中各门课程教材、教案	
		教师课程思政总体水平	
2	相互耦合程度	思政课程与专业课程耦合程度	
		专业课程之间课程思政耦合程度	
		专业教师与马克思主义学院教师联系程度	
		专业利益相关者参与情况	
		专业教师信息化素养水平	
3	人才成长程度	学生在校期间综合表现	
		毕业生社会认可度	
		毕业生成果	
4	学生满意程度	学生对人才培养方案认可度	
		各年级学生课堂情绪	
		作业完成、成绩完成情况	
		出勤率、课堂秩序	

（一）系统设计程度

学院领导、专业教研室对高校课程思政的重视程度，专业人才培养方案中各门课程思政系统化设计程度。

高校课程思政视野下教材开发力度。高校课程思政教材是传播知识、能力和价值的主要载体，是高校课程思政专业教育教学的主要依据，高校课程思政教材也是教师教学和学生学习的重要参考书。高校课程思政教材体现着国家的核心价值观，高校课程思政教材直接关系着党和国家教育方针的贯彻与落实。高校课程思政教材建设是高校课程思政建设中最为关键的环节。

专业人才培养方案中各类课程的课程思政化程度。即专业人才培养方案中，各类各门课程进行课程思政设计的程度。

（二）相互耦合程度

主要包括以下 3 个方面的内容：

专业人才培养方案中各门高校课程思政之间相互耦合、协同共振的效度。要注重在高校课程思政专业人才培养方案中，重构、完善专业教学课程体系，加强课程系统化，防止碎片化。

专业人才培养方案中，高校课程思政与思政课程之间的相互耦合、协同共振的效度。5 门思政课程分属不同的学期，高校课程思政要注意与同学期、同期开设的思政课程内容之间的相互耦合。

学院各专业教师信息技术素养情况。

（三）人才成长程度

本专业培养人才的社会接受度，毕业生对社会、地区、行业等贡献度。对本专业毕业生 5 年、10 年后社会贡献的调查可以直接显示本专业人才培养的水平。这方面的评价，可以依托第三方专业公司的评价进行细化，也可以通过抽样进行概率性分析。

（四）学生满意程度

各年级学生对专业人才培养方案的满意度。特别是学生对课程思政背景下新的专业人才培养方案的认同度。学生走向社会后，通过 3 到 5 年的实践磨炼，他们就会十分清楚在大学里学到哪些知识是有用的，哪些知识没有意义，哪些对他们从事工作有指导意义。一些潜在的课程、一些课程的隐喻价值可以通过此项评价来发现。所以这项评价，是一种过程性评价，是诊断性评价，利于高校人才培养方案的不断优化。

三、单一高校课程思政共同体立德树人效能评价体系

对单一高校课程思政共同体立德树人效能评价，我们主要评价单一课程思政立德树人目标的达成过程与达成效果。根据课程与教学理论、立德树人理论，通过对课程与教学过程中的主要元素及元素之间关系契合程度，我们设计用以下 4 个一级指标来反映高校课程思政共同体立德树人目标达成度（表 7-3）。

表 7-3　高校课程思政共同体立德树人目标达成评价表（课程层面）

序号	一级指标	二级指标	得分
1	教师完成度	立德树人目标完成情况	
		教师仪表、精神	
		内容熟悉、结合无痕	
		教学规范、生动、逻辑性强	
		团队共同体运行情况	
		团队表现及特色	
2	教案融合度	立德树人目标完成情况	
		思政元素映入点清晰、无痕	
		教学内容合理程度、资源丰富程度	
		教案完整，重点、难点突出	
		思政元素占比 10% 以下（内容与授课时间）	
3	教学达成度	立德树人目标完成情况	
		"价值 + 知识 + 能力"情况	
		教学设计、教学方法运用情况	
		亲和力、感染力、互动性、时代感觉	
		线上线下课程与实践结合情况	
		现代教育技术应用情况	
4	学生参与度	立德树人目标完成情况	
		学生情绪（低头率、抬头率、点头率、面部表情等）	
		深度学习：知识、反思、学习、沟通等能力与表现	
		作业完成、成绩完成情况	
		出勤率、课堂秩序	

序号	一级指标	二级指标	得分
5	师生 人工智能计量	课堂基础数据统计	仅作 参考
		面部表情情绪识别	
		语音情绪识别	
		文本情绪识别	

（一）教师完成度

本观测点侧重于从高校课程思政共同体立德树人效能上判断课程团队特别是主讲教师对立德树人目标完成情况，侧重对课程与教学中最重要主体教师团队教学课堂完成程度的评价。

1. 团队教师形象。它重视教师仪表、精神，重视知行合一，教师要模范遵守教育部《新时代高校教师职业行为十项准则》，努力做新时代"四有好老师"。

2. 团队教师对教学内容熟悉程度。重视团队的整体情况，重视团队对学生学习支持服务、技术支持服务、情感支持服务情况等评价。

3. 课程教学内容适切融入思政元素情况。在评价中要特别重视教师团队对高校课程知识本身内蕴思政元素的挖掘，重视自然融入，重视教师教学中的规范性、生动性与逻辑性。

4. 团队合作情况评价。团队有专业课教师和思政教师或辅导员，学生代表；团队学历结构、职称结构、知识结构科学合理，老、中、青相结合，可持续发展趋势好。团队建设目标明确，符合高校课程思政教学发展定位，为成长型课程团队。

（二）教案融合度

本观测点是对课程与教学中另一重要元素"教学内容"在高校课程思政共同体立德树人效能目标中的完成情况评价。

1. 教案完整规范，重点、难点突出。课程教材选用程序、版本严格规范，其中，哲学社会科学类专业课程要采用马克思主义理论研究和建设工程推荐的重点教材；其他专业课程教材选用也要把好政治方向关和价值导向关。教案设计中，要采取线上线下相结合的方式进行混合教学设计，要善于运用科技馆、博物馆等校内外实践教育教学基地，支撑课程教育教学目标。

2. 思政元素映入点清晰、无痕。能在自身学科课程知识讲授中，善于发掘学科课程所内蕴的价值导向，并把关于思想政治教育的学科思维运用于学科课程讲授教学内容之中，融入爱国主义和社会主义核心价值观等要素，通过高校课程思政教育教学，引导学生形成正确的价值观、世界观和人生观。保证思政元素在全过程课程思政教学中占比 10% 以下（内容与授课时间），每学时思政映入点 1—3 个。

3. 注重把最新研究学科课程成果引入教学内容，同时注重把最新的与学科知识密切的、适切的思政元素融入课程教学内容。

4. 形成本校特色的高校课程思政资源库。通过系统挖掘、融入与本课程紧密相关的高校课程思政资源，形成校本特色的高校课程思政资源库。

（三）教学达成度

本观测点是一个综合性的评价指标，它代表着教学过程中所有参与要素最终达成的高校课程思政共同体立德树人效能目标情况。是对高校课程思政教学效果的一种评价，是对高校课程思政"价值＋知识＋能力"相统一目标完成情况的评价。

1. 重视师生互动，重视教学过程中的亲和力、感染力、互动性、时代感。课程知识传授、能力提升、价值塑造与课程思政教育教学效果紧密相连，在高校课程思政教学中，如果教师讲授知识条理清晰，课程讲授生动形象，教学过程中师生互动性强，就会有较强感染力和教育效果，高校课程思政课堂教学效果就会好，就能够充分发挥高校课程思政的教育功能。

2. 重视线上线下课程与实践结合情况。通过教学模式创新，充分利用信息化、多媒体教学技术与手段，促进思政元素有机融合到课程内容和教学过程中去，润物无声；板书或课件设计重点突出，使用效果好。

3. 重视现代教育技术应用。高校课程思政生产与教学要依托人工智能，向内容精准化、学习自主化与个性化、教学交互化方向转变，推动课程思政教育向以人为本的方向转变，实现学生的全面发展。"传统教育体系中，教师、学生、知识、平台为要素的教育生产模式，将向新时代的教育生产模式转型，以'人'为中心，机（信息技术）—物（知识）—环（学习空间）协同重构，形成了新的教育生产关系"。[1] 此项指标在未来会占有越来越多的权重。

4. 在教学设计和教学方法上，可以采用与课程内容相适切、为学生所欢迎的教学方法，如案例式、启发式、项目式、研讨性等教学方法。

---

[1] 沈阳：《四院士勾勒"人工智能与未来教育"蓝图》，《中国教育报》2020 年 9 月 5 日。

（四）学生参与度

本观测点重点关注课程与教学中的重要元素"学生"在课堂上表现情况及今后一段时间内学生立德树人目标完成情况。

1. 关注学生上课情绪（如低头率、抬头率、点头率）。

2. 关注学生作业完成、成绩情况。

3. 关注学生出勤率、课堂秩序。

4. 关注未来一段时间学生工作实绩。

5. 学生对高校课程思政接受程度高、参与性强，学生对课程的评价就会高。

6. 关注学生深度学习状况。关注学生对课程知识的理解与整合，对课程内容的迁移与批判；关注学生沟通和协作能力的提升。

（五）师生人工智能计量

党中央、国务院于 2020 年出台了《深化新时代教育评价改革总体方案》，创新提出了利用人工智能、大数据、情绪识别等现代信息技术评价工具，通过智慧教室或者智慧实验室设备对学生学习情况进行全过程纵向评价、德智体美劳全要素横向评价。伴随着高校 5G 等新基建的全面建成，高校"人工智能＋教育"的基础条件已然具备，在教室中安装融合智能技术的教育系统将成为现实。这些智能化的教育系统，可以对课堂中的教与学全过程进行跟踪监测和无感式、全过程伴随性的数据采集。利用这些大数据及基于大数据的多维度综合性智能化教学评价系统，就可以对学生的参与度，对学生情感、学生情绪、学生态度、学生思维活跃度和课堂行为等方面情况进行记录并做综合分析，这样的教学评价就会更加全面、客观、立体和多元。同时，还可以通过高校课程思政共同体平台，通过教学质量监测系统，让教师、企业代表、社区代表、家长、学生等更多共同体主体介入教学评价过程之中，对高校课程思政进行质的评估和量的评价，从而保障教学评价结果的客观性、科学性和针对性。

虽然目前这方面的技术、评价体系尚不完全成熟，但却是一个方向。用人工智能技术为课程教学效果提供针对性评价，并以此为评价老师改进教学设计、教学方式提供可资参考的依据将成为现实。随着情感、情绪、图像、声音、文本等采集和分析技术的提升，人工智能将全面进入教学评价，教育教学的新业态必将形成。

四、高校课程思政共同体立德树人效能评价反思

高校课程思政共同体立德树人效能评价是一个理论难题，也是一个实践难题，必须树立"以评为建、重在建设"的思想。对于这项工作的持续开展，我们有如下思考：

（一）将构建高校课程思政共同体立德树人效能评价机制作为立德树人根本任务落实的关键一环

"教育评价事关教育发展方向，有什么样的评价指挥棒，就有什么样的办学导向"。[①] 对高校课程思政共同体立德树人效能进行评价，重在对高校课程思想建设过程、教育教学过程、教学反思过程的形成性评价，是对课程思政教育与教学、教书与育人评价的综合评价。重在发挥评价的指挥棒功能，引导高校、引导教师积极开展高校课程思政建设，充分发挥学科课程育人功能。

在高校立德树人实践中，全部高校教师的 80% 是承担专业课程教学任务的专业教师，高校全部课程的 80% 属于专业类课程，高校学生的学生精力和学习时间的 80% 都用在专业学习上面。教育部多年的数据显示，80% 的高校学生认为，对大学生成长影响最大、最深的是专业类课程和承担专业课教学的专业教师。这 4 个 80% 说明高校课程思政建设的意义重大，高校课程思政因之成为高校立德树人的主渠道、主阵地，高校教师因之成为高校课程思政共同体立德树人的主力军。如何让高校课程思政持续发展，是一个需要研究的重大理论问题，也是一个重大的实践问题。调查显示："截至 2020 年 6 月 30 日，全国 34 个省级行政区域中的 31 个省级行政区域 1265 所本科层次高校中，355 所高校制订了关于课程思政的实施方案，占比为 28%。"[②] 这说明高校课程思政持续发展是一个严峻的问题。但我们的研究与实践显示，以评促建是高校课程思政持续发展的重大举措。

河南工业大学课程思政理论与实践创新研究团队，依托项目《基于课程思政与思政课程同向同行同频的高校立德树人效能评价体系研究》，提出了高校课程思政共同体立德树人效能评价的"三层四维四度系统评价"

---

① 《中共中央　国务院印发〈深化新时代教育评价改革总体方案〉》，https://www.gov.cn/gongbao/content/2020/content_5554488.htm。

② 申丹丹：《系统观视域下高校课程思政与思政课程同向同行机制研究》，郑州，河南工业大学硕士学位论文，2021 年。

模型。"模型"在实践中取得了一定成绩，但对"以评促建"的研究是一个持续完善的过程。努力的方向，一是在方法上坚持系统研究，坚持多学科研究；二是在评价体系构建上，坚持易于操作、便于执行、以评促建；三是在内容呈现上，坚持理论与实践相结合，既注重高校课程思政理论构建，也重视成果的实际推广效果；四是坚持问题导向、效果导向，团队将以"以评促建"为理念，研制并完善《高校课程思政推广手册》。该手册目标是促进教师迅速理解高校课程思政是什么、高校课程思政为什么、高校课程思政怎么做、高校课程思政怎么评、高校课程思政如何可持续。理论与实践的成果证明，"以评促建"是高校课程思政持续发展的重大举措。

（二）立德树人表征指标具有时代性、动态性、未来性特征

高校课程思政的根本目标、根本任务是提升高校课程思政立德树人效能。但实事求是讲，高校课程思政共同体立德树人效能评价不仅要测量大学生静态的、外在的思想政治素质表现、课程思政收获，更要测量毕业生未来 5 年、10 年对社会的实际贡献。测量一个学校对培养堪当民族复兴重任的时代新人贡献度，是一项综合评价，高校课程思政教学对此贡献度，不可能精确评价。学生在思想观念、政治素质、家国情怀和价值观上的变化受到校内外多重因素的影响，也受到家庭、社会和学校多主体的影响，学生"立德树人"呈现很难归因于某一课程或某位教师。所以，对高校课程思政共同体的立德树人效能评价是一个概率性、占比性的指标。同时，"对学生情感态度价值观的测量还存在布卢姆所说的'可信性差距'。此种情况对评价指标的影响很大，故不宜将指标过度细化或量化，即宜粗不宜细（标准），宜少不宜多（抓典型），抓两头，带中间"。①

（三）高校课程思政共同体立德树人效能评价是构建中国特色立德树人评价体系的尝试

在教育评价特别是课程评价中，我们更多地依赖国外教育评价理论。但随着中国特色、中国风格、中国气派的社会科学理论建设的推进，构建中国特色教育评价理论是一种责任。"纵观综合素质评价中存在的一系列问题，尤其是综合素质评价的内涵界定、指标划分、指标赋权等一系列问题，都需要在理论层面上进行分析和澄清，因此需要教育理论工作者对综合素质评价进行学理研究，澄清综合素质评价的诸多理论问题，服务决策

---

① 朱平：《高校课程思政的动力激励与质量评价》，《思想理论教育》2020 年第 10 期。

层面的顶层设计"。① 中国共产党立德树人理论经过百年发展已经逐渐成熟，但其细致的、精准的高校课程思政共同体立德树人效能评价体系构建仍需要一个过程。

（四）高校课程思政共同体立德树人效能影响因素的确立

哪些因素影响高校课程思政共同体立德树人效能呢？这是一个十分复杂的问题。从"高校课程思政"教育教学的角度讲，以下因素最有可能影响高校课程思政共同体立德树人的效能。

1. "课程思政"元素的挖掘路径与内容。"课程思政"元素的挖掘路径是指教师从哪些方面来挖掘高校课程思政元素？是从课程知识本身来挖掘，还是借力外在现有思政元素，是一个关键的区分。我们要求的挖掘路径是从学科课程本身的知识出发，从知识内在结构出发，挖掘课程本身所具有的思政元素。我们不希望把学科课程讲成思政误程，而是在学科课程讲授之中，通过知识本身的意义价值、价值观内涵来对学生进行价值教育、思政教育。形象地讲，高校课程思政是课程本身的"思政元素"和"学科课程"有机融合，就是在学科课程中内生出"思政元素"。融合度评价主要考虑在高校课程思政教授过程中，对知识本身的符号特征、逻辑关系、意义价值是否讲清晰；在高校课程思政讲授中，思想政治教育内容切入是否自然无痕；是否深刻、重点突出了思政元素的融合与价值意义的挖掘。如果一个教师直接在课程教学中，顺势大讲社会主义核心价值，则不是一个好的高校课程思政。不管如何，好的高校课程思政首先是好的课程，其中的隐性思政元素可以被学生自然接受，能够引起学生的情感共鸣，起到为学生"定向、鼓劲、增效"的作用。优秀的高校课程思政应该是激励学生主动理解课程思政，促进学生掌握和拓展课程思政的学科知识与能力要求，深化与内化学科课程内在的价值意蕴，养成学生成为"时代新人"的理性自觉。

2. 对"课程思政元素"把握是否到位。对高校课程思政元素把握到位的关键体现在以下几个方面：科学阐释高校课程思政，并与思政课程同向同行。学科教师不仅要关心自己学科课程发展，也要关心思政课程发展，特别是要关心本年级、同时期学生开设思政课程的内容，并尽量做到与思政课程内容同向同行、同频共振。挖掘具有较强时代性与实效性的"课程思政"元素。学科专业课程教师要紧跟时代发展和理论创新的步伐，做到

---

① 辛涛等：《综合素质评价落地：困顿与突破》，《清华大学教育研究》2019 年第 40 期。

与时俱进。尽量在高校课程思政中挖掘最新的国内外重要时事事件，引入最新的马克思主义中国化理论成果。高校课程思政要做到对社会错误观点和思潮进行科学批判。学科教师要自觉抵制西方意识形态的渗透，批判错误思潮。

3. "共同体"整体功能的发挥。高校课程思政共同体模式是我们研究高校课程思政的理想类型。对高校课程思政共同体立德树人效能的评价，我们侧重从共同体整体意义上去评价高校课程思政的教育教学过程。在学校层面，重视学校、社会、家庭在高校课程思政建设中整体功能的发挥；在学院专业层面，重视各门课程的同向同行、同频共振，重视学院与企业、社区等利益相关者协同育人功能发挥；在课程层面，重视各类课程思政主体功能的发挥，重视课程思政与思政课程的同向同行。

（五）人工智能和大数据挖掘对高校课程思政共同体立德树人效能进行定性、定量评价

人工智能和大数据挖掘对高校课程思政共同体立德树人效能评价具有很大影响。在数字转型的大背景下，基于 5G 技术与复杂算法的人工智能机器不仅具备"感知智能"，也正在具备越来越强的"认知智能"。万纲认为，"感知智能是机器具备了视觉、听觉、触觉等感知能力，将多元数据结构化，并用人类熟悉的方式去沟通和互动。""认知智能则是从类脑的研究和认知科学中汲取灵感，结合跨领域的知识图谱、因果推理、持续学习等，赋予机器类似人类的思维逻辑和认识能力，特别是理解、归纳和应用知识的能力。"[①] 当下，全国高校教室中均装有高清录像设备和高清摄像头，利用这些设备和学习分析技术，在智能感知环境下，可以捕捉、处理上课过程中的学生课堂状态数据，如采集学生学习笔记数据、学生上课情感识别数据、学生上课情境感知数据等。其后，利用现代学习分析技术对这些数据进行分析。相信在未来不久的时间内，在人工智能背景下，经过对课堂大数据的挖掘分析，利用人工智能的感知功能，通过数据建模技术，就可以得出学生在高校课程思政教学中获得感、幸福感的定性数据。

当然，利用人工智能和大数据对高校课程思政共同体立德树人效能进行定性和定量评价，要特别注重保护师生个人信息，特别是隐私性信息，注意数据采集符合相关技术伦理要求。

---

① 刘茜、陈建强：《从"感知智能"向"认知智能"转化》，《光明日报》2021 年 5 月 25 日。

第八章　高校课程思政共同体治理、善治和治理现代化

高校课程思政共同体如何运行才能更加高效？如何让高校课程思政同体价值取向一致？如何让高校课程思政共同体成员更加团结而自信？如何让高校课程思政共同体运行通畅，并促进其立德树人效能最大化？解决这些问题的关键是：高校课程思政共同体的治理、善治与现代化。

第一节　治理与善治

一、治理含义与特征

从发生学角度讲，"治理"一词在中国古已有之。《荀子·君道》："明分职，序事业，材技官能，莫不治理，则公道达而私门塞矣，公义明而私事息矣。"《汉书·赵广汉传》："壹切治理，威名远闻。"在中国古代及近现代用法中，"治理"主要指统治、管理之意。在西方，"治理"（governance）一词意为引导、统治、控制和操纵，主要应用于与国家公共事务相关的政治活动、管理活动和行动活动。世界银行1989年首次提出"治理危机"，从此以后，这个术语便为公众广泛应用，并赋予"governance"新的含义，即"治理"。治理不仅与统治（government）意思不同，而且超出了政治学、行政学领域。"在今天的西方学术话语语境中，'治理'一词主要意味着政府分权和社会自治。"[1]1995年全球治理委员会发表了题为《我们的全球伙

---

① 王浦劬：《国家治理、政府治理和社会治理的含义及其相互关系》，《国家行政学院学报》2014年第3期。

伴关系》的研究报告，报告认为："治理是各种公共的或私人的个人和机构管理其共同事务的诸多方式的总和。"① 这一定义最具权威性。这个治理定义具有 4 个特征："治理不是一整套规则，也不是一种活动，而是一个过程；治理的基础不是控制而是协调；治理既涉及公共部门，又包括私人部门；治理不是一种正式的制度，而是持续的互动。"②

　　治理理论强调将公共事务的管理权限和责任延伸至全社会，形成一种社会各主体要素（政府、社会组织、企业、市民和个人）共治的局面。"从现代的公司到大学直至基层的社区，如果要高效而有序地运行，可以没有政府的统治，但却不能没有治理。"③ 在高等教育领域推行治理模式，成为当今许多国家或地区高等教育管理模式改革追求的目标。

二、善治

　　党的十九届四中全会通过的《中共中央关于坚持和完善中国特色社会主义制度　推进国家治理体系和治理能力现代化若干重大问题的决定》提出："社会治理是国家治理的重要方面。必须加强和创新社会治理，完善党委领导、政府负责、民主协商、社会协同、公众参与、法治保障、科技支撑的社会治理体系，建设人人有责、人人尽责、人人享有的社会治理共同体，确保人民安居乐业、社会安定有序，建设更高水平的平安中国。"④

　　习近平总书记强调："社会主义协商民主在我国有根、有源、有生命力，……我们坚持有事多商量，遇事多商量，做事多商量，商量得越多越深入越好，就是要通过商量出办法、出共识、出感情、出团结。"⑤

　　这就提出了一个善治的问题。它指的是"人人有责、人人尽责、人人享有"的治理状态，体现的是多主体参与。多主体在治理活动中"坚持有事多商量，遇事多商量，做事多商量"。⑥ 在高校课程思政共同体中，主体复杂多元，必须体现主体之间的平等协商，体现"人人有责、人人尽

　　①　俞可平：《治理与善治》，北京，社会科学文献出版社 2000 年版，第 4 页。
　　②　俞可平：《治理与善治》，北京，社会科学文献出版社 2000 年版，第 4~5 页。
　　③　俞可平：《全球化时代的政治管理模式》，《方法》1999 年第 2 期。
　　④　《中共中央关于坚持和完善中国特色社会主义制度　推进国家治理体系和治理能力现代化若干重大问题的决定》，《人民日报》2019 年 11 月 6 日。
　　⑤　《习近平主持召开中央全面深化改革领导小组第六次会议强调　学习贯彻党的十八届四中全会精神　运用法治思维和法治方式推进改革》，《人民日报》2014 年 10 月 28 日。
　　⑥　《习近平主持召开中央全面深化改革领导小组第六次会议强调　学习贯彻党的十八届四中全会精神　运用法治思维和法治方式推进改革》，《人民日报》2014 年 10 月 28 日。

责、人人享有"的善治原则。

三、治理现代化

治理现代化既是一种目标，也是一个过程。治理现代化主要体现在以下 3 个方面：一是从治理主体上讲，参与治理的主体更加多元、更加理性。多元是指，在任何一级系统或组织治理中，让更多主体积极参与治理；同时要提升主体参与治理的能力，在治理活动中，能够体现人的理性本质和治理活动理性本质。二是从治理结构上讲，结构更加开放、更加科学。这样的治理结构，既体现了治理主体的主体地位，每一个在治理结构中的主体均有平等的权利，治理过程做到互动、合作、协商、开放；又体现了责权关系的明晰、对称，有多大权力就有多大责任。三是从治理方式上讲，治理方式更加民主、更加法治。依法治理成为善治的基础与基石，治理主体参与的广泛性，体现其平等的民主权利。

四、治理能力现代化

治理能力现代化既是一种善治的状态，又是一种实现善治的能力，体现在公共治理活动中，政府、市场、社会、资本等之间相互关系明晰，治理体系规范化、高效化、制度化的一种状态。治理能力现代化的内涵至少有两层意蕴："一是能力结构，即明确治理能力到底应该包括哪些能力体系？二是能力状态，即明确能力发展趋向，这些能力应该往什么方向发展，应该达到什么样的状态，发挥怎么样的治理效果"。[①]

高校课程思政共同体治理能力现代化包括对教育教学能力、高校课程思政能力、信息技术能力等能力的系统把握与运用。其目标是促成高校课程思政共同体立德树人效能最大化。

第二节　高校课程思政共同体治理的核心理念

一、回归教学本位

众所周知，高校的基本职能是培养人才，高校最基础的工作是教学。

---

① 陶希东：《治理能力现代化的五大衡量标准》，《学习时报》2014 年 12 月 8 日。

但由于高校管理主义和绩效主义治理模式的盛行，使得高校教学渐变成最为边缘的工作。这一现象在当今世界大学中十分普遍。大家都知道，教学最重要；大家同时都知道，教学最不显眼，在高校里，立身之本还是科研。

针对这种现象，美国大学采取的是一种"教学学术化"的治理模式，即把教学也看成学术的一部分。卡内基教学促进基金会前任主席博耶在其《学术反思：教授工作的重点领域》报告中，第一次使用"教学学术"这一概念。他认为"大学教师的学术工作包括四个不同而又相互重叠的部分：发现的学术、综合的学术、运用的学术、教学的学术"[①]。莱斯于1992年在博耶给出的概念基础上，细化了"教学学术"，认为教学学术至少具备三大要素：一是概括能力，即能够描绘、整合一个领域清晰的线索，既有连贯性又有意义性，在学生和他们已知的知识之间建立起联系；二是教学法知识，能够超越知识和教学过程之间的隔阂，通过隐喻、类比、实验等方法来呈现教学内容；三是关于学习的知识，在教师所讲所做之外关注学生的学习如何产生意义。[②]卡内基基金会的后一任主席、博耶的继任者李·舒尔曼进一步发展了"教学学术"理念。"他的主要贡献有二：一是在理论上解决了'教学何以成为一种学术'的问题。舒尔曼指出，教学之所以成为一种学术，在于以下特征：教师的工作是公开的；接受同行评议；能够与学术共同体进行交流，反过来促进工作。二是将教学学术发展为'教与学的学术'。"[③]这一治理模式并没有完全改变教学边缘化的状况。

在中国高校，同样存在教学边缘化、人才培养表面化问题。为此，教育部多次强调高校要做到"四个回归"：一是回归常识。这个常识就是教育就是读书，要让教师和学生多读书，通过读书，杜绝中国高校的浮躁。二是回归本分。这个本分就是教育就是教书育人，教是手段、育是目的，育人是教育分内的事。三是回归初心。这个初心就是培养人才，教育就是培养人才，高校要坚持育人初心，努力培养德智体美劳全面发展的时代新人。四是回归梦想。这个梦想就是教育的报国梦、强国梦，教育必须为屹立于世界民族之林培养创新人才，通过人才强国，建设社会主义大国、强国。中国走的是顶层设计、制度推进，由上而下的治理模式。

高校课程思政共同体必须通过"四个回归"治理，突出教学学术地

①　刘隽颖：《"教学学术"研究体系的四维建构及其实践机制》，《江苏高教》2019年第1期。
②　刘隽颖：《"教学学术"研究体系的四维建构及其实践机制》，《江苏高教》2019年第1期。
③　刘隽颖：《"教学学术"研究体系的四维建构及其实践机制》，《江苏高教》2019年第1期。

位、核心地位，突出人才培养基础性地位，让高校踏踏实实地落实立德树人这一根本任务。

二、突出价值引领

高校课程思政共同体的主要职能就是力争高校课程思政共同体整体立德树人效能的实践与提升，高校课程思政共同体是一个教育共同体、价值共同体、事业共同体。其基本理念之一为课程是实施高等教育立德树人这一根本任务的重要载体，高校课程思政是课程教育的题中应有之义。高校课程思政共同体内成员正是有了这一价值共识，才能结成一个事业共同体。促进高校课程思政共同体内价值认同与价值共识的形成是高校课程思政共同体治理的最主要原则与理念。

三、聚焦共同发展

高校课程思政共同体的共同事业是把高等教育立德树人这一根本任务完成好，这是高校课程思政共同体内所有主体的共同事业、共同责任。因此，高校课程思政共同体要聚焦于所有高校课程实现课程思政，把思政元素科学融入各门具体的课程之中。大家的事业是共同的、一致的，互相取长补短，互联互通，共同发展是共同体治理的又一个原则与理念。

四、注重效能导向

高校课程思政共同体要聚焦问题、聚焦立德树人效能，以解决高校课程思政教育教学中的问题为导向，以提升高校课程思政立德树人效能为导向。坚持高校课程思政的高标准，尊重各门课程的学科特征，找到最适切的思政元素是提升高校课程思政立德树人效能的关键。高校课程思政共同体必须坚持效能导向原则，树立高校课程思政共同体立德树人效能至上的理念。

五、坚持包容增长

有学者认为学习共同体具有以下4个特征："（1）'共识'，学习共同体授权给组织成员，成员间通过协商达成共同的组织愿景"；"（2）'异质'，学习共同体通过针对'同一性'的格斗而尊重彼此的差异"；"（3）'脱域'，学习共同体的组成成员不受地域、时空、社会的限制，凭借分享共同的思想和观点而聚集"；"（4）'角色互嵌'，学习共同体沉浸在宽松、和谐、民主的合作文化氛围之中"。① 这些原则同样适用于高校课程思政共同体的治理。高校课程思政共同体成员之间，也需要取得共识，尊重差异，实现角色互嵌，从而保证高校课程思政共同体永远处于民主、愉快、宽松、和谐的合作环境氛围中。这样的高校课程思政共同体治理才算是成功的，才是善治。

六、勇于"三化"：智能化、信息化、现代化

高校课程思政共同体一定要善于利用新技术，学习新理念，采取新行动。要勇于开拓创新，把高校课程思政共同体打造成与时俱进的新型教育教学实践平台。高校课程思政共同体要借助大数据、人工智能、信息化技术，将高校课程的专业教育与思政课价值教育有机融合，使高校课程思政共同体各主体可以利用大数据，得出高校课程思政共同体实践需要的最精准数据，如学生的数据、资源整合、精准使用各类数据，最终实现高校课程思政立德树人效能的最大化。

七、坚持秩序发展

第一，做好顶层设计。高校要完善校级层面高校课程思政共同体的机制与效能达成。即通过成立高校课程思政建设领导小组和高校课程思政教学研究示范中心等形式的共同体，建立起党委领导、党政共管、教务抓总、部门协同、院系推进、教师参与的高校课程思政建设工作格局，形成高校课程思政育人的良性运行机制。

第二，制定科学的人才培养方案。新时代，制定科学的基于高校课程思政的人才培养方案是高校课程思政共同体应该着力完成的重要任务。学院层面的高校课程思政共同体应该把此当成最为主要的任务。

第三，抓好重点突破。各学院要根据自身学科优势，做好重点突破。在优势课程上，首先成立高校课程思政共同体，并根据自愿、自治原则给予高校课程思政共同体最大支持。如给予经费支撑、制度支持等，使优势学科首先形成一个高校课程思政共同体，并努力促进其形成示范团队。在重点课程示范引领的基础上，构建全面覆盖、样板引领、类型丰富、相互支撑的高校课程思政育人体系，最终实现每一门课程都有思政味，形成高

---

① 包蔼黎:《迈向课堂学习共同体——课堂教学的反思与重建》，上海，上海师范大学硕士学位论文，2007年。

校课程思政育人整体效应。

第三节　高校课程思政共同体治理聚焦的主要问题

迈阿密大学教学促进中心主任米尔顿·D.克斯在《构建高校教师学习共同体》一文中提出，"构建高校教师学习共同体的 30 个基本要素。这些要素可以分为目标、课程、管理、联系、相关参与者、活动、学术、评价和奖励九大类"[①]（表 8–1）。

表 8–1　构建高校教师学习共同体（FLC）的 30 个基本要素

类别	要素	类别	要素
任务和目的	1.学校的目标（希望共同体最终实现什么）	活动	16.参与大型的交流会
	2.FLC 的目标（计划如何通过 FLC 实现学校的目标）		17.非正式茶话会，愉快的社会交往
课程	3.FLC 以什么形式完成一年的活动？（团队还是主题）	学术过程	18.文献（重要的文章和书籍）
	4.在每个 FLC 的中需要表明的问题和机会		19.焦点课程和项目（教学大纲、任务组、教学试验、评估）
管理	5.FLC 项目主持人和推动者的领导权问题		20.个体成员的教学项目实施
	6.FLC 成员的筛选程序和标准（突出学科之间的平衡、需求、性别和经验）		21.在各种会议上展示教学研究成果（个人成果或小组成果）
	7.公共关系（为每个 FLC 做宣传，召集申请者，公布 FLC 的活动和所取得的成绩）		22.焦点课程或项目的小型档案袋
	8.财政支持和预算		23.出版物（向社会展示 FLC 的学习研究成果）
联系	9.共同体（FLC 参与者、支持、安全）		24.教学与学习的奖学金
	10.合作伙伴关系（与其他机构或单位联合主办活动）	评价	25.评价 FLC 参与者的专业发展
	11.契约（服务于更广泛的共同体：如学生和教师的联合组织、K–12、其他高校、州政府）		26.评价 FLC 项目的组成要素，如活动内容、组织形式、环境等

[①]　詹泽慧、李晓华：《美国高校教师学习共同体的构建》，《中国电化教育》2009 年第 10 期。

类别	要素	类别	要素
相关参与者	12. 教师、助教、行政或工作人员家属等	评价	27. 评价 FLC 参与者所任教的班级的学生反映
	13. 学生组织（助教、学生顾问等）	奖励和赋权	28. 给参与者在时间安排和分配上一定的特权
会议和活动	14. 研讨会（时间、频率、主题、活动程序）		29. 专用经费的支持
	15. 校外活动		30. 来自教务长、学院院长、部门主任等的嘉奖

从米尔顿·D. 克斯所列高校教师学习共同体的 30 个基本元素分析，我们可以看出克斯的高校教师学习共同体是一种线下共同体形式。即便如此，我们可以看到实现高校教师学习共同体善治、良治，需要在以下 9 个方面进行努力：

第一，明确学校目标、明确共同体的目标、明确共同体目标与学校目标的关系。

第二，课程是高校教师学习共同体的载体，是高校教师学习共同体活动的基本形式，也是高校教师学习共同体活动的最主要主题。

第三，高校教师学习共同体善治、良治需要有优秀的课程主持人，需要有一支结构合理的团队，需要经费，需要学校环境与制度支持。

第四，高校教师学习共同体善治、良治需要有各类活跃的联系，包括共同体成员之间、共同体与外部团体之间，这样的联系需要契约的保障。

第五，高校教师学习共同体善治、良治需要各类利益相关者的参与治理，这些利益相关者包括高校内的各类人员，如行政领导、其他学科教师、学生，甚至包括社会人员、学生家属等。

第六，高校教师学习共同体善治、良治的重要载体是会议和活动。这些会议和活动既包括大型的交流会议，也包括小型的学术交流会议；既包括正式的官方会议，也包括非正式的茶话会；既包括校内外广泛参与的会议，也包括校内甚至是项目团队成员的会议等。

第七，高校教师学习共同体善治、良治的学术活动过程载体包括文献、成果展示、项目实施情况展示等。

第八，高校教师学习共同体善治、良治需要科学与持续的评价，这些评价包括对 FLC 参与者的专业发展评价、FLC 项目的组成要素评价、FLC 课程效果评价等。

第九，高校教师学习共同体善治、良治需要奖励和赋权，包括物质奖励，如经费奖励、假日奖励；也包括精神奖励，如来自教务长、学院院长的嘉奖，自由安排工作时间的奖励等。

比较而言，高校课程思政共同体是一种比教师学习共同体更为复杂的共同体形式。它既包括线下的高校课程思政共同体形式，也包括线上的高校课程思政共同体形式。在高校课程思政共同体中活跃的关键因素主要包括：教师、平台、技术、资源、机制、制度等。其中最为关键问题是如何通过科学治理提升高校课程思政共同体立德树人效能？如何促进高校课程思政共同体系统优化？如何促进高校课程思政共同体善治、自治？

一、以治理促进高校课程思政共同体立德树人效能提升

高校课程思政共同体立德树人效能提升的路径有很多，其中，治理是一个重要的方面。治理就是要通过依法治理、以德治理、自治治理 3 种方式实现高校课程思政共同体的善治和治理现代化，进而实现高校课程思政共同体立德树人效能提升。

第一，建章立制，是高校课程思政共同体实现依法治理的关键。高校内 3 个层面高校课程思政共同体均需要相应的体制、制度、机制设计与实施方案。对校级课程思政共同体来讲，要建立全校师生参与课程思政的制度与机制，科学设计实施人才培养体系，创设校级高校课程思政共同体治理的平台与机制，设计校级高校课程思政共同体资源共享的平台与机制，等等。对院级高校课程思政共同体来讲，要建立专业人才培养方案共商制度，建立院级高校课程思政共同体沟通的平台、资源共享的平台等。对课程层次的高校课程思政共同体，要建立课程定期交流机制，建立课程生产教学交流制度，建立资源共享的机制，等等。

第二，建立高校课程思政共同体契约、共识等，是高校课程思政共同体实施以德治理的抓手。高校课程思政共同体以德治理，就是建立高校课程思政共同体独具特色的习惯、契约、共识等，使其成为高校课程思政共同体成员行为的准则。高校课程思政共同体成员遵守其独特的行为准则，就为以德治理高校课程思政共同体打下了坚实基础。

第三，建立高校课程思政共同体独特文化，是高校课程思政共同体实施自治治理的基石。自治治理，是高校课程思政共同体治理的一种高级形式，是一种境界。自治治理是高校课程思政共同体内教师通过系统内部的自我调节创新资源配置与评价的制度安排。同行评价是自治治理的一种基

础形式，它可以促进知识分享，激发创新灵感，加速信息传播，凝聚教育教学共识，促进教育教学新的思想和认识物化为新的知识"产品"或"方法"，推动教育教学创新。自治治理体现着高校课程思政共同体就像一个人一样在行动，且行为自如。它的基本表征是高校课程思政共同体成员已经把共同体的制度、机制、约束等内化于心，形成了一种习惯，一种文化，高校课程思政共同体成员会自觉按此行动。

第四，优秀的高校立德树人顶层设计，是实现高校课程思政共同体善治与良治的基础。在高校，教育教学评价、教师职务职称评审、高校学术评价是高校立德树人顶层设计中的关键因素。高校在教育评价中，只有破除"五唯"，让教育回归育人初心使命；让论文、项目回归学术求真状态；让高校顶天立地，立足中国大地办中国特色高等教育，高校育人初心使命才有可能实现，高校的重心才能真正放在立德树人上。教师才能安于教书育人，既做经师又做人师。

二、以治理促进高校课程思政共同体系统优化

高校课程思政共同体是包含多种要素的大系统，其系统内容又包括3个层面共同体小系统。促进系统优化，是高校课程思政共同体治理最需要完成的职责与使命。

第一，促进教师育人的理性自觉，使广大教师自觉成为高校课程育人的主动参与者。作为高校的管理者，要切实理解高校教师生存状态，理解教学难、教书育人更难的"实然状态"。建立教师发展持续支持机制，在教师职业发展的不同时期，给予不同的帮助。高校教师职业发展时段大致可分为适应期、成长期、稳定期、衰退期4个阶段。如通过对新教师的培训工作，以使之顺利完成适应期；对于入职3—10年的处于"拔节孕穗"成长关键期的教师，则给予有效的教育引导和培训；对稳定期的教师给予资源、条件支持，让其尽快成为学术与教学的权威；对衰退期的教师，则给予理解，并让他们帮助青年教师成长，助力学生素养提升等。

第二，切实解决高校教学边缘化问题，解决教师教书不育人问题。当下，教学不是学术，教学再好评不上教授，"教学已死""不发表就死亡"是中国大学的真实写照。在这样的氛围中，让教师上好课已是难事，再让他们花时间、精力去做高校课程思政，那是难上加难。

第三，促进高校课程思政共同体内各系统的优化。教育起源于人际交往，教育者、受教育者、教与学的内容是教育系统中最基本的元素。治理

就是要促进教育系统形成"教天地人事，育生命自觉"的理性，这是高校课程思政本来之意，也是教师角色的本分之事。

三、以治理促进高校课程思政共同体形成育人文化自觉

治理的最高境界是自治，自治的前提是高校课程思政共同体形成事业共同体、价值共同体、命运共同体。治理必须先制度、先机制，但也应明确，治理最终要形成一种高校课程思政共同体文化自觉，即高校课程思政共同体立德树人的价值共识、事业共识、路径共识。

第一，形成价值共识。从价值本源上去分析，可以发现高校课程思政作为一种新兴的立德树人理念、思想政治教育教学工作理念，其本质是"课程承载思政，思政寓于课程"，也就是说让思政贯穿于课程教育教学的全过程，让各个专业课程之中都有思想政治教育的味道，并让所有高校授课专业教师都承担起课程思政教育教学任务，以此形成一种全员育人、全方位育人的新格局。高校课程思政的理念促进高校思想政治教育工作体系更加丰富完善，其根本原因就在于高校立德树人根本任务的设定。之所以要明确促进价值共识的形成，原因就在于价值指向决定了人才培养的方向，形成一致的价值共识，就能找准高校课程思政目标定位，从而明确高校课程思政教育教学工作是为什么而做，为什么这么做，最终目标是什么，最终确立高校课程思政共同体的终极目标是什么。

第二，树立事业共识。高校课程思政这一伟大事业，最终目标是构建"三全育人"高校立德树人新格局。以此来实现高校课程思政与思政课程同向同行并形成协同效应，最终实现高校课程思政共同体立德树人效能最大化。达成这一最终目标的首要任务就是广大教育教学工作者树立起相同的事业共识，同向同行齐心协力。无论是制度体系的设立，教学计划的改革，远中近期目标的设立，最终都是为了实现高校课程思政共同体立德树人效能最大化目标。

第三，达成路径共识。推动一场伟大的思想政治教育建设，实践路径的确立以及所有教育工作者的达成路径共识具有十分重要的意义与作用。在当前的教育教学实践路径中，专业课教学与思政课程有着不同的教学目标，因此达成路径共识的首要任务就是要设置教育教学目标应坚持思政性与专业性相统一，不可有所偏颇。虽然各门课程都有各自独特的专业学科属性，但有其共同的特点那就是育人理念，这就在教学实践上给出了融合的可能性。通过高校课程思政"主战场"一线人员的不断实践、不断探索

得出的有效经验，制定一条行之有效的实践路径，并通过不断实践、不断修改、不断完善，最终得到高校课程思政共同体内教师队伍的一致认可，从而达成路径上的共识。

第四节　高校课程思政共同体治理、善治与现代化

一、高校课程思政共同体治理目标

高校课程思政共同体治理目标是通过共同体的依法治理、以德治理、自治治理，促进高校课程思政共同体系统优化、和谐、高效发展，实现高校课程思政共同体立德树人效能最大化。一是高校教师课程思政能力优化，通过高校课程思政共同体提升教师从课程知识出发挖掘思政元素的能力、将思政元素融入课程能力、课堂自然传播能力等。二是高校课程思政资源供给体系优化，通过高校课程思政共同体，实现对高校课程思政元素相关资源的集化、优化，实现资源供给充足、适切、新颖。三是机制保障体系优化。

二、高校课程思政共同体治理体系与治理现代化

（一）顶层设计

高校课程思政共同体建设的顶层设计是提升高校课程思政共同体建设效能和治理效能的关键。高校课程思政共同体顶层设计既要关注高校课程思政共同体成员共同信念、共同价值、共同目标、共同责任的形成，也要关注高校课程思政共同体运行机制的设计、运行制度的建设、平台的搭建等。高校课程思政共同体顶层设计要把握好共同体治理体系与治理能力之间的内在联系，坚持学校、学院、专业和课程一体化推进策略。注重推进高校课程思政共同体治理体系现代化建设，推进共同体治理制度体系与治理机制的系统集成和协同高效，特别是推进学校与学院、课程共同体之间的系统集成和协同高效。提升高校课程思政共同体治理体系中各类主体治理能力现代化，强化高校课程思政共同体制度执行力，切实提升高校课程思政共同体治理效能。切实为教师创造优秀的育人环境，以事业留住教师的心、以感情留住教师的情、以待遇留住教师的身。通过高校课程思政共同体的力量，提升教师高质量开展课程思政的信心、素养和能力。

（二）制度建设

高校课程思政共同体制度建设是高校课程思政共同体治理的重要组成部分，是高校课程思政共同体治理现代化的举措和保证。"制之以衡，行之有度。"高校课程思政共同体治理水平取决于制度供给能力和制度的执行能力。高校课程思政共同体制度建设包括外部制度和内部制度两个部分。外部制度主要是保障高校课程思政共同体外部主体，如社会利益相关者主体、学生家庭代表等参与共同体治理的机制。外部制度保障社会教育、学校教育和家庭教育在高校课程思政共同体平台上的"三位一体"，并促进社会教育、学校教育和家庭教育在高校立德树人理念与教育形式、内容等方面的同向同行，产生协同效应。在内部制度建设方面，既重视正式制度的建设，也要重视非正式制度的完善，使高校课程思政共同体成为人人参与、人人有责、人人共享的高校课程思政生产与教学的立德树人共同体。要完善党对高校立德树人治理工作的全面领导制度体系。

（三）治理能力

"治理能力是运用国家制度管理各方面事务的能力，直接影响治理效果。治理能力涵盖领导力、规划力、执行力、控制力、评估力、适应力等方面"。[①] 对高校课程思政共同体来讲，治理能力的基础能力是"政治三力"，即政治判断力、政治领悟力和政治执行力。高校课程思政共同体唯有明确理解"政治三力"，才能站稳意识形态立场，时刻牢记高校"为党育人、为国育才"的高校课程思政本色与使命。

（四）治理工具

"学术共同体在很大程度上实行自我管理，它们赋予成员以社会认可的角色和地位，提供资格认可，建立一系列制度，在各个层次上组织和激发科学发展的活力。"[②] 对高校课程思政共同体来讲，具体治理工具有很多，最为基础的是充分利用现代教育技术，让共同体内所有主体可以随时、随地按自己的要求获得自己所需要的资源、信息，同时可以随时、随地与人进行信息交流。高校课程思政共同体是一种以自治为主要治理方式的共同体，实现人人参与、人人尽责、人人享有最为重要。凡是一切有利于这一原则的治理工具皆可试用。

在智能时代，平台建设是治理工具的重要组成部分。高校课程思政共

---

① 靳诺：《把我国制度优势更好转化为国家治理效能》，《人民日报》2021 年 1 月 13 日。

② 张曦琳：《高校教师学术评价机制变革：逻辑、困境与路径——基于学术共同体视角》，《大学教育科学》2021 年第 2 期。

同体需要在利益相关者参与下，建立起资源丰富、运行良善、开放性强的高校课程思政共同体共享平台。

高校课程思政共同体治理工具能否做到现代化取决于治理机制。"计熟事定，举必有功。"高校课程思政共同体要科学推进治理机制的协同运行，坚持系统治理、依法治理、以德治理、自治治理的有机统一，努力用协同机制推进高校课程思政共同体治理方式与环节的无缝化对接、全员化参与、立体化交织，促进高校课程思政3个层面共同体的全方位协同。

（五）治理现代化

高校课程思政共同体治理现代化是一种善治状态。它不仅体现在治理工具、治理机制、治理能力的现代化，更体现治理理念的现代化。

第一，强化高校课程思政共同体的核心治理取向，那就是促进高校课程思政立德树人效能的最大化。高校课程思政共同体治理现代化必须为教育现代化服务，为国家现代化建设服务，为高等学校完成立德树人根本任务服务。

第二，高校课程思政共同体治理在逻辑形态上强调共生、共享、共责、集成与协同，高校课程思政共同体要将民主化、法治化、自治化、德治化、科学化、专业化和智慧化等引入共同体治理全过程，最大限度实现共商共建共享共治，从而在整体形态上形成推动共同体治理能力现代化的态势。

第三，高校课程思政共同体治理现代化必须体现主体的开放性，要积极吸纳高校课程思政利益相关者参与到高校课程思政共同体治理中来，体现主体多元、人人参与。

第四，"一分部署，九分落实"。高校课程思政共同体善治的关键是课程层面共同体的治理效能最大化。课程层面共同体是高校课程思政共同体效能落实的关键，只有高校的每一个课程层面的共同体运行良善，高校课程思政共同体的整体效能才算真正发挥出来。高校课程层面共同体既是高校课程思政共同体治理体系的"末梢神经"，也是高校课程思政共同体核心阵地。

高校课程思政共同体治理现代化不能照搬其他相关共同体的治理经验和模式，要立足中国大地，体现中华传统文化与治理传统。一是理论建构在价值导向上，要建立以教师为主体、以学生为中心的治理取向；二是在逻辑形态上，要强调共生、协同、集成，高校课程思政共同体治理现代化要建立在民主化、制度化、科学化和智能化基础之上，最大限度实现高校课程思政共同体共商、共建、共治、共享局面的形成；三是在实践维度上，要实事求是，从课程思政高质量发展的实际出发，主动调动高校课程思政共同体内各主体的主观能动性，促进高校课程思政共同体内各类主体自觉同向同行，产生协同效应。

三、高校课程思政共同体治理的 5 个主要机制

高校课程思政共同体治理现代化进程是一个宏大的系统工程，要真正落地落实、见功见效，必须实现高校课程思政共同体善治的长效化与常态化。需要建立教师培养培训机制、优质资源共享机制、评价体系和激励机制、组织保障机制等一系列机制。其中，构建高校课程思政建设党委统一领导、党政齐抓共管、组织保障的领导机制，学校层面、教学单位层面、教师层面的合作机制，引导、奖励、惩处相结合的激励机制，是实现高校课程思政共同体的有效治理的关键。

实施高校课程思政共同体治理包括 5 个主要机制（图 8-1）：

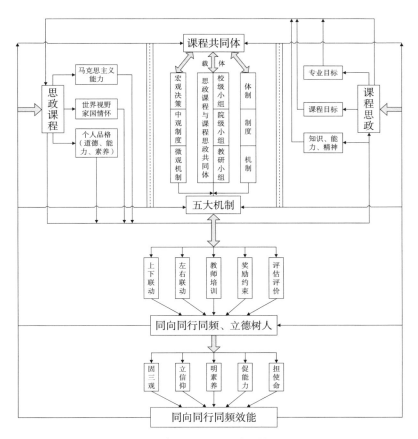

图 8-1　高校课程思政共同体运行图

（一）上下联动机制

在一个完整的高校课程思政共同体体系中，有 3 个层次的高校课程思政共同体形式：校级层面高校课程思政共同体、院级（专业）层面高校课程思政共同体、课程层面高校课程思政共同体。为了高校课程思政共同体治理体系的完整，实现高校课程思政共同体治理现代化，最终实现高校课程思政共同体善治状态，需要一种机制促进这 3 个层面的共同体上下联动，协同共振。即要把校级层面的顶层设计、治理期待、治理愿景、治理目标、总体规划通过上下联动机制，下达院级（专业）层面共同体。院级（专业）层面高校课程思政共同体是学校专业人才培养方案的制定者、执行者，也是高校课程思政落实到高校人才培养体系的执行者，这一层面重在落实校级层面高校课程思政共同体要求，总体设计好专业层面的课程思政总体规划，做到人才培养方案中课程思政与课程思政之间协同发展，同频共振。同样，院级（专业）层面高校课程思政共同体的总体规划、人才培养方案设计、课程学时学分安排、课程内容规划等也需要上下联动机制下达课程层面高校课程思政共同体。课程层面高校课程思政共同体，要建立起以课程为中心的小型高校课程思政共同体运行机制，如课题奖励、职称奖励等，使教师乐意参加这样的共同体，愿意在其中分享其知识与教育教学经验。

上下联动机制，不只是由上而下的顺畅，也需要由下而上的顺畅。课程层面高校课程思政共同体的要求、愿望、条件保障等，也需要及时上传学院（专业）层面高校课程思政共同体，甚至上传学校层面高校课程思政共同体。学院（专业）层面的困难也需要校级层面高校课程思政共同体通过上下联动机制予以解决。

（二）左右联动机制

左右联动机制就是在校级"高校课程思政共同体"治理体系中，建立马克思主义学院与各专业学院、专业学院之间、学院与职能部门之间的跨界、协同、合作并进的跨越边界机制。基于此，各个学院可以打破学院边界，各个学院教师可以打破专业边界，各个学科课程可以打破学科边界，从而实现科学合理的边界渗透与边界跨越，从而充分发挥各类教育主体的教育优势，在教育教学、项目研究、专项指导、课程设计等方面协同创新、同向同行、同频共振。

在左右联动机制中，要注重发挥马克思主义学院的重要作用，使之成为高校课程思政共同体治理的重要力量。马克思主义学院应当主动参与到学校课程思政建设之中，这是马克思主义学院的义务与责任，也是马克思主义学院的使命担当。马克思主义学院应当积极主动帮助本校各个学院高质量进行高校课程思政建设，比如马克思主义学院积极为各个学院提供高校课程思政建设的相关知识；动员学院的教师与其他学院的教师建立长期的左右联动、合作交流机制；成立高校课程思政教育教学研究中心，为高校课程思政建设提供智库帮助。

在左右联动机制中，除了以上的联动机制外，建立高校与社会、高校与家庭的左右联动机制也十分重要。虽然高校中的大学生已是成年人，但中国文化传统中"家庭"的分量是十分重要的。这样的左右联动机制在高校课程思政共同体治理体系中也十分必要。

（三）教师培训机制

高校课程思政虽然是一个源远流长的事物，教书育人也是一个教师的职业本分，但实事求是讲，高校课程思政对全体专业教师来讲，仍是一个新事物。这就需要教师培训机制来实现高校课程思政共同体的良治与善治。

《高等学校课程思政建设指导纲要》明确了教师培训机制基本要求："全面推进课程思政建设，教师是关键。要推动广大教师进一步强化育人意识，找准育人角度，提升育人能力，……要加强教师课程思政能力建设，建立健全优质资源共享机制，支持各地各高校搭建课程思政建设交流平台，分区域、分学科专业领域开展经常性的典型经验交流、现场教学观摩、教师教学培训等活动，……支持高校将课程思政纳入教师岗前培训、在岗培训和师德师风、教学能力专题培训等。""'强培训'，将课程思政建设要求和内容纳入教师岗前培训、在岗培训和师德师风、教学能力专题培训等。"[①]

同时，新时代党中央对教师角色、职业也提出了新要求。习近平总书记明确指出，各级教师不能只做传授书本知识的教书匠，而要立志成为塑造学生品格、品行、品味的"大先生"。"教师要成为大先生，做学生为学、为事、为人的示范，促进学生成长为全面发展的人。"[②]《中共中央　国务院关于全面深化新时代教师队伍建设改革的意见》，则对教师提出了"做学

---

① 《教育部关于印发〈高等学校课程思政建设指导纲要〉的通知》，教高〔2020〕3号。
② 《习近平在清华大学考察时强调　坚持中国特色世界一流大学建设目标方向　为服务国家富强民族复兴人民幸福贡献力量》，《人民日报》2021年4月20日。

生锤炼品格、学习知识、创新思维、奉献祖国的引路人"的要求。[①]

高校课程思政建设最终结点是教师，教师对高校课程"思政元素"主动挖掘的理性自觉与课程思政建设的胜任能力是高校课程思政高质量发展的关键因子，也是影响高校课程思政共同体立德树人效能的关键因子。因此，建设对广大教师的持续教育培训机制十分重要。

（四）奖励约束机制

奖励是促进人们行动的诱导机制，约束是限制人们行动的强调机制。奖励约束机制对高校课程思政共同体实现善治十分必须。学校层面高校课程思政共同体，要积极通过设置各类课程思政建设项目，如课程思政研究项目、课程思政示范课、课程思政教学团队等方面进行项目培育与发掘，并对项目进行科学管理，激励有效、约束到位，通过奖励让主动参与课程思政建设的教师有荣誉感、有使命感，让积极主动教书育人的教师获得与科学研究一样的学术尊重，让高校教师自觉形成高校课程思政共同体。课程层面的高校课程思政共同体治理模式主要是德治和自治，奖励约束机制是其重要的机制。这种机制能否满足教师职务职称升迁的需要，是奖励约束机制是否科学的关键。

在学院层面，学院也可以设立一些高校课程思政教学项目，促进学院教师积极参加高校课程思政建设，建立起科学的奖励与约束机制。

在政府层面，也可以通过这样一种机制促进高校课程思政高质量发展。事实上，目前教育部和各省教育厅进行的课程思政项目评选，如课程思政教学团队、课程思政样板课程、课程思政教学研究中心等，极大地促进了高校课程思政建设。

（五）评估评价机制

教育评估评价是教育事业发展的重要机制，有什么样的评估评价机制，就会有什么样的教育理念。对高校课程思政共同体治理来讲，同样需要评估评价机制的正确引导。

《高等学校课程思政建设指导纲要》要求各高校，要"建立健全课程思政建设质量评价体系和激励机制，鼓励高校建立健全多维度的课程思政建设成效考核评价体系和监督检查机制，并指出人才培养效果是课程思政建设评价的首要标准"。纲要同时提出，"把教师参与课程思政建设情况

---

① 《中共中央国务院关于全面深化新时代教师队伍建设改革的意见》，《光明日报》2018 年 2 月 1 日。

和教学效果作为教师考核评价、岗位聘用、评优奖励、选拔培训的重要内容。在教学成果奖、教材奖等各类成果的表彰奖励工作中，突出课程思政要求，加大对课程思政建设优秀成果的支持力度"。[①]

教育部强调："要以质量为纲，把标准建起来，把责任落下去，强化评估工作。"我们认为，高校课程思政共同体的立德树人效能，关键是看课程思政能否充分挖掘自身的思政元素，看其能否与思想政治理论课同向同行，产生协同效应。在评估评价机制建设方面，要"以学生为中心"，"以学生获得感"为目标，建立起科学的高校课程思政共同体效能评估体系，真正做到以评促建、以评促改，让"高校课程思政共同体"治理更具系统性、目标性和科学性。

四、人工智能背景下高校课程思政共同体治理现代化

人工智能背景下的高校课程思政共同体运行，其关键基础是教师（服务工作者）和人工智能技术（资源因素），重要过程是协同教学（共同体因素），主要指向是学生（学习者因素）。

第一，在学生方面：在人工智能的背景下树立网络学习的信心，培养学习的动机，提高自身的信息素养，促进学生主动学习、深度学习的发生等。

第二，在教师方面：在高校课程思政共同体中教师既是教育专家和学科专家，又是一个学习者，同时是高校课程思政共同体的组织者和共同体活动的参与者。高校教师要结合新技术的持续更新，实现自身智慧素养的重构，这是人工智能时代对高校教师专业发展的必然要求。

第三，在技术方面：一是甄别、构建及丰富智能化时代的高校课程思政教育资源，利用人工智能及大数据技术打造高校课程思政优质资源共建共享平台。二是基于数字化背景的高校课程思政共同体平台，要做到以人为本，平台需要表现出足够的界面友好，利于教师、学生和高校课程思政共同体利益相关者参与平台活动。同时，高校课程思政共同体平台还应该体现更多的人文关怀，让所有高校课程思政共同体主体都能在平台上"一键式"解决问题。三是充分利用大数据、云计算等技术，为教师提供教育教学第一手数据。如学生的基础资料、个性化特征、课堂表现、教学收获等信息数据。

---

① 教育部：《关于印发〈高等学校课程思政建设指导纲要〉的通知》，教高〔2020〕3 号。

第四，在高校课程思政共同体环境方面：硬件环境包括学生交互使用的学习平台和技术支持服务；软件环境包括高校课程思政共同体意识和意见领袖意识统一情况等。这些对建立和维持高校课程思政共同体的发展起着重要的作用，是高校课程思政共同体存在和发展壮大的巨大动力。因此，要不断优化高校课程思政共同体环境。

第九章　高校课程思政共同体之
立德树人效能最大化

　　高校课程思政共同体是一个系统，在这个系统中，影响立德树人效能最大化的因素有很多。促进高校课程思政共同体立德树人效能最大化，需要坚持系统思维，处理好3个层次的高校课程思政共同体之间的相互关系：处理好高校课程思政共同体系统与其环境的关系；处理好学校、社会、家庭三者协同育人的关系；处理好高校"三全育人"和"十育人"的关系。在众多关系中，对高校课程思政共同体立德树人效能影响最为关键的因素有系统优化、共同体善治、主体能力提升、人工智能运用、现代教育技术应用等内容。

第一节　系统优化与立德树人效能最大化

　　优化高校课程思政共同体系统，使其立德树人效能最大化，包括诸多方面的内容，如系统与环境之间的优化、要素与要素之间的优化、系统机制的优化、系统要素的优化等。在众多优化中，对高校课程思政共同体立德树人效能最大化影响因素来讲，最为关键的是对系统核心要素和系统内各要素关系的优化。

　　在高校课程思政共同体的组成要素中，影响高校课程思政共同体效能最大化的核心要素有两个：一是学校主要领导、学院主要领导的高校课程思政理念，二是广大课程教师的高校课程思政能力。在领导因素确定之后，对效能影响最大的主体因素则是教师。因此，优化系统元素，关键是调动教师的主观能动性，提升教师的高校课程思政建设能力，特别是提升一线教师的高校课程思政建设能力，以保障高校课程思政理论创新与实践探索之主力军的活力和动力。

一、提升教师的课程思政能力

高校教师是高校课程思政建设的主力军，其课程思政能力的大小和课程思政素养的高低直接影响高校课程思政共同体立德树人效能的发挥。我们认为教师在高校课程思政建设中，应具备以下 5 种能力。

（一）对党和国家课程思政建设的理念与价值认同能力

对党和国家课程思政建设的理念与价值认同能力不仅是教师有效建设高校课程思政的前提，也是发挥高校课程思政共同体立德树人效能最大化的前提，更是高校教师师德师风的重要组成部分。在高校课程思政共同体运行中，共同价值是促进高校课程思政共同体高质量运行的关键纽带。在新时代，在高校课程思政建设与生产中，在高校课程思政教学中，必须有一个正确的、统一的价值观作为引领。也就是说，只有当"高校课程思政终极目标是立德树人"这一价值理念得到高校教师认同时，才能激发教师进行高校课程思政建设的动力与激情。《高等学校课程思政建设指导纲要》明确指出："全面推进课程思政建设，教师是关键。"因此，在高校课程思政全面推进过程中，要不断统一教师"高校课程思政"育人理念，不断提升教师"高校课程思政"生产、教学能力，使每一位教师都能够生成一种高校课程思政的理性自觉。唯有如此，教师才能自觉主动去挖掘课程知识体系中的思政元素，将知识传授、能力培养和价值引领贯穿于课程生产与课堂教学之中，使高校课程思政和思政课程在人才培养方面同向同行，形成高效的协同效应。教师只有从心底理解、接受、认同开展高校课程思政建设的意义和价值，才能主动地去提升高校课程思政能力和素养。

（二）对高校课程思政高质量发展规律的认识和把握能力

高校课程思政建设虽然是课程建设的一部分，但它与以往的课程建设有着本质区别。高校课程思政建设不仅遵从教育教学规律、课程教学论规律，也遵从思想政治教育规律、立德树人规律。只有对这些规律有了准确认识，才能高质量做好高校课程思政工作，实现高校课程思政的高质量发展。

第一，教师要明确新时代师德师风的新要求。习近平总书记在全国高校思想政治工作会议上指出："教师做的是传播知识、传播思想、传播真理的工作，是塑造灵魂、塑造生命、塑造人的工作。教师不能只做传授书本知识的教书匠，而要成为塑造学生品格、品行、品位的'大先生'。"①
这就要求新时代的教师在授课过程中，不仅仅是把学科知识传授好，还需
要在此基础上将能力培养、价值塑造融入课程，对学生进行知识能力、情
感态度和价值观的培养。为此，教育部先后印发了《新时代高校教师职业
行为十项准则》《关于高校教师师德失范行为处理的指导意见》等文件，
要求各高校结合本校实际，建立明晰、具体、全面、可操作的高校课程思
政"负面清单"制度，加强和改进新时代教师师德师风建设。

　　第二，教师要自觉学习好并运用好教育教学规律、课程教学论规律、
思想政治教育基本规律和立德树人基本规律。在全面建设高校课程思政的
进程中，教师应科学掌握、正确应用教育学理论、心理学理论、教学理论、
立德树人理论等最新成果，不断提升教育教学水平，提高教育教学质量，
让高校课程思政成为真正的科学课程，让高校课程思政成为学生喜闻乐见
的新课程，唯有如此，才能充分实现高校课程思政共同体立德树人之效能
最大化。

　　第三，教师要善于利用现代教育技术，提升教育品质。当下对课程教
育教学影响最大的是"互联网＋教育""人工智能＋教育""大数据＋教
育"等教育新模式。特别是新冠疫情防控期间，线上教学、云端考试与云
端会议等多种网络教学方式的广泛运用使现代教育技术对教育教学产生了
重大影响，极大地推进了教育教学的发展进程。

　　可以预见的是，随着现代教育技术的发展和教育信息化建设的加快，
今后高校线下教学、线上教学以及线上线下交互的"混合式教学"，都将
用上人工智能技术，使用大数据和云计算技术，对教学进行精细化分析，
对学生进行个性化教学。今后高校课程思政在教学目标设计上将更加精准
化，在教学过程中将更富有艺术性，在教学设计中将更加科学化，在教学
评价上也将更加具有务实性，从而进一步推进高校课程思政共同体立德树
人效能的迅猛提升。

　　（三）对高校课程思政建设的元素挖掘与融入能力

　　我们主张的课程思政元素挖掘重在对课程知识本身所具有的价值观意义
进行挖掘，所以了解本学科知识，并对社会学规律有一定认识与理解是很有
必要的。高校课程思政共同体在课程生产能力方面，不仅要善于集体讨论，
更要善于集体挖掘课程本身的思政元素，关键的着眼点在以下两个方面。

第一，充分挖掘高校课程本身的思政元素。"每一门专业课程都不同程度、不同侧面蕴含着丰富的思政教育内容，结合专业课教学内容，深入挖掘'思政'元素，整合'课程思政'内容是实施'课程思政'的关键。"[①] 这些元素着眼于学生"固三观、立信念、明素养、担使命、促能力"，我们也将从这 5 个方面去挖掘高校课程本身的思政元素。

第二，积极融入思政课程精华。思政课是立德树人的关键课程，高校课程思政应该与思政课程同向同行。一是要与思政课程一起将政治认同、家国情怀、社会责任、道德规范、法治意识、科学精神、创新能力等要素融入通识课、专业课、实践类课的课堂教学，强化思政元素与日常教师授课内容之间的融合。二是要重点培养学生的政治认同和文化认同。前者体现在对国家基本制度的认可，对社会发展道路的拥护，对国家方针政策的支持；后者体现在对中华优秀传统文化的自信与自觉。三是要帮助学生有效运用马克思主义理论武装头脑，学会运用马克思主义理论的立场、观点和方法，去理解、分析高校课程思政教学中存在的现实问题，解答学生在学习中、在生活中产生的疑惑，鼓励学生建立正确的辩证思维、创新思维、历史思维、底线思维、实践思维等，提高学生的思想政治素质，从而落实高校立德树人的根本任务。

（四）对高校课程思政教学的设计与反思能力

教育教学需要反思，高校课程思政教学更需要反思。高校课程思政共同体在教学能力提升方面具有历史传统与显著优势。高校的教研室就是最早的教学共同体。在高校课程思政共同体中，共同体要发挥传统与优势，共同研究学生特点与学生需要。

第一，选择恰当的高校课程思政教学内容。在课堂教学中，要选择贴近时代发展潮流、贴近学生思想特点、贴近社会客观实际的内容，这有利于激发学生听课的主动性和积极性，使教师与学生双方产生心理共鸣，便于取得良好的教学效果。

第二，了解学生的学习诉求。在高校课程思政课堂教学中，要根据学生听课反应，及时明确学生的需求，找到合适的切入点，利用信息化教学载体，不断创新教学方式，摒弃以往落后的教学方式，取而代之从学生感兴趣的教学案例出发，遵从自然渗透的原则，让学生在不知不觉中获取知识。

---

① 黄玉龙：《高职院校专业课教师课程思政实践能力提升研究》，《淮南职业技术学院学报》2020年第 6 期。

第三，结合课程特点适时嵌入思政元素。高校课程思政教学不能简单地"贴标签"，而是要遵循"盐溶于汤"的原则，重点在于把握好"度"，把握各类课程在思政教育中的"隐性"特点。

第四，要选择学生乐于接受的话语方式。在教育实践中，教师的话语起着至关重要的作用。营造自由、开放、和谐的课堂氛围，正确使用学生乐于接受的话语方式，可以大大调动学生的参与性，激发学生的创造力，让学生在轻松愉快的氛围中接受与信服教师的思想观念和价值取向，具有事半功倍的效果。

（五）对现代教育技术运用于高校课程思政的理解能力和执行能力

随着数字化时代的到来，大数据、区块链、人工智能等数字技术带动基层教学组织的深刻变革，也引起人们生活、工作、学习方式的变革。2021年教育部高等教育司发布《关于开展虚拟教研室试点建设工作的通知》，强调"全面提高教师教书育人能力，重点增强教师将现代信息技术与教育教学深度融合的能力，为提高人才培养质量筑牢基础"。现代信息技术已成为高校教师专业发展过程中必不可少的元素，成为高校课程思政共同体运行中的关键因素，对现代信息技术的理解能力与胜任能力，也因之成为教师的一项基本素养。如何理解高校课程思政、如何理解现代教育技术与高校课程思政的深度融合成为高校教师的一项基础素质要求、能力要求。

提升高校教师对现代教育技术与高校课程思政的深度融合的理解能力、胜任能力与执行能力，需要做好如下工作。

第一，提升高校教师课程思政教学研究的数字化意识。"数字化意识是客观存在的数字化相关活动在教师头脑中的能动反映，包括数字化认识、数字化意愿及数字化意志"。[①]从心理学视角看，意识的本质内容包括认知、情感、意志3个方面。一是认知作为知识系统，可以通过课程思政教学和教研环境的改变、"数字＋教育"的日常培训以及广泛的宣传普及等手段，强化教师的数字化认识，引导教师对数字技术在经济社会和教育发展中价值的理解等，进而在情感上强化教师的数字化意愿。二是数字化意志作为高校教师提升数字素养的动力系统，可以依托政策引导，如组织开展数字化的课程思政教学，制定数字素养培、测、评的激励机制等，促进高校教师虚实结合的课程思政高水平研训。三是数字化意识，同时要

---

① 《教师数字素养（JY/T 0646–2022）》，http://www.moe.gov.cn/srcsite/A16/s3342/202302/t20230214_1044634.html。

求教师能主动地对数字资源有针对性地鉴别与诠释，承担起培养数字化时代高素质人才的责任与义务。

第二，提升高校教师数字化能力。高校教师数字化能力包括数字技术知识和数字技术能力。该能力要求教师具备数字化教学能力，理解数字化知识体系，具备通过数字化技术转变学科知识的呈现方式技能，解决数字化教学中的实践问题，从而能更好地胜任数字化教学。提升高校教师数字化能力，一方面可以依托数字化教学培训提升高校教师对数字技术概念和基本原理的理解水平；另一方面可以依托日常的虚拟教研和日常的数字化课程思政教学实践切实提升高校教师对课程思政数字技术资源的应用能力。

第三，建立全链条的教师数字素养发展体系。在数字化时代，现代信息技术融入课程的关键是知识和数据驱动，这其中数据驱动是基础，知识驱动是前提，共建共享是关键。一是建立基于数字化的高校教师专业发展制度，打造一站式教师学习平台，促进高校教师、课程思政教学资源和各类共同体数字化平台的互动。二是针对性地开发线上教师信息素养提升课程，如人工智能通识、信息素养讲座、数字化教学教研模式应用等。三是开发教师信息素养测评题库，并开展对教师信息技术支持的教学和教研实践方式进行测评，实现高校教师数字素养从理论到实操逐一达标。四是组建智慧教育专家团队，开展智慧教育教师的评选活动，激发教师在数字素养的培训环节的积极性。五是建立高校教师专业发展电子档案，通过有效的数据管理技术，动态跟踪教师专业发展、及时研判教师专业发展状态、数字化回溯教师专业发展进程，对教师数字化能力专业发展问题进行重点研判，促使高校教师全方位成长与发展。

二、提升教师的高校课程思政能力的基本举措

如何提升高校教师的课程思政能力并能使教师的这些能力持续发展呢？一靠理念；二靠平台；三靠制度；四靠机制。也就是说，要在依托高校课程思政共同体这一固定组织与平台的基础上，凭借科学优秀的治理理念，建设起完整的教师能力发展制度与进步机制，不断提升教师课程思政的综合实力。

（一）理念认同

理念认同是共同体存在的前提，也是共同体健康发展的前提。对高校课程思政共同体来说，以下理念认同是十分必要的。一是对教师角色的理念认同：教书育人是本分，是角色分内的职责。二是对价值引领的理念认

同：价值塑造、能力培养、知识传递是课程的基本目标结构。三是对共同体的理念认同：现代社会需要团队，教学是一个复杂的过程，需要大家取长补短，共同体机制、体制是教学团队建设的重要组织形式。四是对教师发展的理念认同：教师的全面发展，以教学为基，以育人为本，以科学研究与社会服务为两翼。

（二）平台优化

高校课程思政共同体可分为 3 个层面的共同体。

第一，校级高校课程思政共同体。校级高校课程思政共同体主要负责做好顶层设计、资金支持、制度支持、机制支持、平台搭建等工作。目前通用的组织形式是高校课程思政工作领导小组和高校成立的课程思政教学研究中心。从共同体的角度讲，高校课程思政教学研究中心更易于使用共同体的机制与体系。

第二，院级高校课程思政共同体。院级高校课程思政共同体主要负责做好资金支持、制度支持、人才培养方案设计、平台维护、资源建设等工作，它是在校级高校课程思政共同体的领导下，进一步细化、落实高校课程思政的建设工作。

第三，课程层面的高校课程思政共同体。课程层面的高校课程思政共同体主要负责做好信息沟通、经验交流、资源共享、学习支持、技术支持、情感支持等具体工作，其主要形式是高校课程思政教学团队。

由此可知，从组织优化角度讲，高校课程思政教学团队是一种单一课程层面的高校课程思政共同体的优化组织形式，高校课程思政教学研究中心则是一种承担校、院、课程三级高校课程思政共同体的基本载体和平台使命的优化组织形式，是实现 3 个层面高校课程思政共同体基本任务的重要组织形式。这两种高校课程思政共同体形式可以有效组织起课程思政教学研究实践的各类主体，提供高校课程思政共同体需要的资源，完成高校课程思政根本任务，为高校课程思政共同体立德树人效能最大化提供平台支撑。

（三）制度优化

高校课程思政共同体治理主要靠自治，但自治并不是没有规矩与制度。事实上，高校课程思政共同体运行需要一些基本的制度来保障，如会议制度、研究制度、交流制度、经费保障制度等。这些制度的制定可以在一定程度上确保高校课程思政共同体在规范实施中实现高质量发展。

（四）机制优化

从高校课程思政共同体"善治"的角度出发，优化高校课程思政共同体运行机制，可以从 3 个方面进行考虑。一是学校层面。学校层面主要包括学校"三全育人"协同机制、学校社会家庭协同育人机制、学科管理服务等"十育人"协同机制等。二是学院层面。学院层面主要包括构建不同专业教师之间交流机制、同专业不同学科之间交流机制、教师参加课程思政专题培训机制、教师课程思政建设激励机制、课程思政建设评估机制等。三是课程层面。课程层面的高校课程思政共同体主要包括建立教师深入学生了解学生机制、建立教师学生之间互动机制、建设教学教法研讨机制、课程与教学设计机制等。

第二节   高校课程思政共同体治理现代化与立德树人效能最大化

高校课程思政共同体治理现代化主要包括 3 个方面内容，一是治理体系的现代化，二是治理能力的现代化，三是治理方式的现代化。治理体系是指高校课程思政共同体运行中建立起来的参与课程思政的所有组织及其结构关系，是一种组织架构及其关系；治理能力是对高校课程思政共同体所有治理主体的要求，是对参与治理的主体所具备的治理能力、课程思政生产能力、人际交流能力等综合能力或水平的称谓。二者是构成高校课程思政共同体治理现代化的两个主要要素，内涵不同但相辅相成。治理方式现代化则是指通过治理方式方法的开放包容、人人尽责、人人有责、人人享有等不断完善治理体系，持续提高治理能力。

一、高校课程思政共同体治理体系

在高校课程思政共同体运行中，学校共有 3 个层面治理体系在发挥作用，分别为校级高校课程思政共同体、院级（专业）高校课程思政共同体和课程层面高校课程思政共同体。校级高校课程思政共同体发挥的是发动机的作用，院级（专业）高校课程思政共同体发挥的是指挥部功能，课程层面高校课程思政共同体发挥的则是执行者的功能。

治理体系要想长久可持续发展，就必须改变过去那种单一、封闭的行政型治理结构，取而代之建立一种开放、科学、包容的治理结构，让互动、协商、合作成为高校课程思政共同体的基本运行模式，再通过高校课程思政共同体内所有主体的共商、共建、共享，建设人人有责、人人参与、人人尽责、人人享有的高校课程思政共同体。在治理体系中，有两件事情最为重要：

第一，治理体系中，主体要素多元化问题。其中最难以操作的是如何构建学校、社会、家庭"三位一体"的协同育人机制。《中华人民共和国国民经济和社会发展第十四个五年规划和 2035 年远景目标纲要》明确提出："落实和扩大学校办学自主权，完善学校内部治理结构，有序引导社会参与学校治理"。[①] 同时提出了"构建覆盖城乡的家庭教育指导服务体系，健全学校家庭社会协同育人机制"[②] 这一论断。在这方面，各国高等教育相关部门都进行了大量探索，有关利益相关者参与学校治理的案例也十分丰富。但在高校课程思政共同体中，如何让以社会和家庭为主体的利益相关者发挥最大作用，是一个并未充分得到实践但却值得研究的课题，它直接影响着高校课程思政共同体立德树人效能的最大化目标。

第二，治理体系中，权责关系明晰问题。在 3 个层面高校课程思政共同体中，做到各个高校课程思政共同体主体能够权责分明、各守其责，并在此基础上仍然保持开放包容、兼容并蓄的状态；同时保障各级高校课程思政共同体在一个大的平台下，也可以实现共商、共建、共享，确保平台资源完善、平台使用友好这一目标，对实现高校课程思政共同体立德树人效能最大化这一目标也很有裨益。

二、高校课程思政共同体治理能力

高校课程思政共同体治理体系对高校课程思政共同体主体的治理能力提出了新的要求，它要求治理主体更加多元、更加理性，需要治理主体具有更先进的治理理念和更强的治理能力。这里的治理理念先进主要指各级各类主体具有现代大学的治理理念、课程思政命运共同体理念等；治理能力强主要指决策能力强、执行能力强、协调能力强、创新能力强等。

三、高校课程思政共同体治理方式

有效的、优秀的治理方式是民主和法治相结合的治理方式。要想实现高校课程思政共同体"善治"，就必须具有完备的高校课程思政共同体运

---

① 《中华人民共和国国民经济和社会发展第十四个五年规划和 2035 年远景目标纲要》，《人民日报》2021 年 3 月 13 日。

② 《中华人民共和国国民经济和社会发展第十四个五年规划和 2035 年远景目标纲要》，《人民日报》2021 年 3 月 13 日。

行制度和科学的治理机制。对高校课程思政共同体来说，其正常运行需要完备、科学的制度作保障，主要包括资源共享制度、教师培训制度、各类主体学习制度、奖励约束制度等。

现代教育技术能充分为教师、学生、课堂、学校、共同体等全面赋能，从而促进高校课程思政共同体治理模式的效能提升。高校课程思政共同体治理模式将形成所有高校课程思政共同体利益相关者参与的高校课程思政生产、教学和评价等良好生态，建立起学校、社会和家庭协同育人的良好机制，形成学校、社会和家庭信息互通、资源共享、协同育人的新生态。

第三节　同向同行与立德树人效能最大化

"同向同行"是影响高校课程思政共同体立德树人效能的一个关键因素。它包括高校课程思政与思政课程之间的同向同行、高校课程思政共同体内各主体之间的同向同行、"十大"育人体系之间的同向同行、教学与学习之间的同向同行等方面。

一、优化人才培养方案，实现高校课程思政与思政课程同向同行

在高校人才培养体系中，价值塑造、知识传授、能力培养是 3 个最基本也是最重要的高校课程思政教育教学传递因素。如果在教育教学知识传授、能力培养中丢掉了价值塑造，就等于一个生命机体失去了活的灵魂、人没有了精气神。价值塑造是关乎立德树人效能的第一要务，价值塑造比知识传授和能力培养更为重要。

高校课程思政建设是一个系统、庞大的工程，它需要国家这个总指挥官的顶层设计、统筹安排和把控大局，从而使其更好地可持续发展，同时需要各个高校根据国家相关政策去具体实施与落实，保障其良好、有效运行，进而实现高校课程思政共同体立德树人效能最大化的目标。

第一，学校层面。优化人才培养方案，让"课程思政"理念成为所有课程实施教育教学的基本理念，将课程的思政目标列入课程目标评价体系。这要求我们应特别注重遵循纵向组织的原则，关注不同阶段的学习经验之间的联系，用系统的观念来设计各个学期的课程，在纵向上保证各个课程思政之间的同向同行。

第二，学院层面。坚持上下联通原则，保证上级课程思政政策与制度

的落实。这要求我们要特别注重遵循横向组织的原则，注重不同学科领域的学习经验之间的联系，如同一学期专业课程与同一学期思政课程之间的同向同行。

第三，课程层面。一要坚持综合化、系统化、融合化、整合化的高校课程思政设计思路，注重思政元素的融入方式、融入阶段、融入内容，把高校课程思政变成"润物细无声"的生动教育过程。二要注重思政课程对专业课程的反补与呼应，让学科专业、学科元素融入思政课程之中，把思政课程变成学生成长中的通识课程、鼓劲课程、增效课程，从而可以进一步促进思政课程与专业课程在价值塑造上相通、相融，从而实现思政课程与课程思政的同向同行，最终提升高校课程思政与思政课程同向同行的效度，提高高校课程思政共同体立德树人的效能。

要注意的是，在这 3 个层面的高校课程思政共同体实践中，要实现同向同行的最佳效能，一是要做到真实。即高校课程思政建设既要完整讲授学科课程知识体系和前沿知识发展，反映时代特点和发展要求，不能脱离实际情况，又要接地气儿，要以各门专业课程的发展历史与知识结构为参照，与其进行有机结合。二是要做到求实。即在全面推进高校课程思政建设时要从课程知识结构的实际出发，切勿人云亦云，盲目引入所谓价值观教育内容，而是要努力从课程本身知识结构中发掘价值意义。三是要做到落实。即无论是思政课程讲授还是高校课程思政建设，都要实事求是、脚踏实地。在落实的过程中，不仅需要着力解决教师的教育思想问题，努力促进广大教师形成一致的高校课程思政理念，还需要在高校课程思政共同体平台中解决教学中存在的问题，也需要制度的管理和经费的支持，来保障高校课程思政共同体实践进程的高质量进行。

二、强化教育共同体意识，实现高校课程思政共同体内主体的同向同行

在高校课程思政共同体内有很多主体，如学校、家庭、社会、企业、学生等，这些利益相关者都是影响高校课程思政共同体立德树人效能的因素。在这些主体中，高校课程思政教师与思政课程教师是进行高校课程思政的主力军，实现高校课程思政教师与思政课程教师之间的同向同行，对于提升高校课程思政共同体立德树人效能具有十分重要的意义。

（一）高校课程思政与思政课程教师同向同行

2020 年 5 月，教育部印发的《高等学校课程思政建设指导纲要》明确指出："课程思政要紧紧围绕培养什么人、怎样培养人、为谁培养人这

一根本问题展开。实施课程思政要紧紧抓住教师队伍'主力军'、课程建设'主战场'、课堂教学'主渠道'三个重要方面。"①长期以来,思政课程教师与其他专业课程教师之间自说自话的"两张皮"现象比较严重,已经影响到高校课程思政共同体立德树人的效能,因此必须以高校课程思政共同体为载体,实现高校课程思政教师与思政课程教师的同向同行。在高校课程思政共同体内,要以高校课程思政教师为主体,以思政课程教师为辅助,充分吸收教学设计专家、学生代表参与其中,通过高校课程思政共同体平台,实现资源共商、共建、共享,畅通各类主体的交流渠道,进而推动各专业高校课程思政建设的高质量发展。

(二)学校、家庭、社会同向同行

《中华人民共和国国民经济和社会发展第十四个五年规划和2035年远景目标纲要》明确提出:"健全学校家庭社会协同育人机制。"②这是对"十四五"时期建设高质量教育体系、坚持立德树人根本任务的时代要求,也是我国教育事业实现"五育并举"和"三全育人"相结合的主要方式。

家庭是个人发育、成长、生存、发展的首要场所,学校是传承文化、培养人才、服务社会的重要平台,社会是个人谋生发展、相互交往的基本环境。三者各司其职,同向同行形成的育人合力对实现高校课程思政共同体立德树人效能最大化十分重要。习近平总书记在2018年全国教育大会上指出,"办好教育事业,家庭、学校、政府、社会都有责任。家庭是人生的第一所学校,家长是孩子的第一任老师,要给孩子讲好'人生第一课',帮助扣好人生第一粒扣子。"③他同时要求,"教育、妇联等部门要统筹协调社会资源支持服务家庭教育。全社会要担负起青少年成长成才的责任"。④并多次强调"注重家庭、注重家教、注重家风"。

实现学校家庭社会同向同行、协同育人关键有以下几点:

第一,要在"培养什么人、怎样培养人、为谁培养人"这一教育根本问题上形成最大共识,在提升高校课程思政共同体立德树人效能方式上取得最大公约数,在学校、家庭、政府和社会各方面凝聚更大合力,共同营

---

①　教育部:《关于印发〈高等学校课程思政建设指导纲要〉的通知》,教高〔2020〕3号。

②　《中华人民共和国国民经济和社会发展第十四个五年规划和2035年远景目标纲要》,《人民日报》2021年3月13日。

③　《习近平在全国教育大会上强调　坚持中国特色社会主义教育发展道路　培养德智体美劳全面发展的社会主义建设者和接班人》,《人民日报》2018年9月11日。

④　《习近平在全国教育大会上强调　坚持中国特色社会主义教育发展道路　培养德智体美劳全面发展的社会主义建设者和接班人》,《人民日报》2018年9月11日。

造高校课程思政共同体立德树人效能最大化的优良环境。

第二，要实现学校家庭社会同向同行、协同育人。三者要权责明晰，做到各司其职。中国教育源远流长，古有"教，上所施下所效也。育，养子使作善也"之释义，亦有"养不教，父之过；教不严，师之惰"之古典教育训诫，中国社会很早就注重学校、家庭、社会共育后代的责任关系，这也是维系中华文明绵延不绝的基本价值理念之一。

第三，要形成和谐、融洽、民主、同向同行的学校家庭社会关系，促成三者同频共振，进而提升高校课程思政共同体立德树人效能。

三、加强系统化课程设计，实现隐性课程与显性课程同向同行

显性课程是指在学校教育教学中依国家和地方教育行政主管部门的教育文件，呈现于学校教学计划和教学大纲中的正式课程。关于隐性课程的界定，不同学者则有不同理解。例如，《潜在课程理论研究述评》指出："有人从一个方面入手，但多数人是从两个或多个方面同时入手对潜在课程进行界定的。如美国教育哲学家高尔顿从环境、结果、影响方式三个维度，认为潜在课程是通过学校物质与社会环境无意传递给学生的非学术性学习结果"。[①] 迈克尔·W.阿普尔在《意识形态与课程》一书中提到，"我们可以从有关政治社会化的文献中了解到潜在或隐性教学的重要性，开始清楚'附带学习'比市民阶级或其他形式的有特殊价值取向的有准备教学对学生的政治观起到更大的作用"。[②] 在《课程与教学论》中，作者写道，"英国课程论专家巴罗曾指出，隐性课程从柏拉图时期开始就有记载"。[③] 而杜威则把它称为"附带学习"，就是"伴随具体内容的学习而形成的对所有学习的内容以及学习过程本身的情感、态度、忍耐的态度、喜欢或不喜欢的情感等。杜威认为附带学习可能是更为重要的，因为所形成的情感态度对于未来的价值是更为根本的"。[④]

其实，隐性课程自课程存在时就与显性课程并行存在着。它不是预先设计出来的课程内容，而是一种非正式的、非预期的，但会改变学生文化思想的课程。但在实践过程中，基于现代课程研究要求创设宽松、自由、

---

① 何爱霞、李如密：《潜在课程理论研究述评》，《江西教育科研》1997 年第 5 期。

② ［美］迈克尔·W.阿普尔：《意识形态与课程》，上海，华东师范大学出版社 2001 年版，第 97 页。

③ 钟启泉、张华：《课程与教学论》，沈阳，辽宁大学出版社 2007 年版，第 247 页。

④ 钟启泉、张华：《课程与教学论》，沈阳，辽宁大学出版社 2007 年版，第 248 页。

真实、富有创造性的教育环境与教学环境这一目标，隐性课程的价值目标也可以有意识地被设计出来，以期发挥隐性课程的积极作用，谋求隐性课程与显性课程的和谐统一，实现隐性课程与显性课程的同向同行。

对于高校课程思政来说，实际上就有大量意识形态的东西隐藏其中，它既是高校教师有意识编辑加工的产物，也是对于社会现实无意识的反映，作为一种"隐性课程"，它也会对大学生造成影响。

从组织优化形式来讲，单一课程层面的高校课程思政共同体，即高校课程思政教学团队是执行高校课程思政的基本载体，也是进行显性课程谋划的基本平台。这一高校课程思政共同体处于学校文化环境之中，也处于社会大环境之中。从高校课程思政共同体结构图可以看出，高校课程思政影响的主要是课堂，其立德树人效能的大小与其身处环境有很大关系。此外，社会环境、网络事件、电影电视、同辈群体等均可直接影响高校课程思政教学的立德树人效能。所以，从社会大环境上来说，要讲正气，把社会主义核心价值观作为民族的、国家的核心价值理念；从学校环境上来说，要形成明德求是、创新务实的良好学风、校风。总而言之，在高校课程思政共同体运行过程中，不能只从高校课程思政本身去追求高校课程思政共同体立德树人效能最大化，而是要从高校课程思政与隐性课程之间同向同行、协同育人、共频共振的理念上追求高校课程思政共同体立德树人效能最大化。

四、尊重教育教学规律，实现教与学的同向同行

教师、学生、教材、环境这4个要素是课程层面高校课程思政共同体中最为活跃和最为关键的因素。在整个课程层面高校课程思政共同体结构中，教师与学生的交互作用是最生动、最关键、最为微妙和复杂，也是最为重要的，二者之间的交互作用是课程意义的源泉。同时，从课程与教学论角度来说，课程层面高校课程思政共同体中教与学的同向同行也十分重要、十分关键，它直接影响着高校课程思政共同体立德树人的效能。

（一）教师的知行合一、同向同行

对于价值塑造，教师本身的人格形象直接影响着学生对教学内涵的同化与顺应。一方面，教师不仅在课堂上、在学生面前，是教书育人的典范，而实际生活上，教师的知行合一、人格形象也十分重要；另一方面，教师不仅要有广博的知识，也要有先进的教育理念，精益求精的教学态度，一丝不苟的工作作风，以及对教育教学的执着追求和对全体学生的无

限热爱等。只有这样，教师所讲内容才更容易为学生所接受。如果教师课堂上所讲，与生活中所行不一致，甚至相反，其立德树人教育效能立时会下降为零，甚至会影响知识传递、能力培养的效果。

（二）"教法"与"学法"同向同行

课程层面高校课程思政共同体内部的互动效果，最终要通过教学过程中教师的"教"和学生的"学"之间互动的过程来呈现。教与学作为教学过程中密不可分的统一整体，也是影响高校课程思政共同体立德树人效能的关键因素。而"教法"和"学法"作为教学过程的两个方面相互联系、相辅相成，教法影响和指导了学法，学法以教法为前提。对高校课程思政来讲，其最终立德树人效能更体现在"教法"与"学法"之间的辩证关系中。如果在高校课程思政实践中，教师过多地注重高校课程思政教法研究，却忽视高校课程思政学法指导，或者只要求大学生改进高校课程思政学习方法，而高校课程思政教学方法却是一成不变，就不能适应高校课程思政教学的实践发展，不能达到高校课程思政"立德树人"的根本目的。因此，在高校课程思政教学实践中，要重在促进学生对知识结构的解构与生成，重在帮助学生建构起科学的知识体系与知识结构。

为实现高校课程思政教学中"教法"与"学法"的同向同行，我们应做到以下几点：一是要了解大学生的个性特征，了解大学生学习本课程的目标诉求。根据大学生的个性特征和目标诉求，科学设计高校课程思政目标要求，制定高校课程思政教学计划，尽可能在大学生目标诉求和课程目标之间建立起某种联系。二是要最大限度地提高大学生的积极性与主动性，引导更多大学生参与到课程中，让大学生在高校课程思政共同体中发挥最大作用。如参与高校课程思政内容设计、教学设计、学生目标分析等过程。三是要创新教育教学方式，积极构建以学生获得感为中心的高校课程思政共同体教学模式，让大学生在高校课程思政共同体教学中，收获知识、培养能力、养成品性、健全人格。

第四节　现代教育技术与立德树人效能最大化

随着"互联网＋教育""人工智能＋教育"的推进，以数字技术、大数据、人工智能、云计算、区块链等为代表的现代教育技术，给传统的高等教育理念、办学模式、学科专业设置、人才培养方式、教育教学形式、学生学习方式等带来了全新的挑战。现代教育技术与大学教育、大学课程、大学课堂等深度融合，将实现现代教育技术对大学教育、大学课程、大学课堂等全方位的革新，引发高校教育、高校课程、高校课堂、高校教学模式等的深度变迁。现代教育技术将支持高校形成更加智能化、智慧化、个性化的教与学环境，为高校学生提供更加个性化、定制化、全方位的学习方案，从而为高校完成立德树人的根本任务创造出新的业态，促进高校课程思政共同体立德树人效能最大化目标的实现。

习近平总书记在 2017 年 12 月中共中央政治局第二次集体学习时强调，要"把握信息革命历史机遇"，"用好大数据，增强利用数据推进各项工作的本领，不断提高对大数据发展规律的把握能力，使大数据在各项工作中发挥更大作用"。[①] 也正是人工智能、大数据、信息平台等技术的发展与运用，使高校课程思政共同体内的资源共享、个性化教育教学、大规模群体下网络智慧生成等成为可能。现代教育技术的一个重要价值在于提供尽可能多的详尽信息并对信息进行有效分析，促进决策科学化和管理精细化。据此，高校课程思政共同体可以借助现代信息化平台为高校课程思政提供更加优质和高效的思政元素，促进"知识 + 能力 + 价值"供给科学化和精细化，实施精准化高校课程思政教育教学，促进高校课程思政共同体立德树人效能的最大化。在现代教育技术应用于教育教学过程中，以下几方面的变化直接影响高校课程思政共同体立德树人效能最大化的实现程度。

一、提升教师现代信息化能力

"未来学校教育模式的转变要从四个方面开展：第一，在学习范式上，多应用创客学习、情景学习、体验学习等以学生为主体的新型学习范式；第二，在教育场域上，在管理者、教育者、受教育者及其他教育参与者之间，形成一种以知识的生产、传播、消费和传承为依托，以人的培养、形成、发展和提升为旨归的客观关系网络，践行翻转课堂和智慧学习等场域的转变和应用；第三，在教学方法上，未来学校要坚持以学生为中心，使用项目式、探究式、体验式和游戏化等教学方法；第四，在学习流程上，学校要普及可行性和包容性学习，学习者适应并掌握个性化和自定进度的

① 《习近平在中共中央政治局第二次集体学习时强调 审时度势精心谋划超前布局力争主动 实施国家大数据战略加快建设数字中国》，《人民日报》2017 年 12 月 10 日。

学习，尝试基于问题的协作学习，以具备终身学习的素养与能力。"① 所有这些，对人工智能背景下的教师能力都提出了新要求，预示着未来教师要主动适应这一变化，提升现代信息化能力。

（一）未来知识、学习、教育新内涵

为了明确教师角色能力新要求，我们需要认识人工智能时代究竟给教育领域带来什么影响。为此，教育需要回到本质进行思考，也就是要重新认识"知识""学习"和"教育"这 3 个在任何教育议题中都最为核心的概念。

联合国教科文组织在《反思教育：向"全球共同利益"的理念转变？》一书中，对"知识""学习"和"教育"的内涵进行了新的界定。"知识可以被理解为个人和社会解读经验的方法。因此，可以将知识广泛地理解为通过学习获得的信息、理解、技能、价值观和态度。"② "学习可以理解为获得知识的过程，学习既是过程，也是这个过程的结果；既是手段，也是目的；既是个人行为，也是集体努力。学习是由环境决定的多方面的现实存在。"③ 对"教育"有了说明，即"维护和增强个人在其他人和自然面前的尊严、能力和福祉，应是二十一世纪教育的根本宗旨"④。

知识、学习和教育新的内涵，为开展高校课程思政提供了认识论基础。在人工智能时代，教育者需要重新思考知识的本质和结构、学习的本质和组织方式、教育的本质和宗旨。

特别是数字化时代，人工智能为个性化教育提供了无限可能。此时要特别倡导"以人为本"的人文主义教育观为基础，尊重生命、尊重人格，蕴含和平、发展、公平、公正、民主、自由等价值理念。这是对教育本质的深刻认识。在此基础上，在各种学习方式下应该给予学生全面的教育指导，包括家国情怀、健全人格、世界视野的教育指导，这是未来社会教师应该具有的觉悟、理念与能力。

---

① 王永固、许家奇、丁继红：《教育 4.0 全球框架：未来学校教育与模式转变——世界经济论坛〈未来学校：为第四次工业革命定义新的教育模式〉之报告解读》，《远程教育杂志》2020 年第 3 期。

② 联合国教科文组织：《反思教育：向"全球共同利益"的理念转变？》，北京，教育科学出版社 2017 年版，第 8 页。

③ 联合国教科文组织：《反思教育：向"全球共同利益"的理念转变？》，北京，教育科学出版社 2017 年版，第 8~9 页。

④ 联合国教科文组织：《反思教育：向"全球共同利益"的理念转变？》，北京，教育科学出版社 2017 年版，第 28 页。

（二）教师新角色及角色能力

《中共中央　国务院关于全面深化新时代教师队伍建设改革的意见》提出："到 2035 年实现教师主动适应信息化和人工智能等新技术变革，积极有效开展教育教学。"[①] 基于这样的认识，有学者认为当代教师的角色需要再造，以使教师成为"终身学习的向导与示范者；正确价值的引导者；个性化教育的实现者；心理与情感发展的沟通者；教育理论的创新者"。[②]有学者则认为，教师角色要实现如下再造：由"全才"变为"专才"；由"教学者"变为"辅导者"；由"教练"变为"导师"。[③]

在现代信息技术广泛运用于课程教学的今天，高校教师的课程思政能力被赋予更多内涵。现代信息技术的背景要求教师既要具有数字化教学能力，也需要教师尽快从数字教学技能要求向数字化教学胜任力提升，最终承担起整合数字资源、生成数字智慧、形成数字价值的角色新使命。不管是哪一种，从高校课程思政共同体立德树人效能上讲，教师都应该顺势而为，掌握现代信息技术、熟悉网络数字化教学资源、驾驭各类智能化教育小程序等，把现代教育、现代学习、现代知识价值的理念传递给学生，让学生成为终身学习者、成为人类命运共同体的践行者。育人者先自育，教师必须提前适应这个变化，主动提升自己的现代信息能力，掌握现代教育理念与技术，真正成为学生的示范者、引领者、合作者。

二、学生学习方式变化

现代信息技术的应用让"私人定制的学习方式"成为可能。学生学习不再是千篇一律地接受相同的知识，大数据、人工智能技术完全可能根据每个学生的个性特点进行个性化学习方案设计。不过人工智能并不是要构建一个统一的、标准化的教学流程，而是通过大数据处理方法，着眼于学生的最近发展，精准分析学生的需求，为不同学生提供相适合的教学内容，从而促进学生的个性化发展。具体而言，通过采集受教育者的认知、情感和学习轨迹等学习数据，形成学生的认知图谱，并提供相应的智能推荐，于是就能为实现精准的个性化教育提供参考。因而在现代信息技术时代，学生要适应这种学习方式。同时，高校课程思政共同体应该努力为各

---

①　《中共中央　国务院关于全面深化新时代教师队伍建设改革的意见》，《光明日报》2018 年 2 月 1 日。

②　陆石彦：《论人工智能时代的教师角色再造》，《江苏高教》2020 年第 6 期。

③　张优良、尚俊杰：《人工智能时代的教师角色再造》，《清华大学教育研究》2019 年第 4 期。

类主体提供个性化学习、泛在学习的方式，提供全面知识（有用知识与无用知识）、共享知识与互助学习，这可以有效提升高校课程思政共同体立德树人效能。

三、转变人才培养方式

"从工业 1.0 发展到工业 4.0，数字转型改变了现有的职业结构，产生了新的职业类型，要求人们不断提高工作技能。工业 4.0 具有互操作性、虚拟化、权力下放或分散、实时能力、服务导向、模块化等特点。据统计，14% 的工作类型在未来可能被自动化，其中 32% 的工作可能在未来发生重大变化。世界经济论坛发布的《未来就业报告》显示，到 2022 年，数据分析师和科学家、人工智能和机器学习专家等将大量涌现。在全球就业问题逐渐凸显、人才培养与人才需求之间的矛盾逐渐加深的全球化过程中，经济发展对未来人才的技能结构需求逐渐调整"（图 9-1）。[①]

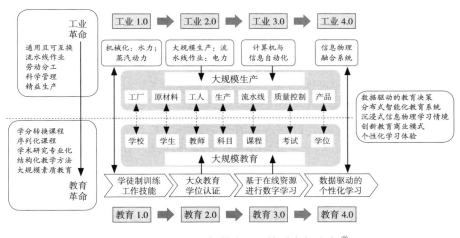

图 9-1　工业 4.0 与教育 4.0 的呼应与弥合 [②]

新时代人工智能与大数据技术可以构建信息化的高校课程思政教学环境，推进高校课程思政共同体主体有效使用教育云、公共服务云、共同体云等资源，推动高校课程思政共同体的高质量发展，促进高校课程思政共

---

① 逯行、王欢欢、刘梦彧：《数字经济时代的学校教育模式如何转型？——〈未来学校：为第四次工业革命定义新的教育模式〉报告的解读》，《现代教育技术》2021 年第 3 期。

② 逯行、王欢欢、刘梦彧：《数字经济时代的学校教育模式如何转型？——〈未来学校：为第四次工业革命定义新的教育模式〉报告的解读》，《现代教育技术》2021 年第 3 期。

同体治理现代化，提升高校课程思政共同体立德树人效能。

"适应智能时代人才培养要求，必须从现在起，着手构建相应课程教材体系，推动教学改革，切实转变学校人才培养方式。这主要包括三个方面：一是基于学生发展核心素养，重构课程体系。……二是围绕学生发展核心素养，遴选教学材料。……三是聚焦学生发展核心素养，改进教学方式"。① 随着高校课程思政由理念向理论和实践转变，高校要切实转变人才培养方式，一是要构建基于高校课程思政理论的课程体系、教材体系；二是要转变教育教学方式，充分利用各种智能设备，将线上学习与线下学习、集中学习与分散学习、课堂学习与场馆学习等多种学习形式结合起来，创造更加适合每一个学生所需的教育；三是要实施更适切的学分制度和学业评价制度。最终实现以人才培养方式的转变促进高校课程思政理论的提升和实践探索的成功。

四、实施精准教学

精准教学（Precision Instruction，PI）是 20 世纪 60 年代由奥格登·林斯利基于斯金纳的行为学习理论发起，旨在追踪学生的学习表现。②80 年代中期，西方有学者预测精准教学是一种高效的知识与技能的教学方法，可促使不同发展水平的学习者，从残疾人到研究生，从儿童到老人，都可能取得个性化的学业成就。③

"智能教育是依据大数据，利用人工智能技术，精准计算学生的知识基础、学科倾向、思维类型、情感偏好和能力潜质，按照认知规律和教育规律，科学实施因材施教，实现个性化培养和人才素质的全面提升。"④ 这也为现代信息时代的精准教学提供了可能。在智能教育背景下，"精准教学的精准具有新的含义，包括目标精准、问题精准和干预精准（简称'三准'）"。（图 9-2）⑤

---

① 于珍：《人工智能教育如何培养未来人才：2020 国际人工智能与教育会议观察》，《中国教育报》2020 年 12 月 9 日。

② BINDER C.*Precision teaching: measuring and attaining exemplary academic achievement*, Youth policy, 1988, 10(7),pp12-15.

③ 参见［美］埃里克·弗朗西斯：《好老师，会提问》，张昱瑾译，上海，华东师范大学出版社 2019 年版，第 11 页。

④ 冯华：《人工智能助力教育均衡发展》，《人民日报》2020 年 11 月 16 日。

⑤ 彭红超、祝智庭：《面向智慧学习的精准教学活动生成性设计》，《电化教育研究》2016 年第 8 期。

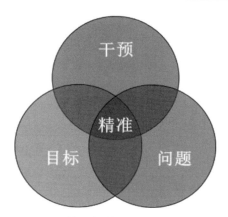

图 9-2　精准教学之"精准"新义图

（一）精准教学目标

教学目标的明确和表达是开展精准教学的第一步。在高校课程思政教学中，教学目标可以分为两类：一类是思政目标，即立德树人效能目标；另一类是知识与能力目标。现代信息技术通过对学生学习过程的数据分析，可以为教师提供精准的学生个性化特征，从而帮助教师确定精准的教学目标，进而达到高校课程思政提升价值引领、知识传递和能力提升统一度的最终目的。

（二）精准教学问题

现代信息时代，教师利用现代信息技术随时关注学习者课前、课中、课后的状态，跟踪了解其变化过程，诊断评估其目标达成程度，随时调整教学预设，真正做到"随动而谋"。

（三）精准教学干预

教育已进入大数据时代，基于数据的教育教学将有助于深化课程改革和学生核心素养的培育。大数据能够促进教学决策的最优化和教学干预的精细化，其科学精准程度是单纯的经验所不能企及的。随着教育信息化的发展，学生学情掌握也将变得更加准确（图 9-3）。[1]

---

[1]　姬晓灿、成积春、张雨强：《技术时代精准教学探究》，《电化教育研究》2020 年第 9 期。

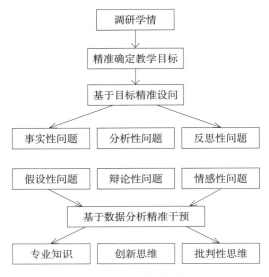

图 9-3　精准教学示意图

（四）精准教学评价

"将学习分析研究从行为、心理进一步拓展到生理层面，也是目前该领域（人工智能）的一大研究趋势。"[①] 学习情绪识别和解析是指计算机通过设备捕捉学习者学习过程中的脸部特征和手势信息，并进行识别和解析。

在未来学习中，学生将坐在配备有数据采集和处理功能技术设施的智能教室里，这些技术设施能够捕捉并记录学生在整个学习过程中的反应，如动作、情绪、语言等，这些反应都会以数据的形式得到保存、处理和分析，甚至是平时难以察觉到的学生心理或生理状态的细微变化等也会被收集并记录下来，以某种特定的方式得到处理和呈现。这些精准的数据可以预测和评断学生对课堂的满意度，对教师的满意度，可以表征学生课堂的获得感和幸福感。

当然，对教育的各种精准化记录数据不能被全盘吸收和采用，这些数据应该与学生的综合素养教育、立德树人教育相结合，以体现教育的根本宗旨和高校课程思政的根本任务，促进高校课程思政共同体立德树人效能最大化。

---

① 刘三女牙、刘盛英杰、孙建文等：《智能教育发展中的若干关键问题》，《中国远程教育》2021年第 4 期。

第五节　高校课程思政理论创新与
立德树人效能最大化

　　"高校课程思政"不是一个新概念，但它是一个新理念，它需要理论创新与实践探索。把高校课程思政理论应用于实践，促进高校课程思政共同体立德树人效能最大化是本研究的最高追求。思想与信念的转变，"不是靠布置回家看教科书，不是靠记住它们并且回答出来，也不是靠打分数来培养的。它们表现在思想里、行动上、活动中和相互关系里"。①毛泽东同志曾指出："我们不但要提出任务，而且要解决完成任务的方法问题。我们的任务是过河，但是没有桥或没有船就不能过。不解决桥或船的问题，过河就是一句空话。不解决方法问题，任务也只是瞎说一顿。"②"理论只要说服人，就能掌握群众；而理论只要彻底，就能说服人。"③理论只要说服人，就会产生实践价值。因此，高校课程思政理论创新对高校课程思政共同体立德树人效能最大化有着至关重要的影响。

一、高校课程思政共同体模型

　　高校课程思政共同体模型的构建，立足于中国特色社会主义新时代，以中国共产党立德树人理论为魂，以教育共同体和教学共同体理论为体，综合运用现代教学理论、思想政治教育理论、传播理论、学习理论等，通过实施基于马克思主义理论为主体的多学科系统研究构建具有中国特色、中国风格、中国气派的高校课程思政共同体理论和实践模型。这一模型是一种可复制、可推广的高校课程思政共同体实践模式，是一种构建起高校、社会和家庭协同育人，学科教师、思政教师、教学设计教师、学生、家庭代表、社区代表等共同参与的高校课程思政生产、教学、评估等全环节、全链条的共同体实践模式，担负着推动高校课程思政实践科学运行，促进高校课程思政共同体立德树人效能最大化，实现高等教育立德树人根本任务的重要使命。

---

①　[苏]苏霍姆林斯基：《给教师的建议》，杜殿坤编译，北京，教育科学出版社1984年版，第386页。

②　《毛泽东选集》第1卷，北京，人民出版社1991年版，第139页。

③　《马克思恩格斯选集》第1卷，北京，人民出版社1995年版，第9页。

（一）构建的基本原则

"坚持系统观念"是《中华人民共和国国民经济和社会发展第十四个五年规划和 2035 年远景目标纲要》制定的一个基本原则。[①] 这个原则同样适用于高校课程思政共同体模型的构建。该模型坚持系统观念，把各层级高校课程思政共同体看成一个系统，把高校课程思政共同体系统外部影响因素归为系统发展的环境。

第一，我们把校内高校课程思政共同体呈现为"教学过程要素"和"单一课程思政共同体环境"两部分。一是"教学过程要素"，包括教学过程中所有元素，大致分成 4 个部分：课程效能目标、教学分析、教学过程、教学评估。二是"单一课程思政共同体环境"，包括高校的校风、学风、教风、文化、环境等因素，同时包括学校学科、科研、管理等"十育人"机制建设情况，"三全育人"建设情况，学校社会家庭协同育人机制建设情况等。

第二，我们把"高校层面课程思政共同体"分成高校课程思政共同体元素和高校课程思政共同体环境。一是"高校课程思政共同体元素"包括高校内所有的课程思政建设主体、环境、条件、机制、制度等因素。二是"高校课程思政共同体环境"包括社会大环境、学校因素、家庭因素、社区因素、企业因素、同辈群体、利益相关者、电影电视、全媒体、国内环境、国际环境、宗教信仰和其他因素等方面。这些因素都以不同的方式影响着高校课程思政共同体的运行（图 9-4）。

（二）以共同体为载体原则

在本模型中，坚持以共同体为高校课程思政理论创新和实践探索的基本载体。同时，注重引入共同体的构建原则、运行机制、治理方式来推动高校课程思政共同体持续发展，推动高校课程思政共同体立德树人效能最大化。

共同体载体原则也是学术为主的原则，即在该模型中，注重学术权力表达的机制设计，注重平等、协商、互动、自由的学术交流环境构建。把高校课程思政共同体打造成广大教师进行高校课程思政的家园，在这个共同体中，大家在"立德树人"这一根本任务统领下，集体进行高校课程思政的生产、教学、反思和评估，以此推进高校课程思政共同体立德树人效能最大化。

① 参见《中华人民共和国国民经济和社会发展第十四个五年规划和 2035 年远景目标纲要》，《人民日报》2021 年 3 月 13 日。

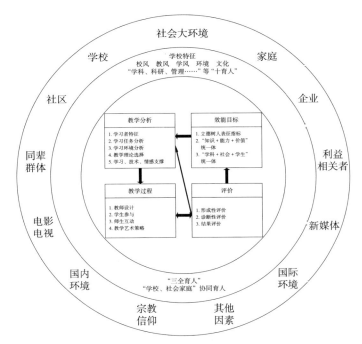

图 9-4　高校课程思政共同体实践模型

（三）产出导向原则

该模型构建坚持产出原则，立足于学生获得感的提升，立足于高校课程思政共同体立德树人效能最大化，并在实践中不断充实完善。通过"高校课程思政共同体模型"促进高校课程思政理论创新，并形成可复制、可推广的高校课程思政共同体实践条件、体制、机制，使高校课程思政实践高质量发展，学生获得感持续提升，真正做到课程育人、学科育人。

二、学习理论的创新与应用

学习理论包括行为主义学习理论、认知学习理论、建构主义学习理论等，它们以心理学理论为基础，探究人们学习历程的秘密。对于高校课程思政共同体立德树人效能提升来讲，学习理论无所谓好与劣，而在于是否有助高校课程思政教学与学习。

在高校课程思政教学过程中，需要不同的学习理论提供理论支持。行为主义学习理论、以人为本学习理论、认知学习理论和建构主义学习理论可以解释和促进某些知识的传递、能力的培养和价值的塑造；梅耶多媒体学习理论、深度学习理论等当下一些新的学习理论，也有助于特定高校课程思政的教学过程。作为高校课程思政的"主力军"——教师，要善于对各类理论的选择与应用。换句话说，为了让学习者能够主动地对所学内容进行选择、组织及整合，在理解的基础上将其应用到新的场景去解决问题，这就需要教师科学选择、合理应用学习理论，为学习者创设良好的学习环境，讲授丰富的学习经验，使学习者能够深刻理解所学知识，根据不同场景，有效选择合适的方法来解决新问题。

三、教学设计理论与应用

好的教学设计理论可以促进高校课程思政共同体立德树人效能的提升。作为教师要善于吸收最新的教学设计理论成果，并把它用在课程思政教学中。

2018 年，经济合作与发展组织（OECD）发表了题为《教师作为学习环境的设计者：创新教学法的重要性》的报告。该报告总结了全球方兴未艾的 6 种教学法：混合学习、游戏化教学、计算思维教学、体验学习、具身学习、多元读写能力和基于讨论的教学。报告详细介绍了创新教学法在教育教学中的重要价值，给教师如何更好进行教学设计提供了理论参考。[①]梅耶基于多媒体学习认知理论结合多媒体技术与意义学习及教学设计理论，提出了多媒体教学设计原则，意在帮助学习者更好地理解学习内容，实现意义学习。2018 年，教育部颁发了《普通高等学校本科专业类教学质量国家标准》，突出"以学生为中心""产出导向""持续改进"三大教学原则。这些都是新的教学理论在实践中的应用。作为高校课程思政共同体要善于集思广益，互相取长补短，善于把最新的教学设计理论应用于高校课程思政实践。

四、科学引入传播理论

传播理论同样有益于高校课程思政共同体立德树人效能提升。在选择传播理论时，要特别注意教育传播中的"噪声"消弭，即在教育传播中，各传播主体所传播的知识、能力和价值要做到同向同行，产生协同效应，而不是互为干扰。在高校课程思政教学中，这点尤为重要。如果高校课程思政传播一种价值观、家庭传播另外一种价值、社会也在展现不同于高校课程思政讲授的现实价值，就容易在高校课程思政教学中产生类似传播中

---

① 唐科莉：《OECD 倡导六大创新教学实践》，《上海教育》2019 年第 6 期。

的"噪声"现象。

同时，在高校课程思政教学中要避免认知负荷问题。认知负荷理论起源于 20 世纪 80 年代，是由澳大利亚新南威尔士大学的认知心理学家约翰·斯威勒提出的，在 20 世纪 90 年代经历了实质性的发展和扩充，现已成为一种具有广泛影响的理论学说。"认知负荷是表示处理具体任务时加在学习者认知系统上的负荷的多维结构。就信息加工理论而言，认知负荷是指工作记忆的负荷，即同时被要求施加在工作记忆上的智力活动的全部数量，是一个表征学习特定材料或完成特定任务时需要的工作记忆资源的概念。""认知负荷理论认为，经过精心设计的有效的教学材料能够将认知资源引向与学习相关的活动，而不是学习的预备阶段，并以此来促进学习者的学习。"[①] 认知负荷理论说明了这样一个问题，各类高校课程思政共同体立德树人效能之间如果互相配合度不高，则有可能成为学生的认知负荷。

五、人工智能支撑

在人工智能时代，通过云计算、人工智能和情感分析技术，可以对人的表情、语言、文本、生理指标等进行分析计算，从而得出人的情感状态数据，这些数据可以实实在在支撑教学的科学化、智能化、个性化，可以对教学进行有效的指导和评价，提升教学效果。

这项技术的基本假设或者前提是：在学生学习过程中，学生会随着教学内容的变化和刺激引发相应情感变化。这些变化通过面部表情、声音、肢体动作以及文本信息表现出来，同时学生的生理特征信息如脑电波、皮肤电导、血压等也会有相应的变化。通过专业的情感分析、表情分析、文本分析、动作分析等专业方法，就可以为高校课程思政教学提供精准的信息，从而提升教学效果。

---

① 严莉、苗浩、王玉琴：《梅耶多媒体教学设计原理的生成与架构》，《现代远程教育》2013 年第 4 期。

附录　高校课程思政推广手册

高校课程思政推广需要简便高效的推广方式、简便高效的文字介绍，它应该是易于理解、易于深入人心、易于操作。通过高校课程思政共同体理论与实践范型实践推广，收效较快且可持续。这一范型可以概括为五句话："高校课程思政"是什么？"高校课程思政"为什么？"高校课程思政"怎么做？"高校课程思政"怎么评？"高校课程思政"如何高质量发展？

一、"高校课程思政"是什么？

（一）高校课程思政的基本理念

1.高校课程思政并不是一个新的课程，它是中国教育源远流长基因的新表征，是新时代"高校课程"对"传道授业"、文以载道、教书育人等文化与理念的继承与发展。

2.高校课程思政既是一种课程理念，也是一种教学设计新方法，它承载着高校立德树人这一根本任务，是课程价值塑造、知识传授和能力培养的统一。高校课程思政不改变原有课程的性质、目标、学科立场，它只是把课程本身蕴含的价值引领给予显性化，通过春风化雨式的课程思政教学，给予课程以"价值定向"、给学生学习"加劲"、给教学效果"提档"。最佳效果的课程思政应该是润物细无声，同时又给受教育者一个正确的立场和努力方向，让受教育者目标明确，最终实现高等教育为党育人、为国育才的终极目标。

3.关于高校课程思政基本理念，概括起来就是"四个牢记"。一是牢记课程立德树人之责，二是牢记课程为党育人之责，三是牢记为国育才之责，四是牢记教师"主力军"之责。

（二）高校课程思政的核心使命

1.教育的核心使命是培养有理想有担当、有"家国情怀"的有志之士，这是中华民族传统文化中的重要思想精粹。

2. 高校的根本任务是立德树人。

3. "高校课程"是高校立德树人的基本载体，是构建"高水平人才培养体系"的重要组成因素和切入点。

4. 教师进行课程思政是其分内职责。

5. "高校课程思政"是完善教育共同体的重要路径，是"三全育人"体制机制的重要抓手。

（三）世界高等教育的基本趋势

1. 培养出德才兼备、全面发展的人才是21世纪高等教育改革的共同潮流。

2. 不同国家对"德"与"才"有不同的界定，西方国家的"立德树人"内涵是所谓的"普世价值""公民教育"、个人权利、自由、尊严的民主教育，培养的是服务于本国的全面发展的人才。

3. 课程中的"思政"具有很强的意识形态属性。我们崇尚的社会主义核心价值观，遵循人类共同的价值：和平、发展、公平、正义、民主、自由。西方倡导"普世价值"：以自由、平等、博爱为基础，包括民主、自由、法治、人权等内容。

二、"高校课程思政"为什么?

（一）培养时代新人

1. 习近平总书记在党的十九大报告中强调：时代新人。要以培养担当民族复兴大任的时代新人为着眼点；要全面贯彻党的教育方针，落实立德树人根本任务，发展素质教育，推进教育公平，培养德智体美劳全面发展的社会主义建设者和接班人。

2. 习近平总书记在全国教育大会上强调：党之大计。教育事关国家发展、事关民族未来；没有哪一项事业像教育事业这样影响甚至决定着接班人问题，影响甚至决定着国家长治久安，影响甚至决定着民族复兴和国家崛起。从这个意义上说，教育是国之大计、党之大计。（2018年9月10日）

3. 习近平总书记在纪念五四运动100周年大会上强调：人类情怀。新时代中国青年要有家国情怀，也要有人类关怀，为实现中华民族伟大复兴而奋斗，为推动共建"一带一路"、推动构建人类命运共同体而努力。（2019年4月30日）

4. 习近平总书记在清华大学考察时强调："四大"要求。我国高等教育要立足中华民族伟大复兴战略全局和世界百年未有之大变局，心怀"国之大者"，把握大势，敢于担当，善于作为，为服务国家富强、民族复兴、人民幸福贡献力量。

广大青年要肩负历史使命，坚定前进信心，立大志、明大德、成大才、担大任，努力成为堪当民族复兴重任的时代新人，让青春在为祖国、为民族、为人民、为人类的不懈奋斗中绽放绚丽之花。（2021 年 4 月 19 日）

（二）立德树人及其表征指标

1. 习近平总书记指出："古今中外，每个国家都是按照自己的政治要求来培养人的，世界一流大学都是在服务自己国家发展中成长起来的。我国社会主义教育就是要培养社会主义建设者和接班人"。

2. 中国人民大学党委书记靳诺认为，从基本内涵看，"立德树人"至少包括 4 个方面的内容，即有德行、有才学、有根基、有格局。

3. 立德树人最终的效能可用以下几个指标来衡量：固三观、立信念、明素养、促能力、担使命。

立德树人表征指标

序号	表征指标	思政元素	主要来源
1	固三观	正确世界观、方法论	政治理论课
		社会主义核心价值观	"四史"：党史、改革开放史、社会主义发展史、新中国史
		以人民为中心思想	
2	立信念	正确的政治方向	
		马克思主义信仰	马克思主义经典文献
		社会主义、共产主义信仰	时势发展
		新时代"四个自信"	各类专业发展史
3	明素养	明大德、守公德、严私德	中外发展比较
		"五爱""四学会"	五爱：爱党、爱国、爱社会主义、爱人民、爱集体 四学会：学会自我管理，学会与他人合作，学会过集体生活，学会处理好个人与社会的关系
		家国情怀、世界视野	
		法治意识、规则意识	
		劳动精神、奋斗精神	
4	担使命	做好"四个服务"	
		合格建设者、接班人	教育方针
		担时代复兴大任	

续表

序号	表征指标	思政元素	主要来源
5	促能力	专业知识 专业能力 专业素养	"六有"：有理想、有追求的大学生，有担当、有作为的大学生，有品质、有修养的大学生；"德智体美劳"

表征指标说明：

立德树人表征指标是高等教育立德树人目标的具体化，也是党的教育方针中德智体美劳要素的具体化。这些表征指标是高校课程要完成的使命、任务和目标，因之，这些表征指标也是课程思政需要融入的核心思政元素总称。表征指标前四项内容偏于思政元素需要达到的价值目标，第五个指标则是课程需要达到的知识与能力目标。

表征指标的具体内容主要来自思想政治理论课（马克思主义哲学原理、中国特色社会主义理论、习近平新时代中国特色社会主义思想、党史、新中国史、改革开放史、社会主义发展史、形势与政策等）、马克思经典著作、党的代表大会报告、党和国家主要领导人讲话、党和国家重要文件、百年未有之大变局思想、共同体思想、第四次工业革命思想，等等。思政元素的精练、提取、融入课程需要思政课教师与专业教育的共同努力。

三、"高校课程思政"怎么做？

（一）高校立德树人工作推进体系

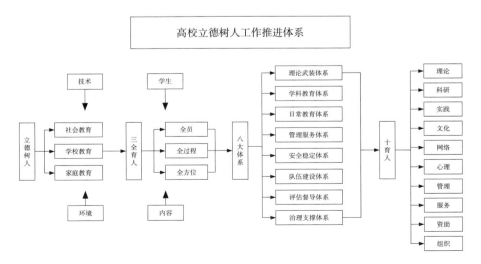

（二）《高校课程思政》与立德树人

《高校课程思政》是高校立德树人的重要体系。

《高校课程思政》是高校立德树人的主要载体。

《高校课程思政》落实立德树人根本任务的战略举措。

（三）高校课程思政之思政元素

1. 从学科知识的内在结构去理解思政元素。知识的内在构成主要包括 3 个不可分割的元素。第一，符号表征。知识反映的是人类认识的最新成果，是以理论化的符号形式呈现的。第二，逻辑形式。知识的逻辑形式是指人认知世界的方式，具体包括知识构成的逻辑过程和逻辑思维形式。第三，意义。知识的意义是其自在地促进人思想、精神和能力发展的力量，是知识与人的发展之间的一种价值关系。作为人类认识成果的知识蕴含着对人的思想、情感、价值观乃至整个精神世界具有启迪作用的普适性的或"假定性的"意义。

2. 从思政元素的具体要求上去理解思政元素。教育部《高等学校课程思政建设指导纲要》明确了专业课程融入思政元素内容的总体原则，对课程融入思政元素内容作了总体概括："一条主线、五个供给、六项教育"。"一条主线"即"课程思政建设内容要紧紧围绕坚定学生理想信念，以爱党、爱国、爱社会主义、爱人民、爱集体为主线"；"五个供给"即"围绕政治认同、家国情怀、文化素养、宪法法治意识、道德修养等重点优化课程思政内容供给"；"六项教育"即"系统进行中国特色社会主义和中国梦教育、社会主义核心价值观教育、法治教育、劳动教育、心理健康教育、中华优秀传统文化教育"。

3. 从学科与实践的联系中去理解思政元素。《高等学校课程思政建设指导纲要》细分了"三大类""七个专业课程"分类融入思政元素的总体原则。"三大类"即公共基础课程、专业教育课程、实践类课程。"七个专业课程"即文学、历史学、哲学类专业课程；经济学、管理学、法学类专业课程；教育学类专业课程；理学、工学类专业课程；农学类专业课程；医学类专业课程；艺术学类专业课程。

文学、历史学、哲学类专业课程。文史类的课程在进行授课的时候，不仅要积极引导学生弘扬中华优秀传统文化，还要引导学生弘扬社会主义先进文化，从而增强文化自信；此外，还要帮助学生掌握马克思主义科学的世界观和方法论，深刻理解习近平新时代中国特色社会主义思想。

经济学、管理学、法学类专业课程。经管类课程在进行授课的时候，要引导学生树立正确的价值观，培养诚实守信的职业素养，落实贯彻社会主义核心价值观；要帮助学生正确了解相关专业和行业领域的相关政策，引导学生深入社会实践，形成一套科学的管理体系；要坚持以马克思主义为指导，构建中国特色哲学社会科学学科体系。

教育学类专业课程。教育学类课程教师在进行授课时，除了教授专业知识外，还要注重师德师风，在教学的过程中做到让学生以教师为榜样，进而引导学生树立学为人师、行为世范的职业理想；还要培养学生爱国敬业的职业操守及传道、授业、解惑的能力，努力成为一个有理想信念、有道德情操、有扎实学识、有仁爱之心的"四有"好老师，坚定不移走中国特色社会主义教育发展道路。

理学、工学类专业课程。要在课程教学中把马克思主义立场观点方法的教育与科学精神的培养结合起来，提高学生正确认识问题、分析问题和解决问题的能力。理学类专业课程，要注重科学思维方法的训练和科学伦理的教育，培养学生探索未知、追求真理、勇攀科学高峰的责任感和使命感。工学类专业课程，要注重强化学生工程伦理教育，培养学生精益求精的大国工匠精神，激发学生科技报国的家国情怀和使命担当。

农学类专业课程。习近平总书记曾说"绿水青山就是金山银山"，因此，农学类课程在进行授课的时候，教师要积极引导学生树立正确的生态文明观，要做到保护环境、爱护环境。还要积极认真学习国家相关的农业政策，引导学生以强农兴农为己任，"懂农业、爱农村、爱农民"，增强学生服务农业农村现代化、服务乡村全面振兴的使命感和责任感，培养知农爱农创新人才。

医学类专业课程。要在课程教学中注重加强医德医风教育，着力培养学生"敬佑生命、救死扶伤、甘于奉献、大爱无疆"的医者精神，注重加强医者仁心教育，在培养精湛医术的同时，教育引导学生始终把人民群众生命安全和身体健康放在首位，尊重患者，善于沟通，提升综合素养和人文修养，提升依法应对重大突发公共卫生事件能力，做党和人民信赖的好医生。

艺术学类专业课程。艺术来源于生活，但又高于生活，因此，在艺术类课程授课的时候，要引导学生立足于现实，立足于生活，切勿好高骛远，树立正确的艺术观和创造观。教师在教授专业知识的同时，也要积极引导学生实事求是、诚实守信，还要引导学生自觉传承和弘扬中华优秀传统文化，全面提高学生的审美和人文素养，增强文化自信。

4.从学科与社会的联系中去理解思政元素。高校课程思政要紧密联系社会发展实际，把握国内外发展趋势，分析社会思潮，从学科学理角度给予阐释。

（四）高校课程思政共同体理论范型

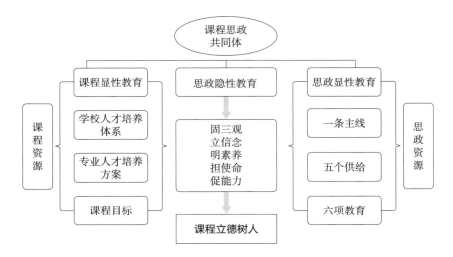

1.共同体的概念。共同体的概念最早见于古希腊，表达一种具有共同利益诉求和价值规范的群体生活方式。

"从发展演变看，共同体理论的滥觞带有鲜明的时代特征与社会背景。尽管不同学者在共同体概念的表述上存在一定分歧，但在实质上却达成了高度的共识性。归纳起来，我们可以认为共同体理论主要关注社会发展之中人与人之间的相互关系，是基于思想和社会认同之上的一种共同生活、权威机构或精神指引，并逐渐由实体性存在转变为一种社会关系分析工具"。[①]

杜威认为，"为了形成一个共同体或社会，他们必须具备的是目的、信仰、期望、知识——共同的了解——和社会学家所谓志趣相投。"有彼此互通的信仰、目的、意识和感情"。[②]

博耶将学校描述为"有共同愿景的、人人平等的、彼此开放的、有纪律约束的、充满关心照顾的学习共同体"。

雅斯贝尔斯认为："如果要用一个词来形容大学所进行的教学、研究

① 张曦琳：《高校教师学术评价机制变革：逻辑、困境与路径——基于学术共同体视角》，《大学教育科学》2021年第2期。

② ［美］约翰·杜威：《民主主义与教育》，王承绪译，北京，人民教育出版社2001年版，第9页。

和服务等多种任务的独特方法，那么这个词就是'共同体'"。①

2. 高校课程思政共同体。高校课程思政共同体，是一种价值观、事业观。它以育人为价值，为责任，是一种价值共同体。它以立德树人为目标追求，是一种事业共同体。它追求以整体观、系统观来促进课程思政与思政课程同向同行，是一种方法论，是情感共同体。

高校课程思政共同体在主体上，是育人主体全员组成的共同体，体现全员，包括高校全体人员、社会社区人员、学生家庭成员及利益相关人；在内容上，体现在它是所有课程的共同体，所有课程中融入思政内容，专业课、基础课、实践课、公共课等；在过程上，体现在所有环节的共同体，第一课堂、第二课堂、实践实训课程、虚拟课堂等；共同体是一种治理组织形态，其使命是使课程思政运行更为畅顺。其核心是解决管理人员与教师之间、教师与教师之间、教师与学生之间的信息共享畅顺问题，理念的价值认同问题，共同体文化的生成问题。

高校课程思政共同体是由学校领导、教师、职工、学生、学生家长、社区代表等主体组成，以立德树人为根本任务，集合教学环境、教学资源、制度机制等若干个要素相互联系，相互作用，按照一定方式形成的有着共同目标、共同价值、共同事业、共同利益的相对稳定的有机体。

高校课程思政共同体是包含目标、价值、认知、情感、行为、意志等层面内容的课程思政"他为"生态系统；共同目标、共同认知、共同理念、共同事业是高校课程思政共同体生成的内生条件；归属感、身份认同和意义感知是高校课程思政共同体生成的情感纽带；共商、合作、参与、约束是高校课程思政共同体运行的基本保障；参与者的主动性、自为性、反思性是高校课程思政共同体产生效能的根本动力。

以立德树人为价值目标，以党和国家方针政策为抓手，构建人人有责、人人尽责、人人享有的高校课程思政共同体。其基本机理是借助制度、机制、政策、技术等因素，促使课程思政多元主体同向同行、形成合力，保证共同体持续保持务实高效。

3. 共同体运行机制。五大运行机制：上下联动机制、左右联动机制、教师培训机制、奖励约束机制、评估评价机制。

4. 高校课程思政共同体的分类。高校课程思政共同体依功能与人员组成不同，可以分为三类：学校层面的课程共同体、学院层面的课程共同

---

① ［德］卡尔·雅斯贝尔斯：《大学之理念》，上海，上海人民出版社 2005 年版，第 19 页。

体、课程层面的课程共同体。

学校层面的课程共同体，由学校领导、各职能部门负责人、学院领导、教学专家、学生代表等组成。重在学校层面的课程思政顶层设计、制度设计、机制建设、课程思政示范课程优化等。

学院层面的课程共同体，由学院领导、马克思主义学院柜关教师、各室主任、教学专家、学生代表等组成。重在专业层面的人才培养方案设计、课程思政教材建设、制度建设、机制建设等。

课程层面的课程共同体，由任课教师、马克思主义学院教师、学生等组成。重在具体课程思政的课程设计、教案设计、教学设计等。

以上 3 个层面的共同体均可依需要积极扩大其主体队伍，如加入社会、社区人员，企业与政府部门人员，学生家长代表等，以保障共同体主体要素的全面性，通过共同体创设社会教育、家庭教育、学校教育协同育人的体制与机制。

5. 高校课程思政共同体治理与现代化。法治、德治、自治是共同体运行的三种机制，也是并行的三种机制。法治对德治、自治具有保障作用；德治对法治、自治具有支撑作用；自治对法治、德治具有补充作用。法安天下，德润人心，自治自觉，它们共同调节共同体成员的行为，实现共同体良治与善治，保障共同体运行良善。

6. 思政元素挖掘的方法。借助课程思政共同体平台，在课程思政实践中，以下是有效方法。

发展分析方法；

比较分析方法；

案例分析方法；

系统分析方法；

知识解构法。

四、"高校课程思政"怎么评?

（一）课程思政评价理念

1. 高校课程思政具有综合性、系统性、全息性特征，对课程思政评价也需要构建"三层四维四度"系统评价体系。"三层"是指学校层面人才培养方案评价、学院层面专业培养方案评价、单一课程层面评价；"四维"是指从教师、教学、教案、学生 4 个维度综合进行评价；"四度"是指从课程思政元素融入程度（饱和度）、思政元素融合程度（自然度）、学生满意程度（达成度）、教案完整程度（完成度）4个方面的实现程度，系统评价课程思政立德树人之效能。

2. 为了提高课程思政"立德树人"目标达成度，首先，高校必须把课程思政理念内化到学校人才培养目标规格之中，把"立德树人"内化到学校人才培养总体规格和专业人才培养目标之中。其次，要把课程思政理念融入教学全过程之中，通过"基因式"将思政元素融入所有课程，努力构建思政理论课、综合素养课程、专业课程"三位一体"的思政教育课程体系，让第一课堂和第二课堂相结合、显性教育和隐性教育相辅相成，立德树人贯穿于学校教育教学全过程"润物无声"。最后，把课程思政理念明确到教育教学质量标准之中。高校无论是在教育教学标准制定，还是在课堂教学听课评价；无论是对院系绩效考核，还是对教师工作评价，都要把"立德树人"和"教书育人"作为重要标准。

（二）学校层面高校课程思政立德树人效能评价体系

对学校层面的课程思政共同体重在协调学校社会家庭在立德树人方面的同向同行，重在协调学校各专业课程思政建设，重在形成课程思政持续发展的机制、体制和制度。对学校层面的课程思政立德树人效能评价主要侧重以下4个方面：

1. 学校课程思政普及程度。学校课程思政普及程度包括以下几个方面：第一，人才培养方案中显性课程思政化程度，要求做到"门门有思政"，做到学科育人。有针对性地完善人才培养方案，构建涵盖公共基础课程、专业教育课程、实践类课程在内的课程思政教学体系。将课程思政落实到课程教学全过程，包括大纲修订、教案编写、课堂讲授、实习实训等。第二，学校隐性课程思政化程度，要求做到"处处有思政""时时显思政"，做到环境育人、文化育人。创新教学模式，探索课程思政教育新模式、新方法、新载体。综合运用第一课堂和第二课堂，实现有机融入，提高学生学习体验，建设有校级课程思政课。第三，要求学校所有课程思政品质最佳化，真正做到"高阶性""创新性"和"挑战度"，受到学生喜爱。第四，构建学校社会和家庭协同育人共同体机制与体制，促进学校育人、社会育人和家庭育人的同向同行。第五，构建"课程、科研、实践、文化、网络、心理、管理、服务、资助、组织"等的"十育人"协同育人共同体，促进课程思政有一个良好的发展环境。第六，各级各类课程思政样板课程数量及占比。即已有各级各类课程思政门数及占总课程数量比例。重点是建设有省级以上课程思政样板课程、课程思政教学团队等示范点数量，高质量课程思政教科研成果数量等。第七，有推进课程思政的具体制度和激励约束机制。特别是有明确的课程思政建设质量标准，建立有明确的监督检查机制，把课程思政建设成效作为学院立德树人效能考核、教学评优评先的重要内容。

2. 学校课程思政支持程度。学校课程思政支持程度包括以下几个方面：第一，学校领导对课程思政建设的重视程度；第二，学校在课程思政建设方面资金、人员、制度等匹配程度；第三，学校现代教育技术对课程思政的支持程度；第四，学校落实中央关于马克思主义学院发展、思想政治教育、思想政治教育课程等政策情况，如生均经费、马克思主义学院办公条件、思想政治理论课程安排、思政课程教师等规定落实情况。第五，学校课程思政教学研究中心建设情况及中心对课程思政推广支持情况。第六，校园多媒体支持程度。充分发挥报刊、微博、微信、校园网等信息技术平台的作用，及时总结宣传推广典型经验，营造良好舆论氛围。

附　国家有关文件规定：

《教育部等八部门关于加快构建高校思想政治工作体系的意见》：①

落实《新时代高校教师职业行为十项准则》，严格实行师德"一票否决制"，加大对失德教师的惩戒力度，推动师德建设常态化长效化。

各高校应按照在校生总数每生每年不低于 30 元的标准设立网络思政工作专项经费。

各高校应按照在校生总数每生每年不低于 20 元的标准设立思想政治工作和党务工作队伍建设专项经费。

教育部印发《新时代高等学校思想政治理论课教师队伍建设规定》（2020 年 3 月 1 日实施）：②

高等学校应当根据全日制在校生总数，严格按照师生比不低于 1：350 的比例核定专职思政课教师岗位。公办高等学校要在编制内配足，且不得挪作他用。

高等学校应当根据全日制在校生总数，按照本科院校每生每年不低于 40 元、专科院校每生每年不低于 30 元的标准安排专项经费，用于保障思政课教师的学术交流、实践研修等，并根据实际情况逐步加大支持力度。

---

① 《教育部等八部门关于加快构建高校思想政治工作体系的意见》。

② 教育部印发《新时代高等学校思想政治理论课教师队伍建设规定》（自 2020 年 3 月 1 日起实施）。

中共中央办公厅、国务院办公厅印发了《关于深化新时代学校思想政治理论课改革创新的若干意见》：[①]

各地在核定编制时要充分考虑思政课教师配备要求。高校要严格按照师生比不低于 1∶350 的比例核定专职思政课教师岗位，在编制内配足，且不得挪作他用，并尽快配备到位。

本科院校按在校生总数每生每年不低于 40 元，专科院校按每生每年不低于 30 元的标准提取专项经费，用于思政课教师的学术交流、实践研修等，并逐步加大支持力度。

委托高校马克思主义学院分片建立高校思政课教学创新中心，设立一批思政课教学质量监测基地。

深度挖掘高校各学科门类专业课程和中小学语文、历史、地理、体育、艺术等所有课程蕴含的思想政治教育资源，解决好各类课程与思政课相互配合的问题，发挥所有课程育人功能，构建全面覆盖、类型丰富、层次递进、相互支撑的课程体系，使各类课程与思政课同向同行，形成协同效应。建成一批课程思政示范高校，推出一批课程思政示范课程，选树一批课程思政教学名师和团队，建设一批高校课程思政教学研究示范中心。

高校党委常委会每学期至少召开 1 次会议专题研究思政课建设，高校党委书记、校长每学期至少给学生讲授 4 个课时思政课，高校领导班子其他成员每学期至少给学生讲授 2 个课时思政课，可重点讲授"形势与政策"课。

《教育部关于印发〈普通高等学校马克思主义学院建设标准（2019 年本）〉的通知》（教社科函〔2019〕9 号）：[②]

保证学院办公用房，原则上教授有独立的教研用房。

推行中班教学，班级规模原则上不超过 100 人。推广中班上课、小班研学讨论的教学模式。

依托全国高校思想政治理论课教师网络集体备课平台，开发在线课程，建设名师名家网络示范课，推进优质网络教学资源建设。

建立大学生思想政治理论课自主学习平台，广泛开展大学生自主学习活动。

以学生获得感为评价导向，以"有虚有实、有棱有角、有情有义、有

---

① 《关于深化新时代学校思想政治理论课改革创新的若干意见》，中办发〔2019〕47 号。

② 《教育部关于印发〈普通高等学校马克思主义学院建设标准（2019 年本）〉的通知》，教社科函〔2019〕9 号。

滋有味、有己有人"为根本标准，在学生评教基础上进一步完善教师评价制度。

3.学校课程思政协同程度。学校各类课程与思政课程同向同行的程度、协同共振的效度、课程之间的协同育人度。评价的重点：第一，马克思主义学院建设情况，学校是否按教育部《普通高等学校马克思主义学院建设标准（2019年本）》建设马克思主义学院。第二，马克思主义学院教师参与学校课程思政情况。一看参与率；二看课程思政团队中马克思主义学院教师参加率。第三，学校教师对学科立德树人的认知度、认同度、参与度和实践情况。第四，教师发表相关论文和主持相关项目情况。

4.学校课程思政满意程度。在校学生、已毕业学生对学校课程满意程度，毕业N年后学生工作的质量与贡献等。第一，课程结束后学生对课程思政的评价。第二，课程结束N年后对学生的影响。第三，本校学生对社会贡献率（参照第三方评价来进行）。

课程思政立德树人目标达成评价表（学校层面）

序号	一级指标	二级指标	得分
1	普及程度	课程思政普及比率	
		第二课堂、第三课堂开设情况	
		线上课程思政开设情况	
		学生上课现代技术应用情况	
		学校课程思政氛围	
2	支持程度	顶层设计的理念	
		制度、机制、体制建设	
		资金投入、项目投入、精力投入	
		社会影响	
3	协同程度	全校"一盘棋"建设	
		职能部门分工协作情况	
		各职能部门具体举措及实效	
		专业学院与马克思主义学院协作情况	
4	满意程度	课程思政效果（学生、教师、社会评价）	
		学生发展［在校生、毕业五（十）年学生］情况	
		学生成果（在校生）	
		教学成果	

（三）专业课程群评价体系

专业课程群评价体系是指对专业人才培养方案融入思政元素的通识课、基础课、专业基础课、实践实训课、创新创业课、专业课、毕业论文（设计）等教学课程实施中与思政课程同向同行同频评价。

1. 系统设计程度。学院领导、专业教研室对课程思政的重视程度，专业人才培养方案中各门课程思政系统化设计程度。第一，课程思政视野下教材建设力度。教材是传播知识的主要载体，教材是专业教育教学的根本依据，教材是教师教学、学生学习的重要工具，教材体现着一个国家、一个民族的价值观，教材直接关系党的教育方针的贯彻落实。课程思政教材建设是课程思政建设中最为关键的环节。第二，专业人才培养方案中各类课程的课程思政化程度。

课程思政立德树人目标达成评价表（专业层面）

序号	一级指标	二级指标	得分
1	系统设计程度	学院领导、系部领导重视程度	
		学院、系部课程思政建设制度、机制	
		专业人才培养方案课程思政普及度	
		专业培养方案中各门课程教材、教案	
		教师课程思政总体水平	
2	相互耦合程度	思政课程与专业课程耦合程度	
		专业课程之间课程思政耦合程度	
		专业教师与马克思主义学院教师联系程度	
3	人才成长程度	学生在校期间综合表现	
		毕业生社会认可度	
		毕业生成果	
4	学生满意程度	学生对人才培养方案认可度	
		各年级学生课堂情绪	
		作业完成、成绩完成情况	
		出勤率、课堂秩序	

2. 相互耦合程度。主要指：第一，专业人才培养方案中各门课程思政之间相互耦合、协同共振的效度。要注重在课程思政专业人才培养方案中，重构、完善专业教学课程体系，加强课程系统化，防止碎片化。第二，专业人才培养方案中，课程思政与思政课程之间的相互耦合、协同共

振的效度。5 门思政课程分属不同的学期，课程思政要注意与同学期、同期开设的思政课程内容之间的相互耦合。

3. 人才成长程度。本专业培养人才的社会接受度、毕业生对社会、地区、行业等贡献度。对本专业毕业生 5 年、10 年后社会贡献的调查可以直接显示本专业人才培养的水平。

4. 学生满意程度。各年级学生对专业人才培养方案的满意度。特别是课程思政背景下新的专业人才培养方案的认同度。

（四）单一高校课程思政立德树人效能评价体系

对单一高校课程思政立德树人效能评价，我们主要评价其对立德树人目标的达成过程与达成效果。根据课程与教学理论、立德树人理论，通过对课程与教学过程中的主要元素及元素之间关系契合程度，我们设计用以下 4 个一级指标来反映课程思政立德树人目标达成度。

1. 教师完成度。侧重于从立德树人效果上判断课程团队特别是主讲教师对立德树人目标完成情况，是对教师这一课程与教学中最重要主体教学课堂完成程度的一种评价。第一，团队教师形象。它重视教师仪表、精神，重视知行合一，遵守教育部《新时代高校教师职业行为十项准则》，努力做"四有"好老师。第二，团队教师对教学内容熟悉程度。重视团队的整体情况，重视团队对学生学习支持服务、技术支持服务、情感支持服务情况。第三，教学内容融入思政元素情况。重视对课程知识本身思政元素的挖掘，重视自然融入，重视教师教学中的规范、生动、逻辑性强。第四，团队合作情况评价。团队有专业课教师和思政教师或辅导员，学生代表；团队学历结构、职称结构、知识结构科学合理，老、中、青相结合，可持续发展趋势好。团队建设目标明确，符合课程思政教学发展定位，为成长型课程团队。

2. 教案融合度。这是对课程与教学中另一重要元素"内容"所进行的立德树人目标完成情况评价。第一，教案完整规范，重点、难点突出。教材选用严格规范，哲学社会科学专业课程使用马克思主义理论研究和建设工程重点教材；其他专业课程教材选取坚持正确政治方向和价值导向。第二，思政元素映入点清晰、无痕。能在自身学科知识讲授中，灵活应用思想政治理论教育的学科思维组织教学内容，融入唯物主义、社会主义核心价值观等要素，教育引导学生形成正确的世界观、人生观、价值观。在整个教学中思政元素占比不超 10%（内容与授课时间），每学时思政映入点在 1—3 个。第三，注重把最新研究学科成果引入教学内容，同时注重把最新的与学科知识相关的思政元素引入教学内容。

3. 教学达成度。这是一个综合性的评价指标，它代表着教学过程中所有参与要素最终达成的立德树人目标情况。是对教学效果的一种评价，是"价值＋知识＋能力"相统一完成情况评价。第一，重视师生互动，重视教学过程中的亲和力、感染力、互动性、时代感。知识传授、素质提升与思想政治教育结合紧密，课堂教学效果好，师生互动性强，教师讲授条理清晰、生动形象，富有感染力、教育性和实效性，能充分发挥课程的思想政治教育功能。第二，重视线上线下课程与实践结合情况。合理运用各种教学媒体，创新教学模式，有机融入思政内容，教学过程结构自然流畅，组织合理；板书或课件设计重点突出，使用效果好。第三，重视现代教育技术应用。在人工智能时代，教育内涵向内容精准化、学习自主化、教学交互化方向发展，AI 赋能教育呈现出从空间维度向全方位以人为本发展的趋势。传统教育体系中，教师、学生、知识、平台为要素的教育生产模式，将向新时代的教育生产模式转型，以"人"为中心，机（信息技术）—物（知识）—环（学习空间）协同重构，形成了新的教育生产关系。[①] 此项指标在未来会占有越来越多的权重。

4. 学生参与度。此项指标重点关注课程与教学中的重要元素"学生"的课程表现情况及今后一段时间内学生立德树人目标完成情况。第一，关注学生上课情绪（如低头率、抬头率、点头率）。第二，关注学生作业完成、成绩完成情况。第三，关注学生出勤率、课堂秩序。第四，关注未来一段时间学生工作效度。第五，学生对课程接受程度高、喜闻乐见，学生评价优秀。

课程思政立德树人目标达成评价表（课程层面）

序号	一级指标	二级指标	得分
1	教师完成度	立德树人目标完成情况	
		教师仪表、精神	
		内容熟悉、结合无痕	
		教学规范、生动、逻辑性强	
		团队表现	

---

① 沈阳：《四院士勾勒"人工智能与未来教育"蓝图》，《中国教育报》2020 年 9 月 5 日。

续表

序号	一级指标	二级指标	得分
2	教案融合度	立德树人目标完成情况	
		思政元素映入点清晰、无痕	
		教案完整，重点、难点突出	
		思政元素占比不超10%（内容与授课时间）	
3	教学达成度	立德树人目标完成情况	
		"价值＋知识＋能力"情况	
		亲和力、感染力、互动性、时代感觉	
		线上线下课程与实践结合情况	
		现代教育技术应用情况	
4	学生参与度	立德树人目标完成情况	
		学生情绪（低头率、抬头率、点头率）	
		作业完成、成绩完成情况	
		出勤率、课堂秩序	

五、"高校课程思政"如何高质量发展？

（一）协同育人、"三全育人"、"十育人"机制形成

课程思政共同体基本模型构建。该模型坚持系统观念，把各层级课程思政共同体看成一个系统，把课程思政共同体系统外部影响因素归为系统发展的环境。系统观念是整体观念，也是联系观念、互相依附观念、开放观念、动态观念。

在此原则的规制下，我们把校内课程思政共同体呈现为"教学过程要素"和"单一课程思政共同体环境"两部分。"教学过程要素"包括教学过程中所有元素，大致分成4个部分：课程效能目标、教学分析、教学过程、教学评估。"单一课程思政共同体环境"包括高校的校风、学风、教风、文化、环境等因素，同时包括学校学科、科研、管理等"十育人"机制建设情况，"三全育人"建设情况，学校社会家庭协同育人机制建设情况等。

我们把"高校层面课程思政共同体"分成高校课程思政共同体元素和高校课程思政共同体环境。"元素部分"包括高校内所有的课程思政建设主体、环境、条件、机制、制度等因素。"环境部分"包括社会大环境、学校因素、家庭因素、社区因素、企业因素、同辈群体、利益相关者、电影电视、全媒体、国内环境、国际环境、宗教信仰和其他因素等方面。这

些因素都以不同的方式影响着高校课程思政共同体的运行。

（二）实现由示范引领到全面普及的转变

综合来看，全国各高校推广课程思政的一个基本经验是少量课程的"示范引领"。名师先行先试、院士授课、课程思政比赛等，都是围绕示范引领这一目标来展开的。但课程思政的最终目标是全面普及，做到"门门课程讲思政""教师人人讲育人"。

（三）实现由随机思政元素到系统思政元素的转变

目前，全国课程思政的思政元素挖掘基本处于课程思政的初级阶段，各门课程随机挖掘自身的思政元素，尚没有做到特定课程思政元素的系统化，没有做到各门课程思政同向同行，更没有做到与思政课程的同向同行。

（四）实现由教师被动发展到教师理性自觉的转变

虽然各校做了大量的思政工作，做了大量的制度设计，但从总体上，教师对课程思政这项工作，仍处于被动发展阶段，教师对什么是课程思政，如何做好课程思政，以及课程思政的效果仍然有不少的疑惑。这需要大量的工作，需要大量的实践，逐步转变教师对此的认识，实现对课程思政发展的理性自觉。

其中，马克思主义学院应该成为高校课程思政建设的先锋队：进行理论探索、教师培训、实践引领。专业学院是高校课程思政建设的主力军：加强教师教育、教师评价、教师培育。

（五）高校课程思政对学科知识的定向、增效、提劲功能

专业课程的理论和知识体系；

融合专业课程相关的思政元素；

课程思政元素内化的结果；

课程思政所带给学生的变化。

参考文献

一、著作类

[1]《马克思恩格斯文集》第 1 卷，北京，人民出版社 2009 年版。

[2]《马克思恩格斯文集》第 2 卷，北京，人民出版社 2009 年版。

[3]《马克思恩格斯文集》第 5 卷，北京，人民出版社 2009 年版。

[4]《马克思恩格斯文集》第 8 卷，北京，人民出版社 2009 年版。

[5]《马克思恩格斯全集》第 1 卷，北京，人民出版社 1995 年版。

[6]《马克思恩格斯全集》第 3 卷，北京，人民出版社 1960 年版。

[7]《马克思恩格斯选集》第 1 卷，北京，人民出版社 2019 年版。

[8]《马克思恩格斯选集》第 2 卷，北京，人民出版社 1995 年版。

[9]《马克思恩格斯选集》第 3 卷，北京，人民出版社 1995 年版。

[10]《毛泽东邓小平江泽民论教育》，北京，中央文献出版社 2002 年版。

[11]《建国以来毛泽东文稿》第 5 册，北京，中央文献出版社 1991 年版。

[12]《毛泽东文集》第 3 卷，北京，人民出版社 1996 年版。

[13]《毛泽东论教育》（第 3 版），北京，人民教育出版社 2008 年版。

[14]《毛泽东选集》第 1 卷，北京，人民出版社 1991 年版。

[15]《毛泽东著作专题摘编》（上），北京，中央文献出版社 2003 年版。

[16]《邓小平文选》第 2 卷，北京，人民出版社 1994 年版。

[17]《邓小平文选》第 3 卷，北京，人民出版社 1993 年版。

[18]《江泽民文选》第 2 卷，北京，人民出版社 2006 年版。

[19]《江泽民文选》第 3 卷，北京，人民出版社 2006 年版。

[20] 胡锦涛：《坚定不移沿着中国特色社会主义道路前进　为全面建成小康社会而奋斗——在中国共产党第十八次全国代表大会上的报告》，北京，人民出版社 2012 年版。

[21]《习近平谈治国理政》第 2 卷，北京，外文出版社 2017 年版。

[22]《习近平谈治国理政》第 3 卷，北京，外文出版社 2020 年版。

[23]《习近平总书记教育重要论述讲义》，北京，高等教育出版社 2020 年版。

［24］ 习近平:《在纪念马克思诞辰 200 周年大会上的讲话》,北京,人民出版社 2018 年版。

［25］ 中共中央文献研究室:《十二大以来重要文献选编》(下),北京,中央文献出版社 2011 年版。

［26］ ［德］斐迪南·滕尼斯:《共同体与社会:纯粹社会学的基本概念》,林荣远译,北京,商务印书馆 1999 年版。

［27］ ［英］齐格蒙特·鲍曼:《共同体》,欧阳景根译,南京,江苏人民出版社 2003 年版。

［28］ ［德］卡尔·雅斯贝尔斯:《大学之理念》,邱立波译,上海,上海人民出版社 2007 年版。

［29］ ［美］约翰·杜威:《民主主义与教育》,王承绪译,北京,人民教育出版社 1990 年版。

［30］ ［德］斐迪南·滕尼斯:《共同体与社会》,张巍卓译,北京,商务印书馆 2019 年版。

［31］ 杨立德:《西南联大的斯芬克司之谜》,昆明,云南人民出版社 2005 年版。

［32］ ［美］埃里希·弗洛姆:《自为的人——伦理学的心理研究》,万俊人译,香港,国际文化出版社 1988 年版。

［33］ ［美］迈克尔·桑德尔:《自由主义与正义的局限》,万俊人译,南京,译林出版社 2011 年版。

［34］ 叶飞:《公共交往与公民教育》,北京,人民出版社 2014 年版。

［35］ 查有梁:《系统科学与教育》,北京,人民教育出版社 1993 年版。

［36］ 联合国教科文组织:《学会生存》,北京,教育科学出版社 2002 年版。

［37］ 瞿葆奎:《教育学文集·课程与教材》(上册),北京,人民教育出版社 1988 年版。

［38］ ［美］托马斯·J.萨乔万尼:《道德领导:抵及学校改善的核心》,冯大鸣译,上海,上海教育出版社 2002 年版。

［39］ ［英］罗素:《西方哲学史》(上),何兆武、李约瑟译,北京,商务印书馆 1997 年版。

［40］ ［德］马克斯·韦伯:《支配社会学》,康乐、简惠美译,桂林,广西师范大学出版社 2016 年版。

［41］ 杨伯峻:《春秋左传注》(第三卷),北京,中华书局 2009 年版。

［42］ 黎凤翔:《管子校注》,北京,中华书局 2004 年版。

［43］ 《四书》,陈晓芬、王国轩等译,北京,中华书局 2017 年版。

［44］ 胡平生、张萌:《礼记》,北京,中华书局 2017 年版。

［45］许慎:《说文解字》,汤可敬译注,北京,中华书局 2018 年版。

［46］李山:《管子》,轩新丽译注,北京,中华书局 2019 年版。

［47］司马光:《资治通鉴》(第一卷),郑州,中州古籍出版社 2003 年版。

［48］［捷克］夸美纽斯:《大教学论》,傅任敢译,北京,教育科学出版社 1999 年版。

［49］［德］赫尔巴特:《普通教育学·教育学讲授纲要》,李其龙译,北京,人民教育出版社 1989 年版。

［50］［美］约翰·杜威:《民主主义与教育》,王承绪译,北京,人民教育出版社 2001 年版。

［51］吕达、周满生:《当代外国教育改革著名文献》(美国卷·第一册),北京,人民教育出版社 2004 年版。

［52］吕达、周满生:《当代外国教育改革著名文献》(英国卷·第二册),北京,人民教育出版社 2004 年版。

［53］吕达、周满生:《当代外国教育改革著名文献》(日本、澳大利亚卷),北京,人民教育出版社 2004 年版。

［54］单中惠:《西方教育思想史》,北京,教育科学出版社 2007 年版。

［55］范跃进:《新中国成立以来高等教育元政策(1949—2016)》,北京,中国社会科学出版社 2017 年版。

［56］中国大百科全书总编辑委员会《教育》编辑委员会、中国大百科出版社编辑部:《中国大百科全书·教育》,北京,中国大百科全书出版社 1985 年版。

［57］［法］德尼兹·加亚尔、贝尔纳代特·德尚:《欧洲史》,蔡鸿滨、桂裕芳译,海口,海南出版社 2000 年版。

［58］宣勇:《大学变革的逻辑》,北京,人民出版社 2009 年版。

［59］《关于建国以来党的若干历史问题的决议》(注释本),北京,人民出版社 1983 年版。

［60］中共中央文献研究室:《十六大以来重要文献选编》(中),北京,人民出版社 2006 年版。

［61］曾来海:《中国近代报业管理学史(1834—1949)》,北京,中国社会科学出版社 2015 年版。

［62］［德］马克斯·韦伯:《社会科学方法论》,韩水法、莫茜译,北京,中央编译出版社 1998 年版。

［63］［美］伯顿·克拉克:《探究的场所——现代大学的科研和研究生教育》,王承绪译,杭州,浙江教育出版社 2001 年版。

［64］［法］爱弥尔·涂尔干:《教育思想的演进》,李康译,上海,上海人民出版社

2006 年版。

［65］ ［美］华勒斯坦等:《学科·知识·权力》,刘健芝等译,北京,生活·读书·新知三联书店 1999 年版。

［66］ 孙培青:《中国教育史》(第 2 版),上海,华东师范大学出版社 2000 年版。

［67］ 于海:《西方社会思想史》,上海,复旦大学出版社 2005 年版。

［68］ 中国大百科全书总编辑委员会《教育》编辑委员会、中国大百科全书出版社编辑部:《中国大百科全书·教育》,北京,中国大百科全书出版社 1985 年版。

［69］ 钟启泉:《现代课程论》,上海,上海教育出版社 1989 年版。

［70］ ［美］约翰·华生:《行为主义》,芝加哥,芝加哥大学出版社 1930 年版。

［71］ 钟启泉、张华:《课程与教学论》,沈阳,辽宁大学出版社 2007 年版。

［72］ ［英］赫·斯宾塞:《教育论》,胡毅、王承绪译,北京,人民教育出版社 1962 年版。

［73］ 陈青:《毛泽东读书笔记》,广州,广东人民出版社 1996 年版。

［74］ ［美］迈克尔·W.阿普尔:《意识形态与课程》,黄忠敬译,上海,华东师范大学出版社 2001 年版。

［75］ 陈旭远:《课程与教学论》,北京,高等教育出版社 2012 年版。

［76］ 联合国教科文组织:《反思教育: 向"全球共同利益"的理念转变?》,北京,教育科学出版社 2017 年版。

［77］ 薛天祥:《高等教育学》,桂林,广西师范大学出版社 2001 年版。

［78］ 陈志章:《美国社会隐性教育研究》,北京,中国社会科学出版社 2017 年版。

［79］ ［美］布鲁贝克:《高等教育哲学》,王承绪等译,杭州,浙江教育出版社 1987 年版。

［80］ 张华:《课程与教学论》,上海,上海教育出版社 2000 年版。

［81］ ［加］约翰·范德格拉夫:《学术权力》,王承绪等译,杭州,浙江教育出版社 1989 年版。

［82］ 王策三:《教学论稿》,北京,人民教育出版社 2005 年版。

［83］ 李秉德:《教学论》,北京,人民教育出版社 2001 年版。

［84］ 何克抗、林君芬、张文兰:《教学系统设计》,北京,高等教育出版社 2016 年版。

［85］ ［捷克］夸美纽斯:《大教学论》,傅任敢译,北京,人民教育出版社 1984 年版。

［86］ ［美］洛林·W.安德森:《布卢姆教育目标分类学》,蒋小平译,北京,外语教学与研究出版社 2009 年版。

［87］ ［德］卡尔·雅斯贝尔斯:《什么是教育》,邹进译,北京,生活·读书·新知

三联书店 1991 年版。

[88]　邹进:《现代德国文化教育学》,太原,山西教育出版社 1992 年版。

[89]　[美] D・R. 克拉斯沃尔、B・S. 布卢姆等编:《教育目标分类学》(第二分册情感领域),施良方、张云高译,上海,华东师范大学出版社 1989 年版。

[90]　[英] 阿什比:《科技发达时代的大学教育》,滕大春等译,北京,人民教育出版社 1983 年版。

[91]　黎靖德:《朱子语类》,北京,中华书局 2020 年版。

[92]　黄政杰:《课程评鉴》,台北,师大书苑有限公司 1987 年版。

[93]　廖哲勋:《课程学》,武汉,华中师范大学出版社 1991 年版。

[94]　瞿葆奎:《教育学文集・教育评价》,北京,人民教育出版社 1989 年版。

[95]　陈玉琨:《教育评价学》,北京,人民教育出版社 1999 年版。

[96]　陈侠:《课程论》,北京,人民教育出版社 1989 年版。

[97]　[美] 小威廉姆・E. 多尔:《后现代课程观》,王红宇译,北京,教育科学出版社 2002 年版。

[98]　[美] 拉尔夫・泰勒:《课程与教学的基本原理》,施良方译,北京,人民教育出版社 1994 年版。

[99]　黄光雄编译:《教育评鉴的模式》,台北,师大书苑有限公司 1989 年版。

[100]　钟启泉:《现代课程论》,上海,上海教育出版社 2003 年版。

[101]　[美] 埃里克・弗朗西斯:《好老师,会提问》,张昱瑾译,上海,华东师范大学出版社 2019 年版。

[102]　[苏] 苏霍姆林斯基:《给教师的建议》,杜殿坤编译,北京,教育科学出版社 1984 年版。

二、期刊类

[1]　胡乐乐、肖川:《再论课程的定义与内涵:从词源考古到现代释义》,《教育学报》2009 年第 5 期。

[2]　唐德海、李枭鹰、郭新伟:《"课程思政"三问:本质、界域和实践》,《现代教育管理》2020 年第 10 期。

[3]　张宁、王伟强:《改革开放以来高校"三全育人"研究综述》,《中国校外教育》2018 年第 8 期。

[4]　《中共中央关于进一步加强和改进学校德育工作的若干意见》,《人民教育》1994 年第 10 期。

[5]　韩宪洲:《课程思政:新时代中国特色社会主义高等教育的理论创新与实践创新》,《中国高等教育》2020 年第 22 期。

［ 6 ］ 徐建光:《坚持全课程育人　深化课程思政改革》,《上海教育》2017 年第
　　　　12 期。

［ 7 ］ 马天梅、舒静、王琳、张黎声:《德智并举　术德共育　中医院校课程思政改
　　　　革的实践探索》,《中华医学教育杂志》2020 年第 7 期。

［ 8 ］ 闫志民:《中国特色社会主义历史方位的理论价值》,《人民论坛》2018 年第
　　　　13 期。

［ 9 ］ 刘建军:《深刻认识新时代中国特色社会主义的历史方位——访中国人民大学
　　　　马克思主义学院刘建军教授》,《高校马克思主义理论研究》2020 年第 6 期。

［ 10 ］ 申天恩、斯蒂文·洛克:《学校教育管理》2016 年第 5 期。

［ 11 ］ 费孝通:《略谈中国的社会学》,《高等教育研究》1993 年第 4 期。

［ 12 ］ 殷文贵:《人类命运共同体的国内研究述评》,《社会科学动态》2019 年第
　　　　12 期。

［ 13 ］ 马俊峰:《论本源共同体三种模式及其当代意义——读〈1857—1858 年经济
　　　　学手稿〉》,《贵州社会科学》2011 年第 2 期。

［ 14 ］ 张曦琳:《高校教师学术评价机制变革:逻辑、困境与路径——基于学术共同
　　　　体视角》,《大学教育科学》2021 年第 2 期。

［ 15 ］ 钟启泉:《基础学校:学习的共同体——新世纪"基础学校"的构图（之一）》,
　　　　《上海教育》1998 年第 8 期。

［ 16 ］ 安富海:《信息技术支持的城乡教师教学共同体构建研究》,《电化教育研究》
　　　　2019 年第 7 期。

［ 17 ］ 高亚芹:《"共同体"概念的学术演进与社区共同体的重构》,《文化学刊》2013
　　　　年第 5 期。

［ 18 ］ 闫建璋、王曦:《新时代教师教育共同体的形态、功能及构建》,《教育理论与
　　　　实践》2022 年第 10 期。

［ 19 ］ 侯衍社、安昊楠:《思想史视域中的共同体与权力形式嬗变》,《中国高校社会
　　　　科学》2021 年第 6 期。

［ 20 ］ 张巍卓:《滕尼斯的"新科学""1880/1881 年手稿"及其基本问题》,《社会》
　　　　2016 年第 2 期。

［ 21 ］ 施晓光:《识读我国高等教育的"高质量发展"》,《北京教育（高教）》2022 年
　　　　第 1 期。

［ 22 ］ 房莹:《高校智库学术共同体建设路径研究》,《智库理论与实践》2017 年第
　　　　5 期。

［ 23 ］ 陈锡喜:《高校哲学社会科学类课程与思想政治理论课"同向同行"的必要性
　　　　和可行路径》,《马克思主义理论学科研究》2017 年第 3 期。

[24]　莫非:《专业课教师在高校思想政治教育中缺位问题的思考》,《遵义师范学院学报》2010 年第 12 期。

[25]　石书臣:《同向同行:高校思想政治教育协同创新的课程着力点》,《思想理论教育》2017 年第 7 期。

[26]　詹泽慧、李晓华:《美国高校教师学习共同体的构建——对话美国迈阿密大学教学促进中心主任米尔顿·克斯教授》,《中国电化教育》2009 年第 10 期。

[27]　程亮:《学校即共同体——重返杜威的〈民主主义与教育〉》,《湖南师范大学教育科学学报》2016 年第 3 期。

[28]　胡洪彬:《课程思政:从理论基础到制度构建》,《重庆高教研究》2019 年第 7 期。

[29]　田元、周晓蕾、周幂、陈迪:《学习情感分析方法研究综述》,《中国教育信息化》2021 年第 22 期。

[30]　管华:《教育人权:国际标准与国家义务》,《人权研究》2016 年第 1 期。

[31]　张宝予、杨晓慧:《美国高校价值观教育路径研究——基于通识课程的视角》,《思想教育研究》2019 年第 5 期。

[32]　靳诺:《立德树人:高等教育的根本任务和时代使命》,《中国高等教育》2017 年第 18 期。

[33]　马叙伦:《第一次全国高等教育会议闭幕词》,《人民教育》1950 年第 3 期。

[34]　王树荫:《论中国共产党 90 年思想政治教育的基本经验》,《思想理论导刊》2011 年第 8 期。

[35]《中共中央、国务院关于深化教育改革全面推进素质教育的决定》,《教育部政报》1999 年第 2 期。

[36]《中共中央国务院发出〈关于进一步加强和改进大学生思想政治教育的意见〉》,《中国高等教育》2004 年第 20 期。

[37]　杨晓慧:《中国 70 年思想政治教育科学化发展》,《社会科学战线》2019 年第 10 期。

[38]　习近平:《思政课是落实立德树人根本任务的关键课程》,《求是》2020 年第 17 期。

[39]《庆祝中华人民共和国成立 70 周年专论　新时代教育工作的根本方针》,《福建教育研究》2019 年第 5 期。

[40]《中共中央关于教育体制改革的决定》,《中华人民共和国国务院公报》1985 年第 15 期。

[41]　张彦山:《布鲁纳"学科基本结构"理论之评析》,《新疆教育学院学报》2006 年第 3 期。

［42］ 管理学刊编辑部：《泛知识时代的"弱智"》，《管理学家》（学术版）2012 年第 8 期。

［43］ 范敏：《斯腾豪斯的课程开发观及其启示》，《当代教育科学》2015 年第 24 期。

［44］ 郭凌云：《西方近百年课程设计理论演变述评》，《黑龙江高教研究》2019 年第 2 期。

［45］ 石伟平：《劳顿的"文化分析"课程理论及其应用》，《外国教育资料》1995 年第 5 期。

［46］ 伍醒、顾建民：《"课程思政"理念的历史逻辑、制度诉求与行动路向》，《大学教育科学》2019 年第 3 期。

［47］ 贾克水、朱建平、张如山：《隐性教育概念界定及本质特征》，《教育研究》2000 年第 8 期。

［48］ 郭元祥：《知识的性质、结构与深度教学》，《课程・教材・教法》2009 年第 11 期。

［49］ 刘铁芳：《人、世界、教育：意义的失落与追寻》，《教育研究》1997 年第 8 期。

［50］ 张华：《教学设计研究：百年回顾与前瞻》，《教育科学》2000 年第 4 期。

［51］ ［美］Peggy A.Ertmer、Timothy J.Newby：《行为主义、认知主义和建构主义》（上），盛群力译，《电化教育研究》2004 年第 3 期。

［52］ 张建伟、陈琦：《从认知主义到建构主义》，《北京师范大学学报（社会科学版）》1996 年第 4 期。

［53］ ［美］亚历山大・J. 罗米索斯基：《首要教学原理：再议知识和技能》，华煜雯、盛群力译，《远程教育杂志》2007 年第 4 期。

［54］ 李阳、杜文超：《系统化教学设计观之典范——沃特・迪克教育技术学思想研究》，《现代教育技术》2009 年第 8 期。

［55］ 余承海、凤权：《成果导向教育的基础、关键与动力》，《扬州大学学报（高教研究版）》2020 年第 5 期。

［56］ 梁林梅、李晓华：《美国教学设计的过去、现在与未来——访"第二代教学设计之父"戴维・梅瑞尔博士》，《中国电化教育》2009 年第 8 期。

［57］ 赫明君、靳玉乐：《课程结构的意识形态诠释》，《当代教育科学》2005 年第 18 期。

［58］ 何克抗：《建构主义的教学模式、教学方法与教学设计》，《北京师范大学学报（社会科学版）》1997 年第 5 期。

［59］ 师曼、刘晟、刘霞、周平艳、陈有义、刘坚、魏锐：《21 世纪核心素养的框架及要素研究》，《华东师范大学学报（教育科学版）》2016 年第 3 期。

［60］ 《习近平语录》，《实验室研究与探索》2021 年第 7 期。

［ 61 ］ ［美］William G.Huitt：《教学过程模式探讨》，谢捷琼、盛群译，《远程教育杂志》2006 年第 5 期。

［ 62 ］ 钟志贤：《论学习环境设计》，《电化教育研究》2005 年第 7 期。

［ 63 ］ ［美］迪·芬克：《大学课程设计自学指南：如何设计课程以促进意义深远的学习》，李康译，《复旦教育论坛》2008 年第 1 期。

［ 64 ］ 李芒、李子运、刘洁滢：《"七度"教学观：大学金课的关键特征》，《中国电化教育》2019 年第 11 期。

［ 65 ］ 刘献君：《课程教学中的个性化教育》，《中国高教研究》2020 年第 11 期。

［ 66 ］ 马陆亭、王小梅、刘复兴、周光礼、施晓光：《深化新时代教育评价改革研究（笔谈）》，《中国高教研究》2020 年第 11 期。

［ 67 ］ 徐卫、范会敏：《课程内容的意识形态诠释》，《教学与管理》2009 年第 21 期。

［ 68 ］ 张俊玲：《将"课程思政"理念基因式融入专业课堂教学的探索》，《教育教学论坛》2018 年第 46 期。

［ 69 ］ 苏连福、王明宾：《课程资料的消费者导向评价模式述评》，《江苏教育学院学报（社会科学版）》2000 年第 3 期。

［ 70 ］ 朱平：《高校课程思政的动力激励与质量评价》，《思想理论教育》2020 年第 10 期。

［ 71 ］ 辛涛等：《综合素质评价落地：困顿与突破》，《清华大学教育研究》2019 年第 2 期。

［ 72 ］ 王浦劬：《国家治理、政府治理和社会治理的含义及其相互关系》，《国家行政学院学报》2014 年第 3 期。

［ 73 ］ 俞可平：《全球化时代的政治管理模式》，《方法》1999 年第 2 期。

［ 74 ］ 刘隽颖：《"教学学术"研究体系的四维建构及其实践机制》，《江苏高教》2019 年第 1 期。

［ 75 ］ 黄玉龙：《高职院校专业课教师课程思政实践能力提升研究》，《淮南职业技术学院学报》2020 年第 6 期。

［ 76 ］ 何爱霞、李如密：《潜在课程理论研究述评》，《江西教育科研》1997 年第 5 期。

［ 77 ］ 王永固、许家奇、丁继红：《教育 4.0 全球框架：未来学校教育与模式转变——世界经济论坛〈未来学校：为第四次工业革命定义新的教育模式〉之报告解读》，《远程教育杂志》2020 年第 3 期。

［ 78 ］ 陆石彦：《论人工智能时代的教师角色再造》，《江苏高教》2020 年第 6 期。

［ 79 ］ 逯行、王欢欢、刘梦彧：《数字经济时代的学校教育模式如何转型？——〈未来学校：为第四次工业革命定义新的教育模式〉报告的解读》，《现代教育技术》2021 年第 3 期。

［80］ 彭红超、祝智庭：《面向智慧学习的精准教学活动生成性设计》，《电化教育研究》2016 年第 8 期。

［81］ 姬晓灿、成积春、张雨强：《技术时代精准教学探究》，《电化教育研究》2020年第 9 期。

［82］ 刘三女牙、刘盛英杰、孙建文等：《智能教育发展中的若干关键问题》，《中国远程教育》2021 年第 4 期。

［83］ 唐科莉：《OECD 倡导六大创新教学实践》，《上海教育》2019 年第 6 期。

［84］ 严莉、苗浩、王玉琴：《梅耶多媒体教学设计原理的生成与架构》，《现代远程教育》2013 年第 4 期。

［85］ 张优良、尚俊杰：《人工智能时代的教师角色再造》，《清华大学教育研究》2019 年第 4 期。

三、报纸类

［ 1 ］ 《习近平在全国高校思想政治工作会议上强调：把思想政治工作贯穿教育教学全过程　开创我国高等教育事业发展新局面》，《人民日报》2016 年 12 月 9 日。

［ 2 ］ 万玉凤、梁丹：《教育部全面推进高校课程思政建设》，《中国教育报》2020 年6 月 6 日。

［ 3 ］ 王炳林：《办好思想政治理论课关键在教师》，《中国教育报》2019 年 3 月26 日。

［ 4 ］ 《习近平在全国教育大会上强调　坚持中国特色社会主义教育发展道路　培养德智体美劳全面发展的社会主义建设者和接班人》，《人民日报》2018 年 9 月11 日。

［ 5 ］ 徐瑞哲：《推进从"思政课程"走向"课程思政"》，《解放日报》2018 年 7 月27 日。

［ 6 ］ 刘昕璐：《上海打造课程思政改革 2.0 升级版》，《青年报》2020 年 9 月 18 日。

［ 7 ］ 柴葳：《抓准抓实全面推进高校课程思政建设取得实效》，《中国教育报》2020年 6 月 10 日。

［ 8 ］ 虞丽娟：《发挥课堂教学主渠道作用》，《中国教育报》2017 年 7 月 6 日。

［ 9 ］ 曹锡康：《遵循"课程思政"教学规律》，《中国教育报》2017 年 7 月 6 日。

［10］ 董少校：《打赢提高思政课质量和水平的攻坚战　教育部召开高校"课程思政"现场推进会》，《中国教育报》2017 年 6 月 23 日。

［11］ 辛士红：《"多打大算盘、算大账"》，《人民日报》2020 年 10 月 19 日。

［12］ 胡小君：《马克思共同体思想诠释》，《中国社会科学报》2020 年 9 月 29 日。

［13］ 人民日报评论部：《坚持系统观念，握牢发展主动权——用好"十三五"发展

宝贵经验》,《人民日报》2020 年 12 月 28 日。

［ 14 ］《中共中央关于制定国民经济和社会发展第十四个五年规划和二〇三五年远景目标的建议》,《人民日报》2020 年 11 月 4 日。

［ 15 ］ 江天雨:《实现专业课程与思政元素有机融合》,《中国教育报》2020 年 1 月 2 日。

［ 16 ］《习近平会见清华大学经济管理学院顾问委员会海外委员和中方企业家委员》,《人民日报》2017 年 10 月 31 日。

［ 17 ］ 习近平:《在纪念五四运动 100 周年大会上的讲话》,《人民日报》2019 年 5 月 1 日。

［ 18 ］《中共中央关于坚持和完善中国特色社会主义制度　推进国家治理体系和治理能力现代化若干重大问题的决定》,《人民日报》2019 年 11 月 6 日。

［ 19 ］ 葛慧君:《做好高校思想政治工作的着力点》,《人民日报》2016 年 1 月 25 日。

［ 20 ］ 刘茜、陈建强:《从"感知智能"向"认知智能"转化》,《光明日报》2021 年 5 月 25 日。

［ 21 ］［美］约翰·麦奎德:《机器能识别情感吗?》,施恽译,《光明日报》2022 年 1 月 27 日。

［ 22 ］ 陶西平:《当代世界教育教学改革六大新动向》,《中国教育报》2014 年 4 月 27 日。

［ 23 ］《习近平在北京大学师生座谈会上的讲话》,《人民日报》2018 年 5 月 3 日。

［ 24 ］ 习近平:《在庆祝中国共产党成立 100 周年大会上的讲话》,《人民日报》2021 年 7 月 2 日。

［ 25 ］ 钱俊瑞:《在全国教育工作会议上钱俊瑞副部长总结报告要点》,《人民日报》1950 年 1 月 6 日。

［ 26 ］ 毛泽东:《关于正确处理人民内部矛盾的问题》,《人民日报》1957 年 6 月 19 日。

［ 27 ］ 江泽民:《在第三次全国教育工作会议上的讲话》,《人民日报》1999 年 6 月 15 日。

［ 28 ］《当代青年的历史使命》,《人民日报》1982 年 5 月 4 日。

［ 29 ］ 胡锦涛:《在全国优秀教师代表座谈会上的讲话》,《人民日报》2007 年 9 月 1 日。

［ 30 ］ 何毅亭:《谈谈我国新发展阶段》,《学习时报》2021 年 1 月 4 日。

［ 31 ］《习总书记勉励我们做"六有"大学生》,《中国青年报》2020 年 7 月 16 日。

［ 32 ］ 赵婀娜、吴月:《专家解读〈深化新时代教育评价改革总体方案〉:用好教育改革的指挥棒》,《人民日报》2020 年 10 月 2 日。

［ 33 ］ 李小标:《知行合一推进新时代公民道德建设》,《人民日报》2019 年 12 月

19 日。

[34]　虞丽娟:《从"思政课程"走向"课程思政"》,《光明日报》2017 年 7 月 20 日。

[35]　李娟、陈金龙:《中国青年的责任和使命》,《光明日报》2019 年 5 月 7 日。

[36]　陈骊骊:《成仿吾与陕北公学》,《中国人民大学报》2016 年 2 月 29 日。

[37]　政务院:《关于实施高等学校课程改革的决定》,《人民日报》1950 年 8 月 3 日。

[38]　《中共中央　国务院发出〈关于进一步加强和改进大学生思想政治教育的意见〉》,《人民日报》2004 年 10 月 15 日。

[39]　本报评论员:《坚持"两个服务"推动教育发展》,《中国教育报》2012 年 11 月 23 日。

[40]　《中华人民共和国教育法》,《人民日报》2016 年 2 月 23 日。

[41]　《中华人民共和国高等教育法》,《人民日报》2016 年 3 月 30 日。

[42]　《怎样破"五唯"促教育评价科学转型——专家解读〈深化新时代教育评价改革总体方案〉》,《中国教育报》2020 年 10 月 21 日。

[43]　范唯:《深化本科教育教学评价监测改革》,《中国教育报》2020 年 3 月 3 日。

[44]　沈阳:《四院士勾勒"人工智能与未来教育"蓝图》,《中国教育报》2020 年 9 月 5 日。

[45]　《习近平主持召开中央全面深化改革领导小组第六次会议强调　学习贯彻党的十八届四中全会精神　运用法治思维和法治方式推进改革》,《人民日报》2014 年 10 月 28 日。

[46]　陶希东:《治理能力现代化的五大衡量标准》,《学习时报》2014 年 12 月 8 日。

[47]　靳诺:《把我国制度优势更好转化为国家治理效能》,《人民日报》2021 年 1 月 13 日。

[48]　胡锦涛:《高举中国特色社会主义伟大旗帜　为夺取全面建设小康社会新胜利而奋斗——在中国共产党第十七次全国代表大会上的报告》,《人民日报》2007 年 10 月 25 日。

[49]　《习近平在清华大学考察时强调　坚持中国特色世界一流大学建设目标方向　为服务国家富强民族复兴人民幸福贡献力量》,《人民日报》2021 年 4 月 20 日。

[50]　《中共中央　国务院关于全面深化新时代教师队伍建设改革的意见》,《光明日报》2018 年 2 月 1 日。

[51]　侠客岛:《关于教育,这是习近平的最新思考》,《光明日报》2017 年 1 月 3 日。

[52]　《中华人民共和国国民经济和社会发展第十四个五年规划和 2035 年远景目标纲要》,《人民日报》2021 年 3 月 13 日。

[53]　《习近平在中共中央政治局第二次集体学习时强调　审时度势精心谋划超前布局力争主动　实施国家大数据战略加快建设数字中国》,《人民日报》2017 年

12 月 10 日。

[54] 于珍:《人工智能教育如何培养未来人才：2020 国际人工智能与教育会议观察》,《中国教育报》2020 年 12 月 9 日。

[55] 冯华:《人工智能助力教育均衡发展》,《人民日报》2020 年 11 月 16 日。

四、电子期刊类

[1]《习近平在北京大学师生座谈会上的讲话》, http://edu.cnr.cn/pdtj/yw/201405/t20140505_515431201.shtml。

[2]《教育部高等教育司负责人就〈高等学校课程思政建设指导纲要〉答记者问》, http://www.moe.gov.cn/jyb_xwfb/s271/202006/t20200604_462551.html。

[3]《国家中长期教育改革和发展规划纲要（2010—2020 年）》, www.gov.cn/jrzg/2010-07-29/content_1667143.htm。

[4] 吴岩:《让课程思政建设在全国高校刮起一股新风》, edu.people.com.cn/n1/2020/0611/c367001-31743663.html。

[5] 课程思政素材库, http://mse.tju.edu.cn/kcszsck.htm。

[6]《习近平主持召开学校思想政治理论课教师座谈会》, https://www.gov.cn/xinwen/2019-03/18/content_5374684.htm。

[7]《中共中央关于坚持和完善中国特色社会主义制度推进国家治理体系和治理能力现代化若干重大问题的决定》, https://www.gov.cn/zhengce/2019-11/05/content_5449023.htm。

[8]《中共中央　国务院印发〈深化新时代教育评价改革总体方案〉》, https://www.gov.cn/gongbao/content/2020/content_5554488.htm。

[9]《江泽民在庆祝中华人民共和国成立四十周年大会上的讲话》（1989 年 9 月 29 日）, http://guoqing.china.com.cn/2012-09/13/content_26747878878.htm。

[10]《中共中央办公厅　国务院办公厅印发〈关于深化新时代学校思想政治理论课改革创新的若干意见〉》, https://www.gov.cn/zhengce/2019-08/14/content_5421252.htm.

[11] 焦建利:《21 世纪学生所需要的 7 种技能》, https://www.jiaojianli.com/8593.html, 2019-3-24/2021-3-21.

五、文件报告类

[1]《教育部关于印发〈高等学校课程思政建设指导纲要〉的通知》, 教高〔2020〕3 号。

[2]《中共中央、国务院关于进一步加强和改进大学生思想政治教育的意见》, 中

发〔2004〕16号。

［ 3 ］《关于进一步加强和改进新形势下高校宣传思想工作的意见》，中办发〔2014〕59号。

［ 4 ］《关于加强和改进新形势下高校思想政治工作的意见》，中发〔2016〕31号。

［ 5 ］《中共教育部党组关于印发〈高校思想政治工作质量提升工程实施纲要〉的通知》，教党〔2017〕62号。

［ 6 ］《教育部关于加快建设高水平本科教育全面提高人才培养能力的意见》，教高〔2018〕2号。

［ 7 ］《浙江省教育厅关于印发〈浙江省高校课程思政建设实施方案〉的通知》，浙教高教〔2020〕61号。

［ 8 ］《河南省教育厅关于开展本科高校课程思政项目建设的通知》，教高〔2020〕426号。

［ 9 ］《河北省教育厅关于印发〈全面推进高等学校课程思政建设工作方案〉的通知》，冀教高〔2020〕26号。

［10］《关于深化新时代学校思想政治理论课改革创新的若干意见》，中办发〔2019〕47号。

［11］《教育部关于全面深化课程改革落实立德树人根本任务的意见》，教基二〔2014〕4号。

［12］《教育部关于印发〈教育信息化2.0行动计划〉的通知》，教技〔2018〕6号。

［13］中华人民共和国教育部办公厅:《教育文献法令汇编（1949—1952年）》，1958年6月。

［14］《中宣部、教育部关于加强和改进高等院校马列主义理论教育的若干规定》，中宣发〔1984〕36号。

［15］《中宣部、教育部关于进一步加强和改进高等学校思想政治理论课的意见》，教社政〔2005〕5号。

［16］《中华人民共和国高等教育法》（2015年修正）。

［17］《教育部等八部门关于加快构建高校思想政治工作体系的意见》，教思政〔2020〕1号。

［18］《中华人民共和国教育法》。

［19］《教育部关于加强高等学校领导班子建设的意见》，1980年。

［20］《中华人民共和国教师法》。

［21］《中共教育部党组关于印发〈高校思想政治工作质量提升工程实施纲要〉的通知》，教党〔2017〕62号。

［22］《教育部等七部门印发〈关于加强和改进新时代师德师风建设的意见〉的通

知》，教师〔2019〕10 号。

［23］《新时代高等学校思想政治理论课教师队伍建设规定》，中华人民共和国教育
　　　部令第 46 号。

［24］《教育部关于印发〈普通高等学校马克思主义学院建设标准（2019 年本）〉的
　　　通知》，教社科函〔2019〕9 号。

［25］《教育部关于发布〈教师数字素养〉教育行业标准的通知》，教科信函〔2022〕
　　　58 号。

六、学位论文类

［1］　申丹丹:《系统观视域下高校课程思政与思政课程同向同行机制研究》，郑州，
　　　河南工业大学硕士学位论文，2021 年。

［2］　包蔼黎:《迈向课堂学习共同体——课堂教学的反思与重建》，上海，上海师范
　　　大学硕士学位论文，2007 年。

七、外文文献

［1］　Delanty G, community, London: Routledge, 2010, p.4.

［2］　G.A.Hillery, "Definition of Community : area of agreement", Rural
　　　Sociology, 1955, No.20.

［3］　GOODLAD JI, *CurricuLum Inquiry: The Study of Curriculum Practice*,
　　　New York: McGraw-Hill Book Company, 1979, pp.5-16.

［4］　K.Egan, Learning in Depth: A Simple Innovation That can Transform
　　　Schooling, London Ontario: The Althouse Press, 2010, pp.148-149.

［5］　Shirley Grundy, Curriculum: product or praxis Philadelphia, The Falmer
　　　Press, 1978, pp.127-128.

［6］　Stufflebeam, D.L, A Depth Study of the Evaluation Requirement, Theory
　　　into Practice, 1966, 5(3), pp.121-133.

［7］　Guba, E.G&Lincoln, Y.S.Fourth Generation Evaluation, Newburg Park,
　　　CA: Sage, 1989, pp.46-47.

［8］　BINDER C., Precision teaching : measuring and attaining exemplary academic
　　　achievement, Youth Policy, 1988, 10(7), pp.12-15.

索　引

T

同向同行　15，21，22，28，30，31，
32，54，57，62，66，67，69，77，
78，81，89，105，126，128，157，
159，160，163，167，169，170，
172，174，203，210，225，230，
237，238，240，241，247，249，
250，261，263，265，269，272，
274，280，281，282，283，284，
285，296，305，307，309，310，
311，315，321，322，330

推广手册　248，298

X

现代教育技术　52，91，92，94，95，
129，148，149，161，201，239，
243，245，263，271，273，275，
280，285，286，289，308，313，
314，323，324

后　记

　　高校课程思政共同体作为高校课程思政高质量发展的理想类型，通过对高校课程思政共同体的构建、善治与治理现代化研究，有效探索了高校课程思政的生产问题、教学问题、评价问题等议题，但这一理想类型的研究却是永无止境的，理论完善与实践探索无止境。

　　马克思在其著名的《黑格尔法哲学批判》一文中提出："理论一经掌握群众，也会变成物质力量。理论只要说服人，就能掌握群众；而理论只要彻底，就能说服人。所谓彻底，就是抓住事物的根本。"[①] 高校课程思政共同体作为高校课程思政高质量发展的理想类型，离抓住高校课程思政本质、抓住高校课程思政共同体本质还有不少的距离。特别是随着现代信息技术的发展、高校"新基建"的建设，人工智能成为高校课程思政共同体构建、善治和现代化的重要基础和工具。基于人工智能环境的高校课程思政共同体的理论与实践探索不仅成为必要，也成为现实。高校课程思政共同体的平台如何构建、资源共建共享如何实现，高校课程思政共同体治理以及如何实现治理现代化，这些都需要理论创新与实践探索。而这些都是高校课程思政高质量发展的关键。

　　高校课程思政教学研究中心，是高校课程思政共同体的一种有效形式。目前全国有 15 个国家级课程思政教学研究示范中心，有数百所省级课程思政教学研究示范中心。这些中心是高校课程思政共同体的理想类型，需要理论的支撑与实践的总结。特别是在构建教育数字化新生态的时期，构建高校课程思政全要素、全业务、全领域、全流程的智慧教育生态，是高校课程思政高质量发展的关键举措之一。"全要素"包括高校课程思政生产、教学过程中的各类要素，包括高校课程思政共同体全部主

[①] 《马克思恩格斯选集》第 1 卷，北京，人民出版社 2012 年版，第 9~10 页。

体、专业课程培养目标、专业课程教学内容、专业课程教学模式、专业课程评价模式、课程思政运行环境等；"全业务"包括高校课程思政生产、教学、评价等过程中的方方面面，包括课程思政规划、课程思政教材、课程思政计划、教师课程思政能力发展、学生综合素质培养、课程思政研究、课程思政智慧教育支撑等；"全领域"包括高校课程思政共同体所涉及的高校、社区、家庭、政府等利益相关者所涉及的领域；"全流程"包括高校课程思政高质量发展的全过程，从高校课程思政设计、开发、生产到教学设计，从教学到评价再到反馈，从高校课程思政开始到高校课程思政结束等过程。其中涉及很多理论与现实问题，包括如何提升教师、教育管理工作者、学生等的数字能力；如何构建界面友好、易用、可用、实用、好用的高校课程思政共同体数字教学平台；开发什么样的数据采集、数据深挖技术以及如何开发这些技术；等等。所有这些都需要理论创新和实践探索。当下，这些高校课程思政教学研究示范中心做了一些研究，但实事求是讲，这些中心还远没有达到"高校课程思政共同体"的建设和运行水平，资源共建共享的程度、层次也比较低。这说明，有关高校课程思政共同体的理论与实践探索处于起步阶段，需要相关的理论工作者和实践工作者去探索、去创新、去完善。

特别值得提出的是，在本研究的立项、研究、结项和成果出版过程中，得到了河南工业大学原副校长李利英教授、河南工业大学教务处处长杨六栓教授、河南工业大学马克思主义学院领导和同事、河南工业大学课程思政理论与实践创新研究中心团队同事、河南工业大学社会科学处领导、学习出版社编辑老师等大力支持与帮助，在此对他们的付出表示敬意和感谢。同时，本研究的立项、结项过程中，得到了 8 位业内专家的指导，他们的建议为本研究的层次提升起到了特别重要的作用，在此对他们的付出表示真诚的敬意和感谢。